구봉집

구봉집 제8권

구봉집 제9권

구봉집 제10권

차례

일러두기

1. 이 책의 번역 대본은 한국고전번역원에서 간행한 한국문집총간 42집 소재 《구봉집(龜峯集)》으로 하였다. 번역 대본의 원문 텍스트와 원문 이미지는 한국고전종합DB(http://db.itkc.or.kr)에서 확인할 수 있다.
2. 역주는 내용이 간단하면 간주(間註)로, 길면 각주(脚註)로 처리하였다.
3. 한자는 필요한 경우 이해를 돕기 위하여 넣었으며, 운문(韻文)은 원문을 병기하였다.
4. 원문의 오류를 수정하였거나 오류가 의심되는 경우, 교감자료와 중요한 자구(字句)에서 차이가 있는 경우에는 그 내용을 각주로 밝혔다.
5. '한글 맞춤법'의 용법과 다르거나 새로 만든 문장 부호는 다음과 같다.

「 」: ' ' 안의 재인용을 나타낼 때 사용한다.

『 』: 「 」 안의 재인용을 나타낼 때 사용한다.

…… : 원문의 '云云'을 처리할 때, 각주에서 긴 인용문을 처리할 때, 각주의 표제어가 네 어절 이상일 경우 생략되는 말을 처리할 때 사용한다.

- - : 본문에서 소자(小字) 원문 주(註)의 처음과 끝에 사용한다.

□ : 원문의 글자가 빠진 빈 난을 표기하거나 '결락과 판독 불가 글자에 대한 지침'에 따라 번역할 때 사용한다.

▨ : 훼손 등으로 인해 판독이 불가능한 원문을 표기할 때 사용한다.

한국고전번역원 한국문집번역총서

구봉집 3

龜峯集

송익필 지음
宋翼弼

정선용 옮김

구봉집

제6권

예문답
禮問答

예문답[1] 禮問答

계함[2]의 물음에 대한 답

答季涵問

01. 〔문〕 상복(祥服)[3]에 대해서는 아직 정견(定見)이 없습니다. 흑립(黑笠)을 쓰는 것은 아무런 의의가 없는데도 국속(國俗)에서는 오랫동안 이를 써 왔습니다. 백립(白笠)의 경우에는 중국과 우리나라에서 쓰는 제도입니다. 참색(黲色)의 경우는 《가례(家禮)》에서 썼는데, 이에 대해서는 송(宋)나라 선비가 소관(素冠)[4]이 아니라는

1 예문답(禮問答) : 구봉이 당시의 사우들과 예에 대해 문답한 글로, 이 문답에 참여한 인물은 송강(松江) 정철(鄭澈), 율곡(栗谷) 이이(李珥), 우계(牛溪) 성혼(成渾), 사계(沙溪) 김장생(金長生)이다. 이 가운데 정철과의 문답이 51항목으로, 전체의 절반이 넘으며, 이이와의 문답이 17항목, 성혼과의 문답이 12항목, 김장생과의 문답이 2항목으로 이루어져 있다. 이 〈예문답〉은 예서(禮書)에 없는 속례(俗禮)나 예서의 규정이 서로 모순되는 변례적(變禮的) 문제들에 대하여 문답한 것으로, 기호예학(畿湖禮學)에서의 예문답서(禮問答書)의 시초를 연 선도적인 것이다.《한기범, 구봉 송익필의 예학사상, 충남대 유학연구소, 2011》

2 계함(季涵) : 정철의 자(字)이다.

3 상복(祥服) : 돌아간 지 두 돌이 되는 때 지내는 제사인 대상(大祥)에 입는 상복(喪服)을 말한다.

뜻으로 논하였습니다. 그러니 아마도 《가례》와 같은 미완성인 책에서 말한 제도를 다 쓸 필요는 없을 듯합니다.

지금 예(禮)를 행하는 자들이 먼저 세속에서 해괴하게 여길 것을 두려워하기 때문에, 고례(古禮)가 끝내 행해지지 못하는 것입니다. 참으로 예를 좋아하는 한두 사람의 군자(君子)가 있어, 정밀하게 예를 상고하여 몸소 먼저 행한다면, 얼마 동안은 해괴하게 여기겠지만, 역시 흠모하면서 따라서 하고자 하는 사람이 있을 것입니다.

지금 대략 〈황도(黃圖)〉[5]의 설(說)을 모방하여 호관(縞冠)[6]에 치의(緇衣)[7]와 소상(素裳) 차림으로 제사를 받들고, 제사를 마친 뒤에는 심의(深衣)[8]와 백립 차림으로 반곡(反哭)을 하려고 합니다. 참색

4 소관(素冠) : 상을 당하였을 때 쓰는 흰 관으로, 《시경》 〈회풍(檜風) 소관〉에 "행여 소관을 쓴 극인의 수척함을 볼 수 있을까.〔庶見素冠兮, 棘人欒欒兮.〕"라고 하였는데, 주희(朱熹)는 이 시에 나오는 소관을 설명하면서 "흰 관에 흰 테를 두른 것〔縞冠素紕〕은 이미 대상을 지낸 사람의 관이니, 검은 날줄에 흰 씨줄이 있는 것을 '호(縞)'라고 하고 가장자리에 선을 두르는 것을 '비(紕)'라고 한다."라고 하였다.

5 황도(黃圖) : 주희의 제자인 황간(黃榦)이 편찬한 《상기(喪記)》에 있는 도(圖)를 말한다.

6 호관(縞冠) : 백색 생견(生絹)으로 만든 관이다. 이 관은 상제(祥祭) 때 쓴다.

7 치의(緇衣) : 옛날 관리가 집에 있을 때 입던 검은색의 평상복이다.

8 심의(深衣) : 상의(上衣)와 하상(下裳)이 연결된 옷으로, 대개 흰 베로 만들고 가장자리를 검은 선으로 둘렀다. 선비들이 편안하게 거처할 때 입던 편복(便服)으로, 유학자들이 주로 입었다. 허리 위는 4폭, 허리 밑은 12폭으로 만들었는데, 이는 춘하추동 사시와 1년 12달을 상징하며, 심의의 각 부분에는 철학적 의미가 내포되어 있다고 한다. 주희(朱熹)가 《가례(家禮)》에서 천거한 이래로 조선 시대 유학자들이 이를 숭상하여 착용하게 되었는데, 만드는 제도가 분명치 않아 여러 학자가 이에 대해 변증(辨證)하였으며, 각자의 설에 따라 만들어 입는 경우가 많았다.

의 제도는 이미 까다로워서 상고하기도 어렵고 행하기도 어렵습니다.

〈황도〉의 규모와 차례는 실로 주자(朱子) 만년의 예설(禮說)을 이어받은 것입니다. 그렇다면 《가례》의 예 가운데 분명하게 갖추어져 있지 않아 의심스럽거나 상고해야만 하는 예(禮)를 이 〈황도〉를 가지고 참작하되, 번잡한 것은 생략하고 대강(大綱)만을 보존한 다음, 행할 만한 것을 미루어 나가서 행한다면, 안 될 것이 뭐가 있겠습니까.

혹자는 말하기를 "〈황도〉의 설을 확증할 수 없음은 《가례》가 미완성의 책인 것이나 다름이 없다."라고 합니다만, 저는 그렇지 않다고 여깁니다. 황면재(黃勉齋)가 편찬한 《상기(喪記)》는, 주자가 이미 그것을 보고서는 잘되었다고 하였습니다. 그렇다면 그 편 가운데 대상(大祥) 때 조복(朝服)을 쓰는 것을 한결같이 《예기(禮記)》의 설에 의거하여 정한 것은, 주자가 정한 것이 아니고 무엇이겠습니까.

그 첫 권에 들어 있는 서촉 유씨(西蜀劉氏)의 서문(序文)과 주재(朱在)[9]가 피눈물을 흘리면서 쓴 기문(記文) 및 끝 권에 들어 있는 삼산 양씨(三山楊氏)[10]가 지은 발문(跋文)을 보면, 더욱더 의심할 것이 없습니다. 그러니 〈황도〉의 설을 확증할 수 있느냐 확증할 수

9 주재(朱在) : ?~1231. 주희(朱熹)의 막내아들로, 자는 경지(敬之)이며, 음보(蔭補)로 승무랑(承務郎)이 되었고, 이부 시랑(吏部侍郎)을 지냈다. 건안개국후(建安開國侯)에 봉해지고 은청광록대부(銀靑光祿大夫)로 증직되었다. 주희는 주숙(朱塾), 주야(朱埜), 주재 세 아들을 두었다.

10 삼산 양씨(三山楊氏) : 송나라의 학자인 양복(楊復)을 가리킨다. 송나라 장계(長溪) 사람으로, 자는 지인(志仁)이며, 주희의 제자이다. 신재(信齋) 선생이라고 불렸으며, 저서로는 《가례의례도(家禮儀禮圖)》, 《가례잡설부주(家禮雜說附註)》가 있다.

없느냐의 여부는 아마도 논할 필요가 없을 듯합니다.

옛사람이 상복(祥服)에 대해 논한 말을 본다면, 상사(喪事)는 차차 가벼워질지언정 더 무거워지는 법은 없고, 또 귀신을 대하면서 순전한 흉복(凶服)으로는 할 수 없습니다. 그러므로 호관(縞冠)을 착용하여 상(喪)이 있음을 보이고, 조복(朝服)을 착용하여 점차 길(吉)한 데로 나아감을 보인 것입니다. 그리고 제사는 마쳤다 할지라도 슬픈 정은 잊을 수 없습니다. 그러므로 도리어 약간의 흉한 복을 입는 것으로, 소상(素裳)과 호관과 마의(麻衣)가 그것입니다.

성인(聖人)이 예(禮)를 제정함에 있어서는 의의(義意)가 아주 정밀하고 정문(情文)이 서로 맞고, 융쇄(隆殺)가 중도에 맞게 하였는바, 참으로 사정(私情)이나 상식(常識)을 가지고 그 방도를 의논해서는 안 됩니다. 백립이 비록 오늘날 사람들이 대상(大祥)을 마친 뒤에 입는 복제에 가깝기는 하지만, 옛사람이 조복으로 제사를 받들어 점차 가벼운 데로 나아가 점점 강쇄하여 입었던 뜻이 전혀 아닙니다.

〔답〕《가례》의 참색(黲色) 제도는 상고하기가 어려우므로 〈황도〉를 모방하여 입으려고 한다는 것은, 그렇지 않은 것 같습니다. 《가례》와 《의례경전통해(儀禮經傳通解)》[11]는 그 뜻이 진실로 같지 않습니다. 《의례경전통해》는 역대의 고례(古禮)만을 모은 것으로, 어느 한 대문

11 의례경전통해(儀禮經傳通解) : 송나라 때 주희가 편찬한 것으로, 원집 37권으로 되어 있다. 《의례(儀禮)》를 경(經)으로 하고 《예기(禮記)》, 사서(史書), 잡서(雜書) 등에서 예(禮)에 관한 내용을 뽑아 덧붙이고 주소(注疏)를 망라해 놓은 책이다. 주희가 이를 완성하지 못하고 죽자, 제자인 황간(黃榦)과 양복이 누락된 상례(喪禮)와 제례(祭禮) 부분을 보충하여 《의례경전통해속》을 편찬하였다. 《奎章閣 韓國學研究院 儀禮經傳通解續 解題》

도 자신의 뜻을 붙여서 빼거나 보탠 바가 없이 편찬해, 나라를 다스리는 자가 예(禮)를 제정하는 데 있어서 자료로 쓰게 한 것입니다.

《가례》는 옛 예를 참작하고 당시의 예를 참고하여, 자기 집안에서 이미 쓰고 있는 예를 미루어 당시에 행해야 하는 예로 삼은 것입니다. 주자도 《가례》를 지으면서, 고례를 그대로 곧장 쓰는 것이 옳다는 것을 몰랐던 것은 아닙니다. 그런데도 반드시 사마씨(司馬氏)[12]와 정씨(程氏)[13]와 고씨(高氏)[14] 등의 설을 취한 것은, 당시에 행하기에 알맞은 것을 따르는 뜻에서 그렇게 할 수밖에 없었던 것입니다.

예(禮)는 초상(初喪) 때부터 우제(虞祭)와 졸곡(卒哭)에 이르기까지 복(服)을 받는 것이 한두 가지가 아닙니다. 그런데도 《가례》에서는 이를 다 삭제하여 없애었습니다. 이것은 옛것에만 집착하지 않고 간소함을 따르는 것입니다. 또 상복(喪服)을 입음에 있어서 옛 제도를 따라야 한다는 것은, 주자도 역시 이에 대한 설이 있습니다. 이에 길복(吉服)은 비록 당시의 제도에 따라 입더라도, 상복은 오히려 옛 제도를 보존해 두었습니다. 그렇다면 이는 또 반드시 옛 제도를 변경하여 당시의

12 사마씨(司馬氏) : 북송(北宋)의 명재상인 사마광(司馬光)을 가리킨다. 사마광은 자신의 집안에서 지켜야 할 사소한 예절을 모은 〈속수가의(涑水家儀)〉를 지었는데, 이를 흔히 〈사마씨거가잡의(司馬氏居家雜儀)〉라고 한다. 주희가 편찬한 《가례》 권1 〈통례(通禮)〉에 그 내용이 수록되어 있다.

13 정씨(程氏) : 정호(程顥)와 정이(程頤) 형제를 가리킨다. 주희가 《가례》를 지으면서 이 두 사람의 설을 많이 참조하였다.

14 고씨(高氏) : 송나라의 학자인 고항(高閌)으로, 자는 억숭(抑崇), 시호는 헌민(憲敏)이다. 태학에서 양시(楊時)에게 수학하였으며, 사람들이 흔히 식재(息齋) 선생이라고 불렀다. 남송(南宋) 초에 예부(禮部)를 맡아서 당시 예제(禮制)의 대부분을 논정(論定)하였고, 《후종례(厚終禮)》, 《춘추집주(春秋集注)》 등을 저술하였다.

것만을 좇으려고 한 뜻이 아닙니다. 지금 《가례》에서 상복(祥服)은 이미 당시의 제도에 따랐습니다. 그런데 어찌 감히 오늘날에 이를 다시 뛰어넘어서 옛 제도를 따라 입겠습니까.

참색은 하늘색 혹은 옅은 청흑색(靑黑色)으로, 지금의 옥색(玉色)에 가깝습니다. 이제 의당 참색으로 된 오늘날의 관(冠)을 쓰고 참색의 단령(團領) 차림을 하고 제사를 지내어, 《가례》에서 말한 참색 복두(幞頭)와 참색 적삼 차림으로 제사를 지낸다는 뜻에 따라서 제사를 지내는 것이 마땅할 것입니다.

제사를 지내고 난 뒤에 변복(變服)하는 것은, 《가례》에는 비록 변복하는 예가 없기는 하지만, 백의(白衣)와 백립(白笠) 차림으로 바꾸어 입어서, 시왕(時王)의 제도[15]에 따라 백색 옷을 입고서 반곡(反哭)하는 것이 어떻겠습니까? 백색은 시왕의 제도인바, 비록 미흉(微凶)의 복색이 아니기는 하지만, 이에 대해서는 논의하기가 곤란할 것 같습니다. 국속(國俗)에 따라서 흑색(黑色)을 쓰는 것은 단연코 따라 해서는 안 됩니다.

보내 주신 편지에 또 이르기를 "성호원(成浩原)은 참색의 갓에 대하여 복요(服妖)[16]인 듯한 의심이 있다고 여겨, 담흑색(淡黑色)의 갓을 쓰려고 한다."라고 하였는데, 이것은 모두 온당치 못한 것 같습니다. 《가례》에서 미진한 것은 참으로 이러한 데에 있지 않습니다. 그러니

15 시왕(時王)의 제도 : 시왕은 당시의 왕이라는 뜻으로, 당대의 임금이 제정한 예법과 제도를 말한다.

16 복요(服妖) : 정해진 격식을 벗어나거나 이상한 물건으로 치장하는 요상한 복장을 가리킨다.

의심하지 않는다면 다행이겠습니다.

심의(深衣)는 사마씨도 독락원(獨樂園)[17]에 있을 때에만 입었습니다. 그렇다면 지금 어찌 노상(路上)에서 입을 수가 있겠습니까.-그 뒤에 조정에서 의논하여 백립을 착용하는 것으로 시행하였다. 흑립을 잘못된 예로 여긴 것은 참 잘한 것이다. 그러나 백립 역시 도리어 중한 것인데도 참색의 갓은 아예 논의조차 하지 않았으며, 예를 중시하는 집안의 사람들 사이에서 스스로 이를 썼다.-

02. 〔문〕 지금 갓으로 복두(幞頭)를 대신하는 것이 온당치 못하므로 정자건(程子巾)[18]을 쓰려고 하는데, 어떻습니까?

〔답〕 관(冠)과 건(巾)은 제도가 다르고 쓰는 용도도 같지 않습니다. 《가례》를 보면, 기일(忌日)에 제사를 드릴 때 변복(變服)을 하되 참색의 깁으로 만든 복두로 하고, 제사를 지낸 뒤에 그날은 소복(素服)에 참색의 건(巾)을 한다고 하였습니다. 건은 제사 때 쓰는 것이 아닌 듯합니다.

《가례》에서는 관직이 있는 사람과 관직이 없는 사람이 쓰는 것에 대해서는 역력히 말하면서도 건(巾)을 쓰는 것에 대해서 말한 곳은 없습니다. 그리고 복두는 사실 옛 제도가 아니고 바로 남북조(南北朝)시대의 오랑캐들이 쓰던 제도입니다. 그렇다면 지금 갓으로 복두를

17 독락원(獨樂園) : 북송(北宋)의 명재상인 사마광이 말년에 살던 집의 정원으로, 낙양(洛陽)에 있었다. 사마광은 벼슬길에 나가지 않을 때는 이곳에서 전원생활을 즐겼다.

18 정자건(程子巾) : 정자관(程子冠)이라고도 한다. 말총으로 짜거나 떠서 만든 유학자들이 쓰는 관으로, 위가 터지고 세 봉우리가 지게 하여 두 층으로 만들었다.

대신 하는 것도 《가례》에서 복두로 관을 대신한다는 뜻입니다. 그러니 지금 갓을 쓰는 제도는 그 가부를 논할 수 없을 것 같습니다.

03. 〔문〕《가례》를 보면, 참색의 복두(幞頭)와 베로 싼 각대(角帶)의 제도는 관직이 없는 이도 통용하는데, 관례(冠禮)에서 삼가(三加) 때 쓰는 것과 같은 것입니까?

〔답〕 우리나라의 국법에 관직이 있는 이는 현직(現職)이거나 산직(散職)이거나를 막론하고 모두 사모(紗帽)를 통용합니다. 그렇다면 관직이 없는 자는 사모를 쓸 수가 없습니다. 그리고 《가례》 사당장(祠堂章) 아래에서는 관직이 있으면 복두를 쓰고 관직이 없으면 모자를 쓴다고 하였는데, 《주자어류(朱子語類)》에는 과거에 응시하지 않은 자도 제복(祭服)에는 복두를 쓰거나 모자를 쓰는 것도 괜찮다고 하였습니다. 복두는 바로 그 당시 상하 사람들이 모두 통용한 것입니다.

04. 〔문〕 우제(虞祭) 뒤 조석상식(朝夕上食)[19]과 의식의 절차는 어떻게 해야 합니까?

〔답〕《가례》로 본다면 비록 파(罷)하라고 말은 하지 않았으나, 마땅히 조석전(朝夕奠)을 파하는 날 상식도 파하여 《가례》에 따라야 합니다. 다만 장 선생(張先生)은 하루 한 번 제사를 드린다고 하였고,[20] 온공(溫

19 조석상식(朝夕上食) : 상중(喪中)에 있는 집에서 아침저녁으로 영좌(靈座)에 음식을 차려 놓는 것을 말한다.

20 장(張)……하였고 : 장 선생은 송나라의 학자인 장재(張載)를 가리킨다. 장재가 말하기를 "3년 안에는 궤연을 철거하지 않기 때문에 날마다 지내는 제사가 있다."라고 하였다.

公)은 조석으로 궤(饋)한다고 하였는데,[21] 주자(朱子)는 후하게 하는 것에 해롭지 않다고 하였으며, 또 그것을 따르는 것이 마땅하다고 말을 하였습니다.[22] 그렇다면 그에 따라 행하는 것이 역시 옳을 것입니다. 의식 절차는 이미 초상(初喪) 때의 예를 썼으니, 의당 초상의 의식을 써야 할 것이요, 지금 별다른 의식을 새로 만들어 내어서는 안 될 듯합니다.

05. 〔문〕 우제(虞祭) 뒤 삭망(朔望)에 행하는 전(奠)을 올리는 의식을 처음에는 예경(禮經)에 어떻게 되어 있는지는 상고하지 않고, 먼저 강신(降神)을 하고 난 뒤에 참배(參拜)를 하였습니다. 그랬더니 성호원(成浩原)과 이숙헌(李叔獻) 두 사람이 먼저 참배를 하는 것이 옳다고 하였습니다.

〔답〕 두 가지 설이 다 온당치 못한 것 같습니다. 삼년 안에는 궤연(几筵)을 받들며 우제(虞祭)와 졸곡(卒哭)으로부터 대상(大祥)과 담제(禫祭)에 이르기까지는 들어가 곡하는 것만 있고, 참신(參神)하는 절이 없습니다. 이것은 깊은 뜻이 있는 것입니다. 그런데 어찌 감히 《가례》를 어기고 참배를 행하겠습니까. 주자가 말하기를 "영구(靈柩) 앞에서는 절하지 않는다."라고 한 것도 이 뜻입니다. 자식이 부모를 섬기

21 온공(溫公)은……하였는데 : 온공은 송나라의 명상인 사마광(司馬光)의 봉호이다. 사마광이 이르기를 "조석으로 궤전(饋奠)하는 것이 마땅하다면 이 조석 궤전은 상이 끝날 때까지 바꾸지 말고 행해야 한다."라고 하였다.

22 주자(朱子)는……하였습니다 : 주자가 말하기를 "예가 의심스러우면 후(厚)한 쪽을 따른다는 뜻에 방해되지 않고 또 분수를 넘는 혐의도 없으니, 따르는 것이 마땅하다."라고 하였다.

면서는 일어나기를 기다려서 절을 하는 법인바, 궤연에서 절하지 않는 것은 어버이를 살아 계신 것으로 대하는 예입니다.

06. 〔문〕 삭망전(朔望奠)을 올리는 의식을 초상(初喪)의 예를 좇아서 하려고 하는데, 어떤지 모르겠습니다.

〔답〕 우제(虞祭) 뒤 삭망전을 올리는 의식은 《가례》에 비록 분명하게 말해 놓은 글이 없으나, 초상의 의식을 쓴다는 것은 너무 간략하여 온당치 못합니다. 그러니 《가례》 〈사당장(祠堂章)〉의 삭망의 의식을 쓰되, 오직 참신할 적에 곡만 하고 절은 하지 않으며, 사신(辭神)하면서 곡하고, 전제(奠祭)를 드릴 때 한 번 곡하여, 삼년상 안의 예를 따르는 것이 어떻겠습니까?

07. 〔문〕 삭망전을 올리는 의식을 지금 말씀하신 바에 의거하여 행하고 있는데, 성호원(成浩原)이 세 번 곡하는 것은 우제(虞祭)를 지내는 것과 같아서 온당치 못한 듯하다고 하는데, 어떤지 모르겠습니다.

〔답〕 삭망에 참신(參神)과 사신(辭神)을 행해서는 안 된다고 한다면, 〈사당장(祠堂章)〉에 행하는 예가 있으며, 궤연(几筵)에서는 참신과 사신의 예가 없다고 한다면, 〈우제〉에 역시 행하는 예가 나와 있습니다. 궤연에서 참신과 사신을 할 적에는 다 곡이 있는데, 전제(奠祭)에서 한 번 곡하는 것은, 실로 본디의 예를 쓴 것입니다. 그렇다면 형편상 세 번 곡하지 않을 수 없습니다. 말씀하신 것은 온당치 못한 것 같습니다.

08. 〔문〕 연제(練祭)[23] 뒤에는 조석곡(朝夕哭)을 그친다고는 하나, 초기(初忌) 하루 동안에는 차마 스스로 곡을 하지 않을 수 없습니다. 조석상식(朝夕上食)의 곡을 연제 뒤 이튿날에나 그칠까 하는데, 어떨지 모르겠습니다.

〔답〕 조석곡과 상식곡은 한 가지 일이 아닙니다. 고례(古禮)를 보면, 조석전을 파(罷)하는 날에 상식과 상식곡도 이미 파하였고, 연제 뒤에는 또 조석곡도 파하였습니다. 그러나 지금 주자(朱子)가 "행하여도 후하게 하는 데 해롭지 않다."라고 한 뜻을 써서, 이미 삼년 안에는 상식을 파하지 않았습니다. 이것은 초상(初喪)의 예를 그대로 행한 것입니다. 그런데 제멋대로 곡하는 것을 없애는 것은 온당치 못한 듯합니다. 그리고 삼년 안에는 곡하지 않는 전(奠)과 제사가 없는 법입니다.

09. 〔문〕 연제(練祭) 뒤 삭망곡(朔望哭)은 그날 새벽 제사 때에만 곡하는 것입니까?

〔답〕《가례》에 "조석곡을 그친다.〔止朝夕哭〕"라고 한 아래에 "오직 삭망에는 아직 복을 벗지 못한 사람만 모여서 곡한다."라고 하였습니다. 그렇다면 삭망에 곡하는 것이 한 예(禮)이고, 전제(奠祭)에 곡하는 것 역시 한 예입니다. 우제(虞祭)나 졸곡(卒哭)에는 이미 조곡(朝哭)이 있고 또 제사 때 들어가서 곡하는 예가 있습니다. 그러니 겸하여 행할 수는 없을 듯합니다. 그날에는 새벽에 곡하고 또 전제를 행하는 것이

23 연제(練祭) : 상을 당한 지 1년 만에 지내는 제사인 소상(小祥)을 말한다. 연(練)은 삼베를 마전하는 것으로 소상부터는 마전한 삼베로 만든 상복을 입기 때문에 붙여진 이름이다. 이때 새로 만든 상복을 연복(練服)이라 한다.

좋을 것입니다.

10. 〔문〕 희생(犧牲)을 쓰는 법식은, 나라에서는 한쪽 다리 전체를 별도의 그릇에 담아서 씁니다. 그런데 《가례》에는 희생 전체를 올린다는 조문이 없고, 삶아 익히거나 생회(生膾)로 한다 하였습니다. 모르겠습니다만, 이제 어떻게 해야 합니까?

〔답〕 《가례》에는 오직 초조(初祖)의 선조(先祖)를 제사하는 데에만 생것을 쓴다는 조문이 있고, 아버지에 대한 제사는 시제(時祭)와 같이 한다고 하였는데, 시제에는 어육(魚肉)을 생것으로 쓴다는 조문이 없습니다. 다만 《주자어류(朱子語類)》에서 평소에 논한 바를 보면, 제사에는 반드시 생것을 쓰는데, 귀신의 도는 생혈(生血)을 보면 신령해집니다. 그러니 불가불 생것을 써야만 할 것 같습니다. 그러나 한쪽 다리 전체를 쓰는 것은 국가에서 지내는 예와 같은바, 아마도 쓸 수가 없을 듯합니다. 《가례》를 보면, 초조의 제사를 지낼 때에는 앞다리와 뒷다리를 모두 삼단(三段)으로 나누어 씁니다.

11. 〔문〕 밥 가운데 삽시(揷匙)를 하되 손잡이 부분이 서쪽으로 향하게 하는 뜻은, 모름지기 수저의 바깥쪽이 서쪽으로 향하게 하여, 마치 산 사람이 수저를 들고 밥을 뜨는 것과 같게 하는 것이 합당합니다. 그런데 혹자는 이르기를 "수저 안쪽을 북쪽으로 향하게 하여 산 사람이 밥을 뜨는 것같이 하되, 수저의 손잡이 부분을 조금 서쪽으로 누여 놓는 것이 옳다."라고 합니다. 그러나 이것은 손잡이를 서쪽으로 향하게 하는 뜻이 아닌 듯합니다.

〔답〕 앞의 말은 밥이 수저 위에 있어서 장차 먹으려는 형상이요, 뒤의

말은 수저로 밥을 뜨려는 형상이니, 뒤의 말이 옳은 것 같습니다.

12. 〔문〕 대상(大祥) 날 제사를 지낸 뒤 반곡(反哭)하고, 또 구당(舊堂)에서 성제(盛祭)[24]를 지내되, 우제(虞祭)를 지내는 의식을 모방하여 제사를 지냅니다. 이것이 비록 예문(禮文)에 없기는 하나, 그렇게 하지 않을 수 없을 듯합니다.

〔답〕 효자(孝子)의 정리상 그렇게 하지 않을 수 없습니다. 다만 《가례》를 보면, 삼년 안에 행하는 제사는 이미 일정한 횟수가 있는바, 중첩하여 행할 수는 없습니다. 그러니 〈사당장(祠堂章)〉에 나오는, 일을 고하는 의식을 모방하여 이미 반곡하였다는 뜻을 고한 다음에 전례(奠禮)를 행하는 것이 어떻겠습니까?

13. 〔문〕 연제(練祭) 뒤에도 상식곡(上食哭)을 하는 것은, 말씀하신 데에서 충후(忠厚)한 뜻이 애연히 피어납니다. 그러나 만약 '《가례》를 보면 비록 상식을 파하기는 하지만, 지금은 또 행한다.'라고 한다면, 상식을 하는 것이 이미 예에 위반되고, 곡(哭)을 하는 것도 근거가 없게 됩니다.

연제 뒤에 조석곡을 그치는 것은, 실로 예의 큰 절목(節目)입니다. 그렇다면 상식의 곡도 조석의 곡이 아니고 무엇이겠습니까.

"삼년 안에는 곡하지 않는 제사가 없다."라고 말씀하신 것은, 참으로 지당한 의론입니다. 그러나 어찌 능히 옛사람이 예를 만든 의사를

24 성제(盛祭) : 은제(殷祭)와 같은 말로, 상복을 벗은 뒤에 거행하는 성대한 제사를 말한다.

분명하게 알고 있으면서도 자신의 의견을 따라서 할 수 있겠습니까. 이는 조예가 아주 뛰어난 사람이라야 능히 할 수 있는 것입니다. 이에 감히 다시 여쭙니다.

〔답〕 조석곡을 그치지 않은 날에는 상식의 곡을 조석의 곡으로 삼지 않고, 반드시 조석의 곡을 행하고, 또 상식의 곡을 행합니다. 그렇다면 지금 어찌 감히 조석의 곡을 그친다는 조문을 써서 상식의 곡까지 아울러 파할 수 있겠습니까.

상식은 실로 초상 때의 예인데, 연제 뒤에까지 그대로 행한다면, 이것은 참으로 온당치 못합니다. 그러나 송(宋)나라 때부터 이미 현행(現行)하는 예로 되었습니다. 그리고 주자(朱子)가 이미 "행한다고 해서 해가 될 것은 없다."라고 말하였으면서도 다시 곡을 할 것인지 안 할 것인지에 대하여는 논하지 않았습니다. 또 《가례》를 보면, 삼년 안에는 전제(奠祭)를 지낼 때 모두 곡을 합니다. 그런데 지금 만약 곡을 하지 않으면서 전(奠)을 드린다면, 이것은 온당치 못한 점이 없겠습니까?

조석으로 상식을 올리는 것은 살아 계시는 것으로 섬기는 예인바, 꿇어앉아서 전을 드리면서 사모하는 즈음에는 저절로 곡을 하지 않을 수가 없을 것입니다. 가령 상식을 올리는 것이 예가 아니라 하여 우제(虞祭) 뒤에 파한다면, 그것은 괜찮습니다. 그런데 지금 이미 부득불 행하였습니다. 그러면서 앞에서는 네 번이나 곡을 하였으면서도 뒤에서는 한 번도 곡을 하지 않으려고 한다면, 이는 점차로 감쇄(減殺)해 나가는 의미가 전혀 없는 것입니다. 그러니 조석의 곡은 예에 의거하여 파하는 것이 마땅하고, 상식의 곡은, 후함에 따르라는 주자의 말에 의거하여 행하는 것이 어떻겠습니까? 만일 상식을 한다면 불가불 곡도 해야 할 것입니다.

14. 〔문〕 조문을 받음에 있어, 만일 서울 집에 계신 어머니를 근친하러 갔다가 조문객을 만났을 경우, 어떻게 대처해야 합니까? 장군(將軍) 문자(文子)의 상(喪)을 마친 뒤에 월(越)나라 사람이 와서 조문하자, 사당에서 조문을 받았습니다.[25] 제가 지금 조문객을 서울에서 만나게 된다면, 존자(尊者)에게는 상을 숨기고, 맞상대가 되는 자에게는 사절하는 것이 어떻습니까?

〔답〕 예(禮)란 고금(古今)이 서로 다르고 또한 사세에 따라 다른 것입니다. 오래된 친구로서 아주 친한 사람 가운데에는 홀어머니의 환후를 걱정하여 문병하고자 오는 이도 있을 것이고, 혹은 상인(喪人)의 수척한 얼굴을 살피러 오는 이도 있을 것입니다. 그런데 궤연(几筵)이 다른 곳에 있다는 이유로 이들을 모두 거절하는 것은, 인정에 있어서 온당치 못합니다. 그러니 때에 따라 적당하게 대처하고, 굳이 예문에만 구애받지 않는 것이 어떻겠습니까?

15. 〔문〕 말씀하신 바가 아주 마땅합니다. 저 역시도 마침내 장군(將

25 장군(將軍)……받았습니다 : 예문(禮文)에 없는 예로 적절히 대처하는 것을 말한다. 문자는 춘추 시대 위(衛)나라의 경(卿)인 미모(彌牟)이다. 예에는 원래 삼년상 후에는 조문하는 법이 없고 또 남의 조문을 받는 법도 없는데, 춘추 시대 위(魏)나라 공족(公族)인 문자가 죽어 삼년상을 마친 뒤에 월(越)나라 사람이 와서 조문하자, 상주가 길흉(吉凶) 간에 통용할 수 있는 심의(深衣)와 연관(練冠)을 착용하고 사당에서 기다렸다가 곡은 하지 않고 눈물만 흘렸다. 그러자 공자의 제자 자유(子游)가 보고서 "예문에는 없는 예이지만 그 행동하는 것이 사리에 맞다."라고 칭찬하였다. 《禮記 檀弓上》

軍) 문자(文子)의 일을 실행하지는 못하였습니다. 또 돌아간 형(兄)의 담제(禫祭)가 다가오는데, 형의 아내는 시아버지의 복을 아직 벗지 못하였습니다. 이럴 경우 과연 어떻게 해야 합니까?

〔답〕 비단 당신의 형수씨만 복(服)이 있는 것이 아니라, 당신의 돌아가신 백씨의 영혼 또한 제사를 받을 수 없을 것입니다.

16. 〔문〕 상제(祥祭)에 입는 복을 상복(祥服)이라 하고 담제(禫祭)에 입는 복을 담복(禫服)이라 합니다. 그런데 지금 《가례》 〈대상장(大祥章)〉에서 "담복을 진설한다.〔陳禫服〕"라고 한 것은 도대체 무슨 뜻입니까? 그리고 담제 때에 가서는 또 정복(正服)이 없습니다. 이 역시 무슨 뜻입니까?

또 《주자대전(朱子大全)》에는 이르기를 "기일(忌日)의 복제(服制)는 참색사복두(黲色紗幞頭), 참색포삼(黲色布衫), 지피대(脂皮帶)[26]를 쓰는데, 이것은 지금 사람들의 담복 제도와 같다."라고 하였습니다.

저의 망녕된 생각으로는 "담복을 진설한다."라는 한 구절은 당연히 〈담장(禫章)〉 아래로 들어가야 할 것인데, 잘못하여 〈대상장〉 아래에 들어가 있는 것입니다. 이것은 마치 술을 마시고 고기를 먹는 절차가 〈대상장〉 아래에 들어가 있는 것과 같습니다. 이것은 아주 중요한 의론인바, 세밀하게 가르쳐 주시기 바랍니다. 띠는 지피대를 쓴다는 것 역시 어떻습니까? 지피라는 것은 어떤 물건입니까?

〔답〕 《가례》를 보면, "담제(禫祭)는 1개월 전에 날짜를 가린다."라고

26 지피대(脂皮帶) : 기름을 먹인 가죽으로 만든 대를 말한다.

하였습니다. 그러니 주인(主人)의 담복은, 《가례》에서는 대상(大祥) 뒤부터 담제 전까지 입는 것을 모두 담복이라고 칭한 것임이 의심의 여지가 없습니다. 예(禮)에 상중에 복을 입는 절차가 아주 많은데, 이것은 지금은 다 없애 버렸습니다. 주자(朱子)가 사마씨(司馬氏)[27]의 참색 제도를 써서 시속(時俗)에 따른 것도 역시 어찌 괜히 그런 것이겠습니까.

만약 말씀하신 대로라면 참색을 쓰는 것이 의당 담제 뒤에 있어야 하는데, 이것은 아주 잘못된 것입니다. 그리고 날짜를 가리는 날에는 참색을 쓴다는 말도 잘못된 것입니다. 별다른 뜻이 없는데도 어찌 감히 《가례》를 모두 그르다고 한단 말입니까. 대상(大祥)에서 참색을 쓴다는 것도 의당 다른 의론이 있을 수 없습니다.

《가례》에 이르기를 "베로 각대(角帶)를 감싼다."라고 하였습니다. 그렇다면 이제 관직이 있는 이는 이를 쓰고, 관직이 없는 이는 흰 베로 하는 것이 어떻겠습니까?

지피라는 것은 《가례》에 없는 바이니, 의당 쓰지 말아야 합니다. 옛날에 지위(脂韋)[28]라는 말이 있으니 반드시 기름을 먹인 가죽을 말하는 것입니다. 한유(韓愈)의 시에 이르기를 "굳세고 정직하여 지위를 삼가라."라고 하였는데,[29] 이것은 부드럽게 하는 것을 의미합니다.

27 사마씨(司馬氏) : 북송(北宋)의 명재상인 사마광(司馬光)을 가리킨다. 15쪽 주12 참조.

28 지위(脂韋) : 미끈미끈한 기름과 무두질한 가죽을 말하는데, 이 말은 흔히 지조 없이 시속(時俗)에 아첨하는 사람을 뜻하는 말로 쓰인다. 《楚辭 卜居》

29 한유(韓愈)의……하였는데 : 한유의 〈송구홍남귀(送區弘南歸)〉 시에 이르기를 "전송하러 나가 등을 어루만지며 눈물 뿌리니 굳세고 정직하여 지위를 삼가게나.〔出送

撫背我涕揮, 行行正直愼脂韋.〕"라고 하였다. 《昌黎先生集 卷4 古詩》

17. 〔문〕 반곡(反哭)의 제사를 우제(虞祭)를 모방하여 하는 것은 온당치 못하다는 것은, 말씀하신 것이 지극히 마땅합니다. 한 잔만을 올리면서 글을 지어 반곡을 고하고, 복색 역시 흰색을 쓰려고 합니다. 그런데 직령(直領)[30]과 단령(團領) 가운데 어느 것을 쓰는 것이 좋겠습니까? 심의(深衣)는 이미 온당치 못하다는 것을 알고 있습니다. ……

〔답〕 단령은 현재 존복(尊服)[31]으로 쓰고 있는바, 백색 단령을 쓰는 것이 어떻겠습니까?

18. 〔문〕 대상(大祥) 뒤의 상식(上食)은 예에 의거하면 당연히 파하여야 합니다. 그러나 혼령이 잠깐 공산(空山)을 떠나 옛집에 돌아오면, 신도(神道)와 인정(人情)에 있어서 못내 아쉬워하며 애통할 것이니, 파하는 것은 참으로 옳지 않습니다. 당초에 이미 반혼(返魂)하여 우제(虞祭)를 지냈기에 삼 년 동안의 행사를 모두 옛집에서 행하는 것에 비하여서 행하려고 하는데, 어떨지 모르겠습니다. 저 같은 사람은 또 부묘례(祔廟禮)가 없이 별실(別室)에 봉안하였을 뿐입니다.

〔답〕 《가례》에 절문(節文)이 아주 자세하게 나와 있습니다. 이미 궤연(几筵)을 철거하였은즉 비록 별실에 봉안하여 궤연이 아직 있다고 할지라도, 실제로는 궤연이 아닙니다. 이와 같은 경우는 궤연을 철거하지

30 직령(直領) : 외의(外衣)에 깃을 다는 양식 가운데 하나로, 곧은 깃을 말한다.

31 존복(尊服) : 가장 중요하게 여기는 복을 말한다.

않았더라도 철거한 셈이니, 예에 따르는 것이 바른 것입니다.

19. 〔문〕 대상 뒤에 상식을 파하는 것은 정의상 차마 하기 어려운 일이므로, 처음에는 시속(時俗)을 좇아 파하지 않으려 하였는데, 지금 말씀하신 것을 받들고는 이미 예로써 사사로운 정을 억제하였습니다.

또 상복(祥服)은, 남자가 이미 참색 제도를 쓴다면 부인의 복색은 어떻게 해야 합니까? 《가례》에는 아황색(鵝黃色)[32]과 청벽색(靑碧色)을 쓴다고 하였고, 《가례의절(家禮儀節)》[33]에는 흰색의 옷과 신발을 쓴다고 하였는바, 어느 것을 좇아야 할지 모르겠습니다. 대상 뒤의 새벽 참배 때에는 직령(直領)을 쓰고 삭망전제(朔望奠祭) 때에는 단령을 쓰는 것은 어떻습니까?

〔답〕 부인의 상복(祥服)은 《가례》에도 '조백(皁白)' 등의 말이 있으니, 《가례의절》을 참작하여 쓰는 것이 어떻겠습니까? 지금 쓰는 것으로 한다면, 청벽색이 너무 길복(吉服) 같아서 쓸 수가 없습니다.

오늘날 세상에서는 직령으로 심의(深衣)를 대용한 지가 이미 오래되었습니다. 그렇다면 새벽 알현 때에는 직령을 쓰고 삭망 참배 때에는 단령을 쓰는 것이 합당할 것 같습니다. 그리고 참배에도 심의를 쓴다는 말도 있으니, 직령을 참배할 때 쓰는 것 역시 무방할 것 같습니다. 다만 관직이 있는 이는 조금 온당치 못할 듯합니다.

32 아황색(鵝黃色) : 거위 새끼의 빛깔처럼 노란색을 말한다.

33 가례의절(家禮儀節) : 명(明)나라의 정주학자(程朱學者)인 구준(丘濬)이 찬한 주희의 《가례(家禮)》 주석서로, 《문공가례의절(文公家禮儀節)》이라고도 한다.

20. 〔문〕 출입(出入)을 할 때 고유(告由)하는 것은, 만일 하룻밤 이상을 묵을 경우에는 《가례》 〈사당장(祠堂章)〉에 나오는 예를 써서, 분향(焚香)하면서 고유하고 갑니까? 저의 경우에는 다만 참배만 하고서 가는데, 어떨지 모르겠습니다.

〔답〕 《가례》 〈사당장〉에 의거하여 하는 것이 합당할 듯합니다.

21. 〔문〕 선친의 생신날 지내는 제사 의식을 삭망 때의 전제(奠祭)와 같이 하되, 반갱(飯羹)은 놓지 않는 것은 어떠합니까? 《가례회성(家禮會成)》[34]에는 생기(生忌)[35]-망친(亡親)의 생일을 생기라고 한다.-의 축문(祝文)이 있습니다. 이 예가 어떠합니까?

〔답〕 《가례》를 보면 제사에 일정한 수효가 있고, 선친의 생신에 지내는 제사는 없습니다.-다만 주자가 계추(季秋)의 자기 생일에 아버지에게 제사를 지냈다.- 제사란 너무 번독하게 지내서는 안 되는 법입니다. 다만 〈사당장〉에 전제를 드리는 것은 일정하게 정해진 예가 없고, 속절(俗節)에 전(奠)을 올리는 경우가 있습니다. 그러니 이를 모방하여 전례(奠禮)로 행하는 것이 어떻겠습니까? 아버지의 생기에[36] 축문을 쓰는 것은 행하기가 어려울 것 같습니다.

34 가례회성(家禮會成) : 명나라 학자인 위당(魏堂)이 찬한 책이다.

35 생기(生忌) : 죽은 사람의 생일을 말한다. 옛날에는 이날에 죽은 사람의 제사를 지내는 경우도 있었다.

36 아버지의 생기에 : 대본에는 '稱生忌'로 되어 있다. 문맥에 근거하여 '稱'을 '禰'로 바로잡아 번역하였다.

22. 〔문〕 사시(四時)에 제삿날을 가리기 위해 배교(环珓)[37]를 할 때 옛날에는 옥을 썼습니다. 지금 중국의 예는 조금 휘어진 묵은 대나무 뿌리로 만들되, 길이는 세 치, 직경은 한 치쯤 되는 것을 먼저 뿌리 마디를 깨끗하게 정리한 다음, 한가운데를 쪼개어 둘로 만듭니다. 그러고는 이를 항상 소반 가운데 두되 촉대, 향로, 향합 등과 함께 신전(神前)에 모셔 놓는데, 소반의 직경은 한 자 두 치, 둘레는 석 자 여섯 치이며, 밑 부분과 뚜껑이 서로 맞물리게 합니다.

이를 쓸 때에는 소반을 열고 교(珓)를 꺼내어 축원을 하면서 던져 길흉에 대해 점을 칩니다. 그 법은, 하나는 엎어지고 하나는 뒤집힌 것을 '성괘(聖卦)'라 하는데, 이것은 길조(吉兆)로 여깁니다. 그리고 두 교가 다 같이 뒤집힌 것을 '양괘(陽卦)'라 이르며, 다 같이 엎어진 것은 '음괘(陰卦)'라 이르는데, 이것은 다 불길하게 여깁니다. 대나무 뿌리로 위와 같이 만들어서 쓰는 것도 해로울 것이 없을 듯합니다.

〔답〕 말씀하신 대로 하는 것도 역시 무방하겠습니다만, 옛 제도를 그대로 쓰는 것만 못합니다. 지금 세상에는 교(珓)를 쓰는 집이 없으므로, 저도 역시 쓰려고 하면서도 쓰지 못하였습니다. 주자 역시 말하기를 "제삿날을 잡는 데 일정함이 없다면 경건하지 못할까 염려된다."라고 하였으며, 또 춘분과 추분, 하지와 동지를 쓰려고도 하였습니다. 그리고 혹시라도 기일(忌日)을 만나면 행하기가 어려울 것입니다. 그러니 이 몇 가지를 가지고 적당히 참작하여 조처하는 것이 어떻겠습니까?

23. 〔문〕 삼년상 동안에는 시속(時俗)에 이른바 사명일(四名日)에

37 배교(环珓) : 윷처럼 던져서 그 결과에 따라 점을 치는 도구이다.

묘제(墓祭)를 행하면서는 우제(虞祭)를 모방하여 행하였습니다. 그런데 지금 다시 생각하건대 우제, 부제(祔祭), 소상(小祥), 대상(大祥)이 아닌데도 삼헌(三獻)을 하는 것은 경전(經傳)에 근거가 없습니다. 이에 일헌(一獻)으로 하고자 하는데, 어떻습니까?

〔답〕 말씀하신 것이 온당한 것 같습니다.

24. 〔문〕 삼년상 동안에 묘제를 지낼 때에는 주위를 깨끗이 소제하기 전후 두 차례 재배(再拜)하는 것은 평상시의 예인 듯합니다. 오늘날에는 묘 옆에 있으면서 매일 주위를 소제하고 있으니, 이 한 절차는 생략하는 것이 어떠한지요? 그럴 경우에는 부복(俯伏)만 해야 합니까?

〔답〕 주위를 소제하는 것과 두 차례 재배하는 절차는 참으로 생략하는 것이 마땅합니다. 그러니 단지 먼저 부복하고 한 번 곡하여 참신(參神)의 예를 행하고, 또 전(奠)을 드리고 한 번 곡하며, 또다시 사신(辭神)을 할 때 한 번 곡합니다. 무릇 절하고 곡하는 것은 궤연(几筵)의 예를 모방하여 하는 것이 어떻겠습니까? 삼년상 안에는 귀신으로 섬기는 예를 쓸 수 없을 것 같기 때문입니다.

25. 〔문〕 국휼(國恤)의 졸곡(卒哭) 전에 지내는 대상(大祥) 제사는 고례(古禮)로 헤아린다면 진실로 행하기가 곤란합니다. 그러나 지금 한결같이 고례만 따를 수가 없으니, 어떻게 하는 것이 마땅한지 모르겠습니다.

〔답〕 고례에 군모(君母)를 위한 복은 부장기(不杖朞)인데,[38] 신하의 아내는 복(服)이 없습니다. 그리고 《예기》에 이르기를 "제사를 받는

이에게 복이 있으면 제사하지 않는다.〔於所祭有服則不祭〕"라고 하였습니다. 그러니 당신의 선부인(先夫人)의 경우에는 향사(享祀)를 받는 것이 마땅하나, 당신의 경우에는 제사를 지내기가 어려울 듯합니다.

지금 국상이 빈소(殯所)에 계시니, 아무리 상제(祥祭)일지라도 도성(都城)에 있는 대부(大夫)의 집에서 행하기는 어려울 것 같습니다. 《가례》의 상(祥)이란 기일(忌日)을 의미하는 것입니다. 그러니 기일에 간략하게 전(奠)을 올리는 예만을 행하고, 상제를 행하지 못하는 사유를 고하며, 고례를 써서 날짜를 가려, 국상의 졸곡 뒤에 대상 제사를 행하는 것이 무방할 것 같은데, 어떨지 모르겠습니다.

26. 〔문〕 국상(國喪)이 나서 최복(衰服)을 아직 벗지 않았으니, 참색(黲色)을 쓰는 것은 어떻습니까?

〔답〕 어찌 참색을 쓸 수 있겠습니까. 아마도 온당치 못할 듯합니다.

27. 〔문〕 대상 제사 뒤에 신주(神主)를 봉안하는 것은, 임시로 사당 동쪽 벽 아래에 서향(西向)으로 봉안하였다가 담제(禫祭)를 지낸 뒤에 협제(祫祭)[39]를 행하고 부군(府君)의 독(櫝)[40] 안에다 봉안하는

38 군모(君母)를……부장기(不杖朞)인데 : 군모는 보통 서자(庶子)가 아버지의 정처(正妻)를 부르는 칭호인데, 여기서는 임금의 어머니를 뜻한다. 부장기는 오복(五服)의 하나로, 자최(齊衰)만 입고 상장(喪杖)을 짚지 않고서 1년 동안 입는 복이다. 《예기》 〈단궁 상(檀弓上)〉에 이르기를 "임금의 어머니와 아내의 상(喪)에는 거처와 언어와 음식을 간(衎)하게 한다."라고 하였는데, 이에 대한 주(註)에 이르기를 "군모와 군처(君妻)는 비록 모두 소군(小君)이지만, 모두 자최 부장기의 복(服)을 입는다."라고 하였다.

39 협제(祫祭) : 삼년상이 끝난 뒤에 여러 조상의 신주를 한 사당에 모시고 행하는

것은 어떠합니까?

〔답〕 증조비(曾祖妣)의 감(龕)[41] 안에 간략하게 부례(祔禮)[42]를 써서 고례(古禮)의 남은 뜻을 행하는 것이 어떻겠습니까?

28. 〔문〕 대상(大祥) 뒤 담제(禫祭) 전에 삭망 참례(朔望參禮)는 어떻게 해야 합니까? 그리고 협제(祫祭)를 지내지 않았는데 새 신주(神主)와 옛 신주를 한 당(堂)에서 함께 향사하는 것은 어떻습니까? 또 새 신주를 정침(正寢)에 봉안하고 정사(情事)를 펴는 것은 어떻습니까?

〔답〕 참례는 마땅히 한결같이 평일의 사당례(祠堂禮)와 같이 할 것이며, 이미 부례(祔禮)를 행하였을 경우에는 협제를 지내지 않고 한 당에서 함께 향사하는 혐의스러움이 없을 것 같습니다. 그리고 정침에 모시어 따로 제사드리는 것은 온당치 못합니다. 《가례》에서는 이와 같이 하지 않았습니다. 그러니 예문(禮文)의 본뜻을 깊이 생각해 보는 것이 어떠하겠습니까? 그렇게 할 경우 사사로운 정에 너무 치우치는 것 같습니다.

29. 〔문〕 협제가 풍선(馮善)[43]의 의절(儀節)에는 담제(禫祭) 전에

제사를 말한다.

40 독(櫝) : 신주(神主)를 넣어 두는 함을 말한다.

41 감(龕) : 사당에서 신주를 모셔 두는 곳을 말한다.

42 부례(祔禮) : 삼년상을 마치고 신주를 사당으로 옮겨 모시는 부묘(祔廟)의 예를 말한다.

43 풍선(馮善) : 명나라 때의 학자로, 상군(常郡) 사람이며, 자는 택현(擇賢), 호는

있으니, 어느 것을 좇아야 할지를 모르겠습니다.

〔답〕 마땅히 《가례》를 바른 것으로 삼아야 하는바, 담제 뒤에 행하는 것이 의심의 여지가 없습니다. 횡거(橫渠)[44]의 설과 주자(朱子)의 의론이 아주 자세한데, 모두 삼년상을 마친 뒤에 협제를 행한다고 하였습니다. 그리고 삼년상은 27개월이라고 말하였으니, 27개월이 어찌 담제 전에 있겠습니까.

30. 〔문〕 시제(時祭)를 인하여 협제(祫祭)를 지냅니까? 별도로 협제를 지냅니까?

〔답〕 《주자대전(朱子大全)》에 이르기를 "분명한 근거가 없으면 의(義)로써 판단하여 행할 수가 있다."라고 하였습니다. 저희 집에서 행하는 바는, 《가례》의 "삼년상을 마치면 협제가 있다."라는 글을 따라서 하고 있습니다.

31. 〔문〕 국휼(國恤) 중의 삭망 참례(朔望參禮)와 개제(改題)[45] 때에는 복색을 어떻게 합니까?

〔답〕 예에 있어서는 의당 참색을 써야 할 것이나, 백색이 바로 지금의 국상(國喪)의 복(服)인바, 다른 것으로 고치는 것은 온당치 못할 것

계헌(戒軒)이다. 《가례집설(家禮集說)》을 저술하였다. 《明名臣琬琰續錄 卷13 戒軒先生傳》

44 횡거(橫渠) : 송(宋)나라 신종(神宗)·철종(哲宗) 때의 학자인 장재(張載)로, 횡거는 그의 호이다.

45 개제(改題) : 봉사손(奉祀孫)이 죽었을 경우, 다음 봉사손의 대수(代數)에 맞추어 신주(神主)를 다시 쓰는 것을 말한다.

같습니다.-국상의 경우에는 결단코 사갓집 제사의 예로 행할 수 없고, 백색 역시 고례로 따진다면 쓰기가 어렵다. 다만 지금 국법에는 사족(士族)의 경우에는 국상에 기년(朞年)에 백립(白笠)을 쓰고 졸곡(卒哭) 뒤에 제사를 허락한다. 그렇다면 백색으로 제사를 행하는 것이 국가에서 이미 정한 규칙인바, 고칠 수 없을 듯하다.-

32. 〔문〕 국휼의 졸곡 뒤에는 협제(祫祭)와 시제(時祭)를 오히려 행할 수 있는 것이 아닙니까?

〔답〕 고례로 말하면 행할 수가 없습니다. 그러나 국법에 만일 행한다고 하였으면, 우선은 법에 따라 하는 것이 어떨지 모르겠습니다.

33. 〔문〕 고례와 같이 할 경우, 국상의 최복(衰服)을 벗기 전에는 사갓집 초상의 소상(小祥)과 대상(大祥)을 행할 수 없는 것이 분명합니다. 그러나 지금 사람들은 이를 행할 수가 없습니다. 기일(忌日)에 간략하게 전(奠)을 올리는 예만 행하고 다시 날짜를 가려 상제(祥祭)를 행하는 것이 어떠냐고 말씀하신 것은, 그것이 비록 옛 뜻일지라도 행하기가 어려울 듯합니다. 어떻게 생각하십니까?

저는 복중(服中)에 있으므로 국법에 국상의 최복을 입을 수 없는 바, 아마도 별도로 복이 있어야 할 듯합니다. 존계씨(尊季氏)[46]는 "사갓집 초상의 상제는 다른 상(喪)이 있더라도 모두 행할 수 있으며, 오직 국군(國君)의 상에만 행할 수 없다. 그런데 소군(小君)의

46 존계씨(尊季氏) : 서간문 등에서 상대방의 동생을 칭하는 말로, 여기서는 구봉의 동생인 운곡(雲谷) 송한필(宋翰弼)을 가리킨다.

상은 국군의 상과는 차이가 있다. 그러니 상제를 행하는 것이 마땅하다."라고 합니다. 이 의론이 어떻습니까?

〔답〕 소군과 국군이 비록 복(服)에 경중이 있기는 하지만, 다 같이 국상의 상복입니다. 그리고 지금의 국법으로는 졸곡 전에는 제사를 행할 수가 없습니다. 그러니 대부(大夫)로서 법을 어기고 상제(祥祭)를 행하는 것은 불가합니다.

만일 날짜를 가려서 상제를 행하는 것 또한 온당치 못한 점이 있다고 한다면, 대상 날 고하는 글 안에 '국휼로 인해 삼헌(三獻)의 예를 갖추지 못한다.'는 뜻을 아울러 써서 고하고, 전례(奠禮)만을 올린 뒤에 최복을 벗는 것이 어떻겠습니까? 사가(私家)와 국가(國家)는 예가 다르고, 소군의 복이 비록 가볍기는 하지만, 나라에 빈소(殯所)가 차려진 날 상제를 지내는 것은 온당치 못합니다.

34. 〔문〕 조비(祖妣)의 감(龕) 안에 간략하게 부례(祔禮)를 써서 《가례》의 남은 뜻을 준수하라고 말씀하신 것은, 사당에 단지 망친(亡親)과 구고(舅姑)의 신주만이 계시니, 아마도 이 예를 강행하기가 어려울 듯합니다.

〔답〕 과연 말씀하신 바와 같다면, 사당의 동쪽 벽 아래에 봉안하되, 앞에서 말씀하신 대로 서향(西向)의 자리에 봉안하는 것이 역시 옳을 것 같습니다.

35. 〔문〕 국휼 졸곡 전에 궤연(几筵)을 철거하고 입묘(入廟)의 예를 행하는 것이 어떻습니까?

〔답〕 상제(祥祭)를 만일 지내지 않는다면 입묘의 예도 마땅히 다른

날에 지내야 할 것이며, 지금 만일 상제를 지낸다면 입묘의 예도 의당 그날에 있어야 할 것인바, 입묘의 예는 모두 상제를 지내는 날 행해야 합니다. 이것은 상제와 별도로 논해서는 안 됩니다.

36. 〔문〕 상제 하루 전에 내일 입묘(入廟)한다고 고할 적에 그 말을 어떻게 하는 것이 마땅합니까? 그리고 궤연에는 고하지 않습니까? 입묘한 뒤에는 별도로 전제(奠祭)를 올려 고하지 않고 단지 삭망(朔望)을 기다려서 참례(參禮)만 행합니까?

〔답〕 입묘한 후 전제를 드리는 데 대해서는 나와 있는 글이 없으니, 단지 삭망을 기다려서 참례를 행해야 할 듯합니다. 입묘한 것을 궤연에 고하는 것과 사당에 고하는 것은 모두 일이 있을 때에 고하는 예를 써서 하는 것이 어떻겠습니까? 그리고 고하는 말은 옛 뜻을 참작하여 스스로 짓는 것이 어떻겠습니까?

37. 〔문〕 풍선(馮善)의 《가례집설(家禮集說)》에 나오는 대상(大祥)의 축문(祝文)은 《가례》에 나오는 것에 비하여 더하거나 뺀 곳이 있습니다. 이것을 쓰는 것은 어떻습니까? 그리고 《가례》에 없는 것은 첨가하여 쓰는 것은 어떻습니까?

〔답〕 지금 주자 제문(祭文)을 보아도 역시 《가례》에 비하여 더하거나 뺀 곳이 없지는 않습니다. 그런데 하필 풍선의 것을 따를 필요가 있겠습니까. 자기의 의사대로 적당히 더하거나 빼는 것도 무방할 듯합니다.

38. 〔문〕 졸곡(卒哭) 전에는 참색(黲色)을 입지 않고 마땅히 백저(白苧)를 쓰며, 베로 싼 사모(紗帽)와 베로 싼 각대(角帶) 차림을

한다고 하셨는데, 연복(燕服)[47]에 백립(白笠)과 백대(白帶) 차림을 하여, 한결같이 국법(國法)을 따르는 것이 어떻습니까?

〔답〕 옛사람들은 임금이 빈소에 있을 때 사갓집의 초상에 은전(殷奠)[48]을 행하면서는 무슨 복을 입었겠습니까? 그 경우에는 반드시 나라의 복은 벗고 사갓집의 복을 입었을 것임이 분명합니다. 다만 참색은 이미 점차 길(吉)하여 가는 복색이므로, 나라의 흉복(凶服)을 빼앗고서 사갓집의 길복(吉服)을 쓸 수는 없을 것 같습니다. 지금 백색을 쓰는 것은, 만일 국상(國喪)의 추복(追服)을 입는 것이라고 한다면, 사갓집 제사를 지내는 데 쓸 수는 없습니다. 만일 국법에 백색으로 상제(祥祭) 때의 복색을 정하였기 때문에 쓰는 것이라고 한다면, 백색은 곧 순흉(純凶)인데 하필 집 안에서 제사를 지내면서 역시 법을 어기는 백색을 쓴단 말입니까. 국복을 입는 중에 상제를 행하는 것은 이와 같이 어긋나는 것이 많음은 지금 이미 그렇습니다. 그러니 차라리 말씀하신 대로 백색 등의 의복을 쓰는 것이 어떻겠습니까?

39. 〔문〕 당초에 말씀하신 내용을 성호원(成浩原)에게 보였더니, 호원은 말씀하신 뜻이 의리에 합당하다고 하였고, 지금 또 계씨(季氏)가 논한 바를 보고서는 계씨의 말이 합당하다고 하였습니다. 어떻게 생각하십니까? 계씨는 이르기를,

"아버지의 상중에 있으면서도 오히려 어머니 상의 상제(祥祭)를

47 연복(燕服) : 공무의 여가에 입는 사복(私服)을 말한다.

48 은전(殷奠) : 상례(喪禮)에 있어서 평소에 올리는 조석전(朝夕奠)과 달리 성대하게 제수(祭需)를 갖추어서 올리는 전을 말한다.

행한다. 소군(小君)의 상은 기년복(朞年服)인즉, 어찌 아버지의 상보다 중하겠는가. 《예기》 〈증자문(曾子問)〉에서는 다만 군상(君喪)에는 상제를 행하지 않는다고 하였을 뿐이다. 그러니 소군의 기년복은 아울러 논할 수가 없을 듯하다.

무릇 오복(五服)의 초상에는 모두 제사를 폐하되, 상(喪)이 같이 있을 경우의 상제(喪祭)는 폐하지 않는다. 그러므로 국군이 빈소에 있어도 오히려 사갓집 상의 은전(殷奠)을 행하는 것을 허락하였으며, 곤제(昆弟)가 빈소에 있어도 또한 상제를 행하도록 허락하였다. 기복(朞服)이 빈소에 있을 경우에 모든 제사를 폐하는 것도 예이고, 상제를 허락한 것도 역시 예이다. 〈증자문〉에 군상이라고 이른 것은, 소군상(小君喪)과는 결코 같지 않다. 우리 형이 논한 바는 내 뜻과는 같지 않으니, 다시 논의해 보는 것이 어떻겠는가? ……"

하였습니다.

〔답〕 임금이 빈소에 있는데 행함을 허락함은 전제(奠祭)요, 아버지의 상중에 있으며 어머니의 상제를 행하는 것은 압존(壓尊)되는 바가 없는 것입니다. 소군상이 군상과는 정말이지 경중이 있는데, 기년복을 벗기를 기다려 사갓집의 상(喪)을 행하고자 한다면, 이는 진실로 소군복을 끌어다 군복과 똑같이 대하는 것입니다.

지금 국가에서도 제사를 지내지 않는데, 대부(大夫)가 도성 안에 있으면서 나라에 빈소가 있는 날에 삼헌(三獻)의 사갓집 제사를 감히 행하는 것은, 정의(情義)에 있어서 온당치 못한 것입니다. 사상(私喪)과 국복(國服)은 예에 차이가 있으니, 사사로운 정을 그대로 다 행하기는 어려울 것 같습니다.

소군의 복이 국복이 아니고 무엇이겠습니까. 소군이 빈소에 있으면 사갓집의 상제(祥祭)를 행하지 못하고, 국군의 상에는 사갓집의 상제를 행하지 못하는바, 이미 경중이 현격하게 다릅니다. 그러니 어찌 같게 한다는 혐의가 있겠습니까.

40. 〔문〕 협제(祫祭)는 사시(四時)의 제사입니까, 아닙니까? 또 복침(復寢)[49]은 어느 때에 하는 것이 마땅합니까?

〔답〕 협제가 사시의 제사와 같냐 다르냐는, 주자도 역시 정하지 못한 것입니다. 그러나 호백량(胡伯量)에게 답한 글[50] 뜻으로 보면 반드시 《예기》 〈상대기(喪大記)〉의 소(疏)에서 말한 설[51]을 행하려고 한 것은 아닙니다. 이계선(李繼善)에게 답한 편지에서는 장재(張載)의 "삼년 뒤에 태묘(太廟)에서 협제를 행한다."라고 한 설을 인용하였으며, 《주례(周禮)》에도 역시 이런 뜻이 있다고 하였습니다.[52] 그러니 삼년상을

49 복침(復寢) : 부모의 삼년상을 마친 뒤에 안방으로 들어가 부부간에 다시 동침하는 것을 말한다.

50 호백량(胡伯量)에게 답한 글 : 호백량은 송나라의 학자 호영(胡泳)을 말한다. 백량은 자이며, 주희의 제자로 '동원(洞源) 선생'이라 불렸다. 저서에 《사서연설(四書衍說)》이 있다. 이 편지는 《회암집(晦庵集)》 권63에 실려 있다.

51 예기……설 : 《예기》 〈상대기〉에 이르기를 "길제를 지내고서 복침한다.〔吉祭而復寢〕"라고 하였는데, 이에 대한 소(疏)에 이르기를 "담제(禫祭)를 지낸 뒤에 같은 달 안에 길제를 만나면 길제를 마치고서 복침한다. 만약 사시(四時)의 길제를 만나지 못하면 다음 달에 길제를 지내고서 복침한다."라고 하였다.

52 이계선(李繼善)에게……하였습니다 : 이계선은 송나라 때 사람으로, 주희의 제자인 이효술(李孝述)을 가리킨다. 계선은 그의 자이다. 이 편지는 《회암집》 권63에 실려 있는데, 그 편지에 이르기를 "장횡거가 '삼년 뒤에 태묘(太廟)에서 협제를 지내고, 그

다 마친 뒤에 복침하고자 한 것이 주자의 뜻이며, 주자도 제사를 지내려고 하였으니, 이것은 바로 길제(吉祭)인 것입니다. 주자가 호백량에게 답한 편지에서 "의로 일으킨다.〔以義起〕"라고 이른 것은, 바로 협제를 지낸 뒤에 복침을 하고자 한 것입니다.

주자가 《가례》에서 상제(祥祭)나 담제(禫祭) 등의 예를 모두 사마공(司馬公 사마광(司馬光))의 《서의(書儀)》[53]를 모방하여 썼는데, 술을 마시고 고기를 먹고 복침하는 것이 대상조(大祥條) 아래에 들어 있는 것은, 착간(錯簡)임이 의심의 여지가 없습니다.

《소학》은 주자의 만년에 지은 책입니다. 그런데 《서의》에 나오는 '담제를 지내고서는 술을 마시고 고기를 먹는다.'는 것만을 인용하고, 또한 복침한다는 한 가지 일은 없습니다. 그렇다면 술을 마시고 고기를 먹는 것은 담제를 지낸 뒤의 일이고, 복침하는 것은 길제를 지낸 뒤의 일임이 분명합니다.

구경산(丘瓊山)[54]의 《가례의절(家禮儀節)》에는 복침한다는 구절을

제사를 마친 뒤 신주(神主)를 돌려보낼 때를 인하여, 드디어 옛 신주를 협실(夾室)로 돌려보내어 봉안하고, 체천(遞遷)하는 신주와 새 신주를 사당 안에 넣는다.'라고 하였는데, 이것이 예에 있어서 제대로 된 것인 듯하다. 그리고 《주례》에 나오는 대종백(大宗伯)이 선왕(先王)을 향사(享祀)하는 부분에 대한 정현(鄭玄)의 주에도 역시 이러한 뜻이 있는 듯하다."라고 하였다.

53 서의(書儀) : 송(宋)나라 사마광(司馬光)이 지은 책으로, 고례(古禮)에 근본하고 당시의 행할 만한 것을 참작하여 만들었다. 표주(表奏)·공문(公文)·사서(私書)·가서(家書)의 서식(書式) 1권, 관의(冠儀) 1권, 혼의(婚儀) 2권, 상의(喪儀) 6권 등 도합 10권이다. 《사마씨서의(司馬氏書儀)》라고도 한다. 주희는 이 《서의》를 바탕으로 하여 《가례》를 지었다.

54 구경산(丘瓊山) : 명(明)나라의 학자 구준(丘濬)으로, 자는 중심(仲深), 호는 경

담제 뒤로 옮겼는데, 이 역시 주자의 뜻이 아닙니다. 반드시 사시 길제의 달을 기다려서 제사를 지내고 복침하는 것을 《예기》〈상대기〉의 소(疏)에서 말한 설과 같이 한다면, 이 또한 온당치 못한 것 같습니다. 그러니 이제 마땅히 담제 뒤에 협제를 지내고 복침해야 할 것입니다. 《예기》에서 "대상(大祥) 뒤에 복침한다."라고 한 것[55]은 바로 빈궁(殯宮)의 침실로 복침한다고 한 것입니다. 고례(古禮)는 실로 강구하기가 어렵습니다. 그러니 이제 주자가 정한 대로 좇아서 하는 것이 어떻겠습니까?

41. 〔문〕 공의전(恭懿殿)이 갑자기 장락궁(長樂宮)을 버리고 세상을 떠나셨습니다.[56] 저는 마침 누이동생의 상을 당하여 서울에 와 있는데, 이미 전함(前銜)이 아니어서 고양(高陽)의 관아에 들어가

산·심암(深菴)·경대(瓊臺), 시호는 문장(文莊)이다. 벼슬은 문연각 태학사(文淵閣太學士)를 지냈고 특히 주자학(朱子學)에 정통하였다. 저서에 《대학연의보(大學衍義補)》, 《주자학적(朱子學的)》, 《가례의절》 등이 있다. 《明史 丘濬列傳》

55 예기에서……것 : 《예기》〈간전(間傳)〉에 이르기를 "상을 당한 지 1년이 지나서 소상을 지내고는 악실에 거처하는데, 침소에 자리가 있다. 또다시 1년이 지나서 대상을 지내고 침소로 돌아가 거처한다.〔期而小祥, 居堊室, 寢有席. 又期而大祥, 居復寢.〕"라고 하였다.

56 공의전(恭懿殿)이……떠나셨습니다 : 공의전은 인종(仁宗)의 비(妃)인 인성왕후(仁聖王后, 1514~1577)의 존호이다. 성은 박씨(朴氏), 본관은 반남(潘南)이며, 금성부원군(錦城府院君) 박용(朴墉)의 딸이다. 능호는 효릉(孝陵)이다. 공의전은 선조(宣祖) 10년(1577)에 세상을 떠났다. 장락궁은 한(漢)나라 고조(高祖) 때에 진(秦)나라의 홍락궁(興樂宮)을 고쳐 지은 궁전으로, 한나라 때 항상 모후(母后)를 이곳에 모시었으므로, 후대에는 모후가 거처하는 궁전을 뜻하는 말로 쓰였다.

성복(成服)한 다음 대궐로 가려고 했는데, 여러 가지 구애되는 점이 많이 있습니다. 제가 지난번에 성호원(成浩源)에게 편지 한 통을 보내면서 당신이 말씀하신 뜻을 모두 적어서 보내었더니, 그가 답하기를,

"국모(國母)의 상은 임금의 상에 비해 상대적으로 가벼우니, 이를 이유로 몸을 드러내어 조정의 반열에 나아가서는 안 될 것이다. 사마공(司馬公)은 신종(神宗)의 상을 만나서도 대궐에 나가야 하는지에 대해 의심하였다. 그때 명도(明道) 선생이 대궐로 들어가 초상에 임하라고 권하였는데, 이는 역시 세도(世道)를 위해서 그리한 것일 뿐이다. 이것을 근거로 삼을 수 있을 것이다."

하였는데, 어떨지 모르겠습니다.

〔답〕 사마공의 일은 사마공이 낙양(洛陽)에 있을 때의 일이라, 이것을 증거로 삼을 수는 없습니다. 그대가 만일 남쪽 시골에 있었다면 그렇게 하는 것이 옳습니다. 그러나 지금 사상(私喪)으로 인해 서울 가까이에 와 있는데, 진퇴(進退)에 대한 혐의가 있다 하여 국상을 만나고도 대궐에서 겨우 10리밖에 떨어져 있지 않은 곳에서 편안히 있으면서 한 번도 대궐에 가지 않는다면, 인정이나 예제에 있어 몹시 잘못된 것입니다. 전함의 예로 궐문 밖에서 성복하는 것이 도리에 합당할 듯합니다.

42. 〔문〕 저와 같이 품계가 높은 사람이 직임을 띠고 시골에 있으면서는 정초와 동지 및 탄일을 맞아서 전혀 아무런 절차가 없어서는 안 될 듯합니다. 고을 관아에 들어가서 망궐례(望闕禮)라도 참석해야 합니까? 그렇게 하지 않으면 신자(臣子)의 미천한 성의나마 펼 도리가 없습니다. 옛사람은 이런 경우에 어떻게 처신하였습니까?

이는《오례의(五禮儀)》에 실려 있지 않으며, 또 저같이 병이 중한 사람은 능히 준행할 수 있는 것도 아닙니다. 그러나 미리 강정(講定)해 놓았으면 하는바, 알려 주신다면 매우 다행이겠습니다. 조정암(趙靜菴)은 능양(綾陽)에서 귀양살이를 할 때 담장의 북쪽 한 면을 허물어서 임금이 계신 쪽을 바라보았다고 합니다.[57]

〔답〕 혹은 스스로 물러나기를 원하여 돌아가 있던가, 혹은 관가의 일로 멀리 가서 있을 경우에는, 참으로 고을 관아에 들어가 예를 행하는 것이 마땅할 것입니다. 그러나 지금 세상의 버림을 받은 처지이니 관사에 들어가 행하기는 곤란할 것 같습니다. 그리고 정암이 한 일은 충성심이 격동되어 한 것으로, 일반적인 예법에서 벗어난 것이니, 이를 끌어다가 전례로 삼을 수는 없을 듯합니다.

43. 〔문〕 재기(再朞)가 되어서 반혼(返魂)을 하면 부제(祔祭)는 어느 날에 행할 것이며, 궤연(几筵)을 철거하는 것은《가례》에 따라 하는 것이 마땅합니까? 그대로 궤연을 설치하고서 담제(禫祭)를 지낸 뒤에까지 그대로 두는 것이 오늘날 세상에서 행하는 것인데, 크게 한계에서 벗어난 것이어서 단연코 행할 수 없는 것입니까? 오늘날의 제도는 대상(大祥)을 지내고서는 백립(白笠)에 검은 망건(網巾) 차림을 하는데, 무방한 것입니까?

57 조정암(趙靜菴)은……합니다 : 조정암은 조광조(趙光祖)로, 정암은 그의 호이다. 능양은 전라도 능주(綾州)로, 지금의 화순(和順)이다. 조광조가 급진적인 개혁을 추진하다가 훈구파(勳舊派)인 남곤(南袞) 일파가 일으킨 기묘사화(己卯士禍)로 인해 능주에 유배되었을 때 임금을 그리워하여 한쪽 담을 허물고서 서울이 있는 쪽을 바라보았다고 한다.《靜菴集 附錄 卷6 神道碑銘》

〔답〕 주자가 이르기를 "이미 대상을 지내고 궤연을 철거하면 그 신주는 또 조부(祖父)의 사당에 합부(合祔)하였다가 삼년상을 완전히 마치고 합제(合祭)를 지낸 뒤에 옮긴다."라고 하였습니다. 지금 반혼하는 것이 재기에 있었다면, 부제는 마땅히 궤연을 철거하는 날 있어야 할 듯합니다. 다시 궤연을 설치하는 속례(俗禮)는 행해서는 안 될 듯합니다.

백립을 쓰는 날은, 제가 일찍이 스스로 행한 것인즉 흰 베로 된 망건(網巾)을 썼습니다. 또 고례에 의하면 귀신을 접하는 데에는 순흉(純凶)으로 할 수가 없습니다. 그러므로 《가례》에서 참색(黲色)으로 제사를 받드는 것이 바로 이 뜻입니다.

참색의 포관(布冠)을 쓰고 제사를 지내고, 제사를 마치고 나서 백립을 쓴다면, 이는 이미 고례를 쓴 것이고, 또 국법을 쓴 것이어서, 인정과 예문에 맞을 것 같습니다. 제가 일찍이 스스로 행한 것은 이와 같습니다. 단령(團領) 역시 참색과 백색을 쓰는 것을 갓의 색깔에 견주어서 하였습니다.

44. 〔문〕 《가례》의 참최(斬衰) 조목 아래를 보면, "요질(腰絰)[58]과 효대(絞帶)[59]를 석 자 정도 흐트러뜨려서 드리운다."라고 하고, 다시 꼰다는 조문이 없습니다. 삼 년 동안을 꼬지 않는다면 슬픔이 점차 감쇄되어 가는 뜻이 없고, 졸곡(卒哭) 때 가서 꼬는 것은 예경(禮經)의 뜻이 아닙니다. 지금은 성복(成服) 때 가서 꼬는데, 이것은 《가

58 요질(腰絰) : 상복을 입을 때 허리에 매는 띠로, 짚에 삼을 섞어서 굵은 동아줄같이 만든다.

59 효대(絞帶) : 참최복의 허리띠로, 삼을 꼬아서 만든 것이다.

례》의 예법을 어기는 것이 아닙니까? 이 한 가지 일에 대해서 자못 온당치 못하다는 것을 깨달겠습니다.

지금 호영(胡泳)이 주자에게 물은 것을 보건대, 주자가 말하기를 "요질과 효대는 양쪽 머리 부분을 모두 흐트러뜨려서 드리우는 것으로, 이는 대대(大帶)[60]를 상징한 것이다."라고 하고, 또 말하기를 "이러한 것에 대해서는 주소(註疏)에서 말해 놓은 것이 아주 자세하다."라고 하였습니다. 그렇다면 삼 년 내내 흐트러뜨려 드리우고서 꼬지를 않는단 말입니까. 그 주소에는 어떻게 말해 놓았습니까? 그리고 만일 그것이 예에 어긋나는 것이라면 어떻게 하는 것이 좋습니까?

또 유회(油灰)[61]를 쓰고자 하는데, 어떨지 모르겠습니다. 기름이라는 것은 햇볕을 쪼이면 마르고, 그늘에 있으면 습기가 차게 되는 것입니다. 그런데 더구나 열 길이나 되는 황천(黃泉) 밑에서 어찌 볕을 쬐어 마를 리가 있겠습니까. 《가례》에도 유회를 쓴다고 하였는데, 그 뜻이 어떠합니까?

또 상을 당한 사람이 묘 옆에 여막(廬幕)을 짓고 있으면서 때때로 전성(展省)하려고 하는데, 그 정상인즉 애처롭고, 그 예인즉 고례로, 사람들 중에는 역시 그렇게 행하는 이가 있습니다. 그러나 위로 늙은 조모와 병든 편모가 계셔서 오랫동안 슬하를 떠나 있을 수가 없습니다. 그런데도 상을 당한 사람이 여묘살이를 하려고 하는 것은 모르겠습니다만 어떻습니까?

60 대대(大帶) : 임금과 조정의 문무백관의 예복에 띠던 큰 띠로, 허리 부분과 아래로 늘어뜨리는 부분 그리고 매는 끈으로 구성되어 있다.

61 유회(油灰) : 기름·재·솜을 섞어 만든 것으로, 나무의 구멍 등을 메우는 데 쓴다.

〔답〕 예경에 요질은 소렴(小斂) 때 흐트러뜨려서 드리웠다가 성복 때 다시 꼰다고 하였고, 또 계빈(啓殯) 때에는 소렴 때의 예와 같이 도로 흐트러뜨린다고 하였는데, 《가례》의 경우에는 성복 때 흐트러뜨려서 드리운다고 하였을 뿐, 다시 꼬는 예가 없습니다.

또 호영의 물음에 답한 한 가지 설은 너무 간단한 것 같습니다. 소렴 때의 변복(變服)과 계빈 때의 변복은 《가례》에서 삭제하였으므로, 지금 다시 논할 것이 없습니다. 다만 성복 때 꼰다는 것은 예경에 있는 바이니, 꼬는 것이 합당한 것 같습니다. 만일 《가례》에 따라 또다시[62] 성복 때 흐트러뜨려서 드리운다면 또다시 졸곡 때 꼬는 것이 마땅할 것 같습니다.

유회는 이미 고례가 아닌 데다가 가산까지 모두 팔아 치우면서까지 하는 것도 역시 고례가 아닙니다. 그러므로 하지 않느니만 못합니다. 지금 사람들 가운데는 혹 유회를 쓰는 자가 있는데, 이는 국장(國葬)을 허락받거나 많은 재력이 있기 때문에 하는 것일 뿐입니다.

다시 생각해 보건대, 여묘살이를 하는 한 가지 일은 정효(鄭孝)[63]의 장인인 승지(承旨)께 이미 편지를 보내어 행하기가 어려움을 말하였습니다. 정효께서는 이미 병든 편모가 있고 또 연로한 조모가 계시는데, 한 몸으로 두 분을 모시면서 의약(醫藥)과 봉양(奉養)을 모두 다른 사람의 도움을 받을 수가 없습니다. 그러니 모름지기 예에 따라 반곡(返哭)을 하고, 묘소 아래에 여막을 지어 두고 때때로 가서 성묘하여

62 또다시 : 대본에는 '文'으로 되어 있다. 문맥에 근거하여 '又'로 바로잡아 번역하였다.

63 정효(鄭孝) : 효자 정씨라는 뜻으로, 여기서는 정철(鄭澈)을 가리킨다. 정철이 당시에 상중에 있었기 때문에 이렇게 칭한 것이다.

효리(孝理)에 합당하게 하는 것이 어떻겠습니까?

45. 〔문〕 망형(亡兄)을 제주(題主)[64]해야 하는데, 형의 아내가 있습니다. 제사(祭祀)를 받드는 자에게 빈벽(嬪辟)[65]이라고 칭하는 경우가 있는데, 지금은 역시 이를 행한다는 말을 듣지 못하였습니다. 이와 같은데도 오히려 방주(旁註)[66]에 '효자모봉사(孝子某奉祀)'라고 쓸 수 있습니까? 그리고 첩(妾)의 아들도 역시 효(孝)라고 칭할 수가 있습니까?

〔답〕 예를 보면, 부인(婦人)에 대해서는 제사를 주관한다는 조문이 없습니다. 《가례》에 이르기를 "주인에게 어머니가 있으면 별도로 주부의 앞에 자리한다.〔主人有母, 則特位於主婦之前.〕"라고 하였으니, 여기에서 어머니가 있어도 아들이 주인이 된다는 뜻을 잘 알 수가 있습니다. 주인이 방제(旁題)에 효자라 쓰는 것도 《가례》의 뜻이니, 어떻게 이를

64 제주(題主) : 사당에 안치할 신주(神主)를 쓰는 것을 말한다. 하관하고 광중에 흙을 채워 다진 다음 후토제(后土祭)를 지내고 지석(誌石)을 묻고 나서 혼백(魂帛)의 동남쪽에 탁자를 설치하고 신주목(神主木)을 그 위에 올려놓고서 글씨 잘 쓰는 사람을 시켜 신주를 쓰게 한다.

65 빈벽(嬪辟) : '빈(嬪)'과 '벽(辟)'은 모두 신주의 방제를 쓸 적에 쓰는 글자이다. 《한강집(寒岡集)》 권8 〈답안지태(答安之泰)〉에 "일찍이 송(宋)나라에서 쓰던 한 제례(祭禮)를 보니, 처에게는 '빈(嬪)'이라 쓰고, 남편에게는 '벽(辟)'이라 썼다. 요즘 예를 좋아하는 선비가 이를 본받으려고 하지만, '빈'은 궁중에서 사용하는 말과 혼동되는 혐의가 있고, '벽'은 군주를 뜻하는 '유벽(惟辟)'의 '벽(辟)'과 혼동되는 혐의가 있으므로, 모두 사용하지 않는다."라고 하였다.

66 방주(旁註) : 신주의 아랫부분 왼쪽에 제사를 받드는 사람의 이름을 쓰는 것으로, 방제와 같은 말이다.

어길 수 있겠습니까.

첩의 아들이라도 아버지의 제사를 받드는 경우에는 생모(生母)를 위하여 감히 그 상(喪)에 복을 입지 못하는 법입니다. 그렇다면 고례에는 첩의 아들도 효(孝)라고 칭하는 데 차이가 없음을 역시 잘 알 수가 있습니다. 빈벽이라고 칭하는 것은 아마도 이것을 이르는 것이 아닌 듯합니다.

46. 〔문〕 망형의 졸곡(卒哭) 뒤에 가묘(家廟)에 시제(時祭)를 지내야 할 터인데, 내달 24일이 졸곡이고, 졸곡 뒤 그믐 안에는 제사를 지낼 만한 정해일(丁亥日)이 없으니, 어떻게 합니까? 그리고 삼헌(三獻)을 합니까, 아니면 일헌(一獻)만 하고 맙니까? 또 축(祝)을 읽지 않습니까? 복색은 어떤 것을 써야 합니까?

〔답〕 비록 정해일이 없다고 말씀하시었으나, 이미 제사를 행할 때가 되었으니, 날짜를 가리되 하순에 이르렀을 때는 가리지 않는다는 뜻을 모방하여, 행할 날짜를 고유하고 정하여 제사를 지내는 것이 아마도 무방할 듯합니다.

공자가 이르기를 "종자가 죽으면 이름을 칭하고 효자라고 칭하지 않는다.〔宗子死, 稱名不稱孝.〕"라고 하였는데, 이에 대한 주에 "다만 '아들이 상사를 올린다.〔子薦其祥事〕'라고만 말한다."라고 하였고, 소(疏)에 이르기를 "개(介)[67]라 말하지 않는 것은, 종자가 죽으면 개라고도 칭할 수 없다."라고 하였습니다. 그렇다면 종자의 상을 마치고 선세(先世) 봉사자(奉祀者)를 개제(改題)한 뒤에 효(孝)라 칭할 수 있는

67 개(介) : 개자(介子)로, 종자를 대신하여 일을 주관하는 사람을 말한다.

것입니다.

제사를 지내는 것은, 《예기》에 이르기를 "섭주(攝主)[68]는 염제(厭祭)[69]를 지내지 않고, 하사(嘏辭)[70]를 하지 않고,-수조(受胙)[71]할 때이다.- 제육(祭肉)을 나누어 주지도 않는다."라고 하였는데, 섭주는 개자(介子)가 효자를 대행하는 것을 이르는 것입니다.

주자(朱子)는 상기 중 졸곡 뒤에는 묵최(墨衰)[72] 차림으로 사당에 제사하려고 하였으며, 또 아들의 상에는 성제(盛祭)를 하지 않으면서 심의(深衣)와 복건(幅巾) 차림으로 음식을 올렸습니다. 그러니 이 뜻을 아울러 참고하여 하는 것이 어떻습니까?

68 섭주(攝主) : 다른 사람을 대신해서 일을 주관하는 사람을 가리킨다. 소식(蘇軾)의 《동파지림(東坡志林)》 〈섭주편(攝主篇)〉에 "무엇을 섭주라 하는가? 옛날 천자, 제후, 경, 대부가 후사가 아직 태어나지 않은 상태에서 죽은 경우, 그 아우나 형제의 자식 중에 후계자에 해당하는 자가 섭주가 된다. 그러다가 태어난 아이가 딸일 경우에는 섭주가 즉위하고 아들일 경우에는 섭주가 물러나는 것이니, 이것을 섭주라 한다."라고 하였다.

69 염제(厭祭) : 제사에서 신에게 음식을 더 권하는 절차이다.

70 하사(嘏辭) : 제사를 지낼 때, 축(祝)이 제사받는 조상을 대신하여 주인에게 전하는 축복의 말을 가리킨다.

71 수조(受胙) : 제사 의식의 하나로, 제사를 마치고서 제육(祭肉)을 나누어 받는 의식이다.

72 묵최(墨衰) : 검은색의 상복으로, 베로 된 직령(直領)에 흑립(黑笠)과 흑대(黑帶)를 갖추어 착용한다. 아버지가 살아 계시는데 어머니가 죽었을 경우에는 아버지에게 압존되어 삼년복을 다 입지 못하므로, 묵최 차림을 하고 3년의 상기를 마친다. 또 양자(養子)로 간 자가 생가(生家)의 부모상을 당하였을 때 소상(小祥)을 지낸 뒤에 이 차림을 하기도 한다.

47. 〔문〕 발인(發靷)하는 날 4경(更) 초에 집에서 이른 아침에 상식(上食)을 행하고 나간 뒤로는 묘소에 이르러 광(壙)에 임하여서는 다시는 상식하는 절차가 없다가 날이 저문 뒤 우제(虞祭)를 지낼 때에야 다시 상식을 하는데, 이것은 인정상 편안치가 않은바, 어떻게 하면 됩니까? 저희 집에서는 전상(前喪)과 후상(後喪)에 일체를 예문에만 의거하였으나, 인정으로 볼 적에는 편안치가 않았으므로 말하는 것입니다.

〔답〕 우제에는 상식한다는 글이 없고, 찬(饌)을 갖추고, 찬을 올림에 있어서는 모두 밥과 국이 없으며, 유식(侑食)[73]을 함에 있어서도 밥 가운데 수저를 꽂는 삽시(揷匙)의 절차가 없고, 졸곡에 이르러서야 비로소 밥과 국이 있습니다. 그렇다면 우제에는 상식이 없는 것이 역시 분명합니다. 다만 끼니 때 상식을 하는 것은 곧 초상 때의 절차입니다. 그러니 묘 앞에 가서도 역시 이와 같이 하는 것이 마땅함은 의심의 여지가 없습니다.

48. 〔문〕 기년복의 졸곡 뒤에 가묘에 새벽 참배를 하고 출입할 때에 고유할 적에는 흑대(黑帶)를 씁니까?

〔답〕 이는 사당에 들어가 신을 접촉하는 것과는 다르니, 백의(白衣)와 백대(白帶)로 하는 것도 무방할 듯합니다.

73 유식(侑食) : 제사의 한 절차로, 신에게 식사를 권하는 뜻이다. 삼헌(三獻)을 마친 뒤 밥에 숟가락을 꽂고서 모든 제관(祭官)이 밖으로 나와 문을 닫고 서서 아홉 숟갈을 먹는 시간〔九飯之頃〕을 기다리는 일이다.

49. 〔문〕 형의 아내가 있으니 이 사람이 곧 주부(主婦)입니다. 주부가 선세(先世)의 신주(神主)를 받들고 제사할 경우에는 삼년상을 다 마치고서도 오히려 개제주(改題主)를 하지 못하고 단지 주부를 보좌하여 제사에 참례하기만 할 뿐입니까? 그럴 경우에 축문의 제사(題辭)는 어떻게 해야 합니까?

〔답〕 이 대문에 대해서는 앞의 제1조문과 제2조문에 아주 자세하게 답하였습니다. 형의 아내가 어떻게 주부가 될 수 있겠습니까. 참작하여 정해야 할 것입니다.-제1조문과 제2조문은 앞에 나오는, "제주(題主)를 해야 하는데, 형의 아내가 있다."라고 한 이하의 글을 말한다.-

50. 〔문〕 《가례》에 "주인(主人) 이하는 각각 상차(喪次)로 돌아간다."라고 한 부분의 주(註)에 "대공(大功) 이하는 이미 빈(殯)을 하였으면 집으로 돌아가 밖에서 거처하다가 3개월 후에 복침(復寢)한다."라고 하였습니다. 이것은 《예기》 〈상대기(喪大記)〉에 "기년복의 상에는 상이 끝날 때까지 안에서 부인을 가까이하지 않는 것은, 아버지가 계시는데 어머니나 아내의 복을 입었을 경우이다. 자최기년복(齊衰朞年服)의 상인 경우와 대공포최구월복(大功布衰九月服)의 상인 경우에는 모두 석 달 동안 안에서 침소로 돌아가지 않는다."라는 조문을 쓰지 않은 것입니까?

《가례》의 경우에는 기년복에 대하여 말하지 않았는데, 모든 기년복은 다 상을 마칠 때까지 부인을 가까이하지 않는다는 것입니까? 또 대공 이하의 시마복(緦麻服)과 소공복(小功服)도 다시 구별하지 않았으니, 대공복과 시마복이 똑같이 3개월이 지난 뒤에 복침한다는 것입니까?

〈상대기〉의 경우에는, 아버지가 살아 계신데 어머니를 위해 입는 기년복을 제외한, 응당 기년복을 입어야 하는 모든 경우에도 단지 3개월 동안만 부인을 가까이하지 않는다는 것입니까? 그리고 말이 대공에만 그쳤으니, 시마복과 소공복은 포함되지 않는다는 것을 잘 알 수가 있습니다. 그리고 자최기(齊衰朞)와 포최구월(布衰九月)의 조문도 이해할 수가 없습니다. 이에 대해 자상하게 말씀해 주시기 바랍니다.

〔답〕《예기》〈상대기〉에 이르기를 "기년복의 상에는 여막에 거처하면서 상이 끝날 때까지 안에서 부인을 가까이하지 않는데, 이것은 아버지가 계시는데 어머니를 위한 복을 입었을 경우이다."라고 하였습니다. 이 말의 의미는, '기년복의 상의 경우에는 여막에 거처하면서 상이 끝날 때까지 안에서 부인을 가까이하지 않는 절차가 없다. 오직 아버지가 계신데 어머니를 위해 복을 입는 경우에만 그렇게 하고, 아내를 위해 복을 입는 경우에만 그렇게 한다. 그 이외의 경우에는 자최기년복의 중한 복으로부터 대공포최구월복에 이르기까지는 모두 여막에서 상을 마치는 예가 없으며, 단지 석 달 동안만 내실에서 부인을 가까이하지 않는다.'라는 것입니다.

자최기는 기년복(朞年服)을 말하고, 포최구월은 대공복을 말합니다. 기년복은 자최삼년복으로부터 복제가 변함이 없기 때문에 자최기라 칭하는 것이고, 대공복에 와서야 비로소 공포(功布)[74]를 쓰기 때문

74 공포(功布) : 상제(喪制)에 있어서 신령(神靈)을 맞이할 적에 쓰는 포(布)이다. 3자 길이의 백포(白布)를 깃대의 꼭대기에 매달아서 만드는데, 대략 깃발과 같은 모양으로 만든다. 상복의 참최(斬衰)나 자최(齊衰)를 만들 적에 쓰는 포보다 조금 더 가공한

에 포최구월이라 칭하는 것입니다. 그리고 말이 대공복에 그쳤으니, 그 이하는 거기에 포함되지 않다는 것을 어찌 설명을 기다려서야 알겠습니까. 《가례》 주 가운데 이와 같이 갖추어 있지 않은 곳은 〈상대기〉를 가지고 보충하여 쓴다면, 거의 올바른 뜻을 얻을 수 있을 것입니다.

51. 〔문〕 전전(前前) 감사(監司)가 계문하기를 "도내(道內) 삼척(三陟)에 있는 목조(穆祖)의 황고비(皇考妣)[75]의 능묘(陵墓)가 무너졌는데, 이미 비문(碑文)도 없으며, 또 향화(香火)도 끊어졌다."라고 하였는데, 그 당시에 예관(禮官)이 아뢰기를 "주(周)나라에서 후직(后稷)[76]을 하늘과 짝해 향사하였을 뿐, 강원(姜嫄)[77] 이상은 미루어 나가지 않는 중에 포함시켰다. 우리 조정에서도 네 분 왕(王)의 능침만을 추숭(追崇)하여 일 년에 한 번 제사를 지내는 외에, 다른 이에게는 미치지 않았다. 조종(祖宗)들이 일찍이 거행하지 않았던 예는 단연코 거행할 수가 없다."라고 하였습니다. 지금 다시 이에 대해

포로 만들므로 공포라고 한 것이다.

75 목조(穆祖)의 황고비(皇考妣) : 조선 태조 이성계(李成桂)의 5대조를 말한다. 목조는 4대조이다. 조선에서는 목조, 익조(翼祖), 도조(度祖), 환조(桓祖) 네 사람을 왕으로 추존하여 제사 지냈다.

76 후직(后稷) : 주(周)나라의 시조인 기(棄)이다. 본래 후직은 농사를 관장하는 벼슬 이름인데, 기가 요(堯) 임금 때 후직이 되어 백성들에게 농사짓는 법을 가르쳤기 때문에 기라는 이름 대신 후직으로 칭해졌다. 후직의 15대손인 무왕(武王)에 이르러 주나라가 천하를 소유하게 되었다. 《史記 周本紀》

77 강원(姜嫄) : 제곡(帝嚳)의 아내로, 주나라의 시조인 후직의 어머니이다. 주나라가 건국된 뒤에 주나라에서는 후직을 시조로 삼고, 특별히 강원의 사당을 세우고서 강원에게도 제사를 지냈다.

아뢰어, 능묘를 개수한 다음 한 차례 제사 지내고자 하는데, 어떨지 모르겠습니다.

〔답〕 능묘가 무너진 것을 개수(改修)하는 것과 추숭하는 제사를 지내는 것은 본디 서로 다른 두 가지의 일인 것입니다. 자손이 어찌 선대의 묘소가 무너진 것을 보고도 수축하지 않으면서, "이는 아주 먼 조상이라 추숭하는 대상에 포함되어 있지 않다."라고 하며, 조금도 애석하게 여기지 않은 채 돌아보지 않을 수 있겠습니까.

주나라의 시조(始祖)인 후직을 천자(天子)의 예로 제사한 것은, 후직에서 친진(親盡)[78]이 되었다고 여긴 것이 아닙니다. 후직이 비로소 태(邰)[79]에 봉작을 받아서 주나라의 시조가 되었으며, 후직 이상은 다 스스로 제(帝)가 되었기 때문입니다. 만약 예관의 말과 같다면, 주나라에서 제곡(帝嚳)이나 강원의 묘가 무너진 것을 보고도 수치(修治)하는 데 뜻이 없었다는 말입니까?

수축을 하고 제사를 지내어 한 번 고유(告由)하는 것은, 예(禮)가 수축하는 데 있는 것이지, 역시 추숭하는 제사는 아닌 것입니다. 이를 뒤섞어서 논하여 수축하는 것까지 아울러 하지 않는다는 것은, 전혀 도리에 맞지 않는 듯합니다.

후직이 태에 봉해진 것은 당요(唐堯) 시대에 있었습니다. 그 뒤로 당(唐)과 우(虞)와 하(夏)와 상(商)나라를 지나 세대가 아주 멀어졌는

78 친진(親盡) : 조상을 받드는 대수(代數)가 끝난 것을 말한다. 보통 천자는 7대, 제후는 5대, 기타는 4대까지 조상의 제사를 지낸다.

79 태(邰) : 중국 고대의 후직의 어머니인 강원의 고향인데, 요(堯) 임금이 후직의 공로를 인정하여 이곳을 후직에게 봉해 주어 강원의 제사를 받들게 하였다.

데도 오히려 제사를 하였습니다. 그런데 어찌 감히 목조의 황고비의 능침이 훼손되고 무너진 것을 차마 보면서 마음을 쓰지 않을 수 있단 말입니까. 속히 아뢰고서 거행하는 것이 마땅함에 의심의 여지가 없습니다.

호원[80]의 물음에 대한 답
答浩原問

01. 〔문〕 국상(國喪)에 졸곡제(卒哭祭)를 지내기 이전에는 크고 작은 제사를 모두 정지하기 때문에 국가의 능침(陵寢)에 대한 향화(香火) 역시 폐합니다. 그렇다면 백성들 가운데 기전(畿甸) 안에 사는 자들은 정조(正朝)와 한식(寒食) 같은 절사(節祀)에 선영에 제사 지낼 수가 있겠습니까. 이 의리는 자못 온당치 못한 듯합니다. 그런데 예경(禮經)에도 보이는 바가 없어서, 의심스러워하면서도 능히 결단할 수가 없습니다.

시제(時祭)는 길제(吉祭)이니, 비록 조관(朝官)으로서 국상의 최복을 입는 자가 아니더라도 참으로 감히 제사를 지낼 수가 없습니다. 그러나 삭망(朔望)의 참배(參拜)나 기제(忌祭)와 같은 경우는 또한 간략하게 제철에 나오는 음식을 진설하고 집 안에서 예를 행할 수가 있습니다.

이것을 가지고 미루어 보면, 묘제(墓祭) 역시 이를 모방하여 지낼 수 있을 것입니다. 그런데 능침의 제사를 폐하는데 신민(臣民)들만 홀로 지내는 것은 온당치 못합니다. 존형(尊兄)께서 예경에서 근거할 만한 것을 보신 것이 있으면, 정론(定論)을 알려 주시기를 간절히

80 호원(浩原) : 성혼(成渾, 1535~1598)의 자이다. 본관은 창녕(昌寧), 호는 우계(牛溪)이다. 좌의정에 추증되고 1681년(숙종7)에 문묘에 종향되었으며, 파주의 파산서원(坡山書院) 등에 제향되었다. 시호는 문간(文簡)이다.

바랍니다.

일찍이 《예기(禮記)》를 보니, "사사로운 상을 당했는데 군주의 상복을 입고 있는 자는 감히 사사로운 상의 소상제(小祥祭)와 대상제(大祥祭)를 지내지 못하고, 군주의 상을 마치기를 기다렸다가 추후에 날짜를 잡아 제사를 지낸다. 그러나 관직이 없는 자는 이에 해당되지 않는다."라고 하였습니다. 그렇다면 조관과 일반 사민(士民)은 진실로 다른 것입니다.

그러나 기전에 사는 선비는 또 먼 지방에 거주하는 자와는 같지 않습니다. 눈으로 능침의 제사를 폐하는 것을 보면서도 선묘(先墓)에 절사를 지내는 것은 역시 불가하지 않겠습니까. 삼가 자세히 고증하여 회답해 주시기를 간절히 바라 마지않습니다.

계함(季涵) 존형께서는 지금 어디에 있습니까? 혹시라도 그와 서신을 통한다면 이런 내용도 아울러 언급하여, 널리 여러 사람의 의견을 모아 보는 것이 어떻겠습니까?

국상이 났을 때 조정에서 벼슬하는 사람이 아닐 경우, 소식(素食)을 행하는 것을 의당 어떻게 해야 합니까? 성복(成服) 때까지만 하면 너무 이른 것 같고, 졸곡 때까지 하면 너무 긴 것 같습니다. 예가(禮家)에서는[81] 변제(變除)[82]하는 의절(儀節)에 따라 그 예를 정하는데, 그럴 경우 성복과 졸곡의 사이에는 또한 근거로 삼을 만한 의절

81 예가(禮家)에서는 : 《명재유고(明齋遺稿)》 권30 〈국휼중관혼상제례사의(國恤中冠昏喪祭禮私議)〉에는 '禮家'가 '家禮'로 되어 있다.

82 변제(變除) : 상복(喪服)을 바꾸어 입는 일로, 소상(小祥) 뒤에 연복(練服)으로 갈아입고, 대상(大祥) 뒤에 상복을 벗는 것을 말한다.

이 없습니다. 잘 상고하여 알려 주시기 바랍니다.

오복(五服) 가운데 대공복(大功服) 이하의 달수는, 상복을 받은 날부터 따져야 합니까, 아니면 죽은 날부터 따져야 합니까? 그믐날에 상을 당한 자의 경우에는 달수를 헤아리는 데 곤란한 점이 있습니다. 이에 대해서도 경전에 의거하여 아울러 알려 주시기 바랍니다.

〔답〕 "국상의 졸곡 전에는 크고 작은 제사를 모두 정지한다."라고 한 것은, 《오례의(五禮儀)》의 본뜻으로 보면, 이것은 나라의 크고 작은 제사를 거론한 것입니다. 일반 사서인(士庶人)에 대해서는 제사를 행하거나 폐하는 규정이 없습니다. 그러니 초야에 사는 사서인은 의당 고례(古禮)를 기준으로 삼아야 할 것입니다.

예서를 보면, 국군(國君)에 대해서는 자최삼월복(齊衰三月服)을 입으나, 군처(君妻)와 군모(君母)에 대해서는 복이 없습니다. 다만 예서를 보면, 제사를 지내는 대상자에게 복이 있을 경우에는 제사를 지낼 수가 없습니다. 제사를 지내는 대상자인 조고(祖考)가 만약 관직에 있었다면, 예에 있어서 공의전(恭懿殿)[83]이 돌아가신 데 대해서는 의당 기년복을 입어야 합니다. 그렇다면 제사를 지내기는 어려울 듯합니다.

그러나 삭망전(朔望奠)의 참례(參禮)는, 주자의 경우에는 자신의 몸에 중한 복이 있는 자도 또한 가벼운 복을 입은 사람에게 사당에 들어가 제사를 지내게 하고자 하였습니다. 그러니 제사 지낼 대상에게 비록 복이 있다고 하더라도, 전(奠)을 올려 제사를 지내는 것은 의심할 것이 없습니다.

83 공의전(恭懿殿) : 인종(仁宗)의 비(妃)인 인성왕후(仁聖王后)를 가리킨다. 43쪽 주56 참조.

주자는 제사를 폐하는 한 가지 일에 대해서 아주 중하게 여겼습니다. 이에 고례에서 단연코 제사를 지내서는 안 된다고 한 것에 대해서도 매번 다시 따져 보고 돌아보면서 제사를 지내고자 하였습니다. 그렇다면 기제(忌祭)는 이제 제수를 간략하게 진설하여 단지 전례(奠禮)만을 행하되, 고유(告由)하는 글에 '국상이 빈소에 있다.'는 사유를 적어 고해야 합니다. 그리고 묘제 역시 기제를 지내는 의식처럼 하고자 하지만 어육(魚肉)만은 국상의 졸곡 전에는 나라에서 금하고 있으니, 써서는 안 될 듯합니다. 삭참(朔參)과 망참(望參)에 단지 술과 과일만 진설하는 것도 예법대로 하여 가감하는 바가 없이 한다면, 행하는 데에 또 무슨 혐의스러운 것이 있겠습니까.

예(禮)에는 등차(等差)가 있어서 아버지는 혹 그만두더라도 자식은 행하기도 하고, 임금은 혹 중지하더라도 신하는 행하는 경우가 있는 법입니다. 그러니 어찌 능침에서 제사를 지내지 않는다고 하여 사가(私家)의 제사를 행하기 어렵다고 여기겠습니까.

나라에서 이미 금하는 법이 없으며, 고례로 미루어 보고 주자의 뜻으로 단정해 보건대, 이것은 정지하지 않고 싶습니다. 계함이 일찍이 이에 대해서 물어 온 바가 있었는데, 그때에도 역시 지금 형에게 말한 것과 같은 내용으로 답하였습니다. 그러자 그가 지난번에 저의 소견에 따라서 하고자 한다는 내용으로 답해 왔습니다.

말씀하신 소식을 행하는 한 조목은, 관직에 있는 자가 아니면 정의(情義)와 기력(氣力)을 살펴서 스스로 그 기한을 정해야 할 것입니다. 다만 존형께서는 이미 한 차례 은명(恩命)에 사은하였으니, 저와 같은 일반 평민에게 비할 바가 아닌 듯합니다.

말씀하신 예 가운데 변제(變除)하는 것을 인하여 주육(酒肉)을 쓰는 의절(儀節)에 대해서는, 복(服)이 없는 경우에는 아마도 그 근거를 찾을 수가 없을 듯한바, 마땅히 의리를 참작하여 새로운 예를 정해야만 할 것입니다. 반드시 졸곡 뒤에까지 하려 하면 너무 늦어서 임금의 상에 삼월복(三月服)을 입는 기한을 넘기게 됩니다. 그러니 의당 성복한 날 이후에 스스로 그 도리를 참작하여 적절한 때에 그쳐야 할 것입니다.

"대공복 이하의 복을 그믐날에 만났을 경우에는 성복한 달부터 달수를 따지고자 한다."라고 하셨는데, 이것은 정은 비록 다하지 않았더라도, 의에 있어서는 불가한 점이 있습니다. 기년복 이상의 상에 있어서도 이미 죽은 달부터 달수를 따지는데, 유독 은혜가 줄어드는 기년복 이하의 상에 대해서 도리어 성복한 달부터 달수를 헤아리는 것은 온당치가 않습니다. 그리고 이는 또 상례(喪禮)에 있어서는 점차 감소해 가는 도리는 있을지언정 더 중해지는 경우는 없다는 의리도 아닙니다. 그렇다면 이를 끌어다가 확대 해석해서는 안 될 듯합니다. 그러니 날수는 비록 적더라도 의당 죽은 달을 기준으로 삼아야 할 것입니다.

02. 〔문〕 오늘날 제사에 제수(祭需)를 진설하는 것에 대해서는 일정한 규칙이 없어서, 우리들 몇 사람 집의 경우에도 서로 차이가 나는 경우가 있습니다. 이에 대해서 십분 정밀하고 합당하게 강구하여 후손들에게 남겨 줄 규정을 만들고자 합니다. 그러니 존형의 종가(宗家)에서 진설하는 제찬(祭饌)의 숫자를 자세히 일러 주시되, 이를 작은 그림으로 만들어 보내 주시기를 간절히 바라고 또 바랍니다.

어육(魚肉)은 생선과 날고기가 아닌 듯한데, 형은 무엇을 사용하십니까? 지난번에 정도가(鄭道可)[84]를 만났는데, 그가 말하기를

"《가례》의 〈제찬도(祭饌圖)〉를 보니, 포(脯), 해(醢), 소채(蔬菜)를 합해서 여섯 가지를 사용하였는데, 이는 고례(古禮)의 뜻이지, 세속의 음식이 아니다. 이 때문에 우리 집에서는 포 두 그릇, 해 두 그릇, 소채 두 그릇을 사용하고, 지금 세속에서 밥상에 올리는 음식은 쓰지 않으며, 청장(淸醬)은 없애고서 진설하지 않는다."라고 하였는데, 이 말이 어떠한지 모르겠습니다.

제 생각에는 포와 해, 소채를 사이사이에 번갈아 진설하는 것은 바로 송(宋)나라 때의 음식이니, 고례의 뜻을 어디에서 볼 수 있겠습니까. 그리고 청장을 빼고 진설하지 않는다면 시절 음식이 갖추어지지 않게 됩니다. 그런데도 그는 도리어 그렇게 여기지 않았습니다.

그는 또 "사당의 앞에 정침(正寢)을 만들고는 태묘(太廟)에 협제(祫祭)[85]하는 소목(昭穆)의 위차(位次)와 같이 배열하여, 고조(高祖)가 아랫목에 계시어 동향(東向)을 하고 그 나머지는 소(昭)는 북쪽에, 목(穆)은 남쪽에 모시어 제사하고자 한다."라고 하였습니다. 한 사당 안에서 서쪽을 상(上)으로 하는 제도는 비록 고루한 관행을 인습하는 것이기는 하지만, 정자(程子)와 주자(朱子)는 국가에서 고례를 회복하지 않았다는 이유로, 감히 사사로이 고례를

84 정도가(鄭道可) : 정구(鄭逑, 1543~1620)로, 본관은 청주(淸州), 자는 도가, 호는 한강(寒岡), 시호는 문목(文穆)이다. 저서로는 《한강집(寒岡集)》이 있고, 편서(編書)로는 《태극문변(太極問辨)》, 《고금충모(古今忠謨)》, 《수사언인록(洙泗言仁錄)》, 《무이지(武夷志)》 등이 있으며, 특히 예설(禮說)에 밝아 《오복연혁도(五服沿革圖)》, 《심의제도(深衣制度)》, 《관의(冠儀)》, 《혼의(昏儀)》, 《장의(葬儀)》 등을 편찬하였다.

85 협제(祫祭) : 삼년상이 끝난 뒤에 여러 조상의 신주를 한 사당에 모시고 행하는 제사를 말한다.

행하지 않았습니다. 그렇다면 오늘날에 이렇게 시행하는 것은 참람하여 온당치 못한 뜻이 있지 않겠습니까. 자세히 가르쳐 주시는 것이 어떻겠습니까?

저희 집안에서는 오색의 과일을 쓰고 있으며, 포(脯)와 해(醢)와 소채를 각각 두 그릇씩 쓰고, 탕(湯)을 삼색(三色)으로 써서 총 25그릇을 쓰고 있는데, 혹 지나치게 풍성하게 하여 검소하지 않게 될까 걱정스럽습니다. 삼가 이를 그림을 그려서 올리는바, 고례를 잘 고증해서 알려 주시기 바랍니다.

〔답〕 제품(祭品)에 생선과 날고기를 쓰는지의 여부는, 살펴보건대, 주자가 말하기를 "대저 귀신에게 생물(生物)을 써서 제사하는 것은, 모두 이 생기(生氣)를 빌려서 영험하게 하기 위한 것이다. 옛사람들이 흔종(釁鍾)[86]을 하고, 흔귀(釁龜)[87]를 하는 것은 모두 이 뜻이다."라고 하였습니다. 또 《가례》를 보면, 시조(始祖)를 제사 지낼 때에도 역시 생물을 쓰는 예가 있습니다.

또 사마 온공(司馬溫公)의 〈제의(祭儀)〉를 보아도 역시 생물을 쓴다고 하였습니다. 그렇다면 《가례》에서 사시제(四時祭)의 제찬을 갖춤에 있어서 어육이라고 범범하게 말한 것은, 비록 생물을 쓴다는 분명한 글이 없더라도 의로써 미루어 보면 생물을 쓰는 것임은 의심할 것이 없습니다. 다만 오늘날 사가(私家)에서는 궁박하여 희생(犧牲)을 살펴

86 흔종(釁鐘) : 고대에 종을 새로 주조(鑄造)할 때 희생(犧牲)을 죽여서 그 피를 종의 틈새에 바르는 제의(祭儀)를 말한다. 《孟子 梁惠王上》

87 흔귀(釁龜) : 고대에 거북점을 치는 데 사용하는 거북을 신성하게 하기 위하여 거북을 잡아 말려서 짐승의 피를 바르는 것을 말한다.

보는 예가 없습니다. 그렇다면 반드시 생물을 쓰는 것으로 법식을 만든다면, 아마도 제수를 마련하기가 어려울 듯합니다.

주자가 또 말하기를 "단지 정성과 공경을 위주로 해야지, 그 나머지의 예법은 집안의 풍약(豐約)에 따라서 해야 한다. 국 한 그릇에 밥 한 그릇을 올리더라도 모두 스스로 그 정성을 다할 수가 있는 법이다."라고 하였습니다. 이것으로 논해 본다면, 희생을 살펴볼 수 있는 부유한 집에서는 생물을 쓸 수가 있으나, 그 이하의 집에서는 아마도 그렇게 하지 못할 듯합니다.

제수 물품의 가짓수의 많고 적음은, 저희 집안의 종가(宗家)에서 갖추는 바는 한결같이 《가례》를 기준으로 하여 하고 있는데, 늘 먹는 음식의 가짓수를 더하거나 빼거나 하지 않을 수 없는 것은, 사시에 나오는 음식은 역시 혹 다를 수가 있기 때문입니다. 주자가 남헌(南軒)에게 말하기를 "단오(端午)에 찹쌀떡을 먹지 않을 수 있겠으며, 중양(重陽)에 수유주(茱萸酒)를 마시지 않을 수 있겠는가? 제사를 지낼 때 올리지 않고 자신이 먹을 경우, 너의 마음에 편안할 수 있겠는가?"라고 하였습니다. 이것으로 본다면 그 철에 나오는 음식물에 따라서 제수로 올리는 것은, 혹 인정에 있어서 하지 않을 수 없을 듯합니다.

이와 같다면, 정도가가 청장을 진설하지 않는다는 것과 시속에서 쓰는 반찬을 쓰지 않는다고 한 말은 모두가 주자의 뜻이 아닙니다. 주자가 또 말하기를 "사마 온공의 〈제의〉를 보면, 서수(庶羞)와 면식(麵食)이 모두 15가지이다. 이제 모름지기 간략하게 줄이는 법을 써서 해야만 한다."라고 하였습니다. 이것으로 본다면, 비록 산 사람을 봉양하는 것보다는 풍성하게 하더라도 번거롭게는 하지 않는다는 뜻을 역시 잘 알 수가 있습니다.

또 정도가가 사당의 위차를 소목에 따라서 하고자 하는 것이 온당치 못함은, 참으로 말씀하신 것과 같습니다. 그리고 사당의 앞쪽에다가 정침을 지으려 한다고 한 것은, 또 《가례》에서 말한 "사당은 정침의 동쪽에다가 세운다."라고 한 뜻이 아닌바, 그렇게 하는 것은 곤란할 듯합니다. 주자가 말하기를 "가묘(家廟)를 동쪽에 세우는 것은 아들 된 자가 그 어버이를 죽은 사람으로 대우하지 않는다는 의리이다."라고 하였습니다. 그렇다면 아마도 마음대로 고쳐서는 안 될 듯합니다.

보내오신 제기(祭器)의 품수도(品數圖)를 보면, 청장을 동쪽에 두었는데, 이것은 마른 것은 왼쪽에 놓고 젖은 것은 오른쪽에 놓는다는 뜻을 잃은 것으로, 합당치 않은 듯합니다. 그 나머지는 모두 저희 집에서 행하는 바와 서로 부합됩니다. 그리고 고례를 보면 장(醬)은 음식에 있어서 가장 중요한 것인바, 중간에 놓는 것이 마땅합니다. ……

03. 〔문〕 소렴(小斂)[88]에서의 변복(變服)은, 참최(斬衰)의 경우에는 환질(環絰)[89]과 백포건(白布巾)을 쓰고, 요질(腰絰)은 띠를 흐트러뜨려서 석 자를 드리우며, 효대(絞帶)를 갖춥니다. 이 예는 구준(丘濬)의 《가례의절(家禮儀節)》에 보이는데, 상차(喪次)에 《의례(儀禮)》가 없어서 경전에서 근거로 삼은 바를 알지 못하겠습니다. 모르겠습니다만, 이 절차가 모두 《의례》에 나오는 것이어서 《가례》에서

88 소렴(小斂) : 염(斂)의 맨 첫 단계로, 사람이 막 죽었을 때 시신(尸身)의 손톱과 발톱을 자르고 목욕시킨 다음 옷을 입히고 이불로 싸는 것을 말한다.

89 환질(環絰) : 소렴 때 상제가 쓰는 사각건에 덧씌워 쓰는 삼으로 꼰 둥근 테두리를 말한다. 《예기》 〈잡기 상(雜記上)〉에 "소렴에는 환질을 한다.〔小斂環絰〕"라고 하였다.

빠진 것을 보충한 것입니까?

문포(免布)[90]는, 《가례》에서는 단지 1치의 비단을 가지고 머리를 감싼다고 하였는데, 구준은 백포건을 써서 이를 대신한다고 하였습니다. 이것은 어째서입니까? 《가례》에서는 머리를 드러내었는데, 구준은 두건(頭巾)을 썼습니다. 모르겠습니다만, 고례에는 본디 어떻게 되어 있습니까? 요질을 흐트러뜨려서 드리우는 것은 단지 참최복의 상에서만 행합니까, 아니면 기년복 이하의 상에서도 할 수가 있는 것입니까?

이상에서 말한 것들은 모두 지난날에 이미 시행하던 예인데, 그에 대한 옳고 그름을 상세히 알고 싶어서 감히 여쭈었습니다.

무릇 분상(奔喪)하는 사람은 이미 성복(成服)한 뒤이면 초상집에 도착한 뒤에 4일이 지나서 성복하는 것이 예입니다. 만약 소렴 전에 도착했을 경우에도 4일이 되기를 기다립니까, 아니면 집에 있는 사람들과 같이 성복합니까? 《가례》에는 단지 성복한 뒤의 의절만을 말해 놓고 그 나머지의 경우에 대해서는 말해 놓지 않았습니다. 생각건대 초종(初終)에 분상하는 사람은 4일이 되기를 헤아리지 않고서 상주(喪主)를 따라서 성복하는 것이 마땅할 것으로 여겨집니다. 삼가 상세히 알려 주시기 바랍니다.

〔답〕 환질 등을 변복하는 한 가지 절차는, 비록 구준의 《가례의절》에 실려 있기는 하지만, 이는 이미 《가례》에서 삭제한 바입니다. 초종으로부터 성복에 이르기까지는, 그 사이에 변복하는 절차를 보면, 《가

90 문포(免布) : 문(免)을 하는 데 쓰는 베를 말한다. 문은 상을 당하여 상복을 입기 전에 관을 벗고 흰 삼베로 된 띠를 가지고 머리카락을 일정한 형태로 묶는 것을 말한다.

례》에서는 아주 뚜렷하게 등급이 있는바, 주자가 정해 놓은 바를 내버리고서 또다시 고례(古禮)에서 찾아서는 안 됩니다.

문(免)의 제도 역시 의당 《가례》의 설을 따르고 구준의 설을 버리는 것이 어떻겠습니까? 요질을 흐트러뜨려서 드리우는 것에 대해서는 참최(斬衰) 조항 아래에 상세히 말해 놓았습니다. 자최(齊衰) 및 기년복(朞年服) 이하에는 모두 "복제(服制)는 위와 같다."라고 하였으니, 기년복 이하는 통용하는 것이 마땅합니다. 다만 고례에는 성복에 이르러서는 이에 다시 꼬는 것으로 되어 있으며, 주자의 《가례》에서는 성복을 하고서 흐트러뜨려서 드리우는 것으로 되어 있습니다. 그리고 고례에서는 또 계빈(啓殯)을 할 때 흐트러뜨렸다가 졸곡 때 꼬는 것으로 되어 있는데, 《가례》에서는 이를 모두 삭제하였습니다. 이것은 글이 빠진 것 같습니다.

또 주자가 말하기를 "요질을 흐트러뜨려서 드리우는 것은 대대(大帶)를 형상한 것이다."라고 하였습니다. 이것으로 본다면, 종상(終喪) 때까지 흐트러뜨려서 드리우는 것인 듯한데, 이 설은 고단(孤單)합니다. 지금 만약 《가례》의 설에 따라서 흐트러뜨려서 드리운다면, 졸곡 뒤에는 고례에 따라서 다시 꼬아야만 할 것인데, 어떨지 모르겠습니다.

분상하는 사람이 성복하는 예는 비록 《가례》에 실려 있기는 하지만, 상세하게 말해 놓지 않았습니다. 《의례경전통해(儀禮經傳通解)》의 분상조(奔喪條)를 보면 "마복(麻服)을 입기 전에 분상한 경우 주인이 성질(成絰)을 하지 않았을 때에는 망자와 소원한 자는 주인과 더불어 모두 성질을 하고, 망자와 친한 자는 마(麻)로 된 대질(帶絰)을 하고 그 날수를 마친다."라고 하였는데, 이에 대한 주에 이르기를 "친한 자는 대공(大功) 이상을 말하고, 소원한 자는 소공(小功) 이하를 말한다.

소원한 경우에는 주인의 의절에 미쳤을 경우에는 그것을 쓰고, 미치지 못하였을 경우에는 역시 스스로 그 날수를 쓴다."라고 하였습니다. 그러니 《의례》에 따라서 하는 것이 어떻겠습니까?

요질은 고례에 따라서 성복하는 날에 꼬았다가 또다시 계빈할 때 흐트러뜨리며, 다시 졸곡(卒哭)하는 날에 꼬는 것이 역시 고례에 합당합니다.

04. 〔문〕《가례》에는 복위(服位)에 대해서 염습(斂襲)한 뒤에 자리를 만드는 것만 있고, 성복하는 자리에 대해서는 의절(儀節)이 없습니다. 이미 빈(殯)을 한 뒤에는 염습한 뒤에 자리를 만드는 것과는 달리 해야 할 것 같습니다. 그런데 구준(丘濬)의 《가례의절》에도 분명한 내용이 없어서, 이제 어디에 의거해야 할지 모르겠습니다.

〔답〕 염습을 한 뒤의 위차(位次)에 있어서 남쪽을 위로 하는 것은 시신이 곁에 있기 때문으로 시신의 머리가 있는 쪽을 위로 삼는 것입니다. 빈(殯)을 한 뒤에 이미 당(堂) 아래에 위차를 정하였을 경우에는, 위차에 있어서 북쪽을 위로 하는 것이 마땅한데, 이 역시 염습을 할 때 시신을 높이는 의리로써 하는 것입니다. 지금 사람들이 대부분 염습할 때의 위차를 고수하면서 빈(殯) 앞의 자리에서도 위차를 고치지 않아, 가장 낮은 자가 시신의 머리 가까이에 있고, 높은 자가 도리어 시신의 아래쪽에 있습니다. 이것은 아주 불가합니다. 이에 이를 그림으로 그려서 올립니다.

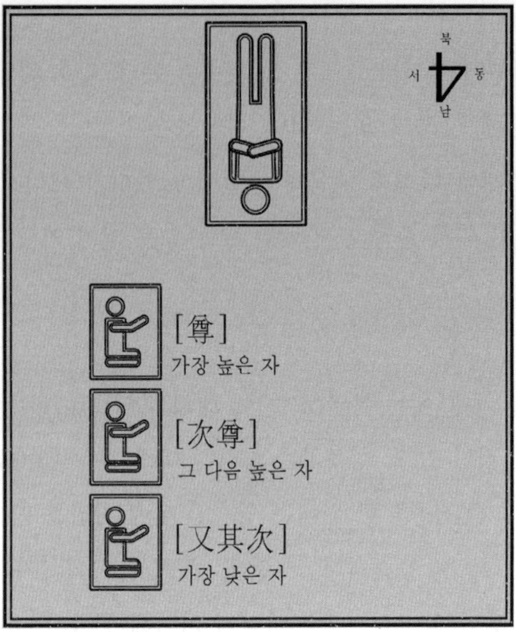

그림 1. 빈위차(殯位次)

이것은 새로 만든 것이 아니라, 염습할 때 시신을 높이는 의리입니다. 《의례》를 보면, 조석곡(朝夕哭)을 할 때 장부는 문의 바깥에 위치하되 서쪽을 바라보면서 북쪽을 위로 한다고 하였는데, 이것은 분명하게 나와 있는 명문(明文)입니다. 다시는 의심할 것이 없습니다.

05. 〔문〕 신주(神主)를 쓸 때 방제(旁題)를 왼쪽에 씁니까, 오른쪽에 씁니까?

〔답〕 방제는 의당 쓰는 자의 왼쪽 곁에다가 씁니다. 이것은 신주와 나란히 쓰는 것으로 상하의 위차로 삼는 것이 아닙니다. 비록 오른쪽을 숭상하는 신도(神道)로 볼 때 오른쪽이기는 하지만, 역시 나란하게 방제를 써서 한 자리로 삼는 것을 어찌 혐의할 것이 있겠습니까. 쓰는

자의 왼쪽에 쓰는 것이 필세(筆勢)로 보아서도 이미 순합니다.

《가례》에 "작은 비석을 세운다.〔立小石碑〕"라고 한 부분의 주에 "그 왼쪽에 쓴다.〔其左〕"라고 하였는데, 여기에서의 왼쪽은 글씨를 쓰는 자의 왼쪽이 아니면 문세(文勢)가 거꾸로 되어서 읽을 수가 없습니다. 어찌 한 글씨 가운데 하나는 쓰는 자를 위주로 하여 정하고, 하나는 신주의 몸체를 위주로 하여 정할 리가 있겠습니까. 비석의 몸체와 신주의 몸체를 또 어찌 다르게 볼 수 있겠습니까.

제가 어렸을 적에 청송(聽松) 선생께 물어보았더니, 답하시기를 "기묘년(1519, 중종14)의 여러 유학자가 모두 《소학(小學)》에 나오는 〈하씨도(何氏圖)〉에 의거해서 신주 몸체의 왼쪽에 쓰는 것으로 정하였다."라고 하였습니다. 또 퇴계(退溪) 선생이 논한 바를 보니, 거기에도 "신주 몸체의 왼쪽에 쓴다."라고 하였습니다. 이 두 분 선생께서 논한 바는 모두 미진한 듯합니다. 《가례》의 경우에는 쓰는 자의 왼쪽에 쓰는 것임이 의심의 여지가 없습니다. 그리고 신주를 쓰는 식은 이천(伊川)에게서 처음 시작되었는데, 이천의 문집에 나오는 그림에도 《가례》와 같이 되어 있는바, 아마도 의심할 바가 없을 듯합니다.

세상 사람들이 《가례》에 나오는 그림에는 잘못된 것이 많다는 이유로 그 그림을 믿지 않고 있는데, 심지어는 옳게 되어 있는 것까지도 고치려고 합니다. 이는 아주 온당치 못합니다. 그리고 우리나라의 예에도 쓰는 자의 왼쪽에 쓰는 예를 쓰고 있습니다.

06. 〔문〕 남자가 연제(練祭)에 복을 입을 경우에 효대(絞帶)는 무엇으로 만들어야 합니까? 고례(古禮)의 경우에는 졸곡 때에 이미 삼베로 만들었는데, 《가례》에는 별도의 의절이 없으니, 무엇을 따라야

할지 모르겠습니다. 제 외구(外舅)의 연제가 임박하여 상인(喪人)들이 최복을 다시 만들면서 갈포(葛布)로 요질(腰絰)을 만들었습니다. 그러나 효대에 대해서는《의례경전통해속(儀禮經傳通解續)》에도 자세하게 말해 놓지 않았습니다. 이제 졸곡에 삼베로 만드는 예(例)에 근거하여 삼베로 만들고자 하는데, 어떨지 모르겠습니다.
〔답〕 삼베로 만드는 것이 합당할 듯합니다.

07. 〔문〕 출가한 여자의 기년상(朞年喪)이 끝나는 달이 되어 담감찰(淡甘察)[91]-감찰이다.-의 개두(蓋頭)[92]와 담감찰의 발종(髮縱)[93]과 백포(白布)의 장의(長衣)-댱옷이다.-를 만들어서 상복(喪服)을 바꾸어 입고서 곡한 다음 이 차림으로 심상(心喪)을 입으려고 하는데, 모르겠습니다만 이 제도가 크게 어긋나는 점은 없습니까?
〔답〕 말씀하신 것은 온당치 못합니다. 어찌 다시금 상복을 만들어 입는단 말입니까. 단지 화려한 옷차림만 하지 않으면 됩니다.

08. 〔문〕 방친(旁親)의 복(服)에 휴가를 주는 규정은 어느 시대부터 시작되었는지 모르겠습니다. 어찌 한 문제(漢文帝)의 조서가 내려

91 담감찰(淡甘察) : 엷은 검은빛을 띤 주황색을 뜻하는 고어(古語)로, 요즈음의 말로는 엷은 다갈색이라고 한다.

92 개두(蓋頭) : 옛날에 상복을 입을 때에 쓰던 쓰개의 일종이다.《가례의절(家禮儀節)》에 "아주 가는 마포(麻布)로 만드는데, 모두 3폭으로 만들며 길이는 몸체와 같고 가장자리는 꿰매지 않는다."라고 하였다.

93 발종(髮縱) : 무엇을 말하는지 분명치 않으나, 아마도 머리카락을 묶는 데 쓰는 도구인 듯하다.

진 때부터가 아니겠습니까. 국가의 법이 어찌 휴가만을 주도록 하는 데에서 그치겠습니까. 아마도 단상(短喪)[94]을 하기를 한 문제가 한 것처럼 하라는 뜻일 것입니다. 휴가를 주기만 할 뿐이라고 한다면, 관직에 있는 사람에 대한 법식이 또 일반 백성들보다 적어서는 안 될 것입니다. 그리고 일반 백성들이 또 어찌 휴가를 주는 규정을 쓰겠습니까.

지금 세속의 제도에서는 방친의 복을 입는 것이 풍속이 되었는바, 참으로 그에 따르는 것이 마땅합니다. 그러나 현재의 제도를 단상을 입는 것이라고 한다면, 어찌 온당치 못한 것이 아니겠습니까.

저는 지금 중한 복을 만났는데, 바로 의복(義服)입니다. 전일에 계부(季父)의 상을 당하였을 때에는 소견이 지금과 같이 정해지지 않았고, 또 여러 형이 위에 있어 구애되는 바가 있는 탓에 복제(服制)를 정할 수가 없었습니다. 이제 이에 대한 복제를 정하고자 하는데, 의복을 입자니 정에 있어서 미진한 바가 있으며, 또 법에 있어서도 의심이 됩니다. 이에 단지 포대(布帶) 차림으로 한 달 동안 입고, 그 뒤에는 백의(白衣)와 소대(素帶) 차림으로 그 달수를 마치려고 하는데, 어떨지 모르겠습니다. 이와 같이 조처한다면 크게 이치에 어긋나는 점은 없겠습니까?

저는 지금 중한 복(服)을 만났으니, 예문(禮文)으로 헤아려 보건

94 단상(短喪) : 복상(服喪) 기간을 단축하는 것으로, 이를테면 하루를 한 달로 계산하여 27일만 상복을 입어도 27개월인 상기(喪期)를 끝낸 것으로 여기는 이일역월제(以日易月制)가 그것이다. 이 제도는 한 문제가 시행한 뒤로 역대 왕조(王朝)에서는 이를 답습하였다.

대 업(業)을 폐하는 것이 마땅합니다. 그러나 집 안에 항상 바깥손님들이 와 있어서 주인으로서 손님을 접대하여야 하는바, 지극히 온당치 못합니다. 이에 졸곡(卒哭) 전에는 우선 바깥사랑채에 기거하고 있는 제군(諸君)들을 모두 집으로 돌려보내려고 하는데, 모르겠습니다만 이 뜻이 어떻습니까?

주자(朱子)의 어록(語錄)을 보니, 복(服)을 당하여 사당에 제사를 지내는 것에 대해 묻자 "중한 복을 입고 있을 경우에는 100일이 지나기 전에는 제사를 지내기가 어렵다. 그러나 기년복이나 대공이나 소공 및 시마복의 경우에 이르러서는, 지금의 법에는 날짜가 아주 적은바, 가묘(家廟)에 들어가서 향을 피우고 절을 해도 된다."라고 답하였습니다. 그렇다면 이것은 단상을 말한 것인 듯합니다.

〔답〕《가례》를 보면, 오복(五服)의 달수에 대해 분명하게 실려 있어서 의심할 만한 것이 없습니다. 양씨(楊氏)가 식가(式暇) 한 조항을 보충해 넣은 본래의 뜻[95]은, 사람들로 하여금 《가례》 본문을 버려두고서 이 규정에 따르게 하려는 것이 아닙니다. 더구나 단상은 근거할 데가 없는 것인 데이겠습니까.

이 규정이 어느 시대에 시작되었느냐 하는 것은 논의할 필요가 없습니다. 주자가 그 당시 사람들이 이미 이 규정을 알고 있는데도 오복의 달수 및 복제(服制)의 생숙(生熟)과 추세(麤細)에 대해서 아주 상세하

95 양씨(楊氏)가……뜻 : 양씨는 송나라의 학자인 양복(楊復)을 가리킨다. 송나라 장계(長溪) 사람으로, 자는 지인(志仁)이며, 주희(朱熹)의 제자이다. 신재(信齋) 선생이라고 불렸으며, 저서로는 《가례의례도(家禮儀禮圖)》, 《가례잡설부주(家禮雜說附註)》가 있다. 《가례》의 〈상례(喪禮) 성복(成服)〉 아래의 주에 양씨의 식가에 대한 규정이 나온다.

고 치밀하게 말해 놓았습니다. 지금은 의당 주자의 《가례》를 따라야 합니다. 양씨가 보충해 넣은 식가의 한 조항을 어찌 오복의 달수 중에 뒤섞어서 논해서야 되겠습니까.

우리나라 《경국대전(經國大典)》에도 "단기상은 30일이다."라고 말하지 않고 오복에 대해 모두 고례의 달수를 따랐으며 다만 식가 규정에서만 30일 이하 일수를 말하였으니, 그렇다면 사람들로 하여금 집에서 예법대로 오복을 행하게 하되 국가에서 휴가를 주는 일수는 이와 같았던 것을 분명히 알 수 있습니다. 가령 한결같이 국전(國典)에서 정한 휴가를 주는 날수에 따라서 할 경우에는 처부상(妻父喪)에도 역시 기년복을 입을 것입니까?

휴가를 주는 날수는 직위에 있는 자가 직위에 있지 않은 자보다도 적은데, 이것은 반드시 국법에서 직위에 있는 자는 직임을 중하게 여기고 사상(私喪)을 가볍게 여긴 것입니다. 이른바 직위에 있지 않다고 한 것도 또한 말씀하신 바와 같은 일반 백성을 가리키는 것이 아닙니다. 이는 아마도 관직에서 해임된 사람이거나 혹은 사인(士人)을 말하는 것입니다.

상을 당하여서는 참으로 업(業)을 폐하는 법입니다. 그러니 말씀하신 대로 바깥사랑채에 있는 사람들을 물러가게 하는 것이 예에 합당할 듯합니다. 주자가 이미 가벼운 복을 입은 자로 하여금 사당에 들어가서 예를 행하게 해도 된다고 말한 것이 있으니, 반드시 복이 없는 다음에야 가묘에 들어갈 수 있는 것은 아닙니다.

말씀하신 "지금의 법상으로 보면 날짜가 아주 적다."라고 한 말은, 그 말뜻이 "나라의 일에 있어서 이미 피할 바가 없을 경우에는 가묘에서는 압존(壓尊)되어 향을 피우고 절을 해도 괜찮을 듯하다."라고 하신 것인데, 이것을 가지고 단상을 한 것이라고 의심해서는 안 될 듯합니다.

지금 《주자어류(朱子語類)》를 보니, 거기에 이르기를 "장횡거(張橫渠)에게 계부의 상이 있자 세 번이나 시사(時祀)를 폐하고서 동생인 죽감(竹監)[96]으로 하여금 제사를 지내게 하였는데, 죽감이 관직에 있어서 복상(服喪)하는 것을 오로지 하지 않아도 되었기 때문에 그렇게 한 것이다."라고 하였습니다. 그렇다면 송나라의 법에 있어서는 단상을 하지 않는 것이 역시 아주 분명합니다. 그러니 의심스러운 것을 가지고 분명한 것을 가리지 않으며, 앞에서 하지 않은 것을 가지고 뒤에서 주저하지 말아서, 단연코 복제(服制)를 정하여 예경(禮經)에서 말한 달수에 따르시기 바랍니다. 그러신다면 천만다행이겠습니다.

한 문제가 행한 단상 제도는, 비록 예를 강구하는 군자가 아니더라도 모두 그렇게 해서는 안 된다는 것을 알고 있습니다. 그런데 더구나 우리나라의 제도는 한 문제의 단상 제도를 따르지 않는 것이 분명한 데이겠습니까. 밝은 형께서도 만약 이에 대해서 석연치 않게 여긴다면, 한 세상 사람들을 가리는 것이 아주 클 것입니다.

09. 〔문〕 자매(姊妹)의 남편은 자매의 나이에 따라서 위차(位次)를 정하는데, 이것이 의리에 있어서 어떻습니까? 윤담(尹聃)[97]의 아버지는 나이가 숙헌(叔獻)보다 아래인데, 숙헌은 그를 형이라고 호칭

96 죽감(竹監) : 장재(張載)의 동생인 장전(張戩)으로, 장전이 사죽감(司竹監)을 지냈으므로 이렇게 칭하는 것이다. 장전의 자는 천기(天祺)이며, 관중(關中)의 학자로서 형인 장재와 함께 이장(二張)으로 일컬어졌다. 《宋史 道學列傳 張戩》

97 윤담(尹聃) : 율곡 이이의 손위 누이의 아들이다.

하면서 윗자리에 앉힌다고 합니다. 그 말을 듣고서는 몹시 온당치 못하다고 여겼습니다. 저의 견해로는 자매를 한 자리로 만들어 나이에 따라서 앉히고, 사위는 남자 형제들과 더불어 따로 한 자리로 만들어서 나이에 따라 앉히는 것이 아마도 윤리에 있어서 바른 것일 듯합니다.

〔답〕 예(禮)를 보면 좌우(左右)와 전후(前後)가 모두 이치에 합당하게 되어 있는데, 이것이 중도를 얻은 것입니다. 숙헌이 아무리 윤담의 아버지를 높이고자 하더라도, 윤담의 아버지가 어찌 아내의 나이를 끼고서 자기보다 연장자인 숙헌의 윗자리에 앉을 수 있겠습니까. 말씀하신 것이 아주 합당합니다.

지난번에 제가 숙헌을 만났을 적에 그래서는 안 된다고 하자, 숙헌이 답하기를 "누이는 나보다 나이가 더 많은데, 누이가 하늘로 섬기는 바는 그 남편이어서, 형세에 있어서 그의 윗자리에 앉을 수가 없었다."라고 하였습니다. 이에 제가 그렇지 않다고 하면서, 별도로 자리를 만들어서 앉는 것이 편할 것 같으며, 별도로 자리를 만들어 앉기가 곤란할 경우에는 숙헌이 윤담 아버지의 윗자리에 앉는 것이 옳고, 윤담의 아버지가 숙헌의 윗자리에 앉는 것은 그르다고 하였습니다.

《예기》에 이르기를 "여자가 앉을 때는 남편의 나이에 따른다.〔女坐以夫之齒〕"라고 하였습니다. 그런데 이제 어찌 감히 남편이면서 아내의 나이에 따라 앉을 수가 있겠습니까. 또 《예기》에 이르기를 "남녀는 서열을 달리한다.〔男女異長〕"라고 했습니다.

10. 〔문〕 이웃에 물에 빠져 죽어서 시신을 찾지 못한 사람이 있는데, 그의 아들이 초혼(招魂)을 하여 묘(墓)를 쓰려고 합니다. 이것이

의리에 있어서 어떻습니까? 이 일은 인륜에 있어서 아주 중한 것으로, 혹시라도 차질이 생길 경우에는 어찌 효자의 마음이 상하지 않겠습니까?

〔답〕 묘(墓)라는 것은 단지 체백(體魄)을 장사 지내는 곳입니다. 이미 그 시신을 찾지 못하였으면, 묘를 쓰지 않는 것이 합당합니다. 오직 혼(魂)은 없는 곳이 없으니 신주(神主)를 만들어서 제사 지내는 것이 의리에 있어서 합당할 것입니다.-뒤에 《주자대전》을 보니, 주자가 말하기를 "초혼하여 장사 지내는 것은 예가 아니다. 이에 대해서는 선유(先儒)가 이미 논해 놓았다."라고 하였다.-

김희원[98]에게 답한 편지

答金希元

소상(小祥)의 연복(練服)에 대해 논하였다.

전후로 보내온 두 편지를 보니, 인정(人情)과 예문(禮文)을 극진히 하였는바, 예학(禮學)에 진보가 있음에 대해 깊이 탄복하였네. 다만 연복의 최포(衰布)를 반드시 생포(生布)로 쓰려고 하는 것은 옳지 않은 듯하네.

그 뜻은 대개 '시마복(緦麻服)은 이에 최포 가운데 가장 정미하고 가는 것인데도 오히려 올에 대해서는 마전을 하고 포에 대해서는 마전을 하지 않는다고 하였으니,[99] 시마복 이상은 모두 포에다가 마전을 해서는 안 된다.'라고 여기고는, 이것으로 단정을 하면서 말하기를 "오복(五服)의 최(衰)는 모두 생포를 쓴다. 연복에 공최(功衰)[100]를 쓰는

98 김희원(金希元) : 김장생(金長生, 1548~1631)으로, 희원은 그의 자이다. 본관은 광산(光山), 호는 사계(沙溪)이다. 구봉, 이이(李珥)의 문인이다. 성리학과 예학(禮學)에 조예가 깊었고, 송시열(宋時烈)과 송준길(宋浚吉) 등의 학자를 배출하여 서인(西人)을 중심으로 한 기호학파(畿湖學派)를 이루었다. 저서로는 《가례집람(家禮輯覽)》, 《경서변의(經書辨疑)》, 《사계전서(沙溪全書)》 등이 있다. 시호는 문원(文元)이다.

99 오히려……하였으니 : 《의례》 〈상복(喪服)〉의 전(傳)에 이르기를 "시라는 것은 15승 가운데에서 그 절반을 제거한 것으로, 올에 대해서는 마전을 하고 포에 대해서는 마전을 하지 않은 것이다.〔緦者, 十五升抽其半, 有事其縷, 無事其布.〕"라고 하였다.

100 공최(功衰) : 삼년상을 당하여 소상이 지난 뒤에 입는 복(服)을 말한다. 《예기》 〈잡기(雜記)〉에 "삼년상의 상복을 입는 동안에는 비록 소상을 마치고 공최복을 입게 되었더라도 다른 사람의 상을 조문하지 않는다."라고 하였다.

것은, 그것이 생포를 쓰는 것임은 조금도 의심할 것이 없다."라고 한 것이네. 그러나 이것은 전혀 그렇지가 않네. 먼저 포를 쓰는 한 가지 일을 가지고 말해 보겠네.

고례(古禮)를 보면 "참최관(斬衰冠)의 포는 물을 써서 빨고, 자최관(齊衰冠) 이하의 포는 회(灰)를 가지고 삶아서 다스린다."라고 하였네. 이것은 모두 베를 다 짠 뒤에 물로 빨거나 회로 삶는 것이네. 어째서 그렇다는 것을 알겠는가. 만약 이것을 모두 베를 짜기 전에 실을 다스리는 일이라고 한다면, 참최의 포는 실을 물로 다스리지 않고 베를 짠 다음에야 등쇄(等殺)[101]에 합당하게 되어서, 물에 빤 관보다 더 거친 것이 될 것이네. 그런데 어찌 실을 물로 다스리지 않고서 베를 짤 리가 있겠는가.

나의 견해로 말한다면, 실에 대해서 마전을 하는 시마(緦麻)는 바로 베를 극히 정밀하게 마전한 것이네. 듣건대 오늘날 세상에서 베를 짜는 공인(工人)들 역시 그렇게 하는바, 먼저 그 실을 마전한 것을 상품으로 치고, 베를 짠 뒤에 마전하는 것을 그다음으로 친다고 하네.

오복의 최포는 모두 생포로 한다는 것도 아주 잘못된 것이네. 《의례》를 보면, 시관(緦冠)은 시최(緦衰)와 같은데 시최는 참으로 생포로 만드는바, 시관 역시 생포로 만들어야 하네. 그런데 시관은 마전한 포를 써서 하네. 어찌 그런 이치가 있겠는가. 소상관에 이미 마전한 포를

101 등쇄(等殺) : 등차(等次)와 같은 말인데, 등(等)은 존현지등(尊賢之等)의 등을 말하는 것으로, 등급(等級)의 뜻이요, 쇄(殺)는 친친지쇄(親親之殺)의 쇄를 말하는 것으로, 감쇄(減殺)의 뜻이다. 상례(喪禮)에 있어서 촌수(寸數)가 멀어질수록 복상(服喪) 기간이 줄어들어 삼년상, 기년(朞年), 대공(大功), 소공(小功)으로 되는 것이 모두 이 쇄의 원칙에 따른 것이다.

쓰지 않을 수 없다면, 오복의 최포는 모두 생포로 한다는 설은 따지지 않아도 저절로 깨뜨려질 것이네.

사마공(司馬公)의 〈서의(書儀)〉를 보면, 대공(大功) 이하는 비단〔絹〕을 쓰네. 만약 오복을 모두 생포로 한다면, 역시 이와 같이 곧바로 정밀한 것을 쓰지는 않았을 것이네. 주자가 숙포(熟布)로 공최(功衰)를 만들도록 정한 것도 역시 아무런 근거가 없이 스스로 자기의 뜻을 내어 한 것은 아니네. 공최를 이와 같이 다스린 베를 쓴다면, 공포(功布)가 생포가 아닌 것도 역시 분명하네.

예경(禮經)에 이르기를 "연제를 지내고 나서는 공최복을 입는다."라고 하였고, 또 말하기를 "졸곡 뒤에 쓴 관(冠)으로 그 최복(衰服)을 받는다."라고 하였는데, 졸곡 뒤의 관은 바로 공최네. 그러니 공최가 과연 생마포(生麻布)로 만드는 것이겠는가.

비록 그렇지만 고례는 근고 시대의 제유(諸儒)들 역시 알기가 어려운 것인바, 이제 수천 년 뒤에 태어나서 자신의 견해만을 옳다고 주장하기는 어려울 것이네. 그러니 단지 송나라 선유들의 설과 주자의 《가례》를 가지고 정하는 것이 마땅할 것이네.

주자는 《가례》에서 이미 숙포로 공최복을 만드는 것으로 정하였으며, 소상에는 연포(練布)를 쓰는 것은 이미 묵최(墨衰)[102]에 대한 물음에서 질정되었네.–성복장(成服章) 아래의 묵최에 대해 물은 조항에 보이는데, 거기에서 "이미 장사를 지내고는 갈삼(葛衫)으로 바꾸어 입으며, 소상에는 연포로 바꾸어 입는다."라고 하였다.– 이것은 장횡거(張橫渠)의 '연포를 쓴다.'는 뜻과 서로 합치되네.

102 묵최(墨衰) : 51쪽 주72 참조.

보내온 편지에서 말하기를 "장횡거는 연포를 쓴 적이 없다."라고 하였는데, 생각건대 이는 역시 그렇지가 않네. 마전을 한 대공의 포를 가지고 상의를 만든다는 것이 장횡거의 설이 아닌가? 숙포를 쓰는 데 대한 증거가 이와 같은데도 황간(黃榦)의 《의례경전통해속(儀禮經傳通解續)》에는 "분명한 글이 없다."라고 하였네.

〈연복도(練服圖)〉는 단지 소가(疏家)의 설을 근거로 하였는데, 소가의 설에는 생포를 쓰는지 숙포를 쓰는지가 역시 상세하지 않네. 모르겠네만, 생포를 쓰려고 할 경우, 어디에서 취해 법으로 삼을 것인가? 고례에서 포(布)를 쓰는 뜻을 인해서 장횡거가 이미 정한 의론을 채택하고, 주자가 질문한 말을 참고하고, 《가례》에서 공포는 숙포를 쓰는 의절에 의거하여 보면, 소상(小祥)과 대상(大祥)에 숙포를 쓰는 것은 의심할 것이 없네. 나의 견해는 이와 같으니, 행여나 의아해하지는 말게.

가령 생포를 쓴다면, 이것은 참최(斬衰)의 포를 소상에서 쓰면서 단지 새수(升數)만 다르게 한 것이네. 무릇 새수를 둔 것은 참최복으로부터 시마복에 이르기까지가 3새(升)에서 시작되어 15새에 이르러 끝나, 감쇄(減殺)함이 아주 심하게 있네. 이것은 주자가 구분하기 어려워한 바이네. 그러므로 주자가 《가례》에서 단지 거칠고 촘촘한 것을 가지고 정한 것이네. 그런데 어찌 감히 《가례》를 뛰어넘어서 새수에 대해 논하겠는가.

포(布)를 다스리는 등급은, 고례에는 물로 빨지 않고, 물로 빨고, 회로 삶고, 또 회로 다스리는 구별이 있었는데, 《가례》의 경우에는 생포냐 숙포냐를 가지고 정하였네. 오늘날 세상에서 참최복에 이미 이 생포를 쓰는데, 소상에서 또 이 생포를 사용한다면, 이것은 참최복의 생포를 소상에서도 쓰는 것이 아니겠는가.

이율곡(李栗谷) 역시 생포를 쓴다는 편지를 보내왔는데, 지금 답장을 쓸 겨를이 없어서 별도로 편지를 보내지 않았네. 이 편지를 그에게도 전달해 주면 몹시 다행이겠네. 눈이 침침하여 일일이 다 적지 못하네.

조석곡(朝夕哭)을 그친 뒤에 궤연(几筵)에서의 신석례(晨夕禮)에 대해서는 《가례》에 글이 없네. 이에 〈사당장(祠堂章)〉에 나오는 신참(晨參)의 절을 행하고자 한즉, 삼 년 안에는 궤연에 참신(參神)하는 절이 없네. 주자가 이르기를 "영구 앞에서는 절을 하지 않는다. 아들로서 어버이를 섬김에 있어서는 반드시 일어나서 옷을 입기를 기다린 뒤에 절을 하는 법이다."라고 하였네.[103] 그렇다면 궤연에서 참배하는 절이 없는 것은, 어버이를 살아 계신 것으로 대하는 예이네. 이제 아침과 저녁에 상차로 들어가 궤연 앞에 엎드려서 정성(定省)의 뜻을 행하고자 하네. 이는 이미 전혀 일이 없을 수가 없으며, 또 귀신을 섬기는 예로 행할 수가 없기 때문이네. 어떻게 생각할지 모르겠네.

103 주자가……하였네 : 어떤 사람이 주자에게 묻기를 "효자가 시구(尸柩) 앞에서는 상례(喪禮)에 전혀 절을 하지 않는데, 어떻습니까?"라고 하자, 주자가 답하기를 "생각건대 이는 단지 부모가 살아 계실 때 자제가 절을 하고자 하면 역시 부모가 일어나서 옷을 입기를 기다려서 하는 법이다. 지금 아마도 차마 귀신으로 섬길 수가 없으므로 절을 하지 않는 것이다."라고 하였다. 《朱子語類 卷89 禮6 喪》

숙헌[104]이 서모를 대하는 예에 대해 논하여 성호원에게 보낸 편지

與浩原論叔獻待庶母禮

〔성호원에게 보낸 편지〕

무릇 예는 명분(名分)을 지키고 혐의(嫌疑)를 분별하는 것을 중요하게 여깁니다. 그러므로 예로부터 예가(禮家)에서 서모(庶母)의 위차(位次)를 허락하지 않았던 것은 참으로 이 때문이었습니다. 예는 제사(祭祀)의 예보다 더 중요한 것이 없는데, 제례(祭禮)에는 서립(序立)하는 자리에 서모의 위차가 없습니다. 그리고 그 나머지 집안사람들의 크고 작은 예에는 모두 서모의 차서(次序)가 보이지 않습니다.

비록 혼례(昏禮)에 중문(中門)에서 거듭 명하는 조문이 있기는 하지만, 이것 역시 차서는 아닙니다. 다만 상례(喪禮)에는 "첩비(妾婢)는 부녀(婦女)의 뒤에 선다."라고 하였는데, 여기에서 첩(妾)이라 이른 것은 바로 죽은 사람의 첩으로, 상주(喪主)에게는 서모가 됩니다. 이것으로써 본다면 서모는 평소 집안사람들의 모임에 참여하지 못합니다. 이것은 혐의를 분별하는 것입니다. 부득이하여 참여할 경우에는 반드시 부녀의 뒤에 서 있습니다. 이것은 명분을 지키는 것입니다.

혹자는 이르기를 "서모가 며느리의 뒤에 서 있는 것은 마땅치가 않은 바, 여기에서 첩이라고 이른 자는 이에 죽은 사람의 아들의 첩이다."라고 하는데, 이것은 전혀 그렇지가 않습니다. 무릇 상례에서 처(妻)라고

104 숙헌(叔獻) : 율곡(栗谷) 이이(李珥)의 자이다.

하고 첩이라고 하는 경우는, 모두가 죽은 자에 의거해서 말하는 것입니다. 그런데 어찌 유독 이곳에서만 죽은 자의 아들에 의거해서 말하였겠습니까.

죽은 사람의 처는 그 며느리를 거느리고서 위차에 있으니, 첩은 참으로 그 사이에서 참여할 수가 없습니다. 그러니 그 뒤에 있는 것이 예로 보나 정으로 보나 역시 마땅하지 않겠습니까?

지금 어떤 한 가장(家長)이 어머니를 모시고서 예를 행하기 위해 당중(堂中)에 모였을 경우, 며느리들도 역시 마땅히 당중에 모일 것입니다. 서모가 만약 부득이하여 나와서 참여할 경우, 어찌 이 당중으로 들어올 수가 있겠습니까. 참으로 기둥 밖에 있는 것이 마땅할 뿐입니다.

이제 율곡은 선비(先妣)를 받들지 못했다는 이유로 기둥 밖에 있는 사람을 밀어 넣어서 당중의 존위(尊位)에 있게 하였습니다. 이것이 어찌 혐의를 분별하는 예이겠습니까. 예경에서 다섯 등급의 복(服)을 차례로 두어 인정에 맞게 하였는데, 서모의 경우에는 아들이 있은 다음에야 시마복(緦麻服)만을 허락하였습니다. 그렇다면 율곡의 서모는 복이 없는 사람입니다. 이처럼 복이 없는 사람을 높여서 집안사람들의 위에 있으면서 억누르게 한다면, 이것이 어찌 인정에 맞게 하는 것이겠습니까.

첩의 아들로서 아버지의 후사가 된 자는 그 어머니를 위해 입는 상복을 반드시 시마복까지 강복(降服)한 연후에야 예에 합당하게 됩니다. 이것은 혐의를 분별하기 때문입니다. 어떻게 그렇다는 것을 알겠습니까.

무릇 다른 사람의 후사가 된 자는 그 어머니를 위해서 입는 복은 단지 한 등급만 낮춥니다. 그런데 아버지의 후사가 된 자는 그 어머니를 위한 복을 시마복까지 강등하였습니다. 이것은 이미 그 아버지의 후사가 되어서 적모(嫡母)를 어머니로 삼았으므로, 어머니가 둘이 되는 혐의가 있기 때문입니다. 그러므로 반드시 강복하여 아버지의 다른 첩과 같은 복으로 한 다음에야 바야흐로 혐의를 구별하는 밝은 법이 되기에 합당한 것입니다. 이것으로 미루어 보면, 선왕(先王)이 예를 제정한 은미한 뜻도 역시 상상해 알 수가 있습니다.

제 생각으로는, 율곡이 선비를 받들 때에는, 서모가 비록 당중에 들어오더라도, 이는 단지 분수를 범하기만 하는 것입니다. 그러나 오늘 서모를 당중에 들어오도록 한다면, 이는 예의 큰 근본을 잃는 것이 아니겠습니까. 율곡이 서모를 높이고자 하는 것은, 서모가 선군(先君)을 받들었기 때문일 뿐입니다. 선군을 받들었다고 하여 서모를 며느리 위에 있게 하면서, 유독 선비를 핍박하는 혐의는 생각하지 않는단 말입니까.

무릇 혐의스러운 예는 비록 등차(等差)가 아주 멀리 떨어져 있더라도 오히려 명분을 범하는 폐단이 있습니다. 그러므로 계모(繼母)의 경우에는 비록 아들이 없더라도 삼년복(三年服)을 입으며, 서모의 경우에는 비록 아들이 있더라도 시마복을 입습니다. 이 둘 사이는 서로 간의 거리가 다섯 등급의 복이나 떨어져 있으니, 어찌 아주 멀리 떨어진 것이 아니겠습니까. 그런데도 후세에서는 오히려 적처(嫡妻)에 대적하는 참람스러움이 있었습니다.

율곡은 이에 좌차(座次)를 조금 뒤에 있게 하여 적(嫡)과 첩을 구별하고자 하였으니, 불가한 것이 아니겠습니까. 삼대(三代) 시대로부터 오늘날에 이르기까지 수백 년 사이에 예를 행한 것과 예에 대해 말한 사람들이 이루 헤아릴 수 없을 정도로 많으나, 서모로 하여금 적부녀

(嫡婦女)의 사이에 뒤섞여 앉게 하고서 예를 행한 자가 있다는 말을 듣지 못하였습니다.

저의 구구한 생각으로는, 서모의 위차에 대해 분명하게 말해 놓은 글이 없다는 이유 하나만으로도 서모를 적부녀의 사이에 끼어 있게 해서는 안 된다는 것을 더욱더 믿을 수가 있습니다. 그런데도 율곡은 도리어 분명하게 말해 놓은 글이 없다는 이유로, 적부녀의 윗자리에 있게 하였으니, 모르겠습니다만, 어떻게 생각하십니까?

삭망(朔望)에 독법(讀法)하는 예[105]는 폐해진 지가 이미 오래되었습니다. 그런데 율곡이 홀로 이를 들어서 행하였습니다. 이는 비단 오늘날에 예를 좋아하는 집안에서 혹 사모하여 행할 뿐만이 아니라, 붓을 잡은 자도 반드시 의식 하나하나 동작 하나하나에 대한 절차를 써서 후세의 규범으로 만들어 전할 것입니다. 그러면 세교(世敎)에 크게 보탬이 될 것입니다.

그러나 혹시라도 적(嫡)과 서(庶)를 구별하는 큰 근본이 되는 예를 잘못할 경우, 한 자리 사이에서 잘못되는 것이 이미 천 리나 멀게 잘못되게 될 것입니다. 그리하여 처음에는 한 세상의 성대한 예라고 할 수 있겠지만 도리어 무궁한 폐해가 될 것이니, 이를 깊이 생각하지 않아서야 되겠습니까.

율곡이 존형에게 편지를 보내어 "서모도 준례(餕禮)[106]와 연례(宴禮)

105 삭망(朔望)에 독법(讀法)하는 예 : 매달 초하루에 사람들을 모아 놓고 나라의 법령을 읽으면서 익히는 예인데, 여기서는 이이가 집안사람들을 모아 놓고 집안의 규약 등을 읽는 예를 말한다. 이 예는 본디 《주례(周禮)》 〈지관사도(地官司徒)〉에 나오는 예인데 송(宋)나라 때 사마광(司馬光)이 시행했다고 한다. 《東坡集 卷89 司馬溫公行狀》

106 준례(餕禮) : 제사를 끝마치고 나서 행하는 의식의 한 가지로, 제사를 마친 다음

에 참석할 수가 있다."는 설로 말하였는데, 저의 생각으로는 그렇지 않다고 여깁니다. 이미 제사하는 자리에 참석하지 못하였는데, 어찌 감히 준례에 참석한단 말입니까. 제례와 준례에 참석할 수 없는 것은 위차(位次)가 없기 때문입니다. 이미 위차가 없는데, 연례에 참석할 수가 있겠습니까.

율곡이 보낸 편지에서 "서모는 평상시에 집안에서 받들어 섬겨 윗사람으로 삼았다."라고 하였는데, 이것 역시 그렇지가 않습니다. 율곡의 집안에서 떠받들어서 윗사람으로 삼아야 할 사람은 바로 백수씨(伯嫂氏)입니다. 서모의 경우에는 의당 별도의 방(房)에 거처하게 하고서 높일 뿐입니다. 어찌 한 집안사람들의 윗자리에 있게 할 수 있겠습니까.

대개 첩과 첩자(妾子)는 크게 분별이 있습니다. 첩자의 경우에는 아버지를 따르기 때문에 오복(五服)에서 적자와 더불어 강쇄(降殺)되는 바가 없습니다. 그러나 첩의 경우에는 아버지를 따를 수가 없으므로 적처(嫡妻)에게 상대가 되지 못하여서 일족(一族)으로 참석하지 못합니다. 이 때문에 한 혜제(漢惠帝)의 서형(庶兄)인 유비(劉肥)가 형의 자리에 앉는 것에 대해서 혐의스럽게 여기지 않았으며,[107] 서제(庶弟)인 여의(如意)가 동생의 침소에 있는 것에 대해서 혐의스럽게 여기지

주인이 제육(祭肉) 등을 친우(親友)들에게 보내고, 그 제사에 참석한 남녀가 자리를 따로 하여 각각 축인의 인도에 따라 함께 음복하는 것을 말한다.

107 한(漢)……않았으며 : 한 혜제는 한 고조(漢高祖)의 적자인 유영(劉盈)을 가리키며, 서형인 유비는 한 고조의 서장자(庶長子)로 제왕(齊王)에 봉해졌다. 한 혜제 즉위 2년에 제왕 유비가 입조(入朝)하자, 한 혜제가 그와 더불어 술을 마셨는데, 이때 군신간의 예의를 쓰지 않고 가인(家人)의 예로 대하여 유비가 윗자리에 앉아서 술을 마셨다. 《史記 齊悼惠王世家》

않았으나, 유비 등의 어머니가 궁중의 위차에 끼어들었다는 말은 들어 보지 못하였습니다.

이것은 삼대 시대의 예가 한나라에 이르러서도 오히려 그러했던 것입니다. 그런데 오늘날 사람들은 서형제(庶兄弟)에 대해서는 밀쳐 내어서 노복(奴僕)들 사이에다가 놓으려고 하면서도, 서모를 높이는 것은 적처와 더불어 자리를 함께하는 혐의도 피하지 않고 있습니다. 이것에 대해서는 제가 항상 통분하고 애석하게 여겨 왔습니다.

율곡은 편지에서 당(唐)나라 시대의 이름난 재상이 서모에게 회초리를 맞았다고 운운하였으나, 이것은 단지 한때의 사정이 그러한 데서 나온 것일 뿐이지, 예절에 관계된 것은 아닙니다. 그리고 한유(韓愈)가 유모에게 절하였다고 운운하였는데, 이 역시 꼭 예에 합치되는 것인지도 알 수가 없습니다. 그리고 절하였다고 하는 것이 단지 한 집안의 존귀한 자리에 앉아 있어서 절한 것인지의 여부도 알 수가 없습니다.

저의 뜻으로는, 서모를 대하는 예는 별도의 방에 높이 거처하게 하여서 위로는 적부녀를 범하지 않고 아래로는 비첩(婢妾)들과 함께하지 않으며, 집안의 모든 일은 서모에게 물어보지 않고 감히 결정하며, 삭망에 예가 끝나면 집안사람들이 차례대로 서모가 있는 방으로 나아가 절을 하면 될 것으로 여겨집니다. 저의 견해는 이와 같으니, 다시금 참작하여 헤아려서 지극히 타당하게 되도록 결정하는 것이 어떻겠습니까?

대저 처가 있고 첩이 있는 사람은 혹 사랑하고 미워하는 사사로운 마음이 있으면서도 감히 분수를 범하지 못하는 것은, 단지 분수가 아주 멀고 위차가 아주 차이가 나는 덕분입니다. 그런데도 혹 비상한 변이 있었습니다. 첩을 대하는 도리는, 처의 바로 아래나 처에게 버금가는 것으로 구별하지 않고, 반드시 곧장 시비(侍婢)들과 더불어 같은 항렬로 대한 다음에야 혐의스러운 것이 저절로 분변됩니다.

자식이 된 자가 서모를 대하는 도리 역시 어머니의 바로 아래나 어머니에게 버금가는 것으로 구별하지 않고, 반드시 곧장 일족이 아닌 사람과 같이 보아서 복을 입지 않은 다음에야 명분이 비로소 정해지는 법입니다. 지금 이미 첩비(妾婢)로서 이름하였는데, 며느리의 위에다가 앉힐 리가 있겠습니까. 이것은 이른바 명분이 바르지 않고 말이 순하지 않다고 하는 것일 뿐입니다. 율곡 역시 이미 첩이 있으니, 첩과 적처의 구분을 불가불 명백하게 해야만 할 것입니다.

○ 제가 마침 어떤 일이 있어서 이 기록은 사제(舍弟)로 하여금 저의 뜻을 기록하게 하였습니다. 그런데 준례(餕禮)에 참석하지 못하고 연례(宴禮)에 참석하지 못하는 조항이 글을 적는 사이에 말뜻이 저의 견해와는 조금 다르게 되었습니다. 저의 견해는, 참배(參拜)하는 것은 바로 서모의 방 안에서 하고, 준례와 연례를 할 때에는 의당 나와서 뒷줄의 높은 자리에 있게 하는 것이었습니다. 이렇게 하면 비록 며느리의 위에 자리하고는 있으나 뒷줄에 있는 것으로 구별을 하여, 참석하는 자리의 서차가 뒤섞이지 않기 때문입니다. 이것이 아들이 아버지의 중궤(中饋)[108]를 주관하던 첩을 받드는 것이라고 여겼습니다. 예로 보면 혹 이와 같겠으나, 고례에 나오지 않는 것이기에 감히 확정하지는 못하겠습니다.

108 중궤(中饋) : 집안에서 여러 가지 음식을 마련하는 부인네의 일을 말한다. 《주역》 〈가인괘(家人卦) 육이(六二)〉에 "안에서 음식을 장만하면 마음이 바르고 곧게 되어 좋으리라.〔在中饋, 貞吉.〕"라고 하였다.

〔성호원이 보내온 편지〕

별지(別紙)에 말씀하신 내용을 반복하여 여러 번 읽어 보니, 말한 것이 아주 이치에 맞는바, 탄복을 금치 못하겠습니다. 삼가 생각건대, 예가(禮家)에 서모의 자리가 없다는 것은, 자리가 없는 것이 아닙니다. 삭망(朔望)의 참배(參拜)에 대하여 사마 온공(司馬溫公)의 《서의(書儀)》에는 "비첩(婢妾)은 집안사람들 속에 있다."라고 하였습니다. 모든 제례(祭禮)에 있어서 서모는 집사(執事)의 대열에 있기 때문에 서모의 자리를 별도로 정해 놓지 않은 것입니다.

만약 과연 자리를 달리하여서 높고 낮음을 정해 놓지 않을 수 없다고 한다면, 성현이 만든 제도는 명물(名物)과 도수(度數)가 지극히 섬세하고 지극히 자세한데, 어찌 이 한 가지 의절을 빠뜨려서 후세 사람들로 하여금 받아서 쓸 수 없게 하였겠습니까.

저의 소견으로는, 예에 서모의 자리가 없는 것은 바로 비첩의 대열에 있는 것을 이미 분명히 말하였기 때문이라고 여겨집니다. 고명하신 형의 말씀은 매우 분명하나, 숙헌이 보고는 반드시 의심을 일으켰을 것인데, 답서에 어떻게 말하였는지 모르겠습니다.

또 저의 소견으로는, 서모를 준례(餕禮)와 연례(宴禮)에 참석하게 할 경우에는, 제사와 삭망(朔望)의 참배는 바로 예의 존엄하고 공경스러운 자리이니, 아버지의 비첩을 그 사이에 높이 놓을 수가 없습니다. 그러나 준례와 연례는 바로 한집안 사람들이 모두 모여서 함께 화합하고 즐기는 예(禮)여서, 비록 외부에서 온 방친(旁親)과 빈객이라도 또한 서차에 따라서 자리에 앉을 수가 있습니다. 그러므로 서모가 나와서 예에 참석하여 친애하는 정을 펴는 것도 괜찮을 것입니다.

비록 그렇기는 하지만, 예학(禮學)은 매우 정밀하고 심오하여 쉽사리 궁구할 수 없으니, 어찌 지금의 소견에 의거하여 단정할 수가 있겠습니까. 예서를 보면, 며느리가 서모를 작은시어머니라고 부르고 복(服)을 입는 경우도 있습니다. 그러니 예경(禮經)을 깊이 상고하고 여러 가지 사례를 모아 참고하여 생각해 보며, 옛날의 일을 두루 살펴보고, 또 우리들의 학문이 진전되기를 기다려서 결정하는 것이 옳을 것이요, 감히 함부로 논해서는 안 될 것입니다. 이 점을 어떻게 생각하십니까?

〔성호원에게 보낸 편지〕

보내 주신 편지를 받아 보니 은미한 뜻을 정밀하게 분석하였는바, 예를 강구하는 것이 지극한 데 대해 흠앙하는 바입니다. 서모에 대해 위차가 없는 것이 아니라는 말씀은 아주 명백합니다. 함께 살고 있는 집에서는 스스로 마땅히 서고조모(庶高祖母) 이하 및 방친(旁親)의 종증조부(從曾祖父) 이하도 각각 첩이 있습니다. 모든 서차(序次)의 자리는 비첩(婢妾)의 줄에 있으면서 단지 고하의 차서만 나눌 뿐입니다. 이와 같이 한다면 제사와 삭망의 준례와 연례 등 모든 예에 참석해서는 안 될 바가 없을 것입니다.

만약 숙헌의 설과 같이 한다면, 서조모(庶祖母)는 어머니의 위에 있으면서 조금 뒤에 있고, 서모는 형수의 위에 있으면서 조금 뒤에 있고, 방친의 첩 역시 각각 자신의 반열에 있으면서 조금 뒤에 있게 할 것입니까? 이른바 "비첩은 집안사람들 속에 있다."느니, "비첩은 부녀의 뒷줄에 있다."느니 운운한 등의 말은, 유독 주인의 첩만을 가리킨 것이 아니라, 구족(九族)의 모든 집안사람들의 첩이 모두 그 속에 포함된다는 것 역시 아주 명백합니다. 모르겠습니다만, 어떻게 생각하십니까?

말씀하신 장차 우리들의 학문이 진보되기를 기다려야 한다는 것에 대해서는 더욱더 탄복하고 탄복하는바, 감히 저 자신의 견해를 옳다고 하지 못하겠습니다. 대개 이와 비슷할 것이기는 하지만, 또한 어머니를 잃은 아들이 아버지의 중궤(中饋)를 주관한 첩을 받드는 것 역시 혹 별도의 예가 있을 듯합니다. 숙헌이 답한 바를 아래에 이어 붙여서 올립니다.

〔숙헌이 구봉에게 답한 편지〕

서모(庶母)에 대한 예(禮)는 생각해 보기는 하였으나, 알맞은 예를 얻지 못했습니다. 비록 많은 것을 인용하고 여러 가지로 비유를 하였으며, 말이 엄하고 뜻이 바른 그대의 편지를 받들기는 하였으나, 정리(情理)로 생각해 볼 때 끝내 온편치 못한 점이 있어서 결연히 시행하지는 못하겠습니다. 이에 대략 그 난처한 점에 대해 말해 보겠으니, 다시 생각하여 회답해 가르쳐 주시는 것이 어떻겠습니까?

제사 때 비첩(婢妾)이 부녀(婦女)의 뒤에 선다고 한 것은, 역시 이해하기가 어렵습니다. 옛사람이 이른바 비첩이란 대부분 여자 종을 가리킨 것이지, 어찌 반드시 서모를 가리키는 것이겠습니까. 만약 서모로 하여금 부녀의 뒤에 서게 한다면, 비단 적부(嫡婦)만 앞에 설 뿐만이 아니라, 그가 낳은 아들의 아내까지도 반드시 앞에 서게 될 것입니다. 적부와 필적하는 혐의를 피하기 위하여 시어머니로 하여금 며느리의 뒤에 서게 한다면, 우(虞)나라 순(舜) 임금이 자신의 아버지인 고수(瞽瞍)에게 조회(朝會)를 받는 예가 아니겠습니까.[109] 이것이 첫 번째 난처한 점입니다.

서모 또한 차등이 많으니, 아버지가 만약 시비(侍婢)를 사랑하여 아들이 있는 경우를 서모라 한다면, 이것은 진실로 천첩(賤妾)으로서, 며느리의 위에 서지 못합니다. 하지만 만약 아버지가 상처(喪妻)한 뒤에 양녀(良女)를 얻어 중궤(中饋)를 주관하면서 집안 살림살이를 대신했다면, 그 아버지가 생존해 있을 때 이미 며느리의 윗자리에 있었습니다. 그런데 지금 아버지가 돌아간 뒤라고 하여 도로 억눌러서 며느리의 아래 자리에 있게 한다면, 인정에 있어서 어떻겠습니까. 이것이 두 번째 난처한 점입니다.

아버지의 비첩은 아들이 있으면 복(服)이 있고 아들이 없으면 복이 없지만, 만약 집의 살림살이를 주관하던 첩이면 귀첩(貴妾)입니다. 아들이 있든 없든 논하지 않고 그 가장(家長)도 오히려 복(服)이 있는데, 하물며 자식이 아버지의 귀첩을 위해 어찌 아들이 없다는 이유로 복이 없을 수 있겠습니까. 더구나 "동찬(同爨)[110]은 시마복(緦麻服)을 입는다."라는 것은 예서(禮書)에 실려 있으니, 아마도 복이 없는 것이라고 한다면 옳지 못할 듯합니다. 그런데 지금 형은

109 우(虞)나라……아니겠습니까 : 고수는 순 임금 아버지의 별명이다. 맹자(孟子)의 제자인 함구몽(咸丘蒙)이 "속담에 '훌륭한 덕을 간직한 사람은 군주가 신하로 대할 수 없고 아버지가 자식으로 대할 수 없다. 순 임금이 남면(南面)하고 즉위하자, 요(堯) 임금은 제후들을 거느리고 북향하여 조회하였고 고수 역시 북향하여 조회하였다.' 하니, 이 말이 사실입니까?"라고 묻자, 맹자는, "이는 군자의 말이 아니다."라고 부정하였는데, 이이는 이 말을 인용하여 서모를 주부(主婦)의 뒤에 놓는 자들의 비유로 삼았다.

110 동찬(同爨) : 한집에서 한솥밥을 먹고 살던 사람을 말한다.

복이 없는 것으로 결정하였습니다. 이것이 세 번째 난처한 점입니다.

어버이를 사모하는 옛사람은 부모가 사랑한 바를 또한 사랑하여, 개나 말까지도 사랑하곤 하였습니다. 서모는 이미 아버지의 침석(寢席)을 모셨으니, 자식이 공경하고 사랑하지 않아서는 안 됩니다. 지금 위차(位次)에 대한 혐의 때문에 서모로 하여금 한 작은 방에 틀어박혀 있으면서 감히 나오지 못하게 할 경우, 온 집안사람들은 서로 잔치를 하면서 즐기는데 서모는 나와 참석하지 못하고 종일 눈물을 흘리게 한다면, 이것은 곧 죄수처럼 갇혀 있는 것입니다. 그러니 인정에 있어서 어떻겠습니까. 이것이 네 번째 난처한 점입니다.

대저 예(禮)라는 것은 참으로 혐의를 분별하는 것을 위주로 합니다. 그러나 자리의 차례에 서로 격차가 있으면 근심할 것이 아닙니다. 만약 서모로 하여금 북쪽의 벽(壁)을 차지해 앉아 있으면서 여러 자식의 절을 받게 한다면, 이것은 진실로 명분을 범하는 것입니다. 그러나 지금 서쪽의 벽에 앉아 있으면서 여러 며느리와 서로 마주하여 절을 하게 한다면, 이것이 과연 선비(先妣)에 대해 핍박하는 것이겠습니까.

자리에서 조금 뒤로 하는 것으로써 적서(嫡庶)를 구분한다고 한 것 또한 옳지 않습니다. 만약 선비가 계신다면, 서쪽의 벽에 앉되 조금 앞으로 앉을 수 있겠습니까? 군신(君臣)의 구분은 적첩(嫡妾)보다 더 엄한데도 임금은 북쪽의 벽에 앉고 신하는 동쪽과 서쪽의 벽에 앉습니다. 선비의 자리는 북쪽에 있고 서모의 자리는 서쪽에 있는데, 어찌 명분을 범하는 혐의가 있겠습니까.

근래에 인심이 야박하고 사나워서 대부분 서모를 비첩과 같이 보고, 심지어는 그 소생의 자식도 그 자신의 어머니를 비웃으면서 비첩이라고 하는 자까지 간혹 있습니다. 저 또한 그런 경우를 보았습니다. 형은 이것을 근심하지 않고 시속(時俗)에서 서모를 추존(推尊)하는 것을 근심하니, 이것은 잘못된 것이 아니겠습니까.

또 서모가 높은 데 거(居)하게 되면 모든 일에 반드시 서모의 명을 받아서 해야 한다는 것 또한 그렇지 않습니다. 서모는 다만 자리의 차례에 있어서만 위에 거할 뿐이며, 집안의 일은 당연히 가장에게 소속되어야 합니다. 모자지간에도 오히려 삼종지도(三從之道)가 있는데, 더구나 서모에 있어서겠습니까.

모든 일은 겪어 본 뒤에야 그 어려움을 알게 되는 법입니다. 형은 몸소 겪어 보지 않았기 때문에 입론(立論)하기가 매우 쉬운 것입니다. 만약 형이 제가 처해 있는 집안일과 같은 형편을 만나게 되었다면, 형도 역시 반드시 난처한 점이 있어서 입에서 나오는 대로 글로 써서 이와 같이 시원스럽게 말하지는 못했을 것입니다.

〔구봉이 우계에게 보낸 편지〕

숙헌이 답한 바는 이상과 같습니다. 예가 비록 혹 지나친 점은 있으나, 정으로 보면 취할 만한 점이 있습니다. 다만 순(舜) 임금이 고수에 대해서는, 순 임금이 비록 천자(天子)가 되었으나, 고수는 순 임금의 아버지입니다. 첩의 아들은 그렇지가 않습니다. 이미 선비를 받들었으면, 그 생모(生母)는 주부(主婦)의 앞자리를 차지할 수가 없습니다. 이것은 적모(嫡母)를 그 자신의 어머니로 삼아서 적모가 특별히 주부의 앞자리에 있기 때문입니다. 그런데 숙헌은 앞자리에 있게 하는 것으로 단정하였습니다. 이것이 첫 번째 잘못입니다.

복(服)이 없는 아버지의 첩에 대해서 반드시 복이 있게 하고자 하였는데, 이 역시 예에 맞지 않습니다. "동찬에 대해서는 시마복을 입는다."라는 것과 "아들이 있는 아버지의 첩에 대해서는 시마복을 입는다."라는 것은 서로 다른 두 조항입니다. 그런데 숙헌은 이를 합하여 같게 하고자 하였습니다. 이것이 두 번째 잘못입니다.

우리들의 학문이 진보하기를 기다려서 결정해야 한다는 것은, 말씀하신 것이 의리에 맞습니다. 그러나 역시 오늘 아는 바와 정한 바를 가지고 강론하여 그 바른 것을 취하지 않아서는 안 될 것입니다.

숙헌의 물음에 답한 편지
答叔獻問

〔문〕 조상의 제사를 받드는 첩자(妾子)의 생모가 참으로 주부(主婦)의 앞에 서는 것은 마땅치 않습니다. 그러나 또한 어찌 주부의 뒤에 설 수 있겠습니까. 앞에 서지 못하는 것은 적(嫡)과 첩(妾)의 구분이요, 뒤에 설 수 없는 것은 모자(母子)의 윤리입니다.

일전에 승중(承重)한 첩자가 와서 제사 지낼 때 그 생모의 자리에 대해 묻기에, 제가 대답하기를 "주부의 서쪽에 서되 조금 앞에 서는 것이 마땅하다."라고 하였습니다. 형은 반드시 이것을 그르다고 할 것입니다.

비록 그렇지만 삼대(三代) 시대 이후로 적첩(嫡妾)의 구분을 어지럽힌 경우는 많았습니다. 그러나 모자의 윤리를 어지럽히는 일은 사람들이 더욱 해괴하게 여겼으니, 모자의 윤리가 적첩의 구분보다 더 중요한 것이 아니겠습니까.

형의 고견(高見)은 "항렬(行列)이 많아서 행할 수가 없다."라고 하나, 이것은 그렇지가 않습니다. 만약 예에 있어서 마땅치 않다고 한다면 그만이겠으나, 예에 있어서 해롭지 않다고 한다면, 비록 천 항렬 백 항렬이 된다고 하더라도 무슨 손상이 있겠습니까. 만약 자손들이 몇 대에 걸쳐서 자식을 낳을 경우에는 그 항렬 역시 많아질 것입니다. 그럴 경우 어찌 항렬이 많다는 이유로 소(昭)와 목(穆)을 합하여 한 항렬로 할 수 있겠습니까.

중첩(衆妾) 또한 그렇습니다. 진실로 그 차서를 구분할 수 있으면 비록 항렬이 많다 하더라도 그만둘 수 없는 것입니다. 대저 귀첩(貴妾)이 비복(婢僕)과 다른 것은, 삼대 시대 이래로 모두 그러하였습니다. 그러니 아마도 일체를 다 비첩(婢妾)으로 보아 배척해서는 안 될 듯합니다.

"동찬(同爨)은 시마복을 입는다."라는 것이 아버지의 첩으로서 아들이 없는 자를 이르는 것이 아닌 줄을 제가 어찌 알지 못하겠습니까. 예서를 보면 대부(大夫)가 귀첩을 위하여서는 비록 아들이 없더라도 시마복을 입습니다. 첩에게 아들이 없어도 오히려 시마복을 입을 수 있는데, 하물며 서모의 귀(貴)한 이에 대해서는, 비록 아들이 없다고 하더라도 어찌 복이 없을 수 있겠습니까. 설사 복이 없다고 하더라도 또한 동찬으로서의 복이 있어야 마땅합니다. 이것은 저의 서모를 두고 하는 말이요, 범범히 다른 사람의 서모를 두고 하는 말은 아닙니다.

〔답〕 조상의 제사를 받드는 첩의 아들은 이미 적모(嫡母)를 어머니로 삼습니다. 그렇다면 자신을 낳아 준 생모가 어찌 주부의 앞자리에 있을 수 있겠습니까. 말씀하신 것은 이미 스스로 잘못한 것입니다. 그런데 또 다른 사람으로 하여금 잘못하도록 가르치고 있으니, 아주 불가합니다.

이것이 어떠한 예입니까. 적모가 있으면 의당 어머니의 자리가 있어야 하며, 적모가 있지 않으면 의당 그 자리를 비워 두어야 합니다. 어찌 아버지의 첩으로서 참람하게 어머니의 자리에 해당되는 항렬에 있게 할 수 있겠습니까. 생모는 며느리의 뒷자리에 있게 하기 어렵기 때문에 나와서 참여하지 않는 것이 마땅할 뿐입니다.

항렬이 많은 것도 역시 소(昭)와 목(穆)처럼 당당한 정위(正位)를 이르는 것이 아닙니다. 첩은 이미 자리가 없습니다. 그런데도 형은 스스로 별도의 자리를 마련하여 여러 자리에 뒤섞어 놓고서 각종의 행사를 행하려고 하는데, 그럴 경우 끝내 예를 이루지 못할 것입니다. 이런 점 때문에 제가 온편치 않다고 여기는 것입니다.

"동찬에 대해서는 시마복을 입는다."라는 것은, 예문에서 이른 바는 같은 무리를 가리켜서 한 말입니다. 형께서는 여기에 아버지의 첩을 끌어들이고자 하였는데, 이 역시 온당치 않은 듯합니다. 귀첩이라는 칭호는 제후(諸侯)나 대부(大夫)에게 있는 것이며, 그 이하 사람들의 경우에는 논할 수 없는 것입니다. 예에는 강쇄(降殺)가 있는 법인데, 어찌 뒤섞어서 귀첩이라고 칭할 수 있겠습니까. 고례(古禮)에서 일찍이 사(士)에게 귀첩이 있다는 것을 보지 못하였습니다.

무릇 사람은 아버지 첩으로서 중궤(中饋)를 주관한 자에 대해서는 응당 별도의 예가 있어야 하겠지만, 그에 대한 근거를 찾을 수가 없습니다. 예법을 제정하고 음악을 만드는 것은 역시 사람마다 아무나 감히 할 수 있는 바가 아닙니다. 그러니 서모에 대해서는 서모가 있는 방 안에서는 극히 높은 자리에 앉게 하여 높이면서 그 방 안에서 참배하고, 정침(正寢) 안에서 행하는 사사로운 모임이나 사사로운 예에는 혹 방 밖으로 나와서 뒷줄 가운데 높은 자리에 있으면서 참여하며, 제례(祭禮)나 혼례(婚禮) 및 삭망(朔望)에 독법(讀法)하는 예 등을 행할 적에는 혐의를 피하여 나오지 않도록 하여, 인정과 예문 양쪽 다 마땅함을 얻게 하는 것이 좋을 것입니다. 다시금 생각해 보는 것이 어떻겠습니까?

대저 형은 예법상 스스로 자기의 생각을 내어서 자못 활법(活法)을 쓰고 있는데, 이것은 아주 온당치 못한 듯합니다.

숙헌에게 답한 편지

答叔獻書

숙헌이 저술한 《격몽요결(擊蒙要訣)》의 옳지 못한 곳에 대해 논하였다.

존형(尊兄)께서 논한 것 가운데 구용(九容)[111]에 대한 주에 이르기를 "'발의 모습은 진중하여야 한다.〔足容重〕'라는 것은 가볍게 움직이지 않는 것이다. 그러나 만약 어른들 앞에서 종종걸음으로 걸을 때에는, 여기에 얽매여서는 안 된다."라고 하였는데, 이 주(註)는 옳지 않습니다.

무릇 발걸음의 모습은 가볍지 않게 하여 넘어지지도 않고 쓰러지지도 않으며, 주선(周旋)[112]하는 것이 법도에 맞고 절선(折旋)[113]하는 것이 법도에 맞게 하며, 빨리 갈 적에는 〈채제(采齊)〉[114]에 맞추어 빨리 가고, 걸어가야 할 때에는 〈사하(肆夏)〉[115]에 맞추어 걸어가는 것이

111 구용(九容) : 《예기》 〈옥조(玉藻)〉에 나오는 평소 군자가 지니는 아홉 가지 모습으로, 발걸음은 무겁고〔足容重〕, 손 모양은 공손하고〔手容恭〕, 눈 모양은 단정하고〔目容端〕, 입 모양은 고요하고〔口容止〕, 목소리는 조용하고〔聲容靜〕, 머리 모양은 곧고〔頭容直〕, 기상은 엄숙하고〔氣容肅〕, 서 있는 모습은 덕스럽고〔立容德〕, 얼굴빛은 장엄한〔色容莊〕 것을 이르는 말이다.

112 주선(周旋) : 주(周)는 걸음걸이에 원(圓)의 법칙(法則)에 맞게 하는 행동이고, 선(旋)은 방(方)의 법칙에 맞게 하는 행동을 뜻한다.

113 절선(折旋) : 예를 행할 때의 걸음걸이로, 둥글게 꺾어서 도는 것을 말한다.

114 채제(采齊) : 옛날의 악장(樂章) 이름으로, 오늘날의 행진곡(行進曲)의 유(類)인데, 빠르게 걸어가는 절도를 맞추었던 음악이다.

115 사하(肆夏) : 옛날의 악장 이름으로, 이 역시 행진곡의 유로 천천히 걷는 절도(節度)를 맞추었던 음악이다.

바로 발의 모습을 진중하게 하는 것입니다. 그러니 발걸음의 모습은 진중해야 한다는 것에 대해서 형이 말한 것은, 반쪽짜리 말입니다. 한가로이 있을 때에는 행할 수가 있지만, 존장을 접하는 데에서는 행할 수가 없습니다. 어찌 이런 도리가 있겠습니까.

'손의 모습은 공손해야 한다.〔手容恭〕'는 데 대한 주에 이르기를 "손은 할 일이 없을 적에는 마땅히 단정하게 두 손을 마주잡고 있어야지, 물건을 만지작거려서는 안 된다."라고 하였는데, 이 역시 온당치 않습니다. 손의 모습을 공손히 해야 한다는 것이 어찌 단지 일이 없을 때에만 그런 것이겠습니까. 옥으로 만든 그릇을 손으로 잡거나 물이 가득 든 그릇을 받들면서 손을 공손하게 하지 않고서 능히 할 수 있겠습니까.

'목소리는 고요하여야 한다.〔聲容靜〕'는 데 대한 주에 이르기를 "재채기나 기침과 같은 잡소리를 내어서는 안 된다."라고 하였는데, 이 역시 미진합니다. 목소리를 고요하게 한다는 것은 말을 안정(安定)되게 하는 것을 이르는 말입니다. 그리고 재채기나 기침 소리와 같은 것은 사람이 내지 않을 수 없어서 어쩔 수 없이 내는 것입니다. 그러므로 《소학(小學)》에서는 부모나 시부모가 계신 곳에서는 재채기나 기침 소리 등을 금하였습니다. 그러나 어찌 평상시 거처할 적에도 이를 내지 말아야 할 리가 있겠습니까.

'숨 쉬는 모습은 엄숙해야 한다.〔氣容肅〕'는 데 대한 주에 이르기를 "코로 부드럽고 고르게 숨을 쉬어야 하며, 숨소리를 내어서는 안 된다."라고 하였는데, 이 역시 온당치 않습니다. 의당 '비록 숨소리가 있더라도 마땅히 엄숙하고 안정되게 하여 능히 소리가 나지 않게 해야 한다.'라고 해야 합니다.

구사(九思)[116] 가운데 '겉모습은 공손하게 지닐 것을 생각한다.〔貌思

恭]'는 것에 대한 주에 이르기를 "일신의 거동과 모습이 단정하고 의젓하지 않음이 없게 해야 한다."라고 하였는데, 이 역시 '단정하고 의젓하게 한다.'는 것만으로는 '공(恭)' 자를 해설하기에 부족합니다. 이는 겸손(謙遜)하게 하는 뜻이 빠져 있기 때문입니다.

〈입지장(立志章)〉의 경우에는, "뜻을 제대로 세우고 아는 것을 분명하게 하고 행실을 독실하게 하는 일은 모두 나에게 달려 있으니, 내가 또 어디에서 구하겠는가.〔志之立知之明行之篤, 皆在我耳, 我又何求哉?〕"라고 하였는데, 이것 역시 문세(文勢)가 잘못되었습니다. 그러니 끝부분을 '어찌 또다시 다른 데서 구하겠는가.〔又何他求哉〕'라고 하는 것이 더 합당할 것입니다.

또 〈혁구습장(革舊習章)〉에서는 이르기를 "때때로 언제나 철저히 반성하는 공부를 더하여야 한다.〔時時每加猛省之功〕"라고 하였는데, 이것은 어느 때이고 익히지 않음이 없다는 뜻이 아닌바 '시시(時時)'라는 글자는 안 됩니다. 시시라는 글자가 비록 《논어》의 주(註) 가운데 있기는 하나, '시시매(時時每)' 세 글자를 제거하고서 '상(常)' 자 한 글자를 넣는 것이 합당할 것입니다.

또 〈지신장(持身章)〉에서 말한 "공부하는 사람은 반드시 성실한 마음으로 올바른 도로 나아가려고 해야지, 세상의 저속한 잡된 일로 그의 뜻을 어지럽혀서는 안 된다.〔學者必誠意向道, 不以世俗雜事亂志.〕" 이

116 구사(九思) : 군자가 생각하는 아홉 가지 일로, 밝게 보기를 생각하고〔視思明〕, 밝게 듣기를 생각하고〔聽思聰〕, 안색을 온화하게 하기를 생각하고〔色思溫〕, 용모를 공손하게 하기를 생각하고〔貌思恭〕, 진실하게 말하기를 생각하고〔言思忠〕, 공경히 일할 것을 생각하고〔事思敬〕, 의심나면 묻기를 생각하고〔疑思問〕, 화나면 어려움을 생각하고〔忿思難〕, 얻을 것을 보면 의리를 생각하는 것〔見得思義〕 등이다. 《論語 季氏》

하부터 "참되고 착실한 마음〔眞實心地〕"까지의 한 단락[117]은 의당 심술 공부(心術工夫)에 들어 있어야만 하는데, 〈지신장〉에 편차(編次)되어 있습니다. 비록 몸을 닦는 것이 그 마음을 바르게 하는 데 있기는 하지만, 어린아이를 가르치는 책에서 〈지신(持身)〉이라고 제목을 붙이고서 잘못 심지(心志)에 대해 말한 것은, 역시 분명하지 않습니다. 《대학(大學)》의 수신(修身) 조항에서 정심(正心)을 말한 것은 그 장의 제목이 정심수신(正心修身)이기 때문입니다.

또 〈독서장(讀書章)〉에서는 《소학》에서부터 《춘추(春秋)》에 이르기까지의 서책에 대해 "상세히 완미하라.〔詳玩〕" 등등의 설을 조목에 따라서 글을 변조하면서, 혹 얼버무리면서 같게 하기도 하고, 혹 별다른 뜻이 없게 하기도 하였는데, 이것은 한유(韓愈)가 이른바, "《주역》의 기이하면서도 법도에 맞음과 《시경》의 바르면서도 화려함〔易奇而法 詩正而葩〕"이라고 하여, 각각 그 뜻에 걸맞게 한 것[118]과 같지 않습니다. 그러니 삭제해서 글이 번잡하게 되는 것을 피하여 간략하게 하느니

117 지신장(持身章)에서……단락 : 《격몽요결》 〈지신장〉의 첫 부분에서 "공부하는 사람은 반드시 성실한 마음으로 올바른 도로 나아가려고 해야지, 세상의 저속한 잡된 일로 그 뜻을 어지럽혀서는 안 된다. …… 황면재가 말하기를 '참되고 착실한 마음가짐으로 애써 공부해야 한다.'라고 하였다.〔學者必誠心向道, 不以世俗雜事亂其志. …… 黃勉齋所謂眞實心地, 刻苦工夫.〕"라고 한 단락을 가리킨다.

118 한유(韓愈)가……것 : 당나라 때의 문장가인 한유가 지은 〈진학해(進學解)〉에서 각 서책의 특징에 대해서 정확하게 말한 것을 말한다. 〈진학해〉에 이르기를 "위로는 심오하여 끝이 없는 순 임금과 우 임금의 문장, 난삽하고 껄끄러운 주나라의 〈대고〉·〈강고〉·〈낙고〉와 은나라 〈반경〉, 근엄한 《춘추》, 부화한 《춘추좌씨전》, 기이하면서도 법도에 맞는 《주역》, 바르면서도 화려한 《시경》 등의 글을 배운다.〔上窺姚姒, 渾渾無涯, 周誥殷盤, 佶屈聱牙, 春秋謹嚴, 左氏浮誇, 易奇而法, 詩正而葩.〕"라고 하였다.

만 못합니다.

또 〈사친장(事親章)〉에 이르기를 "지금 어떤 사람에게 재물을 보내 주는 사람이 있을 경우, 그 재물의 많고 적음과 값싸고 비싼 것에 따라서 은혜를 느끼는 마음도 깊거나 얕을 것이다. 부모께서는 나에게 몸을 주셨으니, 부모의 은혜가 어떻다고 하겠는가."라고 한 등의 말은, 비록 형의 말을 듣기는 하였으나, 끝내 의혹이 해소되지 않습니다.

부자(父子) 사이는 천리(天理)입니다. 자애로운 어머니가 어린아이를 보호하는 것이 어찌 그 사이에서 계교(計較)하거나 가차(假借)함이 있어서이겠습니까. 그리고 어린아이가 부모를 사랑하는 것이 어찌 나에게 몸을 내려 주었다는 생각이 있어서이겠습니까. 부자간의 이치는 가장 두드러진 것입니다. 비록 지극히 어리석고 지극히 미천하고 지극히 난폭하고 지극히 사나운 자라도 가슴속에서 애연히 피어나 끝내는 민멸될 리가 없는 것입니다.

부모가 자식에 대해 잡아 주고 이끌어 주고 먹여 주고 업어 주면서 나를 기르고 나를 어루만져 주는 것은 본디 자식들에게 바라는 바가 있어서 하는 것이 아닙니다. 그리고 자식이 부모에 대해 사랑하고 사모하면서 몸이 불편한 것을 보살펴 주고 찾아가서 뵙는 것도 역시 보답하기를 도모하고자 하는 마음에서 하는 것이 아닙니다. 그렇다면 재물의 많고 적음과 값싸고 비싼 것을 가지고 은혜를 갚는 것의 깊고 얕음을 비유하는 것은 역시 마땅치 않은 듯합니다.

또 〈상제장(喪制章)〉에 이르기를 "복을 할 때에는 반드시 이름을 부를 필요가 없다.〔復不必呼名〕"라고 하였는데, 이 역시 아주 좋지는 않습니다. 이름을 부르는 것은 예가 아닌데도 오히려 "필요가 없다."라고 한 것은 어째서입니까? "필요가 없다."라고 이른 것은 오히려 혹 그렇게 해도 괜찮다는 말입니다. 그러니 단지 '살아 있을 때 칭하던 바에 따라서 부른다.〔隨生時所稱〕'라고만 하는 것이 마땅합니다.[119]

효자(孝子)는 최질(衰絰)을 벗는 예가 없습니다. 예서를 보면 비록 군문(軍門)에 들어가더라도 벗어서는 안 된다고 하였습니다. 그런데 형은 "최질은 다른 곳에 출입할 때가 아니면 벗어서는 안 된다.〔絰非出入他處, 則不可脫也.〕"[120]라고 하였습니다. 이것은 다른 사람들에게 예를 어기라고 가르치는 것입니다. 오늘날 예를 좋아하는 후학들 가운데에는 부득이하여 출입하게 될 경우에도 최질을 입고 가는 자가 자못 있습니다. 형의 설이 만약 행해진다면 도리어 사람들이 예를 제대로 행하는 것을 막게 될까 두렵습니다.

또 이르기를 "친척의 상을 당하였을 경우, 만약에 다른 곳에 가 있다가 죽었다는 소식을 듣고서 분상을 할 경우에는, 초상집에 도착하는 즉시 성복한다.〔親戚之喪, 若他處聞訃奔喪, 則至家卽成服.〕"라고 하였는데, 이곳에 말한 즉시라는 뜻의 '즉(卽)' 자는 합당치 않습니다.

고례(古禮)를 보면, 분상조(奔喪條)에 이르기를 "마복(麻服)을 입지 않고 즉시 분상(奔喪)하는데, 주인이 아직 성질(成絰)하지 않았을 때

119 상제장(喪制章)에……마땅합니다 : 현재 통행되는 《격몽요결》 〈상제장〉에는 "죽은 이의 넋을 부를 때에는 세상의 습속으로는 반드시 어릴 적 이름을 부르지만, 이는 예에 어긋나는 것이다. 젊은 사람이라면 그래도 이름을 부르는 것이 좋지만, 어른이라면 이름을 불러서는 안 되고 살아 있을 때 부르던 호칭을 따라서 불러야 한다.〔復時俗禮必呼小字, 非禮也. 少者則猶可呼名, 長者則不可呼名, 隨生時所稱可也.〕"로 되어 있는바, 이이가 구봉의 권유에 따라 글을 고친 것으로 보인다.

120 최질은……된다 : 이 부분이 《율곡전서》에 나오는 《격몽요결》에는 "최질은 병이 나거나 일을 할 때가 아니라면 벗어서는 안 된다.〔衰絰, 非疾病服役, 則不可脫也.〕"로 되어 있는바, 율곡이 구봉의 권유에 따라 글을 고친 것으로 보인다.

에는, 망자(亡者)와 소원한 자는 주인과 더불어 성질을 하고, 친한 자는 마대질(麻帶絰)을 두르고 그 날수를 지낸다."라고 하였는데,[121] 이에 대한 주(註)에 이르기를 "소원한 자는 소공(小功) 이하의 친족을 말하고, 친한 자는 대공(大功) 이상의 친족을 말한다. 망자와 소원한 사이일 경우에는 주인의 절차에 따라서 주인과 함께 하며, 제때에 미치지 못한 자는 역시 스스로 그 날수를 지낸다."라고 하였은즉, 예의 등급은 이와 같이 분명한 것입니다.

그런데 형은 친한 자와 소원한 자를 합쳐서 범범하게 말하기를 "즉시 성복한다.〔卽成服〕"라고 하였습니다. 이것은 전혀 근거가 없는 것입니다. 주자(朱子)의 《가례(家禮)》를 보면, 또 고례를 버리고 즉시 성복한다는 글이 없습니다. 그런데도 억지로 끌어대려고 하여 이와 같이 보았는바, 비록 여기저기서 근거를 대면서 설명한 것을 받아 보기는 하였으나, 역시 감히 믿을 수가 없습니다.

또 복제(服制)의 달수에 대해서 이르기를 "벗의 경우에는 비록 아주 두터운 친분이 있다고 하더라도 삼개월복을 넘기지 않는다.〔友則雖最重, 不過三月.〕"라고 하였는데, 이와 같이 단정하는 것도 역시 온편치 않은 듯합니다.

고례를 보면, 스승을 위해 입는 복에 대해서 삼년복 이하로부터는 달수를 정해 놓지 않았습니다. 이것은 깊은 뜻이 있는 것입니다. 스승과 벗은 일체입니다. 제 생각으로는, 스승에 대해서는 심상(心喪) 삼년의 복을 입는 것이 합당합니다. 의리가 나를 낳아 준 분과 같은 사람이

121 고례(古禮)를……하였는데 : 고례는 《예기》를 가리킨다. 《예기》 〈잡기 상(雜記上)〉에 그 내용이 나온다.

참으로 이른바 스승입니다. 그 이하로부터는 모두가 벗을 위하여 입는 복인 것입니다. 벗 역시 정의(情意)에 경중이 있는바, 그에 따른 등급이 있습니다. 그런데 어찌 일정하게 논할 수 있겠습니까.

〈거가장(居家章)〉에서는 이르기를 "우리나라의 수령은 사봉(私捧)이 별도로 없으니, 수령이 보내 주는 것을 받는 것은 금법을 범하는 것이다. 수령이 보내 주는 것은 술과 고기와 음식을 제외하고 쌀이나 콩 따위는 받아서는 안 된다."라고 하였습니다. 이 의론 역시 한쪽으로 치우친 말입니다.

만약 국법에서 금하는 것으로써 말을 한다면, 음식을 받거나 쌀과 콩을 받거나 똑같이 같은 죄로 처벌을 받는바, 이를 구분해서는 안 됩니다. 그리고 시폐(時弊)로써 말을 한다면, 다른 사람을 잘 섬기는 수령 가운데에는 반드시 쌀이나 콩을 많이 허비하면서 진귀하고 요상한 것이나 특별한 음식을 바치는 자가 곳곳에 있게 될 것입니다.

한번 이러한 짓을 하는 문을 열어 놓는다면, 재상(宰相)으로 있는 자는 이 의론에 의탁하여 함부로 받아들이고 사양하지 않을 것이며, 수령으로 있는 자는 이 의론에 의탁하여 교묘하게 바치면서 피하지 않을 것입니다. 이것은 원숭이에게 나무를 타도록 가르치는 것[122]으로, 아주 온당치 않은 듯합니다.

술과 음식 및 쌀과 콩 등은 모두 받게 해서는 안 됩니다. 그러나 혹 친분이 두터운 고을 수령으로서 능히 법을 잘 지키는 자가 물품을

122 원숭이에게……것 : 《시경》 〈소아(小雅) 각궁(角弓)〉에 "원숭이에게 나무를 타도록 가르치지 말라. 진흙에 진흙을 붙이는 것과 같으니라.〔毋教猱升木, 如塗塗附.〕"라고 한 데서 온 말로, 나쁜 사람에게 나쁜 짓을 가르친다는 뜻이다.

보내올 경우, 쌀이나 콩 등을 막론하고 자신이 궁할 경우에는 혹 받아도 괜찮을 것입니다. 그러니 어찌 일률적으로 논할 수 있겠습니까. 이 조항은 의당 삭제하고서 논하지 말아야 할 것입니다.

〈사당장(祠堂章)〉에 나오는 〈자손서립도(子孫序立圖)〉를 보면, 여러 아들과 여러 손자와 외집사(外執事)는 의당 주인(主人)의 뒤에 여러 줄로 서 있어야 하는데, 지금 옮겨서 동쪽에 서 있는 것으로 하였습니다. 이것은 안 됩니다. 그리고 주부(主婦)의 뒤에 자부(子婦)와 손부(孫婦)와 내집사(內執事)가 서는 것 역시 여러 줄로 서 있어야 하는데, 지금 그렇게 되어 있지 않습니다. 이 역시 안 됩니다. 그리고 여러 동생도 주인의 어깨보다 조금 뒤에 서 있어야 하는데, 지금 이에 어깨를 나란히 하고 서 있습니다. 이 역시 안 됩니다.

〈설찬도(設饌圖)〉를 보면, 포(脯)와 혜(醯)는 제물(祭物) 가운데 중요한 것인데도 지금 좌반(佐飯)으로 포(脯)의 이름을 바꾸었습니다. 그리고 반(飯)과 갱(羹)과 잔(盞) 등도 또한 마음대로 그 위치를 옮겼습니다. 이것은 모두 안 될 듯합니다.

〈제의장(祭儀章)〉을 보면 "출입할 적에는 반드시 사당에 고하되, 만약 멀리 출타하여 열흘을 경과할 경우에는 중문(中門)을 열고서 재배한다."라고 하였습니다. 《가례》에도 이와 같이 되어 있기는 하나, 지금 《가례》에 나오는 '월(月)' 자를 '순(旬)' 자로 바꾸었는데, 이 역시 마땅치 않은 듯합니다. 또 삭망참(朔望參)의 복색(服色)은, 《가례》로써 추측하여 보면, 오늘날의 백직령(白直領)이 바로 옛날의 심의(深衣)입니다. 그러니 백직령으로 하는 것이 역시 가할 것이며, 홍직령(紅直領)만을 쓸 필요는 없을 것입니다.

시제(時祭)를 지내면서 춘분과 추분 및 하지와 동지를 쓰는 것은,

대서(大書)하여 법식으로 삼을 필요가 없으며, 역시 주자의 뜻도 아닌 듯합니다. 어떤 사람이 주자에게 묻기를 "시제를 중월(仲月)이나 청명(淸明) 따위의 날을 써서 지내다가 혹 이날이 선대(先代)의 기일(忌日)이면 어떻게 합니까?"라고 하자, 주자가 답하기를 "그렇게까지 깊이 생각해 보지는 못했다. 이것이 고인(古人)이 날을 점치는 것을 귀하게 여긴 까닭이다."라고 하였습니다. 그렇다면 이제 이날들을 거론하여 법식으로 삼게 해서는 안 됩니다.

아버지의 사당에 제사를 지내는 것은 제사 중에 큰 제사입니다. 그런데도 빠뜨리고 기록하지 않았습니다. 그리고 증직(贈職)된 것을 고하는 것은 고사(告事)에 있어서 큰 예이며, 증직된 것을 제(題)하는 것은 개제(改題)에 있어서 중한 예입니다. 그런데 이 역시 그에 대한 의식을 빠뜨렸는바, 마땅히 첨가해 넣어야 할 듯합니다.

모든 제의(祭儀)에 있어서 자신의 견해를 가지고 가감(加減)한 것은 혹 온편치 못한 듯합니다. 지금 일일이 다 써서 물어보지 못하겠습니다만, 묘제(墓祭)에서 참신(參神)과 강신(降神) 등의 절차를 바꾼 것과 같은 곳이 바로 그것입니다.

〈상복중행제(喪服中行祭)〉 한 조목은 졸곡(卒哭) 뒤에 생포(生布)로 된 건(巾)과 의(衣)를 착용하고 신주(神主)에 천신(薦新)한다고 한 것과 같은 것은 크게 예제(禮制)에 어긋나는 것입니다. 생포로 된 건과 의는 극히 흉한 복이고 시제(時祭)는 극히 중한 길례(吉禮)입니다. 흉복을 입고 길례를 올리는 것은, 옛날에 그러한 예가 없었습니다. 더구나 지금의 생포로 된 건은 아주 잘못된 것이며, 또 제도에 없는 데이겠습니까. 이미 굴관(屈冠)[123]을 벗었는데, 단지 이 건을 착용한다면, 이것은 관(冠)을 벗고서 선조(先祖)들이 회합(會合)하는 성대한 예에서 절을 하는 것입니다. 어찌 이런 이치가 있겠습니까.

주자는 묵최(墨衰)[124] 차림으로 예를 행하였는데, 이것은 순흉(純凶)의 복을 입고서 신명(神明)을 접할 수가 없었기 때문입니다. 옛사람들이 상복을 입고 있는 중에 제사를 지낸 것은 그 사례가 한둘이 아닙니다. 주자는 가벼운 상복을 입은 사람으로 하여금 사당에 들어가서 예를 행하게 하였습니다. 그리고 장횡거(張橫渠)는 기년복(朞年服)의 상을 만나서 세 번이나 시사(時祀)를 폐하면서 동생인 죽감(竹監)[125]으로 하여금 대신 지내게 하였습니다. 이것은 죽감이 관직에 있어서 복상(服喪)하는 것에 전념할 수 없었기 때문입니다.

선현(先賢)들이 조처한 바에는 깊은 곡절이 있습니다. 삼가 존형께서 깊이 생각하고서 산정하여, 쉽사리 단정하지 않는다면 몹시 다행이겠습니다. 형이 예를 한번 정해 놓는다면, 이는 비단 한때의 후학들이 종사(宗師)로 삼을 뿐만이 아니니 신중히 하지 않아서야 되겠습니까. 망녕되이 함부로 논하였는바, 몹시 황송합니다. 삼가 절하고서 올립니다.

구용에 대한 주석은, 지금 《예기》의 본문을 보건대 역시 형이 말한 것과는 다르게 되어 있습니다. 형은 모름지기 다시금 상세히 살펴보시기 바랍니다.

123 굴관(屈冠) : 상복(喪服)을 입을 때 두건 위에 덧쓰는 건(巾)으로, 흔히 굴건(屈巾)이라고 한다.

124 묵최(墨衰) : 51쪽 주72 참조.

125 죽감(竹監) : 76쪽 주96 참조.

숙헌에게 거듭해서 답한 편지

重答叔獻書

역시 《격몽요결》 가운데에서 잘못된 곳에 대해 논하였다.

보내 주신 서찰을 받아 보고 삼가 몸조섭을 잘못하였다는 것을 알았는바, 걱정이 되고 걱정이 됩니다. 산속에서 조용하게 지내다가 일에 응하여 애를 쓰다 보면 병이 혹 생기는 것은 의당 그러한 것인바, 아주 신중하게 하시기 바랍니다. 다만 밖으로는 일삼는 바가 없는데 안에서 신병이 더해지는 것은, 아마도 우리 무리들이 기대하는 바가 아닙니다.

끼닛거리가 떨어져서 굶는 것은 저에게는 분수에 편안한 것입니다. 그런데 들으니 형도 역시 끼닛거리가 없어서 꾸어다가 먹는다고 합니다. 귀한 신분이면서도 능히 가난하게 지내는바, 한편으로는 위안이 되면서도 한편으로는 염려가 됩니다.

말씀하신 구용(九容)에 대해 논쟁하는 바는 단지 한쪽 편에 치우쳐서 말하느냐 전체를 통틀어서 말하느냐의 차이에 있습니다. 존형께서 이미 '손의 모습은 공손해야 한다.〔手容恭〕'는 부분에 대해서는 저의 견해가 옳다고 하시었습니다.

그런데도 '발걸음의 모습은 진중해야 한다.'는 족용중(足容重)의 부분에 있어서만은 유독 한쪽으로 치우친 자신의 견해를 고집하니, 그것이 옳은 것인지 모르겠습니다. 참으로 형이 말한 족용중과 같다면, 이는 조용히 앉아 있으면서 움직이지 않을 때에만 아주 합당한 것으로, 말이 되지 않을 듯합니다.

근래에 '머리의 모습은 곧아야 한다.'는 두용직(頭容直)에 대해 해석하는 어떤 자가 말하기를 "아래위가 똑 곧아서 움직이지 않을 때가 바로 두용직이다. 혹 읍을 하거나 절을 할 때는 바른 것이 아니다."라고 하였는데, 이 설이 형의 설에 가깝습니다. 무릇 두용직이라는 것은 앉아 있거나 서 있을 때에는 아래위로 똑바르고, 절을 하거나 읍을 할 때에는 좌우로 치우치지 않는 것입니다. 이것으로 미루어 보면 나머지를 모두 알 수 있을 것입니다.

형이 '말소리는 고요하여야 한다.'는 성용정(聲容靜)에 대해서 말을 할 때에 안정되게 하는 것인 '안정사(安定辭)'와는 다르다고 한 것에 대해서는, 역시 그 뜻을 모르겠습니다. 또 말을 할 때에 안정되고 차분하게 하는 것인 '안정사'에 대해서는 말소리를 자그맣게 하는 것이라고 하고, 말소리를 분명하게 하는 것인 '기언야려(其言也厲)'에 대해서는 말소리를 크게 하는 것이라고 한 것도 역시 온당치 않은 듯합니다.

근래에 초학자들을 보면 혹 기운이 위축되어 얼굴이 붉어지면서 말소리를 자그맣게 내는 경우가 있는데, 이것을 말을 할 때에 안정되고 차분하게 하는 것이라고 말할 수 있겠습니까. 대개 형의 설을 보면 《예기》〈옥조(玉藻)〉의 본주(本註)를 위주로 하여 말을 하면서 거기에 고착되어 더 나아가지 못하고 있는데, 이는 아마도 그렇지 않은 것 같습니다.

'숨 쉬는 모습은 엄숙해야 한다.'는 기용숙(氣容肅)에 대해서는 단지 숨을 쉬는 소리만 가지고 정하였는데, 이 역시 온당치 않은 듯합니다. '겉모습은 공손하게 지닐 것을 생각한다.'는 모사공(貌思恭)에 대해서도 또한 겸손(謙遜)을 위주로 하여 말하고 단장(端莊)을 그다음으로 해야 할 것입니다.

'시시(時時)'라고 이른 것은, 상(常) 자에 비해 딱 들어맞지 않는 듯합니다. 그러므로 상(常) 자로 고치라고 하였는데, 형은 '상상맹성(常常猛省)'이라고 하면 지나치게 심하여서 병통이 생길까 두렵다고 하였습니다. 이른바 맹성(猛省)이라는 것은 과연 무슨 일인데 병통이 생길까 두려워한단 말입니까. 만약 '시시'라고 하면, 이 역시 익히지 않은 때가 없다는 뜻이어서, 상(常) 자와 그 뜻이 같은 것이라고 한다면 괜찮지만, 만약 맹성은 항상 할 수는 없는 일이라고 한다면, 형의 설은 옳지 않은 듯합니다.

《중용》에서 성신(誠身)에 대해 말하면서 정심(正心)이 그 속에 있다고 한 것은, 성신은 성의(誠意)와 정심과 수신(修身)을 포함하기 때문입니다. 지금 이미 제목을 〈지신(持身)〉이라고 하였으면서도 이것을 끌어대어 증명한 것은 온당치 못한 듯합니다.

〈독서장(讀書章)〉에 대해서 운운한 것은 참으로 그것을 보존하고자 한 것으로, 형이 다시금 서로 이어서 산정(刪正)하기를 바라서였습니다. 또 《춘추》에 대해서는 학자들로 하여금 억양(抑揚)하고 조종(操縱)하는 은미한 뜻을 구하게 하였는데, 이것은 미진한 듯합니다. 맹자가 《춘추》에 대해서 논한 것도 역시 이와 같지 않았습니다. 그리고 주자가 《춘추》에 대해서 논한 것도 역시 이와 같지 않았습니다.

《춘추》에 한 글자를 더하거나 뺀 데에서 억양하고 조종하는 것은, 바로 후세에 《춘추》에 대해 알지 못하는 자들이 논한 바입니다. 그런데 호 문정(胡文定)[126] 역시 이 병통에서 벗어나지 못하였습니다. 그러므

126 호 문정(胡文定) : 북송(北宋)의 학자인 호안국(胡安國)으로, 문정은 그의 시호이다. 자는 강후(康侯), 호는 무이선생(武夷先生)·초암거사(草菴居士)로, 정이(程頤)에게 사숙하여 거경궁리(居敬窮理)의 학문을 중히 여겼다. 저서로는 《춘추호씨전(春秋

로 주자가 그 잘못에 대해 상세하게 논하면서, 심지어는 "지금 《춘추》에 대해서 말하는 자들은 성인이 지은 경전을 가지고 권모(權謀)와 기변(機變)을 쓰는 백장(百將)들의 전(傳)으로 만들었다."라고 하기까지 하였습니다. 이것으로 본다면, 억양하고 조종하는 것은 아마도 성인의 본뜻이 아닌 듯합니다.

《대학혹문(大學或問)》과 《중용혹문(中庸或問)》은 모두 주자가 지은 책인바, 취하거나 버릴 수가 없습니다. 그런데 《대학》에 대해서는 《대학혹문》까지 읽도록 하였으면서, 《중용혹문》에 대해서는 그렇게 하지 않았습니다. 그러니 의당 첨가해 넣어야 할 듯합니다.

복(復)을 하면서 이름을 부르는 것은 이미 잘못된 예입니다. 그런데 형은 형장(兄長)이 지붕 위에 올라가 혹 이름을 부를 수도 있어서 고치지 않았다고 하였는데, 온당치 못한 듯합니다. 참으로 혹 형장이 지붕 위에 올라간다면, 이것은 변례(變禮)입니다. 변례를 모두 다 적을 수 있겠습니까.

예서를 보면 "시종하는 자가 지붕 위에 올라간다.〔侍者乘屋〕"라고 하였는데, 형은 존항(尊行)이 지붕 위에 올라가는 경우를 염려하였으니, 그것이 옳은 것인지도 모르겠습니다. 또 더구나 "살아 있을 때 칭하던 바에 따른다.〔隨生時所稱〕"라고 하였습니다. 비유(卑幼)와 존장(尊丈)에 대해서는 각자 합당한 칭호가 있습니다. 형은 어찌하여 이를 깊이 생각하지 않는단 말입니까. 고쳐야 함이 의심의 여지가 없습니다.

최질(衰絰)은 벗을 수 있는 예가 없습니다. 그런데 형은 마음대로

胡氏傳)》, 《통감거요보유(通鑑擧要補遺)》, 《상채어록(上蔡語錄)》 등이 있다. 《宋史 儒林列傳 胡安國》

출입(出入)할 때에는 최질을 벗도록 하였습니다. 이것은 이미 예법을 어긴 것입니다. 어찌 예에 합당하게 할 수 있겠습니까. 더구나 한두 명의 예를 좋아하는 자들은 차마 최질을 벗지 못하고 있습니다. 그렇다면 형은 어찌하여 옛 예로 돌아가는 것을 깊이 걱정하신단 말입니까.

주자의 시대에도 상복(喪服)을 고제(古制)에 따라서 입으려고 하는 자가 있었습니다. 이에 대해서 혹자가 "길복(吉服)은 지금 이미 금제(今制)를 쓰고 있는데, 상복만 고제를 쓴다면, 한갓 시속 사람들을 놀라게 할까 두렵다."라고 하자, 주자가 말하기를 "시속 사람들을 놀라게 하는 것은 오히려 사소한 일이다. 만약 과연 잘 상고하여 옳은 것을 얻는다면, 그것을 쓰는 것도 해로울 것이 없다."라고 하였습니다. 그렇다면 형이 최질을 벗도록 허락한 것은 아마도 주자의 뜻이 아닐 듯합니다. 더구나 지금의 상복은 한결같이 고제를 써서 사람들의 눈과 귀에 익숙한 데이겠습니까.

예법을 독실하게 지키는 효자가 부득이하여 출입하는 일이 있을 경우에, 비록 전적으로 상복 차림을 하더라도 사람들을 놀라게 하지는 않을 것입니다. 어느 겨를에 대질(戴絰)을 하겠습니까. 저의 뜻은 각 사람들마다 모두 출입할 적에 대질을 하게 하려는 것이 아닙니다. 형이 마음대로 최질을 벗게 한 것을 예로 삼고 싶지 않은 것입니다. 다시금 상세히 상고해 보시기 바랍니다.

《가례》에서 고례(古禮)를 고친 것이 더러 있기는 합니다. 그러나 《가례》에서 고치지 않은 바에 대해서도 자기의 뜻으로 고례를 고치고자 한다면, 온당치 못한 것이 아니겠습니까. "상가에 이르는 즉시 성복한다.〔至家卽成服〕"는 것과 같은 것은 《가례》에도 이와 같이 되어 있지 않습니다. 그런데 오히려 고례를 고치려고 하였으니, 이는 온당치 못한 것인 듯합니다. "붕우를 위해서는 마복을 입는다.〔朋友麻〕"는 것은 범범하게 말한 것입니다. 그런데 형은 예문의 본뜻을 생각하지 않았습니다. 이것은 합당치 않은 듯합니다.

사당(祠堂)에서 차서(次序)에 따라서 서 있는 예는, 주자가 이미 여러 동생으로 하여금 주인(主人)의 오른편에서 조금 뒤에 서도록 하였습니다. 그런데 형은 자신의 뜻을 가지고 단정하여 말하기를 "조금 뒤에 설 필요가 없다."라고 하였는데, 이것은 아마도 그렇지 않은 듯합니다. 또 더구나 개자(介子)와 개부(介婦)[127]가 총자(冢子)와 총부(冢婦)와 어깨를 나란히 하여 서는 예가 없는 데이겠습니까.

포(脯)는 제수 용품 중에 중한 것이며, 또 고금에 통용하는 명칭입니다. 그런데 반드시 좌반(佐飯)으로 고치고자 하였습니다. 이 역시 잘못된 것입니다. 예묘(禰廟)에 제사를 드리는 데 이르러서는, 정자와 주자가 이미 정해 놓은 예가 있어서 《소학》과 《가례》에 이미 그에 대한 의식 절차가 상세하게 나와 있습니다. 그런데도 오히려 "아버지에게만 풍성하게 할까 두렵다."라고 하였는바, 형에 대해서 깊이 의심하지 않을 수가 없습니다.

시제(時祭)를 지냄에 있어서 춘분과 추분 및 하지와 동지를 쓰는 것은, 주자가 이미 그 그름에 대해서 논해 놓았습니다. 그런데도 오히려 정자가 정해 놓은 법식이라고 하면서 억지로 이를 행하고자 하였으니, 이 역시 옳지 않은 것인 듯합니다.

묘제(墓祭)에서 참신(參神)하고 강신(降神)하는 것에 대해서는 이

127 개자(介子)와 개부(介婦) : 개자는 종자(宗子)를 대신하여 일을 주관하는 사람을 말하고, 개부는 종부(宗婦)를 대신하여 일을 주관하는 사람을 말한다.

미 주자의 《가례》에 정해져 있습니다. 그런데도 갑작스럽게 고치고자 하였으니, 이 역시 합당하지 않습니다. 더구나 또 예경의 뜻은 알기가 어려운 데이겠습니까. 삼가 잘 살펴보시기 바랍니다.

호원에게 답한 편지

答浩原書

〔문〕 석담서원(石潭書院)[128]의 여러 현자가 저에게 편지를 보내어 말하기를 "금년에 율곡의 사판(祠版)을 세워서 주자(朱子)의 사당에 배향하려고 한다."라고 하였습니다. 이는 대개 석담서원에 주자의 사당을 세우고서 정암(靜菴) 조광조(趙光祖)와 퇴도(退陶) 이황(李滉) 두 선생을 배향하여, 병술년(1586, 선조19) 가을에 이미 사판을 봉안하였기 때문입니다. 그러면서 저로 하여금 이 일을 주관하게 하였습니다. 형의 견해는 어떠한지 모르겠습니다.

제 생각에는, 이 일은 사체(事體)가 지극히 중대하여 경솔히 할 수 있는 것이 아닌 듯합니다. 석담의 문인(門人)들이 학문에 힘써서 스스로 자립하여, 수십 년이 지난 뒤에 도가 밝아지고 덕이 확립되기를 기다려 깊은 도리가 있게 된 다음에, 크게 동문들을 모아서 결단을 내려 추존(推尊)해서 이 성대한 일을 거행해야 할 것입니다. 아니면 혹 후세의 자운(子雲)[129]과 같이 훌륭한 사람이 나와서 거행하지

128 석담서원(石潭書院) : 황해도 해주(海州) 석담에 있던 은병정사(隱屛精舍)를 말한다. 이이가 주희를 종사로 하는 사당을 세우고 조광조와 이황을 동서에 배향하려 하였으나 뜻을 이루지 못하고 죽었으므로, 이이 사후인 1586년에 제생(諸生)이 이 사우(祠宇)를 세워서 주희, 조광조, 이황의 위판을 봉안하여 이이의 유지를 따랐다. 그 뒤 1596년에 이이의 위판을 봉안하고 다시 성혼(成渾)과 김장생(金長生)의 위판도 봉안하였다. 《栗谷全書 卷34 附錄2 院享錄》

129 후세의 자운(子雲) : 이이에 대해서 올바르게 평가해 줄 안목을 갖춘 후세 사람을

못했던 이 예를 거행하는 것도 좋을 것입니다. 오늘날 제가 단독으로 결단하여 거행한다면, 아마도 다른 사람들에게 십분 미더움을 받지 못하고, 또 지나치게 서둘러서 하는 잘못이 있게 될 듯합니다. 이에 대한 의견을 말씀해 주시기 바랍니다.

〔답〕 보내온 편지를 보매, 신중하게 하면서 독단하여 하지 않고자 하여, 멀리까지 글을 보내어 물어 주었는바, 성대한 뜻에 깊이 감사를 드립니다. 다만 이 거조는 율곡이 살던 옛 마을의 문생들이 율곡을 존봉(尊奉)하고자 한 것입니다. 우리 동방에서는 향선생(鄕先生)에 대해 사당을 세운 경우가 한둘이 아닙니다. 그러니 실로 대단한 거조는 아닙니다.

반드시 문생들의 도가 밝아지고 덕이 수립되기를 기다려서 하거나, 후세의 자운이 나오기를 기다려서 하고자 하는 것은, 아마도 그렇지 않은 듯합니다. 더구나 율곡은 당대의 거유(鉅儒)인바, 이는 한때 동문들의 사사로운 견해가 아니라 실로 후세의 공론인 것입니다. 저의 소견은 이와 같은데 어떨지 모르겠습니다.

뜻한다. 자운은 한나라 때의 유학자인 양웅(揚雄)을 가리킨다. 양웅이 《태현경(太玄經)》을 지었을 때 사람들이 모두 그것을 비웃었는데, 양웅은 이르기를 "세상이 나를 믿어 주지 않아도 상관없다. 후세에 다시 양자운이 있다면 반드시 이 책을 좋아할 것이다."라고 하였다. 《五百家注昌黎文集 卷17 與馮宿論文書》

구봉집

제7권

가례주설 1
家禮註說 一

가례주설[1] 1 家禮註說一

서
序

가례(家禮)[2]

1 가례주설(家禮註說) : 구봉이 초고를 써 놓은 것을 본 대본(臺本)을 편집한 사계(沙溪) 김장생(金長生)의 6대손인 김상성(金相聖)이 잘못된 것을 교정하여 편집한 것이다. 그런데 애초에 구봉이 초고를 작성하면서 각 예서(禮書)에 나오는 경문(經文)이나 주소(註疏)의 설을 임의대로 축약하거나 덧붙인 것도 있으며, 뒤섞어서 기록해 놓은 곳도 있다. 이러한 상태의 초고를 김상성이 편집하면서 제대로 정리하지 못한 탓에 경문(經文)과 주설(註說)과 소설(疏說)이 뒤섞여 있는 곳도 있고, 부호의 사용도 명확하지 않으며, 출전(出典) 역시 불분명한 곳이 많다. 이 〈가례주설〉은 그 내용이 비록 소략하기는 하지만, 주희(朱熹)의 《가례》에 대하여 본격적으로 주설(註說)을 붙여서 만든 최초의 주석서이며, 사계 김장생의 《가례집람(家禮輯覽)》의 모태가 된 책이다. 또한 곳곳에 들어 있는 구봉의 안설(按說)은 구봉의 예학(禮學)에 대한 경지를 엿볼 수 있는 좋은 자료가 된다. 《한기범, 구봉 송익필의 예학 사상, 충남대 유학연구소, 2011》

2 가례(家禮) : 남송의 성리학자인 주희가 의례(儀禮)에 관한 예절과 절차를 정리한 책이다. 4권으로 된 정본 외에 7권으로 된 《가례》가 있다. 그 순서는 가례도설(家禮圖說), 가례서(家禮序), 통례(通禮), 관례(冠禮), 혼례(婚禮), 상례(喪禮), 제례(祭禮)로 구성되어 있다. 그런데 이 책의 내용을 보면, 주희가 말년에 제시했던 예설(禮說)과 다른 점이 많기 때문에 위작이라는 논란이 있기도 하다. 그러나 《회암집(晦庵集)》에

○ 황간(黃榦)[3]이 말하기를,

"예전에 여러 선사(先師)께 들으니, '예(禮)라는 것은 천리(天理)의 절문(節文)이며, 인사(人事)의 의칙(儀則)이다.' 하였다. 대개 하늘은 높고 땅은 낮으며, 만물은 각자 모두 다른데, 예의 제도는 이미 그 가운데에 보존되어 있다. 오행(五行)에 있어서는 화(火)가 되고, 사시(四時)에 있어서는 하(夏)가 되며, 사덕(四德)에 있어서는 형(亨)이 되는바, 모두가 천리의 자연스러운 것으로서 바뀔 수가 없는 것이다.

사람은 오상(五常)의 성(性)을 품부받아 태어났는바, 예의 체(體)가 비록 태어난 처음에 갖추어져 있기는 하다. 그러나 이것이 형용되어서는 공경(恭敬)과 사손(辭遜)이 되고, 드러나서는 위의(威儀)와 도수(度數)가 된다. 그렇다면 이는 또 모두가 인사(人事)에 있어서 당연한 것으로 그만둘 수가 없는 것이다.

아득한 옛날에는 습속이 순후하여 역시 이 이치의 안에서 편안하게 행하였다. 세대가 내려와 말세의 풍속이 되면서는 인심이 사특해

〈가례서(家禮序)〉가 있고 〈가례부록(家禮附錄)〉에 이 책을 잃어버렸다 다시 얻게 된 경위를 밝히고 있기 때문에 대체로 주희의 저서로 보고 있다. 이 책은 고려 말에 주자학과 함께 우리나라에 전래되어 조선 시대에는 사대부가의 기본 예법서로 보편화되었다. 그러나 시대와 풍습의 차이로 인해 조선의 현실과 맞지 않는 점이 있어 많은 예송(禮訟)을 야기하는 원인이 되기도 하였다.

3 황간(黃榦) : 송(宋)나라 민현(閩縣) 사람으로, 자는 직경(直卿), 호는 면재(勉齋), 시호는 문숙(文肅)이다. 안경 지부(安慶知府)가 되어 덕정(德政)을 폈다. 저서에 《경해(經解)》, 《면재문집(勉齋文集)》이 있다. 주희의 문인이자 사위로서 경학(經學)에 밝고 심지(心志)가 견실하였다. 주희의 도학을 계승한 인물로 평가된다. 《宋史 道學列傳 黃榦》

지고 천리가 어두워지게 되었다. 이에 비로소 예라는 것이 세상 사람들을 권면하는 도구가 되었다.

선생(先生 주희(朱熹))께서 다시 《가례》를 지어서 후학(後學)들에게 남겨 놓았다. 대개 천리는 하루라도 없어서는 안 되는 것이니, 이 예 역시 하루라도 빠뜨려서는 안 되는 것이다."

하였다.

○ 구준(丘濬)[4]이 말하기를,

"성주(成周)[5] 시대에는 예로써 세상을 유지하여 왕조(王朝)와 사서(士庶)들에게 예가 있지 않음이 없었다. 그러나 그 뒤에 진화(秦火)[6]의 액운이 있은 뒤로는 남은 것이 얼마 없었다. 한위(漢魏) 이후로는 백성들의 예가 깡그리 다 없어져서 남아 있는 것이 없었다. 사대부로서 예를 좋아하는 자로는 당(唐)나라 때에는 맹선(孟詵)[7]이 있었고,

4 구준(丘濬) : 명(明)나라의 학자이다. 자는 중심(仲深), 호는 심암(深菴)·경산선생(瓊山先生)·경대(瓊臺), 시호는 문장(文莊)이다. 벼슬은 문연각 태학사(文淵閣太學士)를 지냈고 특히 주자학(朱子學)에 정통하였다. 저서에 《대학연의보(大學衍義補)》, 《주자학적(朱子學的)》, 《가례의절(家禮儀節)》 등이 있다. 《明史 丘濬列傳》

5 성주(成周) : 지금의 하남성(河南省) 낙양현(洛陽縣)의 동북쪽에 있는 지명이다. 주(周)나라 경왕(敬王) 때 이곳으로 도읍을 옮겼으며, 전국(戰國) 시대에는 낙양(洛陽)이라고 이름을 고쳤다. 흔히 동주(東周)를 지칭하는 말로 쓰인다.

6 진화(秦火) : 진 시황(秦始皇)에 의해 일어난 분서갱유(焚書坑儒) 사건을 말한다. 진 시황 때 사람들이 정치에 대하여 비평하는 것을 막기 위하여 천하의 시서(詩書) 및 백가(百家)의 서책들을 모두 모아 불태웠으며, 선비들을 구덩이에 묻어 죽였다. 《史記 秦始皇本紀》

7 맹선(孟詵) : 당나라의 학자로, 이양산(伊陽山)에 거주하면서 방약(方藥)을 연구하였다. 저서에 《식료본초(食療本草)》 등이 있다. 예서(禮書)로는 한 권으로 이루어진 《가례》와 《제례(祭禮)》 및 2권으로 이루어진 《상복요(喪服要)》가 있다. 《舊唐書 方伎

송(宋)나라 때에는 한기(韓琦)[8]가 있어서 혹 저술을 하기도 하였으나, 박잡하여 순수하지 못하였다. 문공(文公)이 지은 《가례》 한 책은 실로 만세에 통행되는 법전이다."

하였다.

○ 주자(朱子)가 말하기를,

"예를 제정함에 있어서는 제때에 맞게 하는 것이 중요하다. 성인(聖人)이 일어나서 예를 만들 경우에는 반드시 지금의 예를 인하여서 그 중도를 잡아서 만들 것이므로, 반드시 다시금 옛사람들의 복잡하고 번다한 예를 취하지는 않을 것이다. 공자(孔子)가 선진(先進)을 따른 것[9]은 이미 이런 뜻이 있었던 듯하다."

하였다.

선진(先進)

○ 정자(程子)가 말하기를 "선진은 예악(禮樂)에 있어서 문(文)과 질(質)이 마땅함을 얻었고, 후진(後進)은 예악에 있어서 문이 질보다

列傳 孟詵》

8 한기(韓琦) : 송나라 때의 명재상으로, 자는 치규(稚圭), 호는 공수(贛叟), 시호는 충헌(忠獻)이다. 벼슬은 좌복야(左僕射)에 이르렀으며 위국공(魏國公)에 봉해졌다. 저서로 《안양집(安陽集)》, 《간원존고(諫垣存稿)》 등이 있으며, 예서로는 《한위공제식(韓魏公祭式)》이 있다. 《宋史 韓琦列傳》

9 공자(孔子)가……것 : 선진은 선배와 같은 말이다. 공자 시대에 선배들은 예악(禮樂)에 있어 문(文)과 질(質)이 적당하였는데 당시 사람들은 이것을 촌스럽다고 비판하고, 후배들은 예악에 있어 문이 질보다 지나쳤는데도 당시 사람들은 도리어 군자라고 하였다. 이에 대해 공자가 "내가 만일 예악을 쓰게 되면 선진을 따르겠다."라고 하였다. 《論語 先進》

지나쳤다." 하였다.

근종추원(謹終追遠)[10]

○ 주자가 말하기를 "신종(愼終)하는 자는 상(喪)에 있어서 그 예를 다하고, 추원(追遠)하는 자는 제사에 있어서 그 정성을 다한다." 하였다.

양씨 복(楊氏復)[11] 소주(小註)에 나온다. 이하 11조항도 같다.

○ 자(字)는 지인(志仁)이며, 주 문공(朱文公)에게 수학하였고, 황직경(黃直卿 황간(黃榦))과 서로 친하게 지냈다.

선생(先生)

○ 주자가 말하기를 "선생은 부형(父兄)이다."라고 하였다.

○ 《예기(禮記)》 〈곡례(曲禮)〉의 주에 이르기를 "선생은 부형의 칭호이다. 다른 사람의 스승이 될 수 있는 자는 부형과 같다. 그러므로 배우는 자들이 스스로를 동생과 아들에 비하는 것이다." 하였다.

10 근종추원(謹終追遠) : 신종추원(愼終追遠)과 같은 말로, 부모의 상을 당했을 때와 선조의 제사를 지낼 때 애통함과 경건함을 극진히 하며 예법에 맞게 행하는 것을 말한다. 종(終)은 부모의 죽음을 뜻하고, 원(遠)은 선조를 뜻한다. 《논어》 〈학이(學而)〉에 "어버이 상을 당했을 때 신중하게 행하고 먼 조상님들을 정성껏 제사 지내면 백성들의 덕성이 한결 돈후하게 될 것이다."라고 한 데서 나온 말이다.

11 양씨 복(楊氏復) : 송나라의 학자인 양복(楊復)을 가리킨다. 신재(信齋) 선생이라고 불렸으며, 저서로 《가례의례도(家禮儀禮圖)》, 《가례잡설부주(家禮雜說附註)》가 있다.

복모상(服母喪)

○ 이방자(李方子)[12]가 말하기를 "건도(乾道)[13] 5년 9월에 선생이 어머니인 축 영인(祝令人)[14]의 상을 당하였다." 하였다.

동항(童行)

○ 동항은 아주 어린 아이의 항렬을 말한다.

선생이 역책하다.〔先生易簀〕

○ 《예기》〈단궁(檀弓)〉에 이르기를,

"증자(曾子)가 병이 위독했을 때 악정자춘(樂正子春)은 침상 아래에 앉아 있었고, 증원(曾元)과 증신(曾申)은 발치에 앉아 있었고, 동자는 한쪽 구석에 앉아 촛불을 잡고 있었다. 동자가 말하기를 '선생님의 대자리는 화려하고 고우니, 대부가 사용하는 자리인가 봅니다.' 라고 하였다. 그러자 자춘이 말하기를 '조용히 하라.' 하였다. 증자가 듣고 두려운 기색을 띠며 말하기를 '그렇다. 이것은 계손(季孫)이 선물해 준 것인데 내가 미처 바꾸지 못했다. 원아, 일어나서 돗자리를 바꾸어라.' 하자, 증원이 말하기를 '아버님의 병이 위중하시니 움직일 수 없습니다. 다행히 아침까지 별일이 없으면 조심스레 바꾸겠습니다.' 하니, 증자가 말하기를 '네가 나를 사랑하는 것이 저 아이

12 이방자(李方子) : 송나라의 학자로, 자는 공회(公晦), 호는 과재(果齋)이며, 주희의 제자이다.

13 건도(乾道) : 송나라 효종(孝宗)의 연호로, 기간은 1165~1173년이다.

14 축 영인(祝令人) : 축은 주희 어머니의 성(姓)이고, 영인은 어머니에 대한 존칭이다.

만 못하구나. 군자가 사람을 사랑하는 것은 덕으로써 하고, 소인이 사람을 사랑하는 것은 고식적인 것으로써 한다. 내가 지금 무엇을 구하겠느냐. 나는 바름을 얻어서 죽으면 그뿐이다.' 하였다. 이에 증자를 들어 올리고 돗자리를 바꾸었는데, 다시 자리에 누워 미처 안정되기도 전에 숨을 거두었다."

하였다.

○ 주자가 말하기를,

"돗자리를 바꾸고 갓끈을 매는 데에서는 단지 옛사람들이 예법을 삼간 것만을 본다."

하였다. 주자가 또 말하기를,

"계손씨(季孫氏)가 선물해 준 것과 증자가 받은 것은 모두 올바른 예가 아니다. 혹자가 이를 인하여 습속으로 삼은 탓에 바르게 될 수 없었다."

하였다.-'병이 위중하다.〔病革〕'의 극(革) 자는 음이 극(亟)이다.-

그 책이 처음 나왔다.〔其書始出〕

○ 진순(陳淳)[15]이 말하기를,

"선생의 막내아들(주재(朱在))이 말하기를 '승사(僧寺)에서 잃어버렸는데, 어떤 사인(士人)이 그것을 기록해 두었다가 마침 아버지를 장사 지내는 날 가지고 왔으므로, 그를 인하여 얻었다.'라고 하였다."

15 진순(陳淳) : 송(宋)나라의 학자로, 자가 안경(安卿)이고, 북계(北溪) 선생이라고 불렸다. 주희에게 잠시 배웠으며, 주희의 어록(語錄)을 기록하였다. 《성리자의(性理字義)》 등을 저술하였다.

하였다.

《의례》를 경으로 삼는다.〔儀禮爲經〕

○ 《의례(儀禮)》 〈사관례(士冠禮)〉의 소(疏)에 이르기를,

"《주례(周禮)》라는 이름은 하(夏)나라와 은(殷)나라의 예와는 구별하여 취하였으므로 《주례》라고 하는 것이다. 《의례》를 《주례》라고 하지 않는 것은, 다른 시대의 예법이 있음을 겸하여 보이고자 해서이다. 《주례》와 《의례》는 모두 주공(周公)이 섭정(攝政)한 지 6년째 되는 해에 제정하였다."

하였다.

사마씨(司馬氏)[16]

○ 이름은 광(光)이고, 자는 군실(君實)이며, 온국공(溫國公)에 증직(贈職)되었으며, 시호는 문정(文正)이다.

고씨(高氏)[17]

○ 이름은 항(閌)[18]이고, 자는 억숭(抑崇)이다.

16 사마씨(司馬氏) : 송(宋)나라 신종(神宗)·철종(哲宗) 때의 명상(名相)인 사마광(司馬光)으로, 호는 제물자(齊物子)이다. 속수(涑水) 선생이라 부른다. 저서에 《자치통감(資治通鑑)》, 《독락원집(獨樂園集)》, 《서의전가집(書儀傳家集)》 등이 있다. 이 가운데 《서의전가집》은 흔히 《서의(書儀)》, 또는 《사마씨서의(司馬氏書儀)》라고 칭해지는데, 주희의 《가례》는 《서의》를 바탕으로 작성되었다. 《宋史 司馬光列傳》

17 고씨(高氏) : 송나라의 학자인 고항(高閌)을 가리킨다. 어려서부터 경사(經史)에 통달하였다. 흔히 식재(息齋) 선생이라고 불렀으며, 《춘추집주(春秋集注)》를 저술하

치상에 대하여 유명을 남겼다.〔遺命治喪〕

○ 경원(慶元) 6년(1200) 3월 갑자일(甲子日) 오시(午時) 초각(初刻)에 주 문공(朱文公)이 정침(正寢)에서 졸하니, 향년이 71세였다. 3월 기미일 밤에 제생(諸生)을 위하여 〈태극도(太極圖)〉에 대해 해설하였으며, 경신일 밤에 〈서명(西銘)〉에 대해 아주 상세하게 해설하였다. 신유일에 《대학》의 성의장(誠意章)을 고쳤으며, 갑자일에 침소(寢所)를 중당(中堂)으로 옮기라고 명하였다. 날이 밝을 무렵에 제생이 다시 들어가서 병문안을 하면서 청하기를,

"만일 돌아가시게 되면 《서의(書儀)》의 예법을 써서 장례를 치릅니까?"

하니, 주자(朱子)가 머리를 흔들었다. 다시 묻기를,

"그렇다면 《의례》에 따라서 합니까?"

하자, 주자가 역시 머리를 흔들었다. 이에 또다시 묻기를,

"그렇다면 《의례》와 《서의》를 참작하여 합니까?"

하니, 주자가 고개를 끄덕였다. 자리에 눕히다가 잘못하여 건(巾)을 건드리자, 문인(門人)에게 눈짓을 하여 바르게 씌우라고 하였다. 손을 저어 부인(婦人)을 물리치면서 가까이 오지 못하게 하였다. 제생이 읍(揖)하고서 물러났다. 얼마 뒤에 편안한 모습으로 서거하였다.[19]

였다.

18 항(閌) : 대본에는 '開'로 되어 있다. 문맥에 근거하여 '閌'으로 바로잡아 번역하였다.

19 경원(慶元)……서거하였다 : 《주자실기(朱子實記)》에 나오는 내용이다. 《주자실기》는 명나라 대선(戴銑)이 찬한 책으로 모두 12권으로 이루어져 있다. 주희의 시말에 대해 상세히 기술하였다.

한 위공(韓魏公)

○ 이름은 기(琦)이고, 위국공(魏國公)에 봉해졌다.

존양(存羊)[20]

○ 이에 대한 일은 《논어(論語)》에 나온다.

〔안〕 존양의 뜻을 붙인 것은 당시에 종법(宗法)이 행해지지 않아 장자(長子)가 죽으면 적손(適孫)이 봉종(奉宗)을 하지 못하고 차자(次子)가 제사를 주관하였는데, 주자는 오히려 종법을 보존하고자 하였으므로 이렇게 말한 것이다.

20 존양(存羊) : 《논어》 〈팔일(八佾)〉에 "자공(子貢)이 곡삭(告朔)의 희양(餼羊)을 철폐하고 싶어 하자, 공자가 말하기를 '너는 그 양이 아까우냐? 나는 그 예를 사랑한다.' 라고 하였다."라고 한 데서 나온 말로, 흔히 예를 보호하기 위해 형식일 뿐이라도 옛 제도를 보존한다는 뜻으로 쓰인다.

사당

祠堂

사당(祠堂)

○ 주자가 말하기를,

"천자(天子)는 천지(天地)를 통섭(統攝)하면서 천지 사이의 일을 걸머지고 있다. 제후는 천지에 제사 지내서는 안 되며,-봉지(封地) 안의 산천(山川)에 대해서만 제사 지낸다.- 인가(人家)의 자손은 조종(祖宗)의 허다한 기업(基業)을 걸머지고 있는바, 이 마음은 문득 조고(祖考)의 마음과 서로 통한다."

하였다.

태자(太子) 소주(小註)에 나온다. 이하의 여섯 조항도 같다.

○《예기》〈왕제(王制)〉의 주에 이르기를 "태자는 천하의 아들들보다 크기 때문에 그렇게 칭하는 것이다." 하였다.

문 노공(文潞公)[21]

○ 이름은 언박(彦博)이고, 노국공(潞國公)에 봉해졌다.

21 문 노공(文潞公) 북송 때의 명재상인 문언박(文彦博)으로, 자는 관부(寬夫), 시호는 충렬(忠烈), 봉호(封號)는 노국공이다. 인종(仁宗), 영종(英宗), 신종(神宗), 철종(哲宗) 등 네 조정에서 50년 동안 장수와 재상 등 요직을 맡아 치적을 이루었다. 저서로 《노공집(潞公集)》이 있다. 《宋史 文彦博列傳》

묘(廟)

○ 《의례》 〈사우례(士虞禮)〉의 주에 이르기를 "귀신(鬼神)이 있는 곳을 묘(廟)라고 한다." 하였다.

○ 《의례경전통해(儀禮經傳通解)》의 주에 이르기를,

"앞에 있는 것은 묘(廟)라 하고, 뒤에 있는 것을 침(寢)이라 한다. 묘는 신령을 접하는 곳이어서 존귀하므로 앞에 있는 것이다. 침은 의관(衣冠)을 보관하여 두는 곳으로, 낮으므로 뒤에 있는 것이다."

하였다.

○ 《통전(通典)》에 이르기를,

"앞쪽에는 묘(廟)를 세우고 뒤쪽에는 침(寢)을 세워, 임금이 거처할 때에 앞쪽에는 조당(朝堂)이 있고 뒤쪽에는 침전(寢殿)이 있는 것을 형상화하였다. 묘는 신주(神主)를 보관하는 곳으로서 사시(四時)에 제사를 지내는 곳이다. 침에는 의관(衣冠)이나 궤장(几杖) 등 살아 있을 때 쓰던 도구들을 보관해 두는바, 이곳에 새로 나는 물품을 천신(薦新)한다."

하였다.

○ 《춘추좌씨전(春秋左氏傳)》에 이르기를 "종묘의 지붕을 띠로 인 것은 검소함을 밝힌 것이다." 하였다.

○ 《춘추》에 이르기를,

"장공(莊公)이 환공(桓公)의 사당 기둥에 단청을 입히고, 환공의 사당 서까래에 조각을 새겼다.[22]"

22 환공(桓公)의……새겼다 : 대본에는 '刻桓公桶'으로 되어 있다. 《춘추》 장공(莊公) 24년에 근거하여 '公桶'을 '宮桷'으로 바로잡아 번역하였다. 이하의 '서까래'도 동일하다.

하였는데, 이에 대해 곡량자(穀梁子)가 말하기를,

“천자와 제후는 사당의 기둥은 흑색〔黝〕으로 하고 벽은 백색〔堊〕으로 하고, 대부는 푸른색으로 하고, 사(士)는 누런색〔黈〕으로 하는 법이니, 기둥에 단청을 입히는 것은 예가 아니다.-'유(黝)'는 검은색이고, '악(堊)'은 흰색이고, '주(黈)'는 누런색이다.- 천자의 서까래는 깎고 간 다음 숫돌로 더 갈고, 제후의 서까래는 깎고 갈며, 대부의 서까래는 깎으며, 사의 서까래는 본바탕대로 한다. 그러니 서까래에 조각을 새기는 것은 올바른 예가 아니다.”

하였다.

○ 《의례경전통해》에 이르기를 “오른쪽에는 사직(社稷)을 세우고, 왼쪽에는 종묘를 세운다.” 하였다.

묘면동(廟面東)

〔안〕 《주자어류(朱子語類)》에도 '묘면(廟面)'이라는 말이 나오는데, 뜻은 미상이다. '면(面)' 자는 아마도 오자인 듯하다.[23]

감당(龕堂)

○ 《가례보주(家禮補註)》[24]에 이르기를,

"'당(堂)' 자는 모두 '실(室)' 자로 쓴다. 대개 옛날에는 남쪽을 실로

23 면(面)……듯하다 : 이에 대해서 퇴계(退溪) 이황(李滉)이 말하기를 “면 자는 필(必) 자나 개(皆) 자가 되어야 할 듯하다.”라고 하였다. 《家禮輯覽 祠堂》

24 가례보주(家禮補註) : 명나라 사람인 유장(劉璋)이 편찬한 《가례》의 주석본이다. 유장은 자가 정신(廷信)이고, 명나라 남평(南平) 사람이다.

삼고 북쪽을 당으로 삼았다. 장재(張載)가 말하기를 '제사를 지내는 당 뒤에 실을 하나 만들어서 위판(位版)을 보관한다.'라고 하였다." 하였다.

○《운회(韻會)》에 이르기를 "'실(室)'은 채우다는 뜻인 실(實)이다. 물건을 저장하여 실(室)을 채우는 것이다." 하였다.

두우(杜佑)[25]

○《당서(唐書)》에 이르기를 "두우는 학문을 좋아하여 《통전(通典)》 200편을 편찬하였다." 하였다.

침(寢)

○《이아(爾雅)》에 이르기를 "실(室)에 동쪽과 서쪽의 상(廂)이 있는 것을 묘(廟)라고 하고, 동쪽과 서쪽에 상이 없고 실만 있는 것은 침(寢)이라고 한다." 하였다.

먼저 정침의 동쪽에 사당을 세운다.〔先立祠堂於正寢之東〕

○《예기》〈곡례(曲禮)〉에 이르기를 "군자가 궁실(宮室)을 지을 때에는 종묘(宗廟)를 먼저 짓고 구고(廐庫)를 다음으로 지으며, 거실(居室)을 뒤에 짓는다." 하였다.

○ 주자가 말하기를 "가묘는 사람이 주거하는 곳에 지어야 한다. 귀신

25 두우(杜佑) : 당나라의 정치가이다. 안녹산의 난 이후의 혼란한 속에서 국정 운영을 잘 해냈으며, 806년에는 사도(司徒) 동평장사가 되어 기국공(岐國公)에 봉해졌다. 저서에 《통전》, 《이도요결(理道要訣)》 등이 있다.

은 사람에게 의지하므로, 바깥의 떨어진 곳에 가묘를 지어서는 안 된다." 하였다.

○ 어떤 사람이 주자에게 묻기를,

"가묘가 동쪽에 있는 것은 친한 이를 친히 여기는 뜻이 아닙니까?"

하자, 주자가 답하기를,

"이것은 아들 된 자가 그 어버이를 죽은 사람으로 대우하지 않는 뜻이다."

하였다.

○ 《의례》〈사혼례(士昏禮)〉의 주에 이르기를 "사당은 일이 없으면 닫아 두는데, 귀신은 그윽하고 어두운 곳을 좋아해서이다." 하였다.

○ 주자가 말하기를 "옛날에는 가묘가 아주 넓었다. 이른바 침(寢)은 묘(廟)의 제도를 넘지 못한다는 것이 바로 이것이다." 하였다.

〔안〕 이제 사당을 세움에 있어서는 살고 있는 곳에다가 아주 잘 얽어 지어서 귀신을 섬기는 도리를 엄하게 하는 것이 마땅하다.

유서의물(遺書衣物) 대주(大註)에 나온다. 아래의 두 조항도 같다.

○ 《의례경전통해》의 주에 이르기를 "유의복(遺衣服)이란 대렴(大斂) 때 쓰고 남은 옷이다. 제사를 지낼 적에 시동(尸童)은 졸한 자의 상복(上服)[26]을 입어서 살아 있을 때를 형상한다." 하였다.

요(繚)

○ 상성(上聲)으로 읽으며, 감다는 뜻인 전(纏)이다.

26 상복(上服) : 가장 좋은 옷으로, 예복(禮服)을 가리킨다.

청사(廳事)

○ 《소학(小學)》의 주에 이르기를 "'청(廳)'은 일을 다스리는 곳이다. 그러므로 청사라고 하는 것이다." 하였다.

신주(神主)

○ 어떤 사람이 주자에게 묻기를,

"그 정성이 있으면 그 신(神)이 있고, 그 정성이 없으면 그 신이 없는 것입니까?"

하자, 주자가 말하기를,

"귀신(鬼神)의 이치는 바로 이 마음이 이치이다."

하였다.

○ 상채 사씨(上蔡謝氏)[27]가 말하기를 "사람이 신이라고 여기면 신인 것이고, 신이 없다고 여기면 신이 아닌 것이다." 하였다.

〔안〕 신주(神主)에 신이 있느냐 신이 없느냐 하는 것은 사람에게 달려 있다. 그러니 어찌 감히 온 마음을 다하지 않을 수 있겠는가.

○ 귀신에는 세 가지 종류가 있다. 천지(天地)의 일월(日月)과 풍우(風雨)와 주야(晝夜)와 한서(寒暑)에는 귀신이 항상 있는 것이다. 제사에 와서 흠향하는 것은 귀신이 감응한 뒤에 있는 것이다. 용마루에서 휘파람을 불고[28] 형체에 감촉하는 것은 귀신 가운데 사특하고 어두워서 바

27 상채 사씨(上蔡謝氏) : 송나라의 학자인 사양좌(謝良佐)를 말한다. 자는 현도(顯道), 시호는 문숙(文肅)이며, 상채 사람이다. 정호(程顥)가 지부구사(知扶溝事)로 있을 때 그에게 수학하였다. 상채학파(上蔡學派)의 비조이며 상채 선생으로 불렸다. 그의 사상은 다분히 선불교의 내용을 포함하고 있어 주희에게 비판을 받기도 하였다. 저서에 《논어해(論語解)》가 있다.

르지 않은 것으로, 있고 없음이 일정함이 없는 것이다. 이것은 따져 보지 않아서는 안 된다.

○ 주자가 말하기를 "이것은 소상(塑像)에 깃들어 있는 귀신의 종류는 아니다. 이는 단지 기운(氣運)인 것으로, 제사를 지냄에 있어서는 정신을 모아 지내어 감응시켜야 한다." 하였다.

○ 어떤 사람이 주자에게 묻기를,

"귀신은 교감(交感)하지 않았을 때에도 항상 있는 것입니까?"

하자, 주자가 말하기를,

"만약 교감하지 않았는데도 항상 있다면, 이것은 굶주린 귀신이다."

하였다.

○ 주자가 또 말하기를 "이것은 어떤 한 물건이 허공중에 쌓여 있으면서 자손들이 찾아 주기를 기다리고 있는 것이 아니다. 정성과 공경의 도리를 다하였을 때 이 기운이 여기에 와서 깃드는 것이다." 하였다.

○ 어떤 사람이 주자에게 묻기를,

"귀신은 아마도 두 가지 모양이 있는 듯합니다. 천지(天地)의 사이에는 음과 양 두 기운이 꽉 차 있어서 귀신이 아닌 것이 없습니다. 제사를 지내어서 교감하는 것은, 귀신과 교감하는 것입니다. 그리고 사람이 죽으면 귀신이 됩니다. 제사를 지내어서 교감하는 것은, 실체가 없는 사람의 귀신과 교감하는 것입니다."

하자, 주자가 말하기를,

"이것은 천신(天神)과 인귀(人鬼)를 말한 것이다. 신(神)은 바로 기

28 용마루에서 휘파람을 불고 : 《한창려집(韓昌黎集)》 권11 〈원귀(原鬼)〉에 "용마루에서 휘파람을 불다가 마루에 내려선다.〔嘯於梁立於堂〕"라고 하였다.

(氣)가 펴진 것으로, 이것은 항상 있는 것이다. 귀(鬼)는 바로 기(氣)가 펴지지 못한 것이다. 그러나 정신으로 가서 그와 합하면, 그가 또 합해져서 있게 되는 것이다."

하였다.

신주는 모두 독 안에 보관한다.〔神主皆藏於櫝中〕 대주에 나온다. 아래도 같다.

○ 《서의(書儀)》에 이르기를 "부군(府君)의 신주와 부인(夫人)의 신주를 같은 갑(匣) 속에 함께 보관한다." 하였다.

○ 어떤 사람이 주자에게 묻기를,

"살아 있을 적에 남녀가 자리를 달리하는데, 제사를 지낼 때 부부가 자리를 같이하는 것은 어째서 그런 것입니까?"

하자, 주자가 말하기를,

"부부는 동뢰(同牢)[29]하여 먹는 법이다."

하였다.

○ 《예기》〈제통(祭統)〉에 이르기를,

"제사를 지낼 곳에 자리를 깔고 부부가 같이 사용할 탁자 하나를 놓는 것은, 귀신이 여기에 의지하게 하려는 것이다."

하였는데, 이에 대한 주에 이르기를,

"사람이 살아서는 형체가 서로 다르다. 그러므로 부부의 윤리가 구별을 하는 데 있다. 그러나 죽어서는 정신과 기운이 차이가 없다. 그러므로 한 탁자에 같이 배설하는 것이다. 그러므로 축사(祝辭)에 이르

29 동뢰(同牢) : 원래의 뜻은 신혼부부가 처음으로 한자리에 앉아 한 마리의 희생을 함께 먹는 것인데, 후세에는 한자리에 앉아 함께 음식을 먹는다는 뜻으로 쓰였다.

기를 '모비를 모씨에 배향합니다.〔以某妃配某氏〕'라고 하는 것이다." 하였다.

○ 《의례경전통해》에 이르기를,

"《예기》 〈예기(禮器)〉에 '귀신을 제사 지냄에 있어서는 홑자리로 한다.〔鬼神之祭, 單席.〕'라고 하였는데, 이에 대한 소에 이르기를 '귀신의 도는 사람과는 달라서 자리를 여러 겹으로 할 필요가 없다. 귀신은 스스로 따뜻해지므로 홑자리로 하는 것이다.' 하였다."

하였다.

○ 남전 여씨(藍田呂氏)[30]가 말하기를 "제사를 주관하는 자가 출사(出仕)할 경우에는 사당에 고한 다음 독(櫝)에다가 위판(位版)을 넣어 싣고서 간다. 관소(官所)에서는 임시로 제당(祭堂)을 세우고서 제사한다." 하였다.

상례 및 앞의 도에 나온다.〔見喪禮及前圖〕

○ 구준(丘濬)[31]이 말하기를,

"《가례》의 도(圖)에 나오는 내용은 《가례》 본서(本書)와 많은 부분이 서로 맞지 않는다. 본문의 〈통례(通禮)〉에서는 '사당(祠堂)을 세운다.'라고 하였는데, 도에서는 '가묘(家廟)를 세운다.'라고 한 것이 첫 번째 다른 점이다. 〈심의(深衣)〉에서는 '치관(緇冠)의 양(梁)은

30 남전 여씨(藍田呂氏) : 송(宋)나라 섬서성(陝西省) 남전현(藍田縣) 사람인 여대균(呂大均)을 가리킨다. 자는 화숙(和叔)이며, 여대방(呂大防)의 동생이다. 장재(張載)에게 수학하였으며, 형제들과 함께 《여씨향약(呂氏鄕約)》을 지었는데, 뒤에 주희(朱熹)가 이를 더 확충하여 향약의 규례를 완성하였다.

31 구준(丘濬) : 125쪽 주4 참조.

무(武)를 덮고서 그 끝을 구부린다.'라고 하였는데, 도에서는 '무의 위에 양을 덮어씌운다.'라고 한 것이 두 번째 다른 점이다. 본문에는 '흑리(黑履)'라고 하였는데, 도에서는 '흰색을 쓴다.'라고 한 것이 세 번째 다른 점이다.

본문의 〈상례(喪禮)〉에는 '습의(襲衣)를 할 때에는 심의를 쓰고 질(質)과 쇄(殺)를 쓰지 않는다.'라고 하였는데, 도에서는 이를 진설한다고 한 것이 네 번째 다른 점이다. 본문의 대렴조(大斂條)에는 포효(布絞)의 숫자를 말하지 않았는데, 도에는 숫자가 나와 있는 것이 다섯 번째 다른 점이다. 본문의 대렴조에는 관(棺) 속에서 효(絞)를 묶는다는 글이 없는데, 도 아래의 주에서는 관 속에서 묶는다고 한 것이 여섯 번째 다른 점이다.

〈사당장(祠堂章)〉 아래에 '신주의 법식에 대해서는 〈상례〉 및 전도에 나온다.〔主式見喪禮及前圖〕'라는 여덟 글자가 있는데, 남옹(南廱)[32]에 있는 구본(舊本)의 《가례》에는 단지 '신주의 법식에 대해서는 〈상례〉의 치장장에 나온다.〔主式, 見喪禮治葬章.〕'라고만 되어 있고 '견전도(見前圖)'라는 세 글자가 없다. 그런데 근래에 출간된 본에서는 어디에 근거해서 '치장장(治葬章)' 세 글자를 고쳐서 '견전도'라고 하였는지 모르겠다. 그렇다면 도(圖)는 아마도 후대 사람들이 덧붙여 넣은 것임이 분명하다."

하였다.

32 남옹(南廱) : 명(明)나라 때 남경(南京)에 설치한 국자감(國子監)으로, 남옹(南雍)이라고도 한다.

종자법(宗子法) 소주(小註)에 나온다. 아래의 일곱 조항도 같다.

○ 정자(程子)가 말하기를,

"무릇 종(宗)이라는 것은 제사(祭祀)를 위주로 한 것이다. 말하자면 이곳에 사람들이 모여서 제사를 지내는 것이다."

하였다. 주자가 말하기를,

"지금 공자(孔子)를 제사 지내면서는 반드시 학교에서 지내는데, 그 기운이 비슷해서임을 또한 상상해 알 수가 있다."

하였다.

〔안〕 공자를 제사 지내면서는 반드시 학교에서 지내고, 선조를 제사 지내면서는 반드시 가묘(家廟)에서 제사 지내는 것은, 그 의리가 이와 같다. 그런데 오늘날의 대가(大家)와 세족(世族) 들도 또한 지방(紙榜)을 써서 제자(諸子)의 집에서 제사를 지냄을 면치 못하고 있는데, 이것은 아주 불가한 것이다. 더구나 계속 잇달아서 제사 지내어 그 귀신이 가묘에 있는 데이겠는가.

○ 주자가 말하기를,

"자손은 바로 선조의 기(氣)이다. 선조의 기가 비록 흩어지더라도 그 뿌리는 도리어 그 속에 있다. 자손이 정성과 공경을 다하면 역시 여기에 모여 있는 선조의 기를 불러올 수가 있다. 이는 마치 흘러가는 물결의 모양과 같다. 뒤에 오는 물은 앞에 간 물이 아니며, 뒤에 일어나는 물결은 앞에서 일어난 물결이 아니다. 그러나 이것은 단지 똑같은 하나의 물결로 통한다. 자손의 기와 조고(祖考)의 기 역시 이와 같다."

하였다.

○ 주자가 또 말하기를,

"대저 사람의 기(氣)가 자손에게 전해지는 것은 나무의 기가 열매에 전해지는 것과 같다. 이 열매가 전해져서 민멸되지 않는다면, 그 생목(生木)은 비록 말라 죽어 없어진다 하더라도 그 기가 그 열매에 있는 것은 오히려 그대로이다."

하였다.

육농사(陸農師)[33]

○ 《송감(宋鑑)》에 이르기를 "육전(陸佃)은 자가 농사(農師)이며, 집안 살림이 가난해 어렵게 공부하였으며, 왕안석(王安石)에게 경전을 배웠으나, 왕안석의 신법(新法)을 옳다고 여기지는 않았다." 하였다.

고성묘(顧成廟)

○ 한(漢)나라 문제(文帝)가 스스로 묘(廟)를 만들었는데, 제도가 낮고 좁아서 고개를 돌려 돌아보는 사이에 이루어진 것〔顧望而成〕이 마치 문왕(文王)이 영대(靈臺)를 만들 때에 하루도 안 되어서 이루어진 것[34]과 같았다. 그러므로 고성묘라고 이름하였다.

33 육농사(陸農師) : 송나라의 학자인 육전으로, 농사는 그의 자이다. 산음(山陰) 사람이며, 호는 도산(陶山)이다. 《비아(埤雅)》, 《춘추후전(春秋後傳)》, 《예상(禮象)》 등 200여 권을 저술하였다. 《宋史 陸佃列傳》

34 문왕(文王)이……것 : 영대는 주 문왕(周文王)이 만든 것으로, 요사스러운 기운이나 길한 조짐을 관찰하기도 하고, 때때로 여기에 노닐면서 피로도 푸는 곳인데, 백성들이 문왕의 덕을 사모하여 '영대'라 불렀다고 한다. 《시경》 〈대아(大雅) 영대〉에 "영대를 경영하기 시작하여 헤아리고 도모하시자 서민들이 와서 일하여 하루가 못 되어 완성되었네. 경영을 급히 하지 말라고 하나 서민들이 자식처럼 달려오네.〔經始靈臺, 經之營之. 庶民攻之, 不日成之. 經始勿亟, 庶民子來.〕"라고 하였다.

별자위조(別子爲祖)

○ 《의례경전통해》의 경(經)에 이르기를 "제후는 감히 천자를 조(祖)로 삼지 못하고, 대부는 감히 제후를 조로 삼지 못한다." 하였다.

○ 주자가 말하기를 "별자(別子)는 조(祖)가 된다[35]는 것은 제후의 서자(庶子)와 다른 나라 사람으로서 이 나라에 와서 사는 사람의 경우이다." 하였다.

○ 《예기》 〈상복소기(喪服小記)〉의 주에 이르기를,

"별자에는 세 종류가 있다. 첫 번째는 제후의 적자(適子)의 동생으로 정적(正適)과 구별되는 자이고, 두 번째는 이성(異姓)의 공자(公子)로서 다른 나라에서 와서 살아 본국에 있으면서 오지 않은 자와 구별되는 자이고, 세 번째는 여러 성(姓) 가운데 이 나라에서 일어나 경(卿)이나 대부(大夫)가 되어 벼슬하지 않은 자와 구별되는 자이다. 이들을 모두 별자라고 칭한다."

하였다.

대종과 소종〔大宗小宗〕

〔안〕 《의례경전통해》를 보면,

"대종(大宗)은 하나가 있고, 소종(小宗)은 넷이 있어서 이것이 오종(五宗)[36]이 된다. 백대토록 불천(不遷)[37]하는 경우가 있는데, 이

35 별자(別子)는 조(祖)가 된다 : 《예기》 〈대전(大傳)〉에 "별자가 조가 되고 별자의 적통을 계승한 이는 종이 되고 아버지를 계승한 자는 소종이 된다.〔別子爲祖, 繼別爲宗, 繼禰者爲小宗.〕"라고 하였다. 별자는 고대의 종법(宗法) 제도에서 제후의 적장자(嫡長子) 이외의 아들을 가리킨다.

36 오종(五宗) : 대종과 고조를 계승한 소종, 증조를 계승한 소종, 조(祖)를 계승한

것이 바로 대종이다. 5대가 지나면 조천(祧遷)[38]하는 경우가 있는데, 이것이 소종이다. 소종의 경우 조(祖)는 위에서 옮겨 가고, 종(宗)은 아래에서 바뀐다."

하였는데, 이에 대한 소(疏)에 이르기를,

"소종은 5대에 이르러서는 종을 회복하지 못한다. 사종(四從)의 족인(族人)은 각자 가까운 형제를 따라서 종(宗)으로 삼는다. 이것이 '종은 아래에서 바뀐다.'라는 것이다."

하였다.

○ 주자가 말하기를 "노(魯)나라의 삼가(三家)[39]의 경우에는, 계우(季友)[40]는 계씨(季氏)의 태조(太祖)이고, 경보(慶父)는 맹씨(孟氏)의 태

소종, 예(禰)를 계승한 소종을 말한다.

37 불천(不遷) : 불천위(不遷位)로, 제사를 지내는 대가 다한 뒤에도 그 신주를 체천(遞遷)하지 않고 영원히 모시도록 나라에서 허락한 신위(神位)를 말한다.

38 조천(祧遷) : 친진(親盡)한 조상의 신주를 원조(遠祖)의 사당으로 옮기는 것이다. 왕가(王家)에서는 친진한 신주를 원조의 사당으로 옮기지만 사가(私家)에서는 일반적으로 묘소(墓所) 옆에 묻는다.

39 노(魯)나라의 삼가(三家) : 춘추 시대 노나라 대부(大夫)인 맹손(孟孫), 숙손(叔孫), 계손(季孫)의 세 집안을 가리키는데, 그들이 모두 노 환공(魯桓公)의 후손이기 때문에 삼환(三桓)이라고도 한다.

40 계우(季友) : 노 환공의 아들이요, 장공(莊公)의 막내아우이다. 계우의 둘째 형인 숙아(叔牙)가 큰형인 경보를 임금으로 세우려 하는 것을 장공이 알고서 근심하자, 계우가 겸계(鍼季)를 시켜서 숙아를 독살하게 하였으며, 장공이 죽자 계우가 장공이 총애하던 자반(子般)을 임금으로 세웠다. 그 뒤에 자반이 또 경보에게 살해되자, 계우는 진(陳)나라로 망명했다가 경보가 거(莒)로 달아났을 때 민공(閔公)의 아우인 자신(子申)을 데리고 귀국해서 희공(僖公)을 세웠다. 춘추 시대 말기 노나라의 집권자인 계손씨(季孫氏)는 바로 계우의 후예이다.

조이고, 공자숙아(公子叔牙)는 숙손씨(叔孫氏)의 태조이다."라고 하였다. 그렇다면 계씨만을 홀로 거론한 것[41]은 계씨가 적통(嫡統)이어서이다.

현손(玄孫)

○ 《이아(爾雅)》에 이르기를 "현(玄)은 친속(親屬)이 흐릿하여 어둡다는 말이다."라고 하였다.

등은 문왕의 소이다.〔滕文之昭〕

○ 등(滕)은 문왕(文王)의 작은 아들이다. 그런데 문왕이 목(穆)이므로 등은 소(昭)가 되는 것이다.

○ 안사고(顔師古)가 말하기를 "아버지가 소(昭)가 되면 아들은 목(穆)이 되고, 손자는 다시 소가 된다. 소는 밝은 것이고, 목은 아름다운 것이다." 하였다.

○ 주자가 말하기를 "왼쪽이 소(昭)이고 오른쪽이 목(穆)이다. 이런 차례로 점차 남쪽으로 내려간다." 하였다.

○ 주자가 말하기를 "태조(太祖)는 북쪽의 자리에 있다." 하였다.

대종은 있는데 소종이 없다.〔有大宗而無小宗〕

41 계씨만을……것 : 《가례》 〈통례(通禮)〉에서 노나라 삼가 중에 맹손씨(孟孫氏)와 숙손씨(叔孫氏)는 거론하지 않고 계손씨만을 거론하면서 "노나라 계우는 환공의 별자 출생이므로 일족의 대종이 되었다.〔魯季友乃桓公別子所自出, 故爲一族之大宗.〕"라고 한 것을 말한다.

○ 주자가 말하기를,

“가령 임금에게 세 아들이 있는데 하나는 적자(嫡子)이고 둘은 서자(庶子)일 경우, 서자들은 그 적자를 종(宗)으로 삼는다. 이런 경우를 일러 ‘대종은 있는데 소종은 없다.’라고 하는 것이다. 그리고 모두가 서자일 경우, 그 서자들 가운데 맏이를 종으로 삼는다. 이런 경우를 일러 ‘소종은 있는데 대종은 없다.’라고 하는 것이다. 단지 한 사람만 있을 경우에는 종으로 삼을 사람이 없으며, 자신도 종이 될 수가 없다. 이것을 일러 ‘종이 없으며, 자신을 종으로 삼는 사람도 없다.’라고 하는 것이다.”

하였다.

〔안〕《의례경전통해》 및 주소(註疏)를 보면, 공자(公子)는 그 임금을 종(宗)으로 삼을 수가 없다. 그러므로 임금이 한 사람을 명하여 종으로 삼고서 여러 공자를 통할하게 하는데, 여러 공자는 그를 종으로 삼는다. 적자를 종으로 삼을 경우에는 대종의 예로써 종으로 삼는다. 서자가 종이 될 경우에는 소종의 예로써 종으로 삼는다. 이것은 모두 공자들의 예(禮)이고, 다른 종족의 경우에는 없다.

그 반열의 차례로써 합부(合祔)한다.〔以其班祔〕

○ 주자가 말하기를 “《의례》에서 이른바 ‘그 반열의 차례로써 합부한다.’라는 것은, 《예기》 〈단궁(檀弓)〉에서 이른바 ‘할아버지에게 합부한다.〔祔于祖父〕’라는 것이다.” 하였다.

○ 《예기》 〈곡례〉에 이르기를,

“군자는 손자는 안지만 아들은 안지 않는다. 이는 손자는 왕부(王父)의 시(尸)로 할 수 있지만, 아들은 아버지의 시를 할 수 없다는 말이

다." 하였는데, 이에 대해 정씨(鄭氏)[42]가 이르기를,

"손자는 할아버지와 소목(昭穆)이 같기 때문이다."

하였다

조카의 아버지〔姪之父〕 대주(大註)에 나온다. 이하도 같다.

〔안〕 조카의 아버지는 형제의 항렬이므로, 조카가 후사가 없을 경우 당연히 할아버지에게 붙여야 하나, 할아버지가 아직 살아 있어서 반부할 수 없기 때문에 종가(宗家)의 할아버지 신위에 붙여 놓았다가, 할아버지가 죽고 나면 그 아버지가 사당을 세우고서 옮겨 와서 친할아버지를 따르는 것이다. 대개 여기에서 말한 조카의 아버지는 종형제 및 재종형제인데, 만약 친형제라면 자기의 집에 이미 사당이 세워져 있으므로, 의당 그 조카를 반부하여야 하니, 옮겨 올 것이 뭐가 있겠는가.

상(殤)[43]

○ 《의례경전통해》의 전(傳)에 이르기를,

42 정씨(鄭氏) : 후한(後漢)의 경학가(經學家)인 정현(鄭玄)을 가리킨다. 정현은 고밀(高密) 사람으로, 자는 강성(康成)이다. 벼슬은 대사농(大司農)에 이르렀고, 저서에 《역(易)》, 《시(詩)》, 《서(書)》, 《예(禮)》, 《효경(孝經)》 등의 주(註)와 《천문칠정편(天文七政編)》, 《육예론(六藝論)》 등이 있다. 《後漢書 鄭玄列傳》

43 상(殤) : 성인이 되기 전에 일찍 죽는 것으로, 16세부터 19세 사이에 죽은 경우에는 장상(長殤)이라고 하고, 12세부터 15세 사이에 죽은 경우에는 중상(中殤)이라고 하고, 8세부터 11세 사이에 죽은 경우에는 하상(下殤)이라고 한다. 이 삼상에 따라서 각각 상복과 상기가 달라지며, 8세 이전에 죽은 사람에 대해서는 복을 입지 않는다. 《儀禮 喪服傳》

"공자(孔子)가 말하기를 '종자(宗子)가 상(殤)으로 죽으면 서자로 후사를 세우지 않는다.' 하였다."

하였는데, 이에 대한 주소(註疏)에 이르기를,

"상(殤)으로 죽으면 다른 사람의 아버지가 되는 도리가 없어서이다. 그 대신 종자가 그 예를 주관하여 그 할아버지에게 나아가 제사 지낼 뿐이다."

하였다.

수처부(嫂妻婦) 소주에 나온다. 아래의 두 조항도 같다.

〔안〕 형수(兄嫂)와 자기의 처(妻)와 제부(弟婦)이다.

안쪽을 큰 것으로 한다.〔就裏爲大〕

〔안〕 '취리위대(就裏爲大)'의 '대(大)'는 높다는 뜻인 존(尊)이다. 이 말은 《춘추좌씨전》에서 '새 귀신이 큰 것이 된다.〔新鬼大〕'라고 할 때의 '대(大)'에서 나온 것이다. 대개 희공(僖公)이 민공(閔公)의 형이기 때문에 희공의 귀신을 큰 것으로 여긴 것이다.

제(祭)

○ 정자(程子)가 말하기를,

"동물 중에 어미는 아는데 아비를 모르는 것은 달리는 짐승이고, 어미는 아는데 조상을 모르는 것은 날아다니는 새가 그렇다. 오직 사람의 경우에만 조상을 안다. 만약 제사를 엄격하게 하지 않으면 아마 새나 짐승과 다름이 없게 될 것이다."

하였다.

묘 아래에 있는 자손의 전지〔墓下子孫之田〕 대주에 나온다. 아래도 같다.

〔안〕 묘 아래에 있는 전지(田地)를 말하는 것이 아니라, 그 묘 주인의 자손들이 소유한 전지를 말한다.

전(典)

○ 주관하다는 뜻인 주(主)이다.

신알(晨謁)

〔안〕 출입(出入)을 함에 있어서 고하는 것은 제자(諸子)와 제부(諸婦)가 이미 주인(主人)과 주부(主婦)와 함께한다. 그러니 제자로서 장자(長子)와 함께 사는 자들은 아마도 홀로 신알하는 예를 폐해서는 안 될 듯한바, 종자(宗子)를 따라서 신알의 예를 행하는 것이 예에 맞는다.

협배(俠拜)[44] 대주에 나온다.

○ 《의례》〈소뢰궤식례(少牢饋食禮)〉에 이르기를,

"주부(主婦)는 협배가 없다."

하였는데, 이에 대한 주에 이르기를,

"사(士)의 아내는 간략하게 하는 것이 마땅하다."

하였다.

〔안〕 소뢰(少牢)는 대부(大夫)의 예이고, 특생(特牲)은 사(士)의

44 협배(俠拜) : 옛날에 부녀자가 남자와 더불어서 예를 행할 적에 여자가 먼저 절하면 남자가 답례로 절하고, 여자가 다시 절하는 것을 말한다. '협배(夾拜)'라고도 한다.

예이다.

잔탁(盞托)[45] 대주(大註)에 나온다. 아래의 네 조항도 같다.

○ 《운회》에 이르기를 "'탁(托)'은 탁(拓)으로도 쓰는데, 손으로 물건을 받드는 것을 뜻한다. 음은 탁(托)이다." 하였다.

관건(盥巾)

〔안〕 남자와 여자는 옷을 거는 횃대〔椸枷〕[46]를 같이하지 않으니, 대야와 수건은 반드시 달리 써야 한다. 그런데 지금은 그렇게 하지 않았으니, 아마도 글이 빠진 듯하다.[47]

○ 《예기》 〈방기(坊記)〉에 이르기를,

"예를 보면 제사가 아니면 남자와 여자는 술잔을 주고받지 않는다. 〔禮非祭, 男女不交爵.〕"

하였는데, 이에 대한 주에 이르기를,

"'교작(交爵)'은 서로 술잔을 주고받는 것이다."

하였으며, 이에 대한 소에 이르기를,

"주부(主婦)는 시(尸)에게 주고, 시는 주부에게 돌려준다."

하였다.

45 잔탁(盞托) : 잔을 받치는 받침대이다.

46 횃대 : 대본에는 '椸枷'로 되어 있다. 문맥에 근거하여 '椸'를 '椸'로 바로잡아 번역하였다.

47 아마도……듯하다 : 《가례》의 이 부분에서 여자가 쓰는 대야와 수건을 별도로 비치해 놓는다는 내용이 없으므로 한 말이다.

○ 《예기》〈방기〉에 또 이르기를,

"대향(大饗)에서는 부인(夫人)의 예를 폐한다."

하였는데, 이에 대한 주에 이르기를,

"대향은 제후가 조회하러 온 것을 잔치하는 것이다."

하였다.

〔안〕 부인이 술잔을 주고받는 것은 오직 제사를 지낼 때뿐이다. 그러니 그 예가 아주 엄한 것이다.

성복(盛服)

○ 주자가 말하기를 "여여숙(呂與叔)[48]이 제사를 지내면서는 옛날 현복(玄服)을 입고서 하였는데, 큰 소매에 검은 옷깃으로 하였으니, 역시 괴이하다. 그렇다면 공복(公服)을 착용하느니만 못하다." 하였다.

○ 어떤 사람이 주자에게 사(士)의 제복(祭服)에 대해서 묻자, 주자가 말하기를 "과거 시험에 응시한 자는 난삼(襴衫)과 복두(幞頭) 차림을 하고, 과거 시험에 응시하지 않은 자는 조삼(皁衫)[49]에 복두 차림을 한다. 모자(帽子)도 괜찮다." 하였다.

〔안〕 복두는 당시에 관직이 있는 자의 복식이 아니었다. 《가례》에서 복두를 쓴다고 하는 것도 역시 이 뜻이다.

48 여여숙(呂與叔) : 송나라의 학자인 여대림(呂大臨, 1040~1092)으로, 여숙은 그의 자이다. 처음에 장재(張載)에게서 배웠고, 나중에 정이(程頤)의 제자가 되었다. 사양좌(謝良佐), 유작(游酢), 양시(楊時)와 함께 정문사선생(程門四先生)으로 불린다. 저서에 《옥계집(玉溪集)》, 《고고도(考古圖)》 등이 있다.

49 조삼(皁衫) : 검은색으로 된 관복(官服)의 일종이다.

다선(茶筅)

○ 차를 끓일 때 쓰는 물건이다. 선(筅)의 음은 소(蘇)와 전(典)의 반절이다.

정지와 삭망〔正至朔望〕

〔안〕 만약 고조(高祖)의 기일을 만났을 경우에는 기제(忌祭)를 마친 뒤에 이어 참례(參禮)를 행하고, 증조 이하의 기제를 만났을 경우에는 참례를 마친 뒤에 기제를 지낸다. 이것이 바로 시조(始祖)를 먼저 제사 지낸다는 뜻이다.

난(襴)

〔안〕 세속에서는 난(攔)이라고 한다. 상의(上衣)와 하상(下裳)이 연결된 것을 '난(襴)'이라고 하는데, 《운회(韻會)》에 나온다. 음은 난(闌)이다.

제석 3, 4일 전에 제사를 지낸다.〔除夕前三四日行事〕 소주(小註)에 나온다.

〔안〕 이것이 이른바 "연고가 있으면 다른 사람을 시켜서 제사 지낸다.〔有故使人〕"라는 것이다.[50] 어찌 제사 지내는 날이 되기 전에 제사를 지낼 수 있겠는가. 이것은 아마도 따를 수 없을 듯하다.

50 이것이……것이다 : 《예기》 〈제통(祭統)〉에 이르기를 "군자가 제사 지낼 때에는 반드시 자신이 몸소 행하는데, 연고가 있으면 다른 사람을 시키는 것도 괜찮다."라고 한 것을 말한다.

속절에는 제철에 나는 음식을 올린다.〔俗節則獻以時食〕

○ 정자(程子)가 말하기를 "새로 나오는 것은 반드시 천신(薦新)한 뒤에야 먹을 수 있다. 천신을 자주하면 번독(煩瀆)하게 된다. 반드시 고삭(告朔)을 할 때 천신한다." 하였다.

〔안〕 음식물 가운데에는 오래도록 보관할 수 없는 것이 있다. 삭망(朔望)이나 속절(俗節)에 바칠 때까지 남겨 둘 수 없을 경우에는 궤연(几筵)에 천신하는 예에 의거하여 천신해도 합당하다. 다만 소소하여 새로 나는 음식물에 관계되지 않는 것은 그렇게 할 필요가 없다.

○ 《예기》〈소의(少儀)〉에 이르기를,

"조상께 맛을 보이지 않으면 새것을 먹지 않는다."

하였는데, 이에 대한 주에 이르기를,

"맛을 보인다는 것은 침묘(寢廟)에 천신하는 것을 말한다."

하였다.

중원(中元) 대주(大註)에 나온다. 아래의 네 조항도 같다.

○ 7월 15일이다.

고우고모친(告于故某親)

○ 구준(丘濬)이 말하기를,

"《가례》 옛 본에는 모두 '황(皇)' 자를 가하였는데, 지금 본에는 모두 '고(故)' 자로 고쳤다. '고' 자가 시속(時俗)과 가까우나 '현(顯)' 자를 쓰느니만 못하다. 대개 '황'과 '현'은 모두 밝은 것을 뜻한다."

하였다.

모지모모(某之某某)

〔안〕 위의 '모(某)' 자는 주인(主人)을 말하고, 다음의 '모' 자는 항렬의 차례를 말하며, 다음의 '모' 자는 이름이다.

원손(元孫)

○ 구준(丘濬)이 말하기를,

"송(宋)나라 때에는 '현(玄)' 자를 휘(諱)하였으므로 모든 경전(經傳)에서 '현(玄)' 자를 모두 '원(元)' 자로 고쳤다. 그러므로 《가례》에서 '원손(元孫)'이라 칭한 것은 이제 모두 '현손(玄孫)'으로 고쳤다."

하였다.

종자가 아니면 효라고 말하지 않는다.〔非宗子不言孝〕

○ 《의례경전통해》의 전(傳)에 이르기를,

"공자(孔子)가 이르기를 '종자가 죽으면 이름을 칭하고 효자라고 칭하지 않는다. 본인이 죽으면 그만둔다.〔宗子死, 稱名不稱孝, 身沒而已.〕'라고 하였다."

하였는데, 이에 대한 주에 이르기를,

"다만 '아들 아무개가 상사를 올린다.〔子某薦其常事〕'라고만 말한다."

하였고, 소(疏)에 이르기를,

"개(介)[51]라 말하지 않는 것은, 종자가 이미 죽었으므로 개라고 칭할 수 없는 것이다."

하였다.

51 개(介) : 개자(介子)로, 종자(宗子)를 대신하여 일을 주관하는 사람을 말한다.

〔안〕 종자가 죽었는데 후사가 없을 경우, 서자(庶子)로서 종사를 주관하는 자는 의당 이 예를 모방하여 해야 한다. 그러나 종자의 상을 마친 뒤에는 마땅히 서자로서 제사를 받들어야 한다. 신주(神主)의 방제(傍題)를 고치면서 이 예를 쓸 필요가 없다.

분황(焚黃) 소주에 나온다. 아래도 같다.

○ 구준(丘濬)이 말하기를,

"하루 전에 글씨를 잘 쓰는 자에게 명하여 황지(黃紙)에 제서(制書) 한 통을 베끼도록 한 다음, 이를 소반에 담아서 향안(香案) 위에 놓는다. 제사(制辭)를 읽은 다음에 축문(祝文)과 함께 불태운다."

하였다.

장 위공(張魏公)[52]

○ 이름은 준(浚)으로, 화의(和議)를 주장하지 않아 진회(秦檜)에게 미움을 받았으며, 위국공(魏國公)에 봉해졌다.

홍수나 화재가 있으면 먼저 사당을 구한다.〔水火先救祠堂〕

○《예기》〈단궁〉에 이르기를 "선인의 실(室)에 불이 났을 경우에는 3일 동안 곡한다." 하였다.

52 장 위공(張魏公) : 남송(南宋) 때의 명재상인 장준(張浚, 1094~1164)으로, 자는 덕원(德遠)이며, 자암(紫巖) 선생이라 불렸다. 북벌을 주장하여 진회에게 배척되었으나 금(金)나라의 침입 이후 다시 기용되었다가 척화파의 배척을 받았다. 송나라 효종(孝宗) 때 위국공(魏國公)에 봉해졌으며, 바로 남헌(南軒) 장식(張栻)의 아버지로 주희가 그 행장을 지었다. 저술로 《오경해(五經解)》가 전한다.

○《춘추》에 이르기를 "성공(成公) 3년에 새로 지은 궁궐에 불이 나자 3일 동안 곡하였다." 하였는데, 이에 대해 곡량자(穀梁子)가 말하기를,

"그렇게 하는 것이 예이다."

하였다.

제위(諸位) 대주에 나온다. 아래도 같다.

〔안〕 '제위'는 선조들의 신위(神位)이다. 종사(宗祀)를 주관하는 자가 번갈아 가면서 관장한다.

고조친진(高祖親盡)

○《가례보주》에 이르기를 "고조(高祖)가 친진(親盡)하면 고조의 신주를 모셔 내도록 청하여, 백숙(伯叔)으로 친진이 되지 않은 자가 제사 지내게 하고, 이미 친진하였으면 그 신주를 매장한다." 하였다.

심의
深衣

심의(深衣)

○ 《예기》 〈심의〉의 주(註)에 이르기를,

"조복(朝服), 제복(祭服), 상복(喪服)은 모두 상의(上衣)와 하상(下裳)이 서로 나누어져 있는데, 오직 심의만은 연결되어 있다. 몸을 덮는 것이 깊숙하므로 심의라고 이름 붙인 것이다."

하였으며, 또 방씨(方氏)[53]가 말하기를,

"그 의미가 깊으므로 심의라고 이름 붙인 것이다."

하였다.

○ 《예기》 〈심의〉의 주(註)에 이르기를,

"채색 비단으로 가선을 두른 것을 심의라 하고, 흰색 비단으로 가선을 두른 것을 장의(長衣)라 하고, 베로 가선을 두른 것을 마의(麻衣)라 하고, 조복이나 제복의 속에 입는 것을 중의(中衣)라고 한다. 상복에도 중의가 있다. 연의(練衣)의 황리(黃裏)와 전연(縓緣)이 이것이다.[54]"

53 방씨(方氏) : 《예기집설대전(禮記集說大全)》의 주석에 나오는 엄릉 방씨(嚴陵方氏)로, 이름은 방각(方慤), 자는 성부(性夫)이다. 저서에 《예기집해(禮記集解)》가 있다.

54 연의(練衣)의……이것이다 : '黃裏'가 대본에는 '黃裳'으로 되어 있다. 《예기》 〈단궁 상〉에 근거하여 '裳'을 '裏'로 바로잡아 번역하였다. '연의'는 마전한 실로 만든 상복으로, 소상(小祥) 후 담제(禫祭) 전까지 입는 상제(喪制)의 옷을 말한다. '황리'는 누런 빛깔의 천으로 안을 대는 것을 말하고, '전연'은 연한 붉은 빛깔의 천으로 연의의 옷깃과

하였다.

○ 《예기》 〈옥조(玉藻)〉에 이르기를,

"장의와 중의는 소매의 끝을 잇는 베의 폭은 1자이다.〔長中繼揜尺〕"

하였는데, 이에 대한 주에 이르기를,

"'장중(長中)'이란 장의와 중의이다. '계엄척(繼揜尺)'이라는 것은 폭의 너비가 2자 2치인데, 반 폭(幅)으로 소맷부리에 이어 붙여서 1자를 뒤덮어서 가리는 것이다."

하였다.

○ 《예기》 〈옥조〉에 이르기를,

"비단으로 베옷의 속을 하는 것은 올바른 예가 아니다."

하였는데, 이에 대한 주에 이르기를,

"겉옷을 베로 만들었을 경우 속에 비단을 써서 중의를 만들어 속옷으로 삼아서는 안 된다."

하였다.

〔안〕 그 덕(德)을 순일(純一)하게 하고자 해서이다

○ 《예기》 〈심의〉의 집주(集註)에 이르기를,

"12개월이란 하늘의 수(數)이다. 소매는 둥글게 해서 그림쇠〔規〕에 응하게 하였는데, 둥근 것은 하늘의 체(體)이다. 곡겁(曲袷)을 겹쳐 곱자〔矩〕처럼 되게 해서 모난 것에 응하게 하였는데, 모난 것은 땅의 상(象)이다. 부승(負繩)[55]은 복사뼈에 미치게 해서 곧은 것에 응하

소매에 가선을 두르는 것을 말한다.

55 부승(負繩) : 심의의 제도에 뒷부분을 이은 중심선을 말한다. 이 부분은 심의를 입고 걸으면서 손을 올려도 흐트러지지 않도록 되어 있는데, 이는 부승이 직(直)에

게 하였으며, 아랫단은 권형(權衡)과 같이 해서 평평한 것에 응하게 하였는데, 곧은 것과 평평한 것은 사람의 도(道)이다. 대개 하늘의 대수(大數)는 12를 넘지 않으므로 달이 12개월에 이른 뒤에야 세공(歲功)을 이룬다. 이것은 심의가 반드시 12폭이 있은 다음에야 옷이 만들어지는 것과 같은 것이다."

하였다.

○ 또 이르기를,

"메(袂)는 앞에 있으면서 움직임으로써 쓰임을 이룬다. 그러므로 둥그런 원(圓)이 되고자 한다. 원이라는 것은 이리저리 움직이는 것이기 때문이다. 겹(袷)은 가운데에 있으면서 가만히 있는 것으로써 체(體)를 이룬다. 그러므로 모난 방(方)이 되고자 한다. 방이라는 것은 가만히 있는 것이기 때문이다."

하였다.

○ 《예기》〈심의〉의 주에 이르기를,

"12폭(幅)으로 12개월에 응하게 한 것은 위로 올려 보아 하늘에서 본 것이다. 정치를 곧게 하고 의리를 반듯하게 한 것은 아래로 굽어 보아 땅에서 살핀 것이다. 각(格)-각의 음은 각(各)으로, 소매와 윗옷이 만나는 겨드랑이 부분을 꿰맨 곳이다.-의 높고 낮음을 팔꿈치를 움직일 수 있을 만큼으로 한 것은 가까이 몸에서 취한 것이다. 규구(規矩)에 응하고 권형에 맞게 한 것은 멀리 사물에서 취한 것이다. 그 제도가 참으로 의미가 깊은 것이다."

응하였다 하여 곧고 바른 선을 등에 짊으로써 정치를 곧게 하고 의리를 바르게 한다는 철학적 의미가 내포된 것이라고 한다.

하였다.

○ 《예기》 〈심의〉에 이르기를 "12폭으로 만들어서 12개월에 응한다." 하였다.

〔안〕 이것은 한 벌의 폭 수를 통틀어서 말한 것이지, 하상만을 가리켜서 말한 것이 아니다. 선유(先儒)들도 역시 이에 대해 서로 말하면서 폭 수에 대해 일정하게 말해 놓지 못하였다. 나의 견해로 말한다면, 상의가 앞뒤로 4폭, 메(袂)가 좌우로 2폭, 하상이 6폭이면 모두 합하여 12폭이 되는바, 아마도 이와 같을 것이다. 《가례》에도 "상의가 4폭, 메가 2폭, 하상이 6폭이다."라고 하였다.

○ 《예기》 〈심의〉에 이르기를 "문복(文服)이 될 수도 있고, 무복(武服)이 될 수도 있다. 완전하면서도 허비하지도 않으니, 선의(善衣)의 다음가는 옷이다.[56]" 하였다.

○ 《예기》 〈심의〉의 주에 이르기를,

"심의의 쓰임은, 상하(上下) 간에 같은 이름을 쓰는 것을 혐의스럽게 여기지 않으며, 길흉(吉凶) 간에 같은 제도를 쓰는 것을 혐의스럽게 여기지 않으며, 남녀(男女) 간에 같은 옷을 입는 것을 혐의스럽게 여기지 않는다. 제후(諸侯)는 아침에는 조복(朝服)을 입고 저녁에는 심의를 입으며, 대부(大夫)와 사(士)는 아침에는 현단복(玄端服)[57]

56 선의(善衣)의 다음가는 옷이다 : 대본에는 '蓋衣之次也, 朝祭服之次也.'로 되어 있다. 《예기》 《심의》에 근거하여 '蓋'를 '善'으로 바로잡고 '朝祭服之次也'를 빼고 번역하였다. 선의는 조회를 하거나 제사를 지낼 때에 입는 옷을 말한다. 《예기》 〈심의〉의 주석에는 심의가 조복과 제복의 다음가는 옷이라는 내용이 나온다.

57 현단복(玄端服) : 검은 천으로 가장자리를 두른 옷으로, 본디는 제사 때 천자부터 사대부까지 모두 입었던 옷인데, 후대에는 사대부들이 아침저녁으로 입는 옷이 되었다.

을 입고 저녁에는 심의를 입으며, 서인(庶人)의 경우는 길복(吉服)으로 심의만 입을 뿐이다. 이것이 상하 간에 같은 옷을 입는 것이다.

유우씨(有虞氏)[58]는 심의를 입고서 노인들을 봉양하였고, 장군(將軍) 문자(文子)의 상(喪)에 상복(喪服)을 벗고 조문을 받을 때에 연관(練冠)에 심의 차림을 하고서 받았으며,[59] 친영(親迎)할 때에 신부가 길을 가다가 신랑 집의 부모가 죽으면 심의에 호총(縞總)[60] 차림을 하고서 상에 달려갔다. 이것은 길사(吉事)이든 흉사(凶事)이든 남자이든 여자이든 간에 같이 입을 수가 있는 것이다. 이는 아주 간편한 옷으로, 조회를 하거나 제사를 지낼 때가 아니면 모두 입을 수 있는 옷이다."

하였다.

지척(指尺)[61]

58 유우씨(有虞氏) : 순(舜) 임금을 말한다. 순 임금이 요(堯) 임금에게 선양을 받기 전에 우(虞)에서 나라를 세웠으므로 이렇게 부르는 것이다.

59 장군(將軍)……받았으며 : 문자는 춘추 시대 위(衛)나라의 경(卿)인 미모(彌牟)이다. 예에는 원래 삼년상 후에는 조문하는 법이 없고 또 남의 조문을 받는 법도 없는데, 춘추 시대 위나라 공족(公族)인 문자가 죽어 삼년상을 마친 뒤에 월(越)나라 사람이 와서 조문하자, 상주가 길흉 간에 통용할 수 있는 심의와 연관을 착용하고 사당에서 기다렸다가 곡은 하지 않고 눈물만 흘렸다. 그러자 공자의 제자 자유(子游)가 보고서 "예문(禮文)에는 없는 예이지만 그 행동하는 것이 사리에 맞다."라고 칭찬하였다. 《禮記 檀弓上》

60 호총(縞總) : 길이가 8치 되는 흰 비단으로 머리를 묶는 것이다. 부인이 처음 상을 당하여 성복(成服)하기 전에는 호총을 한다.

61 지척(指尺) : 가운뎃손가락의 가운데 마디를 1치로 잡고 만든 자를 말한다.

〔안〕 지척을 사용하는 것은 각자 자신의 몸과 서로 들어맞기 때문이다.

길이는 겨드랑이 아랫부분을 지난다.〔長過脇〕

〔안〕 상의(上衣)의 길이는 마땅히 겨드랑이 아랫부분을 지나는 것으로 기준을 삼아서 치수를 정해야 하는데, 그 길이가 바로 2자 2치로, 폭(幅)의 너비와 딱 맞는다. 대개 8자 8치를 쓰면서 네 번 겹치는 것이다. 지금 바느질하는 방법을 보면, 부승(負繩) 2치와 소매의 전후에 접하는 4치와 앞 옷깃의 좌우 각 1치와, 반대로 접어서 변으로 삼은 것 및 양쪽 겨드랑이에 남은 것의 전후와 좌우 각 2치를 합할 경우, 줄이는 것을 모두 합하면 1자 6치여서 요위(腰圍)가 7자 2치가 되는 것이다. 대개 포의 폭이 2자 2치인데, 2치의 폭은 잘라내고 쓰지 않으니, 쓰는 것은 2자이다. 의위(衣圍)가 8자인데, 8치가 또 겉으로 소매에 이어지기 때문이다.

○ 《예기》 〈심의〉의 주에 이르기를,

"상의는 4폭으로 만드는데, 여기에서 부승의 솔기와 옷깃〔領〕 가에 접어 넣은 곳 각각 1치-바로 앞쪽 옷깃에서 1치를 반대로 접어 넣은 것이다.-이면 양쪽 겨드랑이 부분에 남는 것이 앞뒤로 각각 3치가 된다. 이 역시 합쇄(合殺)[62]가 1자 6치가 되며, 요봉(腰縫)[63]의 둘레가 7자 2치가 된다."

62 합쇄(合殺) : 옷을 재단할 적에 솔기 등으로 쓰기 위하여 남겨 두는 부분을 모두 합한 것을 말한다.

63 요봉(腰縫) : 심의의 제도에서 상의와 하상(下裳)을 이어 붙인 솔기를 말한다.

하였다.[64]

〔안〕 고주(古註)에서 "양쪽 겨드랑이 부분에 앞뒤로 각각 3치가량을 남겨 놓는다."라고 한 것은 삭폭(削幅)을 통틀어서 하나로 하여 말한 것이다.

원몌(圓袂)

○ 《예기》〈옥조〉에 이르기를,

"심의의 허리둘레는 소매의 세 배이다. 심의의 아랫단 폭은 허리둘레의 배이다. 임은 옆에 있다. 소맷자락은 팔꿈치를 돌릴 수 있게 한다.〔深衣三袪, 縫齊倍要, 衽當傍, 袂可以回肘.〕"

하였는데, 이에 대한 주에 이르기를,

"'거(袪)'는 소맷부리〔袖口〕이다. 1자 2치를 감싸면 둘레가 2자 4치가 된다. 허리 부분의 너비는 이 2자 4치의 세 배이니, 7자 2치가 된다. 그러므로 '허리둘레는 소매의 세 배이다.'라고 한 것이다. '심의의 아랫단의 폭은 허리둘레의 배이다.'라는 것은, 단 아래 둘레의 너비가 1장 4자 4치인데, 이것은 허리둘레인 7자 2치의 배가 되는 것이다. '임(衽)'은 상의(上衣)와 하상(下裳)이 서로 접하는 부분이다. 이것

64 예기……하였다 : 심의의 상의를 4폭으로 만들 경우, 베 한 폭의 너비가 2자 2치이므로 4폭의 너비가 모두 합하여 8자 8치가 된다. 여기에서 부승의 솔기 1치와 옷깃가를 접어 넣은 것 1치를 합하면 2치가 되는데, 이것이 각각 좌우 양쪽에 있으므로 합하여 4치가 된다. 또 양쪽 겨드랑이 부분에 3치를 남겨 놓는데, 이것이 전후로 있으므로, 합하여 6치가 되고, 이것이 또 앞뒤에 있으므로 6치가 되어, 도합 1자 2치가 된다. 그러므로 4폭의 너비 8자 8치 중에 줄어드는 것이 모두 합하여 1자 6치가 되고, 상의의 둘레, 즉 요봉이 7자 2치가 되는 것이다.

이 몸의 양쪽 가에 있으므로, '임은 옆에 있다.'라고 한 것이다. '메(袂)'는 소매가 상의에 이어진 부분이다. 상하의 너비가 2자 2치이므로 팔꿈치를 돌릴 수 있는 것이다."

하였다.

〔안〕 옷을 재단할 적에 상의의 길이를 2자 3치로 하는데, 1치를 하상과 이어 붙일 적에 솔기로 하면 저절로 팔꿈치를 돌릴 수 있게 된다.

겁(袷) 소주(小註)에 나온다. 아래도 같다.

○ 음은 겁(劫)이며, 옷깃을 교차시키는 것이다.

○ 《예기》 〈옥조〉에 이르기를 "겁은 2치이다. 가선의 너비는 1치 반이다.〔袷二寸, 緣廣寸半.〕" 하였다.

〔안〕 《가례》를 보면 겁이 없고, 단지 검은 가선을 2치의 너비로 하여, 겹쳐서 사용하였다. 이는 대개 검약하게 한 것이다. 《주자대전(朱子大全)》에도 역시 그렇게 되어 있다. 그러니 글이 빠진 것이 아니다.

○ 《예기》 〈옥조〉의 주에 이르기를,

"'겁'은 곡령(曲領)이다."

하였다. 또 엄릉 방씨(嚴陵方氏)가 말하기를,

"교차시켜서 합치므로 겁이라고 한다."

하였다.

〔안〕 구준(丘濬)은 〈옥조〉에서 "겁(袷)은 2치이고 가선의 너비는 1치 반이다."라고 한 데 의거하여 만들어서 옷깃이 조금 드러나게 하고자 하였다. 이것은 옛 제도에는 맞지만 주자가 한 것과는 어긋나는 것이다.[65]

근(跟)

○ 음은 근(根)이며, 발의 뒤꿈치이다.

○ 《예기》〈심의〉에 이르기를,

"짧아도 살이 보이지 않게 하고, 길어도 땅에 끌리게 하지 않았다.〔短毋見膚, 長毋被土.〕"

하였는데, 이에 대한 주에 이르기를,

"짧아도 살이 보이지 않게 하였으니,〔短無見膚〕-현(見)의 음은 현(現)이다.- 비록 검약하게는 하지만 지나치게 검소하게 하지 않은 것이다. 길어도 땅에 끌리지는 않게 하였으니, 비록 융숭하게는 하지만 지나치게 사치스럽게 하지는 않은 것이다."

하였다.

검은 가선〔黑緣〕 연(緣)은 거성(去聲)으로 읽는다.

대대(大帶)

○ 《예기》〈심의〉에 이르기를,

65 구준(丘濬)은……것이다 : 구준의 《가례의절》에 이르기를 "《가례》를 보면, '옷깃〔領〕의 가선은 너비를 2치로 하고 소맷부리와 치마의 가장자리 가선은 너비를 1치 반으로 한다.'라고 하였다. 그런데 지금 이에 따라 하지 않은 것은, 《예기》〈옥조(玉藻)〉를 보면 '겁(袷)은 2치이고, 가선 너비는 1치 반이다.' 하여, 깃과 치마 가장자리 및 소맷부리를 구분하지 않았기 때문에 그 너비를 모두 1치 반으로 한 것이다. 이제 이에 준하여 깃의 가선 너비도 1치 반으로 하여 치마 가장자리 및 소맷부리의 가선 너비와 같게 하여 깃이 조금만 드러나게 한 것이다. 그렇게 하지 않으면 이는 겁을 괜히 만든 것이 된다."라고 하였다.

"띠는 아래로 골반뼈를 덮지 않게 하고 위로 늑골 뼈를 덮지 않게 하여, 그 사이의 뼈가 없는 데 닿도록 한다.〔帶下毋厭[66]髀, 上毋厭脇, 當無骨者.〕"

하였는데, 이에 대해 남전 여씨(藍田呂氏)가 말하기를,[67]

"이는 의대(衣帶)의 상하의 가운데이다."

하였다.

○ 《주자대전》에 이르기를 "검은 비단〔黑繒〕으로 신(紳)의 양쪽 가장자리와 아랫부분의 안팎에 각각 반 치 너비로 가선을 두른다." 하였다.

치관(緇冠)

○ 《주자대전》에 이르기를,

"테두리 앞뒤의 길이가 3치가 되게 하고 좌우의 길이가 4치가 되게 한다. 위에는 길게 주름을 잡아 다섯 개의 양을 만들되, 솔기가 모두 왼쪽을 향하게 하며, 아랫부분은 테두리의 바깥쪽에 붙인다. 그런 다음 양쪽 끝을 각각 반 치쯤 되게 접어 안쪽을 향하게 하며, 검은 칠을 한다."

하였다.

무(武) 대주에 나온다.

○ 《예기》 〈곡례(曲禮)〉의 주에 이르기를 "문(文)이라는 것은 위의

66 압(厭) : 대본의 소주에 "음은 어(於)와 갑(甲)의 반절이다."라고 하였다.

67 이에……말하기를 : 대본에는 없다. 《예기집설대전》 〈심의〉에 근거하여 '藍田呂氏曰'을 보충하여 번역하였다.

도(道)이고, 무(武)라는 것은 아래의 도이다. 발은 몸체의 아래에 있으므로 무라고 하고, 테두리 역시 관의 아래에 있으므로 무라고 한다." 하였다.

복건(幅巾)

○ 《주자대전》에 이르기를,

"가운데에 해당되는 부분에 깃〔𢄼〕을 만든다."

하였으며, 또 이르기를,

"이마 부분에 있는 깃을 머리 앞쪽에서 뒤쪽으로 향하도록 하여 머리를 감싸고는 그 띠를 가지고 머리 뒤에서 묶는다."

하였다.

○ 《가례보주(家禮補註)》에 이르기를 "최상(衰裳)의 주름 깃과 복건의 가로 주름 깃은 조금 다르다. 복건의 가로 주름 깃은 양쪽 가장자리를 접은 부분이 안쪽에서 서로 마주 보는데 반해, 최상의 주름 깃은 양쪽 가장자리를 접은 부분이 위쪽에서 서로 마주 본다." 하였다.

거가잡의
居家雜儀

무릇 가장이 되어서는〔凡爲家長〕

○ 이 조항에서는 가장(家長)이 여러 자제 및 집안사람들을 거느리는 일에 대해서 말하였다.

항렬이 낮거나 나이가 어린 사람들〔凡諸卑幼〕

○ 이 조항에서는 항렬이 낮거나 나이가 어린 사람들이 가장을 섬기는 도리에 대해서 말하였다.

감히 사사로이 쉬지 않는다.〔不敢私假〕

○ 이 아래의 아홉 구절은 《소학(小學)》에서 부자(父子)의 친함에 대해서 말한 것과 같다.

수어(誶語) 소주에 나온다. 아래의 다섯 조항도 같다.

○ '수(誶)'는 꾸짖는 말이다.

정강성(鄭康成)[68]

○ 《후한서(後漢書)》에 이르기를 "정현(鄭玄)의 자는 강성(康成)이

68 정강성(鄭康成) : 후한 때의 경학가인 정현(鄭玄)으로, 자가 강성이고, 고밀(高密) 출신이며, 마융(馬融)의 제자이다. 《모시전(毛詩箋)》, 《삼례주(三禮註)》, 《주역

다."라고 하였다.

항렬이 낮고 어린 사람이 지켜야 할 예를 지키지 않는다.〔不率卑幼之禮〕

○ '율(率)'은 따르다는 뜻인 순(循)이다.

술을 마신다.〔飮至〕

○ 《춘추좌씨전(春秋左氏傳)》의 주에 이르기를,

"돌아와서 술을 마셨다.〔歸而飮至〕"

하였는데, 이에 대한 소에 이르기를,[69]

"돌아와서는 사당에 고하고서 술을 마신 것이다."

하였다.

진나라 무제가 풍담의 참소에 미혹되었다.〔晉武惑馮紞之讒〕

○ 《진서(晉書)》에 이르기를,

"태시(泰始) 연간에 태후가 병이 위독해졌는데, 무제(武帝)와 동생인 제왕(齊王) 사마유(司馬攸)가 곁에서 병구완을 하고 있었다. 태후가 무제에게 말하기를 '너와 유(攸)는 지친(至親)이다. 내가 죽은 뒤에 잘 대해 주어라.' 하였는데, 말을 마치자마자 붕어(崩御)하였다. 그 뒤에 풍담(馮紞)이 사마유를 죄에 얽어 넣자, 사마유가 분노

주(周易註)》 등을 저술하여, 한대(漢代) 경학(經學)의 집성자로 불린다. 《後漢書 鄭玄列傳》

69 이에……이르기를 : 대본에는 없다. 《춘추좌씨전》 은공(隱公) 5년 조의 기사에 근거하여 '疏曰'을 보충하여 번역하였다.

와 원망으로 인하여 피를 토하고 죽었다."

하였다.

당나라 고종이 무씨를 총애하는 데 빠졌다.〔唐高宗溺武氏之寵〕

○ 《당서(唐書)》에 이르기를,

"정관(貞觀) 말기에 태종(太宗)이 병세가 위독해지자, 장손무기(長孫無忌) 등에게 조서를 내려 침소 안으로 들어오게 하고는 태자(太子)에게 일러 말하기를 '장손무기는 충성을 다 바치는 사람이니, 참소하는 자들로 하여금 이간질하지 못하게 하라.' 하였다. 얼마 뒤에 태종이 붕어하였다. 고종이 무 소의(武昭儀)를 세워 후(后)로 삼으려고 하자, 장손무기가 간절히 간하니, 끌어내도록 명하고는 얼마 뒤에 살해하였다."

하였다.

무릇 궁실을 지을 때는〔凡爲宮室〕

○ 이 아래의 한 조항은 《소학》에서 부부(夫婦)의 구별을 말한 것과 같다.

욕실을 함께 쓰지 않는다.〔不共浴堂〕

○ 남자가 목욕하는 실(室)과 여자가 목욕하는 실을 다르게 하는 것이다.

항렬이 낮거나 나이가 어린 사람은 존장에 대하여〔凡卑幼於尊長〕

○ 이 조항은 《소학》에서 장유(長幼)의 차서를 말한 것과 같다.

무릇 사위나 외조카의 절을 받을 경우에는〔凡受女壻及外甥拜〕

○ 이 한 조항에서는 사위 및 외조카나 외손자가 절하는 것을 받는 예에 대해서 말하였다.

오복(五福)

○ 첫 번째는 오래 사는 것〔壽〕이고, 두 번째는 부유한 것〔富〕이고, 세 번째는 안락한 것〔康寧〕이고, 네 번째는 아름다운 덕을 닦는 것〔攸好德〕이고, 다섯 번째는 수명대로 살고서 죽는 것〔考終命〕이다.

모든 절서 및 때 아닌 때〔凡節序及非時〕

○ 이 조항에서는 집안의 잔치에서 축수(祝壽)를 올리는 의식에 대하여 말하였다.

자식이 처음 태어나면〔凡子始生〕

○ 이 조항에서는 남자와 여자를 가르치는 도에 대해서 말하였다.

안과 밖의 모든 종과 첩〔凡內外僕妾〕

○ 이 조항에서는 노복과 첩이 주부(主父)와 주모(主母)를 섬기는 도에 대해서 말하였다.

모든 여종들은 동배에 대해서는〔凡女僕同輩〕

○ 이 아래에 나오는 세 조항에서는 주부(主父)와 주모(主母)가 비복과 첩들을 거느리는 도에 대해서 말하였다.

관례
冠禮

관례(冠禮)

○ 정현(鄭玄)이 말하기를 "오례(五禮)에서 관례와 혼례(婚禮)는 가례(嘉禮)에 속한다." 하였다.

○ 주자(朱子)가 말하기를 "관례와 혼례는 어느 때부터 시작되었는지 모른다."라고 하였다.

○ 《예기》 〈관의(冠義)〉의 소(疏)에 이르기를,

"관례가 시작된 시기에 대해서는 서(書)와 전(傳)에 정문(正文)이 없다. 《세본(世本)》[70]에는 이르기를 '황제(黃帝)가 유면(旒冕)[71]을 만들었다.' 하였다. 그러니 황제에게서 시작된 것이다. 황제 이전에는 깃털과 가죽으로 관을 만들었고, 이후에는 베와 비단으로 만들었다. 관을 쓰는 나이는 천자와 제후의 경우 모두 12세였다."

하였다.

○ 주자가 말하기를 "오직 관례가 가장 행하기 쉬운바, 이는 한 집안의 일일 뿐이다. 혼례와 같은 경우는 모름지기 양쪽 집안이 모두 좋아야만 예를 제대로 거행한 것이 된다." 하였다.

70 세본(世本) : 옛날 고서(古書)의 이름이다. 모두 15편으로 이루어져 있으며, 황제(黃帝) 이후의 제왕(諸王)이나 제후(諸侯), 경대부(卿大夫)의 계보(系譜)와 명호(名號) 등을 기록한 책이라고 한다. 《漢書 藝文志 藝略》

71 유면(旒冕) : 면류(冕旒)로, 면류관의 앞뒤의 끈에 꿰어서 늘어뜨린 주옥(珠玉)을 말한다.

○ 《의례》 〈사관례(士冠禮)〉의 전(傳)에 이르기를,

"무릇 예는 관례에서 시작되고, 혼례에서 근본을 이루고, 상례와 제례에서 엄중하며, 조빙(朝聘)에서 존중하며, 향사(鄕射)에서 화목하게 하니, 이것이 예의 대체(大體)이다."

하였다.-이상은 《의례경전통해(儀禮經傳通解)》에 나온다.-

○ 구준(丘濬)이 말하기를 "오늘날 사람들은 예를 익히지 않는다. 예를 익힌 사람 한 사람을 청해 와서 그를 예생(禮生)으로 삼아 창도(唱導)하게 한다." 하였다.

○ 《의례경전통해》에 이르기를 "옛날에는 50세가 된 뒤에야 작위를 받았으니, 어떻게 대부의 관례가 있을 수 있겠는가." 하였다.[72]-대부에게는 관례는 없고, 혼례는 있다. 후대의 기록에 나온다.-

○ 《의례경전통해》에 또 이르기를 "《의례》에서 예식을 행하는 법식은 천한 자의 예식을 먼저 한다. 그러므로 사(士)의 관례가 앞에 나오고, 제후의 관례가 그다음에 나오며, 천자의 관례가 또 그다음에 나오는 것이다." 하였다.

〔안〕 예를 제정함에 있어서는 모두 사(士)로부터 시작한다. 그러므로 《의례》의 혼례도 모두 그렇다.

남자의 나이가 15세에서 20세가 되면〔男子年十五至二十〕

72 의례경전통해에……하였다 : 이는 《의례경전통해》 권1 〈가례일지상(家禮一之上)〉에 나오는 말인데, 본디는 《예기》 〈교특생(郊特牲)〉에 "대부에게는 관례는 없고 혼례는 있다. 옛날에는 50세가 된 뒤에야 작위를 받았으니, 어떻게 대부의 관례가 있을 수 있겠는가.〔無大夫冠禮, 而有其昏禮. 古者五十而后爵, 何大夫冠禮之有?〕"라고 한 데에서 나온 말이다.

○ 《예기》 〈관의〉의 주(註)[73]에 이르기를,

"남자는 양(陽)에 속한다. 그런데 20이라는 수는 음(陰)의 수이다. 20세가 되어서 관례를 올리는 것은 음이 양에서 이루어져서이다. 여자는 음(陰)에 속한다. 그런데 15라는 수는 양(陽)의 수이다. 15세가 되어서 계례(筓禮)를 올리는 것은 양이 음에서 이루어져서이다."

하였다.

반드시 부모에게 기년 이상의 상이 없어야 한다.〔必父母無期以上喪〕

○ 《예기》 〈잡기(雜記)〉에 이르기를,

"대공(大功)의 복이 끝날 즈음에는 아들의 관례를 올려도 되고 딸을 시집보내도 된다. 아버지가 소공(小功)의 복을 입고 있더라도 복이 끝날 즈음에는 아들의 관례를 올려도 되고 딸을 시집보내도 되며, 자신이 아내를 맞이해도 된다. 자기가 비록 소공의 복을 입고 있더라도 이미 졸곡(卒哭)을 지냈으면 관례를 올려도 되고 아내를 맞이해도 된다. 그러나 하상자(下殤者)를 위해 소공의 복을 입을 경우에는 그래서는 안 된다."

하였다.

〔안〕 《가례》를 보면, 비록 대공의 복이더라도 이미 장사를 지냈으면 관례와 혼례를 치를 수 있다고 하였다. 그러나 인정에 있어서는 그렇게 할 수 없는 점이 있다. 의리는 무궁한바, 이 설을 기록해 두어 예를 행하는 자로 하여금 예를 올릴 때에 중도를 취할 수 있게 한다.

73 주(註) : 대본에는 '經'으로 되어 있다. 《예기》 〈관의〉에 근거하여 '註'로 바로잡아 번역하였다.

다만 《예기》의 설은 착간(錯簡)이 있는 듯하다.[74]

삼일 전에〔前期三日〕

○ 《의례》 〈사관례〉의 주에 이르기를 "전기삼일(前期三日)이라 한 것은 2일을 비워 두는 것이다." 하였다.

날짜를 점쳤다.〔筮日〕 대주에 나온다. 아래의 두 조항도 같다.

○ 《의례》 〈사관례〉의 주(註)에 이르기를 "'서(筮)'는 시초(蓍草)를 가지고 날짜의 길하고 흉함을 역(易)에 묻는 것이다." 하였다.

○ 《예기》 〈곡례(曲禮)〉에 이르기를,

"상사(喪事)에는 먼 날을 먼저 점치고, 길사(吉事)에는 가까운 날을 먼저 점친다."

하였는데, 이에 대한 주에 이르기를,

"상사는 장사(葬事) 및 소상(小祥)과 대상(大祥)의 두 상제(祥祭)를

74 예기의……듯하다 : 이에 대해서 장재(張載)는 "'대공지말가이관자가이가자부소공지말가이관자가이가자가이취부(大功之末可以冠子可以嫁子父小功之末可以冠子可以嫁子可以取婦)'라고 한 곳에서의 '대공지말(大功之末)' 이하 12자(字)는 연문(衍文)이니, 의당 곧바로 '부대공지말(父大功之末)'이라고 해야 한다. 아버지가 대공복이라고 말하였으면, 이는 자신은 소공복이 끝날 때이며, 자신의 아들은 시마복(緦麻服)이 끝날 때이다. 그러므로 관례를 올려도 되고 아내를 맞이해도 되는 것이다. 대개 관례를 올리고 아내를 맞이하는 것은 참으로 자기가 복(服)이 없을 때에 한다. 무릇 졸곡을 지낸 뒤는 모두가 복이 끝날 때이다. 연문이라고 말한 것은, 이상의 12글자를 의미상 붙일 곳이 없기 때문이다. 자기가 비록 소공복을 입고 있더라도 이미 졸곡을 지냈으면 관례를 올리고 아내를 맞이할 수가 있는데, 이는 자기가 스스로 관례를 올리고 아내를 맞이하는 것이다."라고 하였다.

이른다. 길사는 제사 및 관례(冠禮)와 혼례(昏禮) 따위를 이른다. 상(喪)은 슬픔을 빼앗는다는 뜻으로, 효자가 하고자 하는 바가 아니다. 그러므로 먼저 먼 날로부터 점치기 시작하는 것이다."

하였다.

약모지모친지자모(若某之某親之子某)

〔안〕'약(若)' 자 아래의 '모(某)'는 종자(宗子)를 말하고, '친(親)' 자 위의 '모(某)'는 관례를 올리는 자의 아버지를 말하고, '자(子)' 자 아래의 '모(某)'는 관례를 올리는 자를 말한다.

개자(介子)

○ '개(介)'는 부개(副介)의 뜻이다.

빈객에게 고한다.〔戒賓〕

○ '계(戒)'는 경계하다는 뜻이고 고하다는 뜻으로, 《의례》〈사관례〉의 주(註)에 나온다. '계빈(戒賓)'은, 옛날에는 길한 일이 있을 경우에는 현자(賢者)와 더불어 즐거워하면서 기쁨을 이루고, 흉한 일이 있을 경우에는 현자와 함께하면서 슬퍼하고자 하였다.

○ 《예기》〈관의(冠義)〉의 주에 이르기를,

"날짜를 점치는 것은 하늘의 길함을 구하는 것이고, 빈(賓)을 가리는 것은 사람의 어짊을 택하는 것이다. 시초점을 치고 거북점을 치지 않는 것은 어째서인가? 대개 옛날에 대사(大事)[75]에는 거북점을 사

75 대사(大事) : 제사, 전쟁 등의 중대한 일을 말한다.

용하고, 소사(小事)[76]에는 시초점을 사용하였다. 천하의 일은 작은 일로 시작하여 큰일로 마친다. 관례를 치를 때에는 시초점을 치고, 상제(喪祭)를 치를 때에는 거북점을 친다. 성왕(聖王)이 그 시작을 중히 여기는 것으로, 대사는 아니다."

하였다.

○ 《춘추좌씨전》에 이르기를 "시초점은 짧고 거북점은 길다."라고 하였다.[77]

〔안〕 거북의 등딱지를 가지고 점치는 것을 복(卜)이라 하고, 시초(蓍草)를 가지고 점치는 것을 서(筮)라고 한다.

소계자(所戒者) 대주에 나온다. 아래도 같다.

〔안〕 경계를 하면서 고하는 자는 빈(賓)이고, 경계를 듣는 자는 주인(主人)이다.

그대를 욕되게 한다.〔以病吾子〕

○ 《의례》 〈사관례〉의 주에 이르기를 "'병(病)'은 욕되게 하다는 뜻인

76 소사(小事) : 대사와 상반되는 개념으로, 상례(喪禮)나 제례(祭禮)에 비해 관례(冠禮)가 작은 일이므로 소사라고 한다.

77 춘추좌씨전에……하였다 : 춘추 시대 진 헌공(晉獻公)이 여희(驪姬)를 부인(夫人)으로 삼으려고 거북점을 쳐 보니 길(吉)하지 않았고 점대로 점을 쳐 보니 길하였으므로, 공(公)이 말하기를 "점대로 친 점을 따르겠다."라고 하자, 점치는 사람이 말하기를 "점대는 짧고 거북은 기니, 긴 쪽을 따르는 것이 좋습니다.〔筮短龜長, 不如從長.〕"라고 한 데서 온 말이다. 거북은 상(象)에 해당하고 점대는 수(數)에 해당하므로, 상은 길고 수는 짧다 하여 이른 말인데, 여기서 길다 짧다 하는 것은 곧 점사(占辭) 내용의 장단점을 가지고 한 말이다. 《春秋左氏傳 僖公4年》

욕(辱)과 같다."라고 하였다.

빈객에게 나아가서 청한다.〔宿賓〕

○ 《가례보주》에 이르기를 "'숙빈(宿賓)'은 하루 전에 알리는 것이다." 라고 하였다.

○ '숙빈'은 또 숙계(肅戒)라고도 하는데, 《의례》 〈사관례〉에 보인다.

장이지(將莅之) 대주에 나온다. 아래의 두 조항도 같다.

○ 《의례》 〈사관례〉의 주에 이르기를 "'이(莅)'는 임하다는 뜻인 임(臨)이다."라고 하였다.

역막(帟幕)

○ 《고금운회(古今韻會)》에 이르기를 "위에 치는 것을 '역(帟)'이라 하는데, 음은 역(亦)이다."라고 하였다.

악(堊)

○ 《운회》에 이르기를 "희고 고운 흙을 말한다. 음은 악(惡)이다."라고 하였다.

선을 동쪽 처마에 설치하되, 남북을 당으로 헤아린다.〔設洗直於東榮, 南北以堂深.〕 소주에 나온다. 아래 두 조항도 같다.

○ 살펴보건대, '선(洗)'은 관세(盥洗)하고 난 물을 받아서 버리는 물그릇이다. '관(盥)'은 손을 씻거나 술잔을 씻는 것이다. -〈사관례〉에 나온다.-

○ 《예기》〈향음주의(鄕飮酒義)〉에 이르기를 "선(洗)은 동쪽 추녀 아래에 있으니, 이는 주인이 스스로를 깨끗하게 하여 빈객을 섬기려는 것이다." 하였다.

○ 〈향음주의〉에 또 이르기를,

"물을 선의 동쪽[78]에 놓아두는 것은 천지의 왼쪽에 바다가 있는 것을 본받은 것이다.〔水在洗, 祖天地之左海.〕"

하였는데, 이에 대한 주에 이르기를,

"'해(海)'는 물이 모여 있는 곳이다. 천지간에 바다는 동쪽에 있는데, 동쪽은 왼쪽이다.-'조(祖)'는 시초로 삼아서 본받는 것이다.-"

하였으며, 주에 또 이르기를,

"물을 뇌(罍)에다가 채워서 선(洗)에서 씻는 것이다."

하였다.

○ 《의례》〈사관례〉의 주에 이르기를 "'치(直)'의 음은 길(吉)과 치(値)의 반절이고 '심(深)'의 음은 신(申)과 짐(鴆)의 반절이다. 깊고 얕음을 헤아리는 것을 '심(深)'이라고 한다." 하였다.

○ 《의례》〈향음주례(鄕飮酒禮)〉에 이르기를,

"'영(榮)'은 지붕의 날개이다. 남쪽과 북쪽은 당(堂)으로써 헤아린다. 당심(堂深)은 당의 모서리 북쪽으로부터 방의 벽까지를 말한다. 당 아래에 선(洗)을 두되, 북쪽으로 당과 떨어진 거리의 멀고 가까움과 깊고 얕음은 당상(堂上)의 깊고 얕음에서 취한다. 가령 당심의 길이가 3장(丈)이면 선 역시 당과의 거리가 3장인 곳에 두는 것으로 법도를 삼는다. 지붕의 날개는 마치 새에게 날개가 있는 것과 같다."

78 동쪽 : 대본에는 없다. 《예기》〈향음주의〉에 근거하여 '東'을 보충하여 번역하였다.

하였다.

뇌선(罍洗)[79]

〔안〕《고금운회》에 이르기를 "'뇌(罍)'에는 구름과 우레 모양을 그려 넣었는데, 이는 우레와 벼락의 위엄을 취하여 공경스러운 마음을 일으키게 한 것이다."라고 하였다.

관례의 일을 공경히 한다.〔敬冠事〕

○《예기》〈관의〉에 이르기를 "관례의 일을 경건히 함은 예를 중히 여김이요, 예를 중히 여김은 나라를 다스리는 근본이기 때문이다." 하였다.

빗과 머리끈과 망건〔櫛纚掠〕 대주(大註)에 나온다. 아래의 두 조항도 같다.

○ 구준(丘濬)이 말하기를,

"'즐(櫛)'은 바로 머리를 빗는 빗〔梳子〕이다. '수(纚)'는 바로 총(總)으로, 비단을 찢은 조각인데, 이것으로 머리털을 묶는다. '약(掠)'은 상례편(喪禮篇)을 상고해 보면, '문(免)' 자에 대해 해석하면서 '베를 찢어 너비가 1치가 되게 만들어 목으로부터 앞쪽을 향하여 드리워서 이마 위에서 교차시킨 다음 다시 상투의 뒤로 돌리기를 마치 약두(掠頭)[80]를 착용하는 것처럼 한다.' 하였다. 그렇다면 그 제도는 이것을

79 뇌선(罍洗) : 옛날에 제사를 지내거나 음식을 올릴 적에 손을 씻는 데 사용하는 그릇들이다. 뇌(罍)에 물을 담아 두고서, 이 물을 두(枓)를 이용하여 떠서 씻는데, 씻고 난 물은 선(洗)에 버린다.

미루어서 생각해 볼 수 있다. 지금은 망건(網巾)으로 대신한다."
하였다.

개탁자(皆卓子)

〔안〕 '개(皆)' 자 아래에는 아마도 '이(以)' 자가 있어야 할 듯하다.

옷깃을 동쪽으로 하되, 북쪽을 위로 한다.〔東領北上〕

○ 《의례》 〈사관례〉의 소(疏)에 이르기를,

"상례(喪禮)에서는 옷깃을 서쪽으로 하거나 남쪽으로 한다. 그런데 여기에서 옷깃을 동쪽으로 하는 것은, 가례(嘉禮)는 흉례(凶禮)와 다르기 때문이다. 북쪽을 위로 하는 것은 편해서이다."

하였다.

관례를 마치고는 또 항상 착용하지는 않는다.〔冠了又不常著〕 소주에 나온다.

〔안〕 구준(丘濬)이 말하기를,

"치포관(緇布冠)은 역시 당시에도 착용하지 않는 복식이었다. 이것은 역시 옛 예를 보전하는 뜻인 듯하니, 그것을 따르는 것이 마땅하다. 정자(程子)의 이 설에 반드시 구애받을 필요는 없다."

하였다. 구준이 또 이르기를,

"《공자가어(孔子家語)》를 보면, 맹의자(孟懿子)가 말하기를 '처음 관을 쓸 적에 반드시 치포(緇布)로 된 관을 쓰는 것은 어째서입니

80 약두(掠頭) : 이마 위에서 교차시켜서 상투를 동여매는 것이다.

까?'라고 하자, 공자(孔子)가 말하기를 '고례(古禮)를 잊지 않음을 보이는 것이다. 관례를 치른 다음에는 버린다.'라고 하였는데, 이에 대한 주에 이르기를 '이 관은 다시 쓰지 않는다. 처음 관을 쓸 때에만 잠시 동안 쓰는 것은 고례를 잊지 않은 것이다.'라고 하였다. 그렇다면 지금 역시 관례를 마치고는 보관해 두어야 한다."

하였다.

친척(親戚) 대주에 나온다. 아래의 일곱 조항도 같다.

○ 부당(父黨)을 '친(親)'이라 하고, 모당(母黨)을 '척(戚)'이라 한다.

쌍계(雙紒)

○ 구준(丘濬)이 말하기를,

"'계(紒)'는 바로 계자(髻子)이다. 아마도 이는 두 개로 둥그스름하게 말아서 만드는 것인 듯하다. 《서의(書儀)》의 주에 이르기를 '동자(童子)의 상투〔髻〕는 칼코등이〔刀鐶〕와 같다.' 하였다."

하였다.

사계삼(四褉衫)[81]

〔안〕 '사계삼'은 그 제도가 어떠한지는 알 수가 없다. 이 옷은 옛 제도가 아님이 심의(深衣)에 비할 바가 아니다. 그러니 쓰지 말아야 한다.

81 사계삼(四褉衫) : 동자(童子)의 평상복을 가리킨다. 《居家雜服攷 卷3 幼服》

늑백(勒帛)

〔안〕 이것은 발을 싸매는 데 쓰는 것이다.

채극(采屐)

〔안〕 '극(屐)'은 바로 나무로 만든 신발인데, 지금 '채극'이라고 이른 것은 아마도 나무를 대신하여 채색 비단으로 만든 것인 듯하다. 늑백채극(勒帛采屐)은, 비단으로 발을 싸매고서 나무로 만든 신발 속에 발을 넣는 것이다. 지금은 동자들의 평상시에 신는 것으로 대신해도 무방할 것 같다.

방에서 나와 남쪽을 바라보고 선다.〔出房南面〕

○ 《의례》〈사관례〉에 이르기를,

"관례를 올릴 자가 방에서 나와 남쪽을 바라보고 선다."

하였는데, 이에 대한 주에 이르기를,

"방 바깥의 서쪽에 서 있으면서 빈객의 명을 기다리는 것이다."

하였다.

축왈길월(祝曰吉月)

○ 어떤 사람이 주자에게 묻기를,

"관례와 혼례를 치를 적에 세 번 관을 씌우면서 해 주는 축사와 문을 나갈 적에 해 주는 경계의 말을 만약 고어(古語)만을 써서 고해 준다면, 당사자가 장차 무어라고 하겠습니까."

하니, 주자가 답하기를,

"단지 오늘날 쓰는 속어로 고해 주어 쉽게 알아듣도록 해 주는 것이 좋다.”

하였다.

○ 집주(集註)에 “축사는 빈(賓)이 혹 외우지 못할 경우에는 홍지(紅紙)에 써서 보면서 읽는다.” 하였다.

남쪽을 향하여 한참을 서 있는다.〔南向立良久〕

○ 《의례》 〈사관례〉에 이르기를,

“관자(冠者)가 방을 나와서 남쪽을 바라보고 서 있는다.”

하였는데, 이에 대한 소에 이르기를,

“동자가 성인의 옷을 착용하고서 여러 사람에게 모습을 보여서 알게 하는 것이다.”

하였다.

〔안〕 한참 동안을 서 있는 것은 사람들에게 보이기 위해서 그러는 것이다.

두 번째 모자를 씌운다.〔再加帽子〕

○ 구준이 말하기를 “모자(帽子)와 조삼(皂衫)은 그 제도를 상고할 수가 없다. 이것 역시 옛날의 복식이 아니니, 현재 시속(時俗)에서 쓰는 제도로 대신하여야 할 듯하다.” 하였다.

곧바로 자리로 가서 꿇어앉는다.〔卽席跪〕 대주에 나온다. 아래도 같다.

〔안〕 ‘관자즉석궤(冠者卽席跪)’ 아래에 마땅히 ‘빈강 주인역강 빈관 주인읍 승복위(賓降主人亦降賓盥主人揖升復位)’를 첨가해 넣어야 한다.

큰 복을 누리라.〔享受遐福〕

〔안〕 '향수하복(享受遐福)'의 아래에 마땅히 '찬자철관건(贊者徹冠巾)'을 첨가해 넣어야 하며, '집사자수관건입방(執事者受冠巾入房)'도 첨가해 넣어야 한다.

세 번째 복두를 씌운다.〔三加幞頭〕

○ 구준이 말하기를,

"복두(幞頭)는 송나라 때에는 상하의 사람들이 누구나 착용하는 복식이었다. 지금은 오직 관직(官職)이 있는 자들만 복두를 착용할 수 있다. 난삼(襴衫)은 전적으로 생원(生員)들의 복식이 되었다. 그리고 세상에는 관직을 가진 이후에 관례를 올리는 자가 없으니 공복(公服)과 홀(笏)을 착용하는 제도는 쓸 수가 없다. 그렇다면 시속에서 쓰는 제도로 대신해야 할 듯하다."

하였다.

제수(祭需)가 아름답고 향기롭다.〔嘉薦令芳〕 대주에 나온다. 아래의 두 조항도 같다.

○ 구준이 말하기를,

"예사(禮辭)에 이르기를 '단술이 오로지 맛이 짙으며, 제수가 아름답고 향기롭다.〔甘醴唯厚, 嘉薦令芳.〕'라고 하였는데, 이에 대한 주에 이르기를 '가천(嘉薦)은 포(脯)와 해(醢)를 말한다.' 하였다. 사마 온공(司馬溫公)이 단술〔醴〕을 술〔酒〕로 바꾸었는데, 거짓으로 해서는 안 되어서이다. 더구나 '가천영방(嘉薦令芳)' 한 구절을 지금 이미 거론하였으므로, '천포해(薦脯醢)' 한 구절을 보충에 넣었다."

하였다.

자리의 끝으로 간다.〔就席末〕

○ 《의례》 〈향음주례〉의 소(疏)에 이르기를 "석말(席末)은 자리의 끝 부분이다. 자리의 끝에서 하는 것은, 말하자면 자리를 펴는 바른 의의가 전적으로 음식만을 먹기 위한 것이 아니라는 뜻이다. 이것은 예를 귀중히 여기고 재물을 천하게 여기는 것이다." 하였다.

○ 《예기》 〈곡례〉에 이르기를 "자리가 남쪽을 향하거나 북쪽을 향할 적에는 서방을 상석으로 삼고, 동쪽을 향하거나 서쪽을 향할 적에는 남방을 상석으로 삼는다." 하였다.

술을 맛본다.〔啐酒〕

○ '쵀(啐)'의 음은 칠(七)과 내(內)의 반절이며, 입에 대어서 맛보는 것이다.

○ 《예기》의 〈향음주의〉의 주에 이르기를 "술을 입에 대는 것이 '쵀(啐)'이고, 이에 닿는 것이 '제(嚌)'이다." 하였다.

성인이 되었음을 밝히는 것이다.〔加有成也〕 소주에 나온다.

○ 《예기》 〈교특생(郊特牲)〉에 이르기를,

"적자의 관례를 조계(阼階)에서 하는 것은 장차 아버지를 대신하여 가장이 될 것임을 밝히는 것이다. 객의 자리에서 초례(醮禮)를 하는 것은 관을 고쳐 써서 성인이 되었음을 밝히는 것이다. 세 번 관을 쓸 때마다 더욱 상급의 관이 되는 것은 점차 뜻을 높여 가야 함을 가르치는 것이다. 관례를 한 뒤에 자를 부르는 것은 그 이름을 공경하는 것이다.〔適子冠於阼, 以著代也. 醮於客位, 加有成也. 三加彌尊, 喩其志也. 冠而字之, 敬其名也.〕"

하였는데, 이에 대한 주에 이르기를,

"'저대(著代)'는 관례를 올리는 자가 주인의 다음이 됨을 드러내는 것이다. 술을 따르기만 하고 잔을 주고받지 않는 것을 초(醮)라고 한다. '객위(客位)'는 문과 창문의 사이에 있다. '가유성(加有成)'은 이름이 있는 사람에게 예를 가하는 것이다. '삼가미존(三加彌尊)'은 복(服)이 더욱 높아지면 뜻이 의당 더욱 커진다. 그러므로 '그 뜻을 높여 가야 함을 가르치는 것이다.'라고 한 것이다."

하였다.

관자에게 자를 지어 준다.〔字冠者〕

○《가례보주(家禮補註)》에 이르기를 "아들이 태어나서 석 달이 되면 아버지가 이름을 지어 준다. 관례를 올리고 나서는 빈(賓)이 자(字)를 지어 준다." 하였다.

〔안〕 유병산(劉屛山)[82]이 주자(朱子)에게 자를 지어 주고, 오초려(吳草廬)[83]가 우채(虞采)와 우집(虞集)[84]에게 자를 지어 주면서는 모

82 유병산(劉屛山) : 유자휘(劉子翬)를 가리킨다. 남송 때 사람으로, 자는 언충(彦沖), 호는 병옹(病翁)이다. 무이산(武夷山)에 은거하였으며, 주희(朱熹)의 아버지인 주송(朱松)과 친구로, 주송이 죽은 뒤에 주희를 가르쳤다. 《주역》에 뛰어났으며, 특히 복괘(復卦)를 중시하였다. 《병산전집(屛山全集)》을 저술하였다. 《宋史 劉子翬列傳》

83 오초려(吳草廬) : 송원(宋元) 즈음의 이학가(理學家)인 오징(吳澄)을 가리킨다. 숭인(崇仁) 사람으로, 자는 유청(幼淸), 시호는 문정(文正)이다. 그가 사는 초당(草堂)에 초려(草廬)라는 편액을 걸었으므로 세상에서는 흔히 초려 선생이라고 불렀다.

두 자사(字辭)를 지어 주었다. 그러니 이제 이를 법식으로 삼는 것이 마땅하다. 또 주자가 지은 유근(劉瑾)과 위각(魏恪)의 두 자설(字說)[85]도 모두 법식으로 삼을 만하다.

백모보(伯某父) 대주에 나온다. 아래의 두 조항도 같다.

○ 《백호통의(白虎通義)》에 이르기를,

"백(伯), 중(仲), 숙(叔), 계(季)는 사시(四時)를 본받은 것이다. 적장자(適長子)를 백(伯)이라 칭하니, 백금(伯禽)[86]이 바로 그것이다. 서장자(庶長子)를 맹(孟)이라 칭하니, 노맹씨(魯孟氏)가 바로 그것이다."

《영종실록(英宗實錄)》의 편수를 총괄하기도 하였다. 《역경》, 《서경》, 《춘추》, 《예기》 등에 찬(纂)을 하였으며, 《학기(學基)》, 《학통(學統)》 등을 저술하였다.

84 우집(虞集) : 원(元)나라의 학자로, 우급(虞汲)의 아들이며, 자는 백생(伯生), 호는 도원(道園)·소암(邵菴)·청성산초자(青城山樵者)이다. 3세에 글을 읽을 줄 알았고, 오징에게 종유(從遊)하였다. 시문을 잘 지어서 원대사걸(元代四傑)로 칭해진다. 《경세대전(經世大典)》을 편찬하였으며, 《도원학고록(道園學古錄)》과 《도원유고(道園類稿)》를 저술하였다.

85 주자가……자설(字說) : 위각이 대본에는 '槐恪'으로 되어 있다. 《회암집(晦庵集)》 권75 〈위생각자서(魏甥恪字序)〉에 근거하여 '槐'를 '魏'로 바로잡아 번역하였다. 유근과 위각은 모두 주희의 조카이다. 주희가 유근에게는 회보(懷甫)라는 자를 지어 주고, 자설을 지어 주었는데, 이 자설은 《회암집》 권76에 〈유생근자서(劉甥瑾字序)〉라는 제목으로 수록되어 있으며, 위각에게는 원작(元作)이라고 지어 주고서 자설을 지어 주었는데, 이 자설은 《회암집》 권75에 〈위생각자서〉라는 제목으로 수록되어 있다.

86 백금(伯禽) : 주공(周公)의 아들 이름이다. 무왕(武王)이 천하 통일을 한 뒤 노공(魯公)에 봉해진 주공이 봉지(封地)에 가지 못하고 무왕 옆에서 정사를 돕자 다시 백금에게 노공을 봉하여 노나라를 다스리게 하였다. 《史記 魯周公世家》

하였다.

○ 《예기》〈곡례〉에 이르기를,

"남녀는 연장자 서열을 달리한다."

하였는데, 이에 대한 주에 이르기를,

"각각 백(伯)과 중(仲)으로 하는데, 서로 간에 뒤섞이지 않는다는 의리를 보이는 것이다."

하였다.

○ 《의례》〈사관례〉의 주에 이르기를 "백, 중, 숙, 계는 장유(長幼)의 칭호이다. 보(甫)라는 것은 장부(丈夫)의 미칭(美稱)이다. 혹 보(父)라고도 한다." 하였다.

○ 《예기》〈단궁(檀弓)〉에 이르기를,

"어려서는 이름을 부르고, 관례를 올린 뒤에는 자(字)를 부르고, 50세가 되면 백(伯)이나 중(仲)을 칭하며, 죽어서는 시호(謚號)가 있다. 이것은 주(周)나라의 도이다."

하였는데, 이에 대한 주에 이르기를,

"이것은 모두 주나라의 도이다. 은(殷)나라 이전에는 살아 있을 적에 부르는 호(號)가 있었는데, 이것이 죽은 뒤에 그대로 칭호가 되었으니, 요(堯), 순(舜), 우(禹), 탕(湯)의 예가 바로 그것이다."

하였다.

○ 주자가 말하기를,

"《의례》의 소를 보면, 어렸을 적에는 백모보(伯某甫)라고 칭하다가 50세가 된 뒤에는 '모보(某甫)' 자를 제거하고서 백이나 중이라고만 칭하는 것인바, 이 설이 옳다. 이는 오늘날 사람들이 존귀한 자에 대해서는 감히 자(字)를 부르지 못하고 몇 번째 어른이라고 부르는 것과 같은 따위이다."

하였다.

〔안〕 공자(孔子)가 처음에 관례를 올렸을 적에는 단지 자만을 불러 이보(尼甫)라고 하였다가 50세에 이르러서 중니(仲尼)라고 칭한 것도 역시 이 예(禮)인 것이다.

○ 《예기》 〈곡례〉에 이르기를 "국군(國君)은 경로(卿老)와 세부(世婦)의 이름을 부르지 않고, 대부는 세신(世臣)과 질제(姪娣)의 이름을 부르지 않으며, 사(士)는 가상(家相)과 장첩(長妾)의 이름을 부르지 않는다." 하였다.

복에 마땅하다.〔宜之于嘏〕

○ 《의례》 〈사관례〉에는 '하(嘏)'가 '가(假)'로 되어 있는데, 이에 대한 주에 이르기를 "'가(假)'의 음은 고(古)와 아(雅)의 반절로, 협음(叶音)은 고(古)이며, 크다는 뜻인 대(大)이다." 하였다.

○ 《예기》에는 '하(嘏)'가 '가(假)'로 되어 있는데, 하와 서로 통용한다.

○ 주자가 말하기를 "'가(假)'는 하(嘏)와 같으니 복(福)의 뜻이다. 《의례》의 주에서 말한 설은 틀렸다." 하였다.

감히 밤낮으로 공경하여 받들지 않겠습니까.〔敢不夙夜祗奉〕

○ 구준(丘濬)이 말하기를,

"아랫글을 보면, 관자(冠者)가 향선생(鄉先生)을 뵐 때 향선생이 가르침이 있으면 관자가 또 절을 한다. 더구나 빈(賓)이 축사(祝辭)로써 축하해 주는 데이겠는가. 이제 재배(再拜)하는 것을 보충해 넣었다."

하였다.

나와서 막차(幕次)로 간다.〔出就次〕

○ 《의례》 〈사관례〉의 주에 이르기를, "'차(次)'는 문밖의 옷을 갈아입는 곳이다."라고 하였다.

여러 숙부와 형은 동서에 있다.〔諸叔父兄在東序〕 대주에 나온다.

○ 《이아(爾雅)》에 이르기를,

"동쪽과 서쪽의 담장을 서(序)라고 한다."

하였는데, 이에 대한 주에 이르기를,

"서로써 안과 밖을 구별하는 것이다."

하였다.

어머니가 절한다.〔母拜之〕 소주에 나온다.

○ 《예기》 〈관의(冠義)〉의 주에 이르기를,

"어머니가 아들에게 절하는 것에 대해서 선유(先儒)들이 의심하였는데, 오직 석량 왕씨(石梁王氏)만은 말하기를 '기록하는 자가 이 예는 적장자(適長子)로서 아버지를 대신해 할아버지를 이은 자를 위해서 하는 것임을 몰랐다. 적장자로서 아버지를 대신해 할아버지를 이은 자는 할아버지와 정체(正體)가 된다. 그러므로 예를 행하는 것이 중자(衆子)들과는 다른 것이다.' 하였다."

하였다.

○ 《의례경전통해》에 이르기를,

"어머니가 배수례(拜受禮)를 행한다. 아들이 절을 한다."

하였는데, 이에 대한 주에 이르기를,

"부인(婦人)의 경우 장부(丈夫)에 대해서는 비록 자신의 아들이라도 협배(俠拜)를 한다."

하였다.

○ 또 주자가 말하기를 "관례를 올릴 때에는 비록 어머니를 뵐 경우라도 어머니 역시 협배를 한다." 하였다.

○ 《의례경전통해》의 주에 이르기를,[87]

"《예기》 〈관의(冠義)〉의 소(疏)에 이르기를 '어머니는 그 주포(酒脯)에 절을 하는 것이지 아들에게 절을 하는 것이 아니다.' 하였다. 이에 대해서 주자가 말하기를 '소(疏)의 설은 본문에 대한 올바른 뜻이 아니다. 이는 아마도 그렇지 않은 듯하다.' 하였다."

하였다.

○ 《의례》에 이르기를 "아들이 술과 포를 사당에 올리고, 그것을 가지고 어머니를 뵌다." 하였다.

〔안〕 관례를 올린 자에게 어머니가 절을 하고 형이 절을 하는 것은 성인(成人)이 되어서 함께 예를 행하는 것이라고 하였다. 그렇다면 석량 왕씨 및 소(疏)의 설은 아마도 모두 그렇지 않은 듯하다.

이에 빈에게 대접을 한다.〔乃禮賓〕

○ 《의례》 〈사관례〉의 주에 이르기를 "빈객이 술을 마실 적에 재화(財貨)를 함께 주는 것을 수(酬)라고 한다." 하였다.

87 의례경전통해의 주에 이르기를 : 대본에는 '儀禮註經傳'으로 되어 있다. 문맥에 근거하여 '註經傳'을 '經傳註'로 바로잡아 번역하였다.

○ 공자(孔子)가 말하기를,

"그 예를 행함에 있어서는 음악이 없다.〔其禮也, 無樂.〕"

하였는데, 이에 대한 주에 이르기를,

"관례를 올리는 것은 어른이 되어서 아버지를 대신하는 것이니, 음악으로 즐겨서는 안 된다. 며느리를 취하는 집에서 음악을 연주하지 않는 것은 어버이의 뒤를 이음을 생각해서이다."

하였다.

○《춘추좌씨전》에 이르기를 "군주의 관례에는 반드시 금석(金石)의 악기로 연주한다."라고 하였다.

〔안〕 공자가 관례를 올릴 적에 음악을 쓰지 않는다고 한 것은 역시 제후의 관례를 두고 한 말이다. 비록 국군(國君)의 관례라도 음악을 쓰지 않는다. 그렇다면《춘추좌씨전》의 설은 무엇을 가리키는지 자세하지 않다.

○《의례》〈사관례〉의 주에 이르기를,

"찬자(贊者)는 중빈(衆賓)을 가리키는데, 모두 더불어서 술을 마신다."

하였다. 이에 대해서 주자가 말하기를,

"찬자는 주인을 돕는 자이다. 그러니 중빈이라고 한 것은 아마도 틀린 듯하다."

하였다.

○ 주자가 말하기를,

"주인이 빈객에게 술을 따라서 올리는 것을 헌(獻)이라고 하고, 빈객이 주인에게 술을 마시라고 권하는 것을 작(酢)이라고 하며, 주인이 또 빈객이 준 잔을 다 마시고는 또다시 빈객에게 주어 마시도록 권하는 것을 수(酬)라고 한다."

하였다.

관례의 변례〔冠變禮〕

○ 《예기》 〈증자문(曾子問)〉에 이르기를,

"증자가 묻기를 '장차 아들의 관례(冠禮)를 행하고자 하여 관례를 행할 자〔冠者〕가 도착해 읍하고 사양하여 들어왔는데, 자최(齊衰)나 대공(大功)의 상(喪)이 났다는 소식을 들었을 경우 어찌합니까?' 라고 하니, 공자(孔子)가 말하기를 '내상(內喪)이면 폐(廢)하고, 외상(外喪)이면 관례는 치르되, 예례(醴禮)는 하지 않는다. 음식을 치우고 자리를 소제한 후 자리에 나아가 곡한다. 만일 관례를 행할 자가 도착하지 않았다면 폐한다.' 하였다."

하였는데, 이에 대한 주에 이르기를,

"관례를 행할 자는 빈(賓)과 찬자(贊者)이다. 불례(不醴)와 철찬(撤饌)은, 단술과 음식을 이제 모두 철거하고 또 관례를 치른 장소를 소제하여 청결히 하고서 곡을 한다."

하였다.

○ 《예기》 〈증자문〉에 또 이르기를,

"만일 장차 아들의 관례를 행하려고 하는데 아직 기일에 미치지 않아서 자최, 대공, 소공(小功)의 상이 있거든 상복을 입은 채로 관례를 한다."

하였는데, 이에 대한 주에 이르기를,

"그대로 상관(喪冠)을 쓰고 성인(成人)의 복장을 갖춘다."

하였다.

○ 《예기》 〈잡기〉에 이르기를,

"상관을 쓰고서 관례를 하는 것은 비록 삼년상이라도 괜찮다. 상차(喪次)에서 관을 쓰고, 들어가 곡하고 발 구르기를 세 번씩 세 차례에 걸쳐서 하고 나온다.〔以喪冠者, 雖三年之喪可也. 旣冠於次, 入哭踊三者三, 乃出.〕"

하였는데, 이에 대한 주에 이르기를,

"관례를 올려야 하는데 오복(五服)의 상을 만났을 경우에는 상복(喪服)을 입고서 관례를 올리는 것은 비록 삼년상을 당하였더라도 할 수가 있다. '삼자삼(三者三)'은 세 차례에 걸쳐서 세 번을 뛰는 것이다."

하였으며, 소에 이르기를,

"가령 1월에 상을 당하면, 2월에는 상으로 인해 관례를 행할 수 없다."

하였다.

○ 《예기》〈잡기〉에 이르기를 "공자가 말하기를 '무왕(武王)이 붕하고 성왕(成王)은 보령 열셋에 즉위한 다음 이듬해 6월에 무왕의 장례를 치르고 나서 관례를 하고 사당에 나아가 배알하였다.' 하였다." 하였다.

〔안〕 이 역시 변고를 인하여 관례를 행한 것이다.

○ 사마 온공(司馬溫公)이 말하기를 "상을 당하여서 관례를 행하는 것은, 지금은 아마도 행하기가 어려울 듯하다." 하였다.

○ 구준(丘濬)이 말하기를 "오늘날 세속에서는 이를 행하는 자가 있다."라고 하였다.

계(笄)

○ '계(笄)'의 음은 계(鷄)이다. 그 끝은 닭 모양으로 조각한다. 《예기》〈상복소기(喪服小記)〉의 주에 이르기를 "계는 머리카락을 말아서 묶는 것이다."라고 하였다. -《운회(韻會)》에 나온다.-

○ 《예기》 〈곡례〉에 이르기를,

"여자의 경우 시집가는 것을 허락하고 계례를 올렸으면 자(字)를 부른다."

하였는데, 이에 대한 주에 이르기를,

"시집가는 것을 허락하였으면 15세에 계례를 하고, 시집가는 것을 허락하지 않았으면 20세에 계례를 한다."

하였다.

○ 《의례》 〈사혼례(士昏禮)〉의 주에 이르기를 "시집가는 것을 허락하였다는 것은 이미 납징례(納徵禮)를 받은 것이다." 하였다.

○ 《의례경전통해》에 이르기를,

"집 안에서 한가로이 거처할 적에는 권수(鬈首)[88]를 한다. -권(鬈)의 음은 권(權)이다.-"

하였는데, 이에 대한 소에 이르기를,

"시집가는 것을 허락하지 않았으므로, 비록 이미 계례를 올렸더라도 나이 어린 여자로 처신하는 것이다. 그러므로 평상시 한가로이 거처할 적에는 계(笄)를 빼고서 머리카락을 나누어서 쌍으로 상투를 트는 것이다."

하였다.

○ 주자가 말하기를 "시집가는 것을 허락하기 전에 계례를 올릴 경우에는 여빈(女賓)을 청하지 않고, 자기 집안의 제부(諸婦)로 하여금 계례를 거행하게 한다." 하였다.

○ 《가례보주》에 이르기를 "부인(婦人)은 관(冠)을 쓰지 않고 비녀로

88 권수(鬈首) : 계(笄)를 빼고서 머리카락을 나누어 상투를 트는 것이다.

써 상투를 단단하게 할 뿐이다." 하였다.

○ 구준(丘濬)이 말하기를 "주인이 계례를 올린 자를 사당(祠堂)에서 알현하게 한다. 또 존장자(尊長者)에게도 알현하게 한다." 하였다.

혼례

昏禮

혼례(昏禮)

○ 《백호통의(白虎通義)》에 이르기를 "같은 성씨(姓氏)끼리 혼인하지 않는 것은 금수(禽獸)와 같게 됨을 부끄러워해서이다. 외가 쪽 친족도 소공(小功) 이상의 경우에는 역시 혼인하지 않는다." 하였다.

〔안〕 외가 쪽 친족에 대해서는 나라에 금제(禁制)가 있다. 어찌 단지 소공 이상의 경우에만 혼인을 하지 않겠는가.

○ 《예기》〈증자문(曾子問)〉에 이르기를,

"공자(孔子)가 말하기를 '종자(宗子)는 비록 70세가 되었더라도 주부(主婦)가 없어서는 안 된다. 종자가 아닐 경우에는 비록 주부가 없더라도 괜찮다.' 하였다."

하였는데, 이에 대한 주에 이르기를,

"이는 대종(大宗)으로서 자식이 없거나 자식이 아직 어린 경우를 두고 말한 것이다. 만약 아들이 있고 며느리가 있는 경우에는 다시 장가들지 않아도 된다."

하였다.

○ 주자가 말하기를,

"천자(天子)와 제후(諸侯)는 다시 장가들지 않는다. 단지 천자는 한 번 장가드는데 열두 여자를 맞이해 오고, 제후는 한 번 장가드는데 아홉 여자를 맞이해 와, 차례대로 밀어 올린다.-노(魯)나라와 제(齊)나라에서 이 법을 무너뜨리고 다시 장가들었다.- 대부는 한 번 장가들 때

세 여자를 맞이해 오고, 사(士)는 한 번 장가들 때 두 여자를 맞이해 오고서도 오히려 다시 장가들었다."

하였다. 이를 인하여 오늘날 사대부들이 대부분 욕심으로 인하여 죽는 것에 대해 논하여 말하기를,

"옛날 사람들은 본인이 늙을 경우에는 아내도 일제히 늙어서 허다한 걱정거리가 전혀 없었다.-다시 장가들지 않았기 때문이다.-"

하였다.

○ 《의례경전통해(儀禮經傳通解)》에 이르기를,

"옛날에는 신부가 시집을 가기 3개월 전에 조묘(祖廟)가 아직 훼철되지 않았으면 공궁(公宮)에서 가르치고, 조묘가 이미 훼철되었으면 종실(宗室)에서 가르치는데, 부덕(婦德)과 부언(婦言)과 부용(婦容)과 부공(婦功)을 가르친다."

하였는데, 이에 대한 주에 이르기를,

"천자와 제후가 같은 성씨일 경우를 이른 것이다."

하였다.

〔안〕 반드시 존귀한 자에게 나아가 가르침을 받아 성취하여 집안을 화목하게 다스린 다음에야 집안을 오래도록 보존할 수 있는 법이다. 그런데 오늘날 사람들은 딸은 깊은 방 안에 유폐해 놓고는 딸을 가르치지 않으며, 딸은 부녀자의 법도를 준행하지 않고 제멋대로 교만하게 굴고 질투를 한다. 이는 아주 잘못된 것이다.

○ 《백호통의》에 이르기를,

"임금과 시마복(緦麻服)의 친속이 공궁에서 3개월 동안 가르치는데, 친한 자가 없을 경우에는 각각 종부(宗婦)의 방에서 가르친다. 그리하여 한 철 동안을 배우고 나면 족히 성취할 수가 있다."

하였다.

○ 《공자가어(孔子家語)》에 이르기를,

"노(魯)나라 애공(哀公)이 공자에게 묻기를 '예를 보면 남자는 30세가 되면 아내가 있고, 여자는 20세가 되면 남편이 있다고 하였는데, 이것은 너무 늦은 것이 아닙니까.' 하니, 공자가 답하기를 '무릇 예라는 것은 그 극단적인 것을 들어서 말한 것으로, 그 나이를 지나지 말라는 것입니다. 남자는 20세가 되면 관례를 올리니 남의 아버지가 될 수 있는 단서가 있는 것이고, 여자는 15세가 되면 시집가는 것을 허락하니, 이는 다른 사람에게 시집가는 도리가 있는 것입니다.' 하였다."

하였다.

○ 《의례》〈사혼례(士昏禮)〉에 이르기를,

"혼례에 관계되는 모든 일은 반드시 저물기 시작할 때와 밝기 시작할 때의 시간을 쓴다.〔行事必用昏昕〕"

하였다. 이에 대한 주에 이르기를,

"밝기 시작할 때의 시간을 쓰는 것은 사자(使者)가 하는 경우이고, 저물기 시작할 때의 시간을 쓰는 것은 신랑이 하는 경우이다."

하였다. 정현(鄭玄)은 말하기를,

"반드시 '혼(昏)'으로써 하는 것은, 양(陽)이 가고 음(陰)이 오기 때문으로, 해가 삼상(三商)에 들어가는 것이 '혼'이 된다. 삼상의 상(商)은 누각(漏刻)의 이름이다. '흔(昕)'은 《시경》에서 이른바 욱(旭)으로, 처음 해가 뜰 때이다."

하였으며, 또 말하기를,

"저녁때인 혼(昏)을 시기로 삼으므로, 이를 인해서 혼례(昏禮)라고 하는 것이다."

하였다.

○ 《의례경전통해》에 이르기를,

"부인이 남편을 섬기는 데에는 다섯 가지가 있다. 해가 뜰 무렵에 계(笄)를 묶고서 조알을 하니 군신(君臣) 사이의 엄함이 있는 것이고, 손을 씻고서 음식을 만들어 올리니 부자(父子) 사이의 공경함이 있는 것이고, 근본을 생각하여 갚는 것을 행하니 형제(兄弟)의 도가 있는 것이고, 날짜를 받는 것을 반드시 성심으로 하니 붕우(朋友)의 믿음이 있는 것이고, 잠자리에서 서로 사귀니 부부(夫婦)의 구별이 있는 것이다."

하였다.

종자는 스스로 혼인한다.〔宗子自昏〕 대주에 나온다.

〔안〕 고자(孤子)는 관례를 올린 뒤에는 자기 자신에 대해 주인(主人)이라고 칭하는 법이다. 그런데도 유독 혼례에서만은 주인이라고 칭하지 않는다. 이것은 염치를 기르고 수치를 멀리하기 위해서이다.

○ 《의례》〈사혼례〉의 소(疏)에 이르기를 "어머니를 칭하지 않는다. 이는 부인은 바깥일을 주관할 수 없어서이다." 하였다.

○ 《의례》〈사혼례〉에 이르기를 "지자(支子)의 경우에는 그 종자(宗子)를 칭한다. 동생의 경우에는 그 형을 칭한다." 하였다.

매씨(媒氏)

○ '매(媒)'는 꾀하다는 뜻으로, 두 성씨(姓氏)를 결합시키기를 꾀하는 것이다.

혼인(昏姻) 대주에 나온다. 아래도 같다.

○ 《백호통의》에 이르기를 "어두울 때에 예를 행하므로 '혼(昏)'이라고 하고, 부인이 사람을 인하여 오므로 '인(姻)'이라고 하는 것이다." 하였다.

사위가 될 사람과 며느리가 될 사람의 성품과 행실을 살펴보아야 한다.〔察其壻與婦之性行〕

○ 정이천(程伊川)이 말하기를,

"세상 사람들이 사위를 선택하는 데에는 신중히 하고 신부를 선택하는 데에는 소홀히 한다. 그러나 사실은 사윗감은 알아보기가 쉽고 신붓감은 알아보기가 어려운 법이다. 관계되는 바가 아주 중한바, 어찌 소홀하게 해서야 되겠는가."

하였다.

〔안〕 예를 보면, 왕자(王者)가 딸을 시집보낼 때는 반드시 동성(同姓)의 제후(諸侯)로 하여금 주관하게 한 것은 딸로 하여금 천자(天子)를 끼고서 제후를 핍박하지 못하게 하려고 해서이다. 옛사람들이 예를 치름에 있어서 그 처음을 삼가는 것이 이와 같았다. 그러니 역시 부귀한 집에서 신부를 찾는 자들의 경계로 삼을 만하다.

○ 우번(虞翻)이 그의 동생에게 보낸 편지에 이르기를,

"큰아들 용(容)의 경우에는 마땅히 신붓감을 구해야 하는데, 먼 곳에 사는 명문가가 아닌 성씨(姓氏)의 여자를 구해서 아들을 낳게만 하면 된다. 하늘이 사람에게 복을 주는 것은 귀한 가문이냐 아니냐에 달려 있는 것은 아니다. 지초(芝草)는 뿌리가 없으며, 예천(醴泉)은 근원이 없는 법이다. 이를 가법(家法)에 드러내어라."

하였다.[89]

○ 왕달(王達)이 말하기를,

"귀한 가문에다 번성한 족속이면서 부자가 되려고만 하고 인(仁)을 행하지 않는다면, 복은 이미 없어지고 화가 이미 다다른 것이다. 그런 집안과 혼인을 맺는다면, 그 화가 미치지 않는 경우가 드물 것이다."

하였다.

납채(納采)

○《의례》〈사혼례〉의 소(疏)에 이르기를 "그 처음에 서로 채택할 적에 여자 쪽에서 허락하지 않을까 염려하므로 '납(納)'이라고 말한 것이다." 하였다.

그대께서 아무개에게 은혜롭게 처 아무개를 내려 주셨으니〔吾子有惠貺室某也〕 대주에 나온다. 아래의 두 조항도 같다.

○《의례》〈사혼례〉의 주에 이르기를 "오자(吾子)는 여자 쪽의 부모를 말한다. '황(貺)'은 내려 주다는 뜻이다. '실(室)'은 처(妻)와 같다. '모(某)'는 사위의 이름이다." 하였다.

89 우번(虞翻)이……하였다 : 우번이 대본에는 '虞詡'로 되어 있다. 《삼국지(三國志)》〈오서(吳書) 우번전(虞翻傳)〉에 근거하여 '詡'를 '翻'으로 바로잡아 번역하였다. 우번은 삼국 시대 오(吳)나라의 여요(餘姚) 사람으로, 자가 중상(仲翔)이다. 어려서부터 학문에 뛰어났으며, 말년에는 문도(門徒)가 수백 명이나 되었다. 《주역》에 특히 뛰어나 《주역》에 대한 주를 내었으며, 《노자(老子)》, 《논어》, 《국어(國語)》에 대한 주석도 내었다.

송(惷) 음은 실(失)과 용(容)의 반절이다.

사자는 피하고서 답배를 하지 않는다.〔使者避不答拜〕

○《의례》〈사혼례〉의 주에 이르기를 "답배를 하지 않는 것은 사명(使命)을 받들고 간 자가 감히 그 성대한 예를 감당할 수 없어서이다." 하였다.

○ 구준이 말하기를 "여기에서의 '배(拜)'는 혼서(昏書)에 사례하는 것이다." 하였다.

사자가 신랑 집에 복명하면, 주인은 다시 사당에 아뢴다.〔使者復命壻氏，主人復以告于祠堂.〕

○ 구준(丘濬)이 말하기를 "신부의 사자가 혼서(婚書)를 받고서 재배한다. 신랑의 사자가 혼서를 받고서 역시 재배하여야 한다." 하였다.

○ 구준이 말하기를 "소반에 신부 측에서 보낸 혼서를 담아서 향안(香案) 위에 놓는다." 하였다.

납폐(納幣)

○《의례》〈사혼례〉에 이르기를,

"신부 집에 보내는 예물은 검은색과 분홍색의 속백과 여피로 한다.〔納徵，玄纁束帛儷皮.〕"

하였는데, 이에 대한 주에 이르기를,

"'징(徵)'은 성(成)으로 , 폐백을 바쳐서 혼례를 이루는 것이다. 검은색과 분홍색을 쓰는 것은 음(陰)과 양(陽)이 갖추어짐을 형상하는 것이다. '속백(束帛)'은 10단(端)이다."

하였다.

○ 《의례경전통해》에 이르기를,

"여피(儷皮)와 속백은 반드시 잘 마름질되어 있는 것으로 해야 한다."

하였는데, 이에 대한 소에 이르기를,

"마름질해야만 의복으로 만들 수 있다. 이 역시 신부 측에 성신(誠信)한 태도를 보이기 위한 뜻이다."

하였다.

○ 《예기》〈혼의(昏義)〉의 주에 이르기를,

"옛날에는 선비를 초빙하거나 여자를 맞이해 올 적에 모두 폐백으로 교제하였다. 여자는 바른 예로 부르지 않으면 가지 않는 법이고, 선비는 바른 예로 초빙하지 않으면 가지 않는 법이다."

하였다.

〔안〕 정이천(程伊川)의 빙정계(聘定啓)[90]와 주자(朱子)의 회계(回啓)[91]는 서식(書式)으로 삼을 만하다.

차천(釵釧) 대주에 나온다. 아래도 같다.

○ '천(釧)'은, 《운회(韻會)》에 이르기를 "팔찌〔臂環〕이다. 음은 천(穿)이며, 거성(去聲)으로 읽는다." 하였다.

90 정이천(程伊川)의 빙정계(聘定啓) : 《이정문집(二程文集)》 권10에 나오는 〈정친서(定親書)〉를 말한다.

91 주자(朱子)의 회계(回啓) : 《회암집》 권85에 나오는 〈회황씨정서(回黃氏定書)〉를 말하는데, 이 글은 주희(朱熹)가 황간(黃榦)의 집안과 혼사를 맺기로 정하고서 회답한 글이다.

선대의 전범을 따른다.〔順先典〕

○ 전(典)은 (法)이다.

폐백을 바치고 이름을 묻는다.〔納采問名〕 소주에 나온다.

○ 《가례보주(家禮補註)》에 이르기를,

"'납채(納采)'라는 것은 여자 측의 집에 채택하는 예를 올리는 것이다. '문명(問名)'이라는 것은 여자의 집에 이름을 물어보고 돌아가서 그 길하고 흉함을 점치려는 것이다. '납길(納吉)'이라는 것은 돌아와서 사당에서 점을 쳐서 길한 조짐을 얻으면 다시 사자(使者)를 보내어 고하는 것이다. 혼인의 일은 여기에서 다 정해진다. '납징(納徵)'이라는 것은, '징(徵)'은 이루다는 뜻으로, 폐백을 보내어서 혼례를 이루는 것이다. '청기(請期)'라는 것은 혼례를 치를 날짜를 청하는 것이다. '친영(親迎)'이라는 것은 친히 가서 맞이해 돌아와 집에 이르러 예를 이루는 것이다. 《의례》 〈사혼례〉의 소에 이르기를 '문명은 주인의 딸이 누구의 딸인지를 묻는 것으로, 주인의 딸이 아니라 수양한 딸일까를 두려워하는 것이다.'라고 하였다."

하였다.

○ 《예기》 〈증자문〉에 이르기를,

"공자가 이르기를 '딸을 시집보낸 집에서 3일 밤을 촛불을 끄지 않는 것은 서로 이별하는 것을 생각하기 때문이다.' 하였다."

하였는데, 이에 대한 주에 이르기를,

"촛불을 끄지 않는다는 것은 잠을 자지 않는 것이다."

하였다.

○ 《예기》 〈증자문〉에 또 이르기를 "며느리를 취해 오는 집에서 3일

동안 음악을 연주하지 않는 것은 어버이를 잇는 것을 생각하기 때문이다." 하였다.

친영(親迎)

○ 《의례경전통해》에 이르기를 "남자가 친영을 할 때에는 남자가 여자보다 앞에서 간다. 이는 하늘이 땅보다 먼저이고, 임금이 신하보다 먼저인 것과 그 뜻이 같은 것이다." 하였다.

욕(褥) 대주에 나온다. 아래의 네 조항도 같다.

○ 음은 욕(辱)이며, 바닥에 까는 것이다.

아무 물품 약간〔某物若干〕

○ '간(干)' 자는 글자 모양이 일(一)과 십(十)을 합친 글자이다. '약간(若干)'은 숫자가 분명하게 정해지지 않은 것이다.

장쾌(駔儈)

○ 《사기(史記)》〈화식전(貨殖傳)〉에 이르기를 "장쾌는 두 집안을 모이게 해서 물품을 교역시키는 자이다. '장(駔)'의 음은 자(子)와 랑(郎)의 반절이며, '쾌(儈)'의 음은 회(檜)이다." 하였다.

술병은 동쪽 자리의 뒤쪽에 놓는다.〔酒壺在東位之後〕

○ 《의례》〈사혼례〉에 이르기를,

"준은 실 안의 북쪽 창 아래에 놓아두되 받침대 위에 놓아둔다.〔尊于室中北牖下, 有禁.〕"

하였으며, 이에 대한 주소(註疏)에 이르기를,

"'준(尊)'은 술 단지이다. '금(禁)'은 술 단지를 받쳐 두는 받침대로, 술을 보관하는 그릇이다. '기(庋)'는 받치는 것이다. '금'이라는 것은 그를 인하여 술을 경계하기 위해서이다. 그러므로 금이라고 말하였다."

하였다.

화승(花勝)

○ 《형초세시기(荊楚歲時記)》에 이르기를 "인일(人日)에는 채색 비단을 잘라서 화승을 만들어 서로 선사하기도 하였다. 후세 사람들은 이를 인하여 이를 머리에 달아서 머리 장식으로 삼았다." 하였다.

○ 《운부군옥(韻府群玉)》에 이르기를 "승(勝)'-거성(去聲)으로 읽는다.-은 부인네들의 머리 장식이다."라고 하였다.

섭성(攝盛) 소주에 나온다. 아래의 두 조항도 같다.

○ '섭(攝)'은 빌리다는 뜻인 가(假)이다.

《좌전》에, "위가 궤연을 폈다." 하였다.〔左傳曰圍布〕

〔안〕《춘추좌씨전(春秋左氏傳)》에 이르기를 "위(圍)는 초(楚)나라 공자(公子)의 이름이다. 뒤에 영왕(靈王)이 되었다. 장공(莊共)은 초나라 장왕(莊王)과 공왕(共王)이다."라고 하였다.

먼저 혼례식을 올리고 뒤에 조상의 사당에 고한다.〔先配後祖〕

○ 정(鄭)나라 공자(公子) 홀(忽)이 진(陳)나라로 가 아내 규씨(嬀氏)

를 맞이하였는데, 먼저 혼례식을 올리고 나서 나중에 사당에 고하였다. 그러자 호송하고 갔던 진(陳)나라의 겸자(鍼子)가 말하기를,

"이들은 부모가 되지 못하겠구나. 조상을 속이고 있으니, 이는 예가 아니다. 어찌 자식을 기를 수 있겠는가."

하였다.[92]

주인은 사당에 고한다.〔主人告于祠堂〕

○《백호통의》에 이르기를 "예묘(禰廟)에 신부를 보내는 것은 선인(先人)의 유체(遺體)를 중하게 여겨 감히 자기 마음대로 하지 못해서이다." 하였다.

가정 교사가 돕는다.〔姆相之〕 대주에 나온다. 아래의 두 조항도 같다.

○《의례》〈사혼례〉의 주에 이르기를 "'무(姆)'는, 부인네의 나이가 50이 되도록 아들을 낳지 못하여 쫓겨났으나 다시 시집가지 않았으며, 능히 부도(婦道)가 있어서 다른 사람을 가르칠 만한 자를 말한다." 하였다.

아버지가 일어나서 명한다.〔父起命之〕

○《가례보주》에 이르기를 "《춘추곡량전(春秋穀梁傳)》에 이르기를 '예를 보면, 딸을 전송할 적에는 아버지는 당(堂)을 내려가지 않고,

92 정(鄭)나라……하였다 :《춘추좌씨전》 은공(隱公) 8년 조에 나온다. 규씨는 진(陳)나라의 성씨이다. 예법을 보면 신부를 맞이할 적에는 반드시 먼저 조상의 사당에 고한 뒤에 혼례를 치르는 법이다. 그런데 정나라의 공자 홀은 먼저 신부를 맞이해 오고 난 뒤에 사당에 고하였으므로 좋은 부부가 못 될 것이라고 한 것이다.

어머니는 문(門)을 나가지 않는다.'라고 하였다." 하였다.

○ 《의례경전통해》의 주에 이르기를 "아버지가 초례(醮禮)를 하면서는 방 안에서 남쪽을 바라보고서 하는데, 이는 혼례를 중하게 여겨서이다." 하였다.

○ 《백호통의》에 이르기를 "떠나면서 하직 인사를 하지 않고, 경계시키는데 응답하지 않는 것은, 대개 부끄러워하고, 떠남을 어렵게 여겨서이다." 하였다.

〔안〕 3개월이 되기 이전에는 감히 말을 돌려 되돌아오지 못하니, 이것은 떠나갈 적에 감히 하직 인사를 하지 못하였기 때문에 그런 것이다.

피를 추슬러 준다.〔斂帔〕

○ '피(帔)'는 피(被)와 같다. 주자가 말하기를 "머리 장식이다."라고 하였고, 한유(韓愈)는 말하기를 "관피(冠帔)를 착용한다."라고 하였다.

신랑이 들어가서 전안의 예를 행한다.〔壻入奠雁〕

○ 《의례》 〈사혼례〉의 소(疏)에 이르기를 "혼례에는 여섯 절차가 있는데, 다섯 절차에서는 기러기〔雁〕를 쓰고, 오직 납징(納徵)의 예에서만은 기러기를 쓰지 않는다. 이는 가져갈 폐백(幣帛)이 있어서이다." 하였다.

〔안〕 《가례》를 보면 단지 친영(親迎)하는 예에서만 기러기를 쓰는데, 이는 간략하게 줄여서 그렇게 한 것이다.

○ 《가례보주》에 이르기를 "'생색증(生色繒)'이라고 한 곳에서의 '생(生)' 자는 아마도 '오(五)' 자의 오자(誤字)인 듯하다." 하였다.

○ 《의례》〈사혼례〉에 이르기를,

"예물에는 죽은 것을 쓰지 않는다."

하였는데, 이에 대한 소에 이르기를,

"죽은 기러기를 쓸까 걱정되었기 때문에 이렇게 말한 것이다."

하였다.

○ 구준(丘濬)이 말하기를 "나무로 깎은 기러기는 죽은 것에 가까운바, 산 기러기가 없으면 검은 거위로 대신한다." 하였다.

○ 이부(李涪)[93]가 이르기를,

"기러기는 제때가 아니면 잡을 수가 없다. 그러므로 거위〔鵝〕로 대신하는 것이다. 《이아(爾雅)》〈석조(釋鳥)〉에 이르기를 '서안(舒雁)은 거위〔鵝〕이다.'라고 하였으니, 거위 역시 기러기의 한 종류이다."

하였다.

○ 《예기》〈곡례(曲禮)〉에 이르기를,

"기러기를 잡는 자는 머리를 왼쪽으로 한다."

하였는데, 이에 대한 주에 이르기를,

"머리는 존귀한 것이다. 주인이 왼쪽에 있다. 그러므로 머리를 비스듬하게 받들어서 주인에게 주는 것이다."

하였다.

○ 《의례경전통해》의 전(傳)에 이르기를 "예물을 뜻하는 '지(贄)'는 맹세하다는 뜻인 질(質)이다. 자기의 정성을 맹세하는 것이다. 아들이 아버지를 뵐 적에 예물이 없는 것은 어째서인가? 지친(至親)이기 때문

93 이부(李涪) : 당나라 소종(昭宗) 때의 역관(曆官)이며, 하남 소윤(河南少尹)과 국자좨주(國子祭酒) 등을 지냈다. 전고(典故)에 밝아서 《간오(刊誤)》를 저술하였다.

이다. 신하가 임금을 섬기는 것은 의(義)로 맺어진 것이다. 그러므로 예물이 있는 것이다." 하였다.

〔안〕 의(義)로 맺어진 경우에는 반드시 예물이 있는 법이다. 친영(親迎)을 하거나 신부가 시아버지와 시어머니를 알현할 때에는 모두 예물이 있다.

○《의례》〈사상견례(士相見禮)〉에 이르기를 "'지(贄)'라는 것은 바치는 것으로, 그 뜻을 바치는 것이다." 하였다.

주인은 답배하지 않는다.〔主人不答拜〕 대주에 나온다.

○《의례경전통해》의 소에 이르기를 "절을 하지 않으니, 신랑이 절을 하는 것은 딸을 주기 때문에 절을 하는 것이지, 주인을 위해서 절을 하는 것이 아님이 분명하다." 하였다.

가정 교사가 신부를 받들고 나와서 수레에 오른다.〔姆奉女出登車〕

〔안〕《의례》를 보면 신랑과 신부가 모두 수레를 탄다고 하였는데, 이곳에서는 단지 "신부만 수레에 오른다."라고 하였다.

○《의례》〈사혼례〉에 이르기를,

"신부의 수레도 신랑의 수레와 같은데, 휘장〔裧〕-첨(裧)의 음은 창(昌)과 점(占)의 반절이다.-이 있다."

하였는데, 이에 대한 주에 이르기를,

"'신랑의 수레와 같다.'는 것은 수레의 등급이 같다는 것이다. '첨'은 수레에 치는 휘장이다."

하였다.

주인은 내려가지 않는다.〔主人不降〕 대주에 나온다.

○ 《의례》 〈사혼례〉에 이르기를,

"주인은 내려가서 전송하지 않는다."

하였는데, 이에 대한 주에 이르기를,

"주인이 내려가서 전송하지 않는 것은, 전송하는 예에 참여하지 않는 것이다."

하였다. 이에 대한 석(釋)에 이르기를,

"예에 있어서는 빈(賓)과 주인이 각각 한 사람인 것이 마땅하다. 지금 신부가 신랑을 따라가므로, 주인은 내려가서 전송하지 않는 것이다."

하였다.

〔안〕 신랑이 가마의 발〔簾〕을 들어 올리는 것은 고례에서 신랑이 친히 수레를 탈 때 잡는 끈〔綏〕을 주는 것과 같은 것이다. 그러므로 《의례경전통해》 〈혼의(婚義)〉에 이르기를 "신랑이 친히 수레를 탈 때 잡는 끈을 주는 것은 친근함을 보이는 것이다. 공경을 하면서도 친근히 하는 것은 선왕(先王)이 천하를 얻게 된 이유이다."라고 하였다.

신랑이 말을 타고서 신부의 수레에 앞서 간다.〔壻乘馬, 先婦車.〕

○ 《의례경전통해》에 이르기를 "신랑이 대문을 나가서 앞서서 간다. 남자가 여자를 거느리고 가고 여자가 남자를 따라가는 것이다. 부부(夫婦)의 의리가 이로부터 시작된다." 하였다.

두 개의 촛불이 앞에서 인도한다.〔二燭前導〕 대주에 나온다. 아래도 같다.

○ 《의례경전통해》의 주에 이르기를 "횃불을 잡고서 길을 밝힌다. 정

자(程子)가 말하기를 '지금은 촛불을 네 개나 혹은 두 개를 쓴다.' 하였다." 하였다.

신부가 수레에서 내려 읍을 한다.〔婦下車揖之〕

〔안〕 신부가 나가면 신랑이 읍(揖)을 하고 신부가 수레에서 내린다. 여기에서 '신랑이 읍을 한다.'라고 할 때의 '읍'은 읍배(揖拜)의 읍이 아니다.

○ 《예기》 〈혼의(昏義)〉에 이르기를,

"신부에게 읍하고서 안으로 들어간다."

하였는데, 이에 대한 주에 이르기를,

"자신을 낮추어서 맞아들이는 것으로, 감히 소홀히 하지 않는 것이다."

하였다.

신랑과 신부가 교배례를 행한다.〔壻婦交拜〕

○ 주자가 말하기를 "옛날에 부인이 남자와 예를 할 적에는 모두 협배(俠拜)를 하였는데, 부인이 먼저 두 번 절하면 남자가 한 번 답배를 하였으며, 부인이 또 두 번 절하면 남자가 또 한 번 답배를 하였다." 하였다.

제주도 하지 않고 안주도 없다.〔不祭無殽〕 대주에 나온다. 아래도 같다.

○ 《의례》 〈사혼례〉에 이르기를 "주인과 신부가 모두 제주를 하는데, 찬자가 간(肝)을 가지고 따른다. 두 번째 입을 가실 때에는 안주가 따르지 않으며, 세 번째 입을 가실 때에도 그렇게 한다." 하였다.

〔안〕 《가례》를 보면 처음에 입을 헹굴 때 이외에는 모두 안주가

없는 것은 본디 이 뜻이다.

신랑의 종자는 신부가 남긴 것을 먹는다.〔壻從者餕婦之餘〕

○ 《운회》에 이르기를 "'종(從)'은 거성(去聲)으로 읽으며, 따라가는 것이다."라고 하였다.

○ 《의례》〈사혼례〉에 이르기를,

"신부 측의 시종은 신랑이 남긴 것을 먹고, 신랑 측의 시종은 신부가 남긴 것을 먹는다."

하였는데, 이에 대한 소에 이르기를,

"이 역시 음(陰)과 양(陽)이 서로 교접하는 뜻이다."

하였다.

옛날에 동뢰의 예에서〔古者同牢之禮〕 소주에 나온다. 아래의 두 조항도 같다.

○ 《의례경전통해》에 이르기를 "희생을 함께 먹는 것은 존비(尊卑)를 같게 하는 것이다. 그러므로 부인에게는 작위(爵位)가 없으며 남편의 작위를 따르며, 남편의 나이를 따라서 앉는다." 하였다.

○ 《예기》〈왕제(王制)〉의 주에 이르기를,

"'뇌(牢)'라는 것은 짐승의 우리〔圈〕이다. 이것으로 짐승을 기를 수가 있으므로, 그곳에서 기른 희생(犧牲)을 모두 뇌라고 하는 것이다."

하였는데, 이에 대한 소(疏)에 이르기를,

"뇌를 함께 먹는다는 것은 희생을 달리하지 않는 것이다."

하였다.

포(匏)

○ 《고금운회(古今韻會)》에 이르기를 "목 부분이 짧고 배 부분이 큰 것을 포라고 한다."라고 하였다.

○ 장자(莊子)가 이를 쪼개어서 표주박을 만들었는데, 포를 반으로 가른 것이다.

○ 《의례경전통해》에 이르기를,

"그릇에는 도(陶)와 포(匏)를 쓰는데, 예(禮)를 숭상하여 그런 것이다."

하였는데, 이에 대한 주에 이르기를,

"이것은 태고 시절의 예기(禮器)이다. 태고 시절의 예기를 쓰는 것은 부부(夫婦)의 시초를 중히 한 것이다."

하였다.

희생을 함께 먹고, 술잔을 나누어 마시고서 입을 헹군다.〔共牢而食, 合巹而酳.〕

○ 《의례》〈사혼례〉의 주에 이르기를,

"'윤(酳)'은 입 안을 깨끗하게 하는 것이고 '인(演)'은 먹는 것을 편안하게 하는 것이다."

하였는데, 이에 대한 소에 이르기를,

"이미 음식을 먹고서 또 마시어서 즐겁게 하는 것이다."

하였다.

〔안〕 '인(酳)'-음은 사(士)와 전(田)의 반절이다.-은 입 안을 깨끗하게 헹구는 것이다. 술로 입 안을 깨끗하게 헹구는 것을 인이라 하고, 물로 입 안을 깨끗하게 헹구는 것을 '수(漱)'라고 한다.

다시 들어가서 옷을 벗는다.〔復入脫服〕

○《의례》〈사혼례〉에 이르기를,

"신랑이 실에 들어와서 직접 신부의 비녀 양쪽에 있는 영(纓)을 풀어 준다."

하였는데, 이에 대한 주에 이르기를,

"부인의 경우에는 시집가는 것을 허락받으면 영을 착용한다."

하였다.

○《의례경전통해》에 이르기를,

"잉(媵)은 지게문〔戶〕 밖에서 모시니, 부르면 듣기 위함이다."

하였는데, 이에 대한 소에 이르기를,

"어자(御者)를 시켜서 지게문 밖에서 모시게 하지 않는 것은, 여자를 주인으로 여겨서이다."

하였다.

○《의례경전통해》에 이르기를 "지아비라는 것은 지혜〔知〕-지의 음은 지(智)이다.-로 남을 거느리는 자이다." 하였다.

○《운부속편(韻府續篇)》에 이르기를 "오늘날 세상에서 혼례를 올리면서는 남편과 부인의 머리카락을 취하여 이를 합하여 맨다." 하였다.

○《의례》〈사혼례〉에 이르기를,

"아(御)가 서남쪽 모퉁이에 이불을 펴고, 잉(媵)은 신랑〔良〕의 자리에 이불을 펴서 동쪽에 있게 하는데, 모두 베개를 두되 발〔止〕이 북쪽으로 가도록 한다."

하였는데, 이에 대한 주에 이르기를,[94]

94 주에 이르기를 : 대본에는 없다.《의례주소(儀禮注疏)》에 근거하여 '註'를 보충하여 번역하였다.

"'아(御)'는 마땅히 아(訝)로 되어야 하는바, 신랑을 따라온 자이다. '잉(媵)'은 보내다는 뜻인 송(送)으로, 신부를 따라온 자이다. 남편을 일러 '양(良)'이라 한다. '지(止)'는 발꿈치인 지(趾)이다. 신랑의 자리가 동쪽에 있고 신부의 자리가 서쪽에 있다. 동뢰(同牢)를 할 때의 자리는 신랑의 자리가 서쪽에 있고 신부의 자리가 동쪽에 있는데, 이는 음(陰)과 양(陽)이 교차하여 만남을 보인 것이다. 지금은 신랑의 자리가 동쪽에 있고 신부의 자리가 서쪽에 있는 것은, 양이 음에 나아가는 뜻을 취한 것이다. 그러므로 남자와 여자가 각각 자기들의 방위(方位)에 있는 것이다."

하였다.

여빈(女賓) 대주에 나온다.

○ 《가례보주》에 이르기를 "'빈(賓)'은 바로 종자(從者)이다."라고 하였다.

신부가 시아버지와 시어머니를 뵌다.〔婦見于舅姑〕

○ 《의례경전통해》에 이르기를 "신부가 목욕을 하고서 뵐 때를 기다린다."라고 하였다.

폐백을 드린다.〔奠贄幣〕 대주에 나온다.

○ 《춘추(春秋)》의 경문(經文)에 이르기를,

"대부(大夫)의 종부(宗婦)가 뵈면서 폐백을 썼다."

하였는데, 이에 대한 좌씨(左氏)의 전(傳)에 이르기를,

"어손(御孫)이 말하기를 '남자의 폐백으로 큰 것은 옥백(玉帛)이고

작은 것은 날짐승이다. 그리고 여자의 폐백은 개암, 밤, 대추, 수(脩)이다. 지금 남자와 여자가 같은 폐백을 쓴 것은 분별이 없는 것이다. 부인으로 말미암아 그것을 어지럽힌다면 불가하지 않겠는가?' 하였다."

하였다.

○ 《예기》〈곡례〉에 이르기를,

"부인의 예물은 구(椇)와 개암과 포(脯)와 수(脩)와 대추와 밤을 사용한다."

하였다. '구(椇)'의 음은 구(矩)이며, 일명 석리(石李)라고도 한다.

○ 《의례》〈사혼례〉에 이르기를 "신부가 대추와 밤이 들어 있는 번(笲)-음은 번(煩)이다.-을 손에 잡는다. 폐백을 자리 위에 놓으면 시아버지가 앉아서 어루만진다." 하였다.

○ 《의례》〈사혼례〉에 이르기를,

"신부가 단수(腶脩)[95]-단의 음은 정(丁)과 난(亂)의 반절이다.-가 들어 있는 폐백 상자[笲]를 들고 가서 절을 하고서 폐백을 자리 위에 놓으면 시어머니가 폐백 상자를 들어서 다른 사람에게 건네준다."

하였는데, 이에 대한 소에 이르기를,

"신부가 시아버지를 뵐 적에는 대추와 밤으로써 예물을 삼는 것은 일찍부터 스스로 삼가고 공경하는 뜻을 취한 것이며, 시어머니를 뵐 적에 단수를 예물로 삼는 것은 단단하게 스스로를 닦는 뜻을 취한 것이다."

하였다.-'번(笲)'은 대나무로 만든 그릇이다.-

95 단수(腶脩) : 생강과 계피를 섞어서 말린 고기이다.

〔안〕 고례에는 폐백(幣帛)을 예물로 삼는 법이 없었는데, 《가례》에서는 폐백을 예물로 삼았다. 이것은 어째서인지 상세하지 않다. 옛말에 이르기를 "예물은 덕을 칭하지 않는바, 의(義)가 되기에 부족하다."라고 하였다. 이 때문에 옥(玉), 백(帛), 금(禽), 조(鳥), 진(榛), 율(栗), 조(棗), 수(脩)를 쓰는 것이 일정하지 않았던 것이다.

시부모가 술을 따라 준다.〔舅姑禮之〕

○ 《의례경전통해》 〈사혼례〉의 주에 이르기를 "신부에게 술을 따라 주는 것은, 부도(婦道)가 새로 이루어졌기 때문에 서로 간에 친하고 도탑게 하는 것이다." 하였다.

○ 《의례경전통해》 〈사혼례〉에 또 이르기를,

"실(室)의 문과 창 사이에 연석을 마련한다."

하였는데, 이에 대한 주에 이르기를,

"실의 문 서쪽과 창 동쪽에서 남쪽을 바라보고 자리한다."

하였으며, 이에 대한 소에 이르기를,

"자식에 대해서 예를 하고, 며느리에 대해서 예를 하고, 빈객에 대해서 예를 할 때에 모두 이곳에서 하는 것은 존귀한 자리이기 때문이다."

하였다.

소고(小姑) 대주에 나온다.

○ 《이아(爾雅)》에 이르기를 "남편의 서모(庶母)를 '소고'라고 한다."라고 하였다.

○ 이백(李白)의 시에 이르기를,

"머리 돌려 소고에게 이르기를, 형부 같은 사람에게 시집가지 마소.

〔回頭語小姑, 莫嫁如兄夫.〕"

하였다. 소고는 남편의 누이, 즉 시누이이다.[96]

시부모에게 음식을 대접한다.〔饋于舅姑〕

○《가례보주》에 이르기를 "음식을 대접하는 것은, 부도(婦道)가 이미 이루어져서 효도로 봉양하는 도리를 이루는 것이다." 하였다.

오른쪽 반(胖)과 왼쪽 반을 합쳐서 하나로 담아 드린다.〔合升側載〕 소주에 나온다.

○《의례경전통해》의 주에 이르기를 "'합승(合升)'은 희생의 왼쪽 반(胖)과 오른쪽 반을 합쳐서 정(鼎)에 올리는 것이다." 하였다.

○《의례》〈사혼례〉의 주에 이르기를 "반을 합쳐서 드리므로 '측재(側載)'라고 한 것이다." 하였다.

○《의례》〈소뢰궤식례(少牢饋食禮)〉에 이르기를 "오른쪽 반이 본디 귀한 것이다." 하였다.

○《의례경전통해》의 주에 이르기를 "정(鼎)에 있으면 승(升)이라고 하고, 조(俎)에 있으면 재(載)라고 한다." 하였다.

시부모가 잔치를 연다.〔舅姑饗之〕

○《의례경전통해》〈혼의(昏義)〉에 이르기를 "시부모는 서쪽 계단을

96 이백(李白)의……시누이이다 : 대본에는 '李白詩, 夫之妹也, 回頭語小姑, 莫嫁如兄夫.'로 되어 있다. 문맥에 근거하여 '夫之妹也'를 '兄夫'의 뒤로 바로잡아 번역하였다. 해당 구절은 〈기부사(棄婦詞)〉에 나온다.

통하여 내려가고, 신부는 조계(阼階)를 통하여 내려간다. 실(室)을 준다." 하였다.

○ 《의례경전통해》 〈혼의〉에 또 이르기를 "이로써 세대가 바뀌었음을 드러낸다." 하였다.

○ 《의례》 〈사혼례〉의 주에 이르기를 "술과 음식으로 다른 사람을 위로하는 것을 향(饗)이라고 한다." 하였다.

석 달 만에 사당에 알현하였다.〔三月而廟見〕 대주에 나온다.

○ 《의례경전통해》에 이르기를,

"만약 시부모가 모두 돌아가신 뒤에 혼인하였다면, 신부가 혼인한 지 3개월 뒤에 시부모의 사당에 가서 채소를 시부모의 신주에 올린다."

하였는데, 이에 대한 주에 이르기를,

"채소를 올려 제사하는 것이다."

하였다.

〔안〕 산 사람과 죽은 사람은 예(禮)가 다르다. 시부모가 생존해 계시면 다음 날 바로 알현하지만, 돌아가셨을 경우에는 석 달이 지난 뒤에 알현하는바, 그 예가 엄한 것이다.

○ 주자가 말하기를,

"석 달은 지나야만 바야흐로 며느리가 되기에 적당한지 적당하지 않은지가 드러난다. 이 뒤에야 바야흐로 신부가 타고 왔던 말〔馬〕을 돌려보낼 수 있다."

하였다.-말은 바로 신부가 처음 시집올 적에 타고 왔던 말로, 이때가 되어서야 바야흐로 친정집으로 되돌려 보낼 수 있는 것이다.-

○ 또 《의례》의 소에 이르기를 "석 달이면 한 철로, 천기(天氣)가 한

번 변하는 때여서 부도(婦道)가 이루어질 수 있는 것이다." 하였다.

○ 주자가 말하기를,

"옛사람은 아래로부터 위로 올라갔다. 그 처음에는 우선 부부의 예를 행하고, 다음 날에야 시부모를 뵙고 시부모를 섬겼다. 그 뒤 석 달이 지나도록 시부모에게 죄를 얻지 않아야 바야흐로 제사를 받들 수 있었다."

하였다.

○ 주자가 말하기를,

"《의례》 〈사혼례〉[97]에 '사당으로 가서 죽은 시부모를 뵙는다.'라고만 말하고, 조묘(祖廟)에 대해 언급하지 않았다. 지금은 사당에 조(祖)와 부(父)를 함께 모시니, 어찌 예묘(禰廟)만 뵙고 조묘는 뵙지 않을 수 있겠는가. 이에 대해서는 의리에 맞게 예를 일으켜 조묘까지 뵙는 것이 옳다."

하였다.

신랑이 가서 신부의 부모를 알현한다. 〔壻往見婦之父母〕

○ 구준(丘濬)이 말하기를,

"신랑이 신부 집에 가서 신부 쪽의 여러 친족을 알현하는데, 신부 집의 사당에 알현하는 의리는 없다. 그러나 죽은 자에 대해서 막연하게 생각해 서로 간여하지 않아서야 되겠는가. 더구나 또 이미 고아가 되어서 시집가는 경우도 있는 데이겠는가. 이에 사당에 알현하는

97 사혼례 : 대본에는 '昏義'로 되어 있다. 《주자어류》 권89 〈예(禮)6 관혼상(冠昏喪)〉에 근거하여 '義'를 '禮'로 바로잡아 번역하였다.

의절을 보충해 넣는다."

하였다.

모두 폐백이 있다.〔皆有幣〕 대주에 나온다.

○ 《의례》 〈사상견례(士相見禮)〉에 이르기를 "사(士)가 서로 상견할 적의 예물은 겨울에는 꿩〔雉〕을 쓰고,-꿩은 죽은 것을 쓴다.- 여름에는 거(腒)를 쓴다.-'거'는 꿩고기를 말린 것이다.-" 하였다.

〔안〕 반드시 폐(幣)를 쓸 것은 없다. 꿩을 쓰는 경우 죽은 것을 쓰는 것은, 산 것은 잡을 수가 없기 때문이다.

○ 《의례》 〈사혼례〉에 이르기를,

"동쪽을 향하여 서서 예물을 올린다."

하였는데, 이에 대한 주에 이르기를,

"꿩을 예물로 삼는다."

하였다.

신부 집에서 신랑을 접대하기를 평상시의 의례와 같이 한다.〔婦家禮壻如常儀〕

○ 구준(丘濬)이 말하기를 "신랑을 지나치게 심하게 높이는 경우가 있고 신랑을 지나치게 심하게 낮추는 경우도 있다. 적당하게 중도(中道)를 취하여 의식 절차를 만든다." 하였다.

혼례의 변례〔昏變禮〕

○ 《예기》 〈증자문〉에 이르기를,

"증자가 묻기를 '혼례에 있어서 이미 납폐(納幣)를 하고 혼례를 치를 길일(吉日)을 잡았는데, 신부의 부모가 죽었을 경우에는 어떻게 합니까?' 하니, 공자가 답하기를 '신랑의 집에서 사람을 보내어 조문해야 한다. 신랑의 부모가 죽었을 경우에는 신부의 집에서도 사람을 보내어 조문해야 한다. 상대방이 아버지의 상이면 이쪽에서도 아버지의 이름으로 조문하고, 어머니의 상이면 이쪽에서도 어머니의 이름으로 조문한다. 부모님이 안 계시면 백부(伯父)나 세모(世母)의 이름으로 조문한다. 신랑이 장사를 치르고 나서는 신랑의 백부가 여자의 집에 알리기를 「아무개의 아들이 부모상을 당하여 형제지친(兄弟之親)을 맺을 수 없으므로 아무개를 보내 알립니다.」 한다. 그러면 여자의 집에서 허락하나, 감히 다른 곳으로 시집보내지 않는 것이 예이다. 신랑이 상기(喪期)를 마친 뒤에 여자의 부모가 사람을 보내어 다시 혼인하기를 청한다. 신랑이 거부하면 비로소 다른 곳으로 시집보내는 것이 예이다. 신부의 부모가 죽었을 경우에도 신랑 집에서 또한 이와 같이 한다.' 하였다."

하였다. 이에 대한 주에 이르기를,

"'상대방이 아버지의 상이면 이쪽에서도 아버지의 이름으로 조문하고, 어머니의 상이면 이쪽에서도 어머니의 이름으로 조문한다.'는 것은, 예에는 의당 각자 그 맞상대가 있는 법이기 때문이다. '형제지친을 맺을 수 없다.'고 하는 것은, 부부(夫婦)는 형제의 의리가 있기 때문에 그렇게 말하는 것이다. '명을 알린다.'는 것은, 혼인을 허락하는 명을 다시 물리는 것이다. '감히 다른 곳으로 시집보내지 않는다.'는 것은, 여자 쪽의 집에서 혼인을 물리는 것을 비록 허락하였더라도 감히 다른 사람에게 시집보내지 못하는 것으로, 이렇게 하는 것이 예이다."

하였다.

○ '세모'는 《이아》에 이르기를 "대대로 적(嫡)이 되는 사람이 있어서 세대의 계통을 잇기 때문에 그렇게 부르는 것이다." 하였다.

○ 《이아》에 또 이르기를 "아버지의 형제는, 아버지보다 먼저 태어났으면 세부(世父)가 되고, 뒤에 태어났으면 숙부(叔父)가 된다." 하였다.

○ 《예기》 〈증자문〉에 이르기를,

"증자가 묻기를 '친영(親迎)을 하여 신부가 시집으로 오는 도중에 신랑의 부모가 죽으면 어떻게 합니까?' 하니, 공자가 답하기를 '신부가 시집갈 적에 입는 옷을 벗고 베로 만든 심의(深衣)를 입은 다음 호총(縞總)을 하고 분상(奔喪)한다.' 하였다."

하였는데, 이에 대한 주에 이르기를,

"'베로 만든 심의'는 부인(婦人)이 막 상을 당하여 성복(成服)하기 전에 입는 복식이다. '호(縞)'는 하얀 비단이다. '총(總)'은 머리카락을 묶는 것이다."

하였다.

○ 《예기》 〈증자문〉에 이르기를,

"공자가 또 이르기를 '신부가 아직 길에 있을 때 친정 부모가 죽었을 경우에는 신부가 다시 돌아간다.' 하였다."

하였는데, 이에 대한 주에 이르기를,

"이미 시집으로 가기 위해 길을 가고 있으니, 부모를 위해서는 모두 기년복을 입고서 분상하는 것이 예인데, 역시 베로 만든 심의와 호총 차림을 한다."

하였다.

○ 《예기》 〈증자문〉에 이르기를,

"증자가 또 묻기를 '만약 신랑이 친영하여 신부가 시집에 도착하기 전에 신랑에게 자최(齊衰)나 대공(大功)의 상이 생기면 어떻게 합니까?' 하니, 공자가 답하기를 '남자는 집 안에 들어가지 않고 바깥의 임시 처소에서 옷을 갈아입으며, 여자는 집 안에 들어가서 안의 임시 처소에서 옷을 갈아입는다. 그렇게 한 뒤에 곡위(哭位)에 나아가 곡한다.' 하였다."

하였는데, 이에 대한 주에 이르기를,

"소공(小功)의 상과 시마(緦麻)의 상에 대해서 묻지 않은 것은, 소공의 상은 가벼워서 혼례를 폐하지 않으며, 혼례를 마친 뒤에 곡만 할 뿐이다.

신부 집의 자최나 대공의 상이 있으면 신부는 친정으로 돌아가지 않고, 그 옷을 바꾸어 입음과 자리에 나아감을 남자 집의 친족과 같이 한다. 만약 신부가 이미 문으로 들어와 읍손(揖遜)을 하였는데 자최나 대공의 상이 있다고 들으면, 내상(內喪)의 경우에는 혼례를 치르지 않고, 외상(外喪)의 경우에는 혼례를 행한다."

하였다.

○ 《예기》 〈증자문〉에 이르기를,

"증자가 묻기를 '상기를 마치면 다시 혼례를 하지 않습니까?'라고 하니, 공자가 답하기를 '제사는 때가 지나면 제사 지내지 않는 것이 예이다. 또 어찌 처음으로 돌아가겠는가.'라고 하였다."

하였는데, 이에 대한 주에 이르기를,

"제사는 무겁고 혼례는 가볍다. 무거운 것도 때가 지나면 오히려 폐하고 하지 않는바, 가벼운 것은 다시 하지 않음을 알 수가 있다."

하였다.

○ 《개원례(開元禮)》[98]에 이르기를,

"상을 벗은 뒤에 띠를 두르고 서로 보며, 초혼(初昏)의 예를 행하지 않는다."

하였는데, 이에 대해서 주자가 말하기를,

"상에 달려간 뒤에 남자는 밖의 임시 거처에 머물고, 여자는 안의 임시 거처에 머무는데, 이때부터 서로 보지 않는다. 그러다가 상을 벗은 뒤에 비로소 들어가 동침한다. 《개원례》의 제도는 반드시 근거한 바가 있는 것이다."

하였다.

○ 《예기》 〈증자문〉에 이르기를,

"증자가 묻기를 '여자가 아직 사당에 알현하지 못했는데 죽으면 어떻게 합니까?' 하니, 공자가 답하기를 '조부의 사당으로 옮기지 않고, 돌아가신 시어머니의 사당에 부(祔)하지 않으며, 신랑은 상장(喪杖)을 짚지 않고, 짚신〔菲〕을 신지 않고, 임시 거처에 머물지 않으며, 여자 집으로 돌려보내 장사 지내니, 아직 성부(成婦)가 되지 않았음을 보이는 것이다.' 하였다."

하였는데, 이에 대한 주에 이르기를,

"'옮기지 않는다.〔不遷〕'는 것은 상구(喪柩)를 옮기지 않는 것이다. 조(朝)는 신랑의 조묘(祖廟)이다."

98 개원례(開元禮) : 당나라 현종(玄宗) 개원 19년에 장열(張說)이 《현경례주(顯慶禮註)》의 내용이 앞부분과 뒷부분이 서로 다르니, 의당 이를 절충하여 당례(唐禮)로 삼아야 한다고 아뢰자, 황제가 서견(徐堅), 소숭(蕭嵩) 등에게 조서를 내려 편찬하게 한 책으로, 모두 150권이다. 두우(杜佑)의 《통전(通典)》에 일부 편입되었고, 《신당서(新唐書)》 〈예문지(藝文志)〉와 《구당서(舊唐書)》 〈예문지〉의 바탕이 되었다.

하였으며, 소에 이르기를,

"'비(菲)'는 짚으로 만든 신발이다. '거처에 머물지 않는다.〔不次〕'는 것은 애차(哀次)에 별도로 거처하지 않는 것이다."

하였다.

○ 《예기》 〈증자문〉에 이르기를,

"증자가 묻기를 '장가들기로 하여 길일을 택했는데, 여자가 죽으면 어떻게 합니까?' 하니, 공자가 말하기를 '신랑은 자최 차림으로 조문하고, 장사를 지내고는 자최복을 벗는다. 신랑이 죽었을 경우에도 그처럼 한다.' 하였다."

하였는데, 이에 대한 주에 이르기를,

"여자는 참최(斬衰) 차림을 하고 가서 조문하며, 장사 지낸 뒤에는 참최복을 벗는다."

하였다.

○ 어떤 사람이 묻기를,

"길일을 정해 놓고서 신랑 될 사람이 죽었을 경우에 여자가 참최복을 입고서 조문하는 것은 행하기가 어려울 듯합니다."

하자, 주자가 답하기를,

"행하기가 어려운 점을 보지 못하겠다. 다만 사람들이 스스로 행하려고 하지 않을 뿐이다."

하였다.

○ 이효술(李孝述)[99]이 묻기를,

99 이효술(李孝述) : 송(宋)나라 사람으로 자가 계선(繼善)이며, 주희(朱熹)의 제자이다.

"제가 선형(先兄)의 궤연(几筵)을 아직 철거하지 못하여 노모께서 자최 3년의 복을 입고 계시는바, 혼사를 치르는 데 다시 장애가 있습니다. 그러나 혼사를 주관하는 사람은 바로 숙부입니다. 모든 범절을 줄이고 의복은 모두 담소복(淡素服)을 입고 치르려고 하는데, 가부를 모르겠습니다."

하자, 주자가 답하기를,

"만약 숙부가 혼사를 주관할 경우에는 곧바로 아내를 취할 수가 있다. 다만 어머니가 있는데 숙부가 혼사를 주관하는 것은 아마도 온당치 못할 듯도 하니, 다시 자세히 상고해 봐야 한다."

하였다.

○ 이효술이 묻기를,

"삼가 예(禮)를 살펴보면, 신랑이 장차 친영을 하려고 하면, 아버지가 초례(醮禮)를 하면서 명하는데, 이제 저는 부형(父兄)이 모두 돌아가시고 위로는 오직 어머니만 계시고 방존(旁尊)으로는 숙부가 계십니다. 이럴 경우 가서 신부를 맞이해 올 때 어머니의 명을 받아야 합니까, 아니면 숙부의 명을 받아야 합니까?"

하자, 주자가 답하기를,

"어머니에게 명을 받는 것이 마땅하다. 그러나 어머니는 이미 복(服)을 입고 있으니, 또한 행하기 어려울 듯하다. 기억하건대, 《춘추공양전(春秋公羊傳)》에 '어머니가 여러 부형에게 명하고, 여러 부형이 그 명으로써 사자(使者)에게 명한다.'라고 하였는바, 숙부가 어머니의 명이라 일컬으며 명하는 것인지를 다시 상세하게 알아봄이 좋을 듯하다."

하였다.

○ 《의례》 〈사혼례〉에 이르기를,

"종자(宗子)에게 아버지가 없을 경우, 어머니가 사자에게 명한다. 양친이 모두 돌아가신 경우에는 자기 자신이 직접 사자에게 명한다.〔宗子無父, 母命之. 親皆沒, 己躬命之.〕"

하였는데, 이에 대한 주에 이르기를,

"'종자에게 아버지가 없다.'는 것은 바로 아버지는 있으나 이미 70세가 넘어서 몸이 늙어 아들에게 집안의 일을 전하였거나, 80세가 되어서 자최의 일에 대해서 관여하지 않는 경우이다. 이와 같은 경우에는 아들이 그 아버지를 대신하여 종자가 된다. 그러나 혼례를 치름에 있어서는 아버지가 사자에게 명한다."

하였다. 또 '어머니가 사자에게 명한다.〔母命之〕'에 대한 주에 이르기를,

"《춘추》에 나오는 '기(紀)의 열수(裂繻)가 와서 여자를 맞이하였다.'라는 것이 바로 이것이다."

하였으며, 이에 대한 소에 이르기를,

"《공양전》에 이르기를 '열수는 기(紀)나라의 대부이다. 주인이라 칭하지 않는 것은 청렴함을 기르고 부끄러움을 멀리하기 위함이다. 어머니라고 칭하지 않는 것은 부인은 바깥일을 하지 않는다. 그러므로 단지 여러 부형이나 사우(士友)에게 명하여 부형이나 사우라고 칭하고 행하게 할 뿐이다.' 하였다."

하였다. 또 '자기 자신이 직접 사자에게 명한다.〔己躬命之〕'에 대한 주에 이르기를,

"송공(宋公)이 공손수(公孫壽)를 시켜서 납폐하러 온 것이 이것이다."

하였는데, 이에 대한 소에 이르기를,

"그가 주인이라고 칭한 것은 어째서인가? 어머니가 없어서이다. 어

머니가 있으면 어머니가 여러 부형에게 명하여 행하게 함이 마땅하다. 어머니가 없어서 사자에게 명할 수가 없었으니, 할 말이 궁했다. 그러므로 스스로 명한 것이다. 스스로 명하면 어쩔 수 없이 '사(使)'라고 일컬을 수밖에 없는 것이다."

하였다.

○ 《백호통의》에 이르기를 "임금 및 종자는 부모가 없을 경우 스스로 혼사를 정한다. 낮은 자는 높은 자의 혼사를 주관할 수 없고, 천한 자는 귀한 자의 혼사를 주관할 수 없어서이다." 하였다.

〔안〕 《가례》를 보면, 종자가 스스로 자신의 혼사를 정하는 것에 대해서 족인(族人) 가운데 장자(長者)가 혼사를 주관한다고 하였는바, 이 의리와는 같지 않다.

구봉집

제8권

가례주설 2
家禮註說二

가례주설 2 家禮註說二

상례
喪禮

질병이 있으면 정침으로 옮겨서 거처한다.〔疾病, 遷居正寢.〕

○ 《가례보주(家禮補註)》에 이르기를 "옛날의 당옥(堂屋)은 3칸〔間〕 5량(梁)으로 되어 있는데, 가운데 가(架)에서 남쪽의 세 칸은 전체가 모두 당(堂)이 되고, 북쪽의 세 칸은 판자로 막아 나누어서 동쪽과 서쪽 두 칸이 방(房)이 되고, 중간 칸은 실(室)이 된다. 이곳이 바로 정침이다." 하였다.

○ 정침으로 옮겨 거처하는 것은 오직 집안의 주인 되는 사람만이 그렇게 한다.

〔안〕《의례경전통해(儀禮經傳通解)》 및 《예기》〈상대기(喪大記)〉에 이르기를,

"사(士)는 병이 들면 적침(適寢)에 거처하게 하는데, 북쪽 창문 아래에 동쪽으로 머리를 두고 눕힌다."

하였는데, 적침은 재실(齋室)을 말하며, 동쪽으로 머리를 두는 것은 생기(生氣)를 향하게 하는 것이다. 또 이르기를,

"질병이 있는 사람은 재계한다."

하였는데, 이는 성정(性情)을 바르게 하는 것이다. 또 이르기를,

"금(琴)과 슬(瑟)을 거둔다."

하였는데, 이것은 병이 든 사람이 재계하는 것이지 아들 된 자가 하는 것이 아니다. 또 이르기를,

"안팎을 모두 소제하고, 입고 있던 옷을 벗기고 새 옷을 입힌다."

하였는데, 이는 바름에서 마치는 것이다. 또 이르기를,

"병이 들었을 때 어자(御者)에게 사지를 잡게 하는데, '손과 발〔體〕'을 한 사람씩 잡는다."

하였는데, 이는 네 사람이 손과 발의 사체(四體)를 잡는 것이다. 또 이르기를,

"오사(五祀)에 기도를 한다."

하였는데, 이는 효자의 정을 다하는 것이다.

○ 《예기》〈상대기〉에 이르기를 "아내는 모두 정실(正室)에서 숨을 거둔다." 하였다.

○ 《의례경전통해》에 이르기를 "상(喪)에 있어서는 차마 '죽었다'고 말하지 못하고 '상(喪)'이라 말한다. '상(喪)'이란 잃어버렸다는 말이다." 하였다.

○ 《춘추(春秋)》의 경(經)에 이르기를,

"공(公)-희공(僖公)이다.-이 소침(小寢)에서 홍하였다."

하였는데,[1] 이에 대해 좌씨(左氏)가 말하기를,

1 춘추(春秋)의……하였는데 : 《춘추》 희공 30년 조에 나온다. 이 조항에 대해서 《춘추》의 소에서 "예에 있어서 남자는 부인의 손에서 죽지 않는 법인데 지금 희공이 여자의 방인 소침에서 죽었는바, 여자의 방으로 간 것을 기롱한 것이다. 이것이 바로 남자는

"편안한 곳으로 간 것이다."
하였으며, 호씨(胡氏)가 말하기를,
"'소침'은 편안하게 쉬는 곳이다."
하였다.

손 선공(孫宣公)[2] 소주(小註)에 나온다.

○ 《송감(宋鑑)》에 이르기를 "손석(孫奭)은 어려서 왕철(王徹)을 스승으로 섬겼는데, 왕철이 죽은 뒤에는 문인 수백 명이 모두 손석에게 경전에 대해 물었다. 시호는 선공(宣公)이다." 하였다.

복(復)[3]

○ 《예기》 〈상대기〉에 이르기를 "곡은 복(復)에 앞서 행한다." 하였다.

○ 《예기》 〈상대기〉에 또 이르기를 "복을 한 뒤에 장사 치르는 일을 행한다." 하였다.

○ 《예기》 〈상대기〉에 또 이르기를 "복의(復衣)는 시신에 입히지 않으며, 염(斂)에도 쓰지 않는다." 하였다.

○ 《의례》 〈사상례(士喪禮)〉에 이르기를 "복의는 처음에 시신의 위를 덮었다가 목욕을 시키고 나면 제거한다." 하였다.

부인의 손에서 죽지 않는다는 의리이다."라고 하였다.

2 손 선공(孫宣公) : 송나라 박평(博平) 사람인 손석을 가리킨다. 《숭사록(崇祀錄)》, 《오복제도(五服制度)》 등을 저술하였다.

3 복(復) : 초혼(招魂)하는 것으로, 사람이 죽으면 곧바로 그의 옷을 공중에 내저으면서 아무개 하고 세 번 부르는 것을 말한다. 혼이 옷을 보고 돌아와서 몸에 다시 붙어 살아나기를 바라는 뜻에서 행하는 절차라고 한다.

〔안〕 복의는 습렴(襲斂)을 하는 데에는 쓰지 않는다.

○《예기》〈상대기〉의 주에 이르기를 "복을 할 적에 각각 죽은 자가 입던 제복(祭服)을 가지고 하는 것은, 귀신에게 돌아오기를 바라기 때문이다." 하였다.

○《예기》〈상대기〉에 이르기를 "부인이 죽어 복할 때에는 시집올 때 입은 성복(盛服)을 가지고 하지 않는다. 이것은 귀신을 섬기는 옷이 아니기 때문이다." 하였다.

○ 예를 보면, 복을 해도 살아나지 않으면 시신을 다시 침상 위에 올린다.[4]

○ 주자가 말하기를,

"사람이 죽으면 비록 혼백(魂魄)은 각자 날아가 흩어지더라도 요컨대 백은 또 조금 안정되어 있으니, 반드시 혼을 불러 이 백으로 돌아오게 하여, 그와 합해지도록 해야 한다. 복은 그가 살아나기를 바랄 뿐만 아니라 그 혼백을 모아서 흩어지지 않도록 하려는 것이다. 성인이 자손들에게 항상 제사 지내도록 가르친 것은 그 정신이 모이게 하기 위해서인 것이다."

하였다.

'앞쪽 동쪽 처마의 지붕 가운데로 올라간다.'에서부터 '세 번 부른다.'까지〔自前榮升屋中霤止三呼〕 대주에 나온다.

○《예기》의 주에 이르기를 "'영(榮)'은 지붕의 날개이다. '중류(中霤)'는 실(室)의 가운데이다." 하였다.

4 예를……올린다 :《가례보주》에 나오는 내용이다.

○ 《예기》 〈상대기〉에 이르기를,

"동쪽 처마의 지붕을 통하여 지붕 가운데로 올라가 용마루 위에 서서 북면(北面)하고 세 번 부른다.〔升自東榮, 中屋履危, 北面三號.〕"

하였는데, 이에 대한 소에 이르기를,

"'중옥(中屋)'은 지붕의 중앙에 해당한다. '이위(履危)'는 지붕의 용마루 위에 서는 것이다. 북면을 하는 것은 그윽한 음(陰)에 구하여서이다. '세 번 부르는 것〔三號〕'은 혼이 하늘로부터 돌아오기를 바라서이고, 땅으로부터 돌아오기를 바라서이고, 사방으로부터 돌아오기를 바라서이다."

하였다.

○ 《예기》 〈상대기〉에 이르기를 "들판에 있다면 타고 있는 수레의 왼쪽 바퀴에 올라가서 복을 한다." 하였다.

○ 《예기》 〈단궁(檀弓)〉에 이르기를,

"주루(邾婁)[5]에서는 화살을 가지고 복을 하였다."

하였는데, 이에 대한 주(註)에 이르기를[6],

"대개 전사한 자는 그 뜻이 적을 이기는 데 있다. 화살은 그의 마음이 좋아하는 바이다. 화살로 그가 다시 돌아오기를 바라는 것이다."

하였다.

〔보(補)〕 설치(楔齒)를 하는데, 뿔로 만든 수저를 써서 버티어 놓는다.

5 주루(邾婁) : 춘추 시대 제후국(諸侯國)의 이름이다.

6 주(註)에 이르기를 : 대본에는 없다. 문맥에 근거하여 '註曰'을 보충하여 번역하였다. 이하의 '주에 이르기를'도 동일하다.

○ 철족(綴足)[7]을 하는데, 《의례경전통해(儀禮經傳通解)》를 보면 연궤(燕几)를 썼다. '철(綴)'은 구속하다는 뜻인 구(拘)이다.

상주를 세운다.〔立喪主〕

〔안〕 첩(妾)의 상에는 자신이 주관하지 않는다.

○ 《예기》 〈잡기〉의 주에 이르기를 "여군(女君)[8]의 일을 대행하지 않은 첩의 경우에는 남편이 그 상을 주관하지 않는다." 하였다.

○ 《예기》 〈상대기〉에 이르기를,

"후사가 될 자가 집에 있지 않을 경우, 그가 국경 안에 있으면 기다리고, 국경 밖에 있으면 빈을 해도 괜찮고 장사를 지내도 괜찮다.〔爲後者不在, 竟內則俟, 竟外則殯葬可也.〕"

하였는데, 이에 대한 주에 이르기를,

"'부재(不在)'는 외국에 있는 것이다. '기다린다〔俟〕'는 것은 그가 돌아와서 빈을 하고 장사를 지내기를 기다리는 것이다."

하였다.-'경(竟)'은 경(境)과 같다.-

맨발을 한다.〔徒跣〕 대주에 나온다. 아래도 같다.

○ '선(跣)'-상성(上聲)으로 읽는다. 음은 소(蘇)와 전(典)의 반절이다.-은 발을 땅에 직접 대는 것이다.

7 철족(綴足) : 사람이 죽은 뒤에 발이 비틀어져서 신발을 신길 수 없게 될까 염려하여 의자 따위로 발을 바르게 해 놓는 것을 말한다.

8 여군(女君) : 정처(正妻)를 이른다.

위 섶을 끼운다.〔扱上衽〕

○《예기》〈상대기〉의 주에 이르기를 "'급임(扱衽)'은 심의의 앞쪽 옷깃을 허리띠에 끼우는 것이다." 하였다.

〔안〕'지(之)' 자는 '어(於)' 자의 잘못인 듯하다.[9]

관을 만든다.〔治棺〕

○《예기》〈상대기〉에 이르기를,

"임금은 관 뚜껑〔蓋〕에 칠(漆)을 쓰고, 대부(大夫)는 관 뚜껑에 칠을 쓰고, 사(士)는 관 뚜껑에 칠을 쓰지 않는다."

하였는데, 이에 대한 소(疏)에 이르기를[10],

"'개(蓋)'는 관의 덮개 판이고, '칠'은 칠로써 봉합하는 것이다."

하였다.

○《예기》〈상대기〉에 이르기를,

"사(士)는 두 개의 임(衽)과 두 개의 속(束)을 사용한다."

하였는데, 이에 대한 주에 이르기를,

"매 속(束)이 있는 곳에는 반드시 임(衽)을 쓴다. 임금의 관(棺)은 삼중(三重)으로, 대관(大棺)과 속관(屬棺)과 벽관(椑棺)[11]이다."

9 지(之)……듯하다 : '扱上衽'에 대한《가례》의 설명에 '揷衣前襟之帶'라고 하였는데, 여기에서의 지(之) 자가 어(於) 자의 잘못이라는 뜻이다.

10 소(疏)에 이르기를 : 대본에는 없다. 문맥에 근거하여 '疏曰'을 보충하여 번역하였다. 이하의 '소에 이르기를'도 동일하다.

11 대관(大棺)과 속관(屬棺)과 벽관(椑棺) : 대관은 가장 겉에 있는 관이고, 속관과 벽관은 그 안에 있는 관이다. 보통 속관은 개오동나무〔梓〕로, 벽관은 피나무〔椵〕로 만든다.

하였다.[12]

○ 《예기》 〈상대기〉에 이르기를 "대관(大棺)[13]은, 상대부(上大夫)는 8치이고, 하대부(下大夫)는 6치이며, 사(士)의 관은 6치이다." 하였다.

○ 《예기》 〈상대기〉에 이르기를,

> "임금의 관은 관 내부에 붉은색과 초록색의 비단을 바르되, 붉은색 비단으로 사방을 바르고, 녹색 비단으로 네 모서리 부분을 바른다. 대부의 관은 관 내부에 검은색과 초록색의 비단을 바르되, 사면은 검은색 비단을 바르고, 모서리 부분은 초록색 비단을 바른다. 사(士)의 관은 관 내부에 초록색 비단은 사용하지 않으며, 모두 검은색 비단을 바른다."

하였다.

○ 《예가》 〈단궁〉의 '임(衽)'에 대한 주에 이르기를 "양쪽 끝은 크고 가운데는 가늘게 생겼는데, 관과 관 뚜껑을 이어 붙이므로 옷을 봉합하는 곳처럼 임이라고 하는 것이다. 임의 모양은 지금의 은칙자(銀則子)[14]와 같이 생겼다." 하였다.

○ 《주역》 〈계사전(繫辭傳)〉에 이르기를 "옛날에 장사 지내는 사람들은 섶을 두텁게 입혀서 장사 지냈다." 하였다.

○ 《예기》 〈단궁〉에 이르기를,

12 이에……하였다 : 이 부분은 구봉이 어느 곳의 주(註)를 보고 기록하였는지 분명치 않다.

13 대관(大棺) : 대본에는 '大夫棺'으로 되어 있다. 《예기》 〈상대기〉에 근거하여 '夫'를 빼고 번역하였다.

14 은칙자(銀則子) : 떡을 만들 때 일정한 모양을 찍어 낼 수 있도록 하는 것으로, 세속에서는 법마(法馬)라고 부른다.

"유우씨(有虞氏)는 와관(瓦棺)을 사용하였고, 하후씨(夏后氏)는 즐주(堲周)-불로 구운 것은 즐(堲)이라고 한다.-를 사용하였고, 은(殷)나라 사람들은 관과 곽을 사용하였고, 주(周)나라 사람들은 장(墻)을 두르고 삽(翣)의 장식이 있었다. 주나라 사람들은 은나라 사람들의 관과 곽으로 장상(長殤)을 장사 지냈고, 하후씨의 즐주로 중상(中殤)과 하상(下殤)을 장사 지냈고, 유우씨의 와관으로 복이 없는 상을 장사 지냈다."

하였다.

○ 《공자가어(孔子家語)》에 이르기를 "공자가 중도(中都)의 읍재(邑宰)가 되어 죽은 이를 장사 지내는 예절을 제정하였는데 네 치의 관과 다섯 치의 곽으로 했다." 하였다.

출미회(秫米灰) 대주에 나온다. 아래도 같다.

○ '출미(秫米)'에 대해서 《본초(本草)》에 이르기를 "능히 옴의 균을 죽이며, 기장과 비슷하나 낟알이 작다." 하였다.

○ 구준(丘濬)이 말하기를 "'출(秫)'은 찹쌀이다."라고 하였다.

○ 일설에는 이르기를,

"지금 대도(大都)에서는 '조 가운데 차진 것을 출(秫)이라고 하고, 벼 가운데 차진 것을 나(糯)라고 한다.'라고 하였으며, 또 '속출(粟秫)은 출(秫)이 아니다.' 하였으며, 또 '서(黍)가 출(秫)이다.' 하였다."

하였다.

천년을 묵으면 복령이 된다.〔千年爲茯苓〕

〔안〕 녹여서 쏟아 부으면 이미 죽은 물건이 되어 함께 썩어 버리고

마는바, 아마도 그럴 것 같지가 않다.

목(沐)

○ 《예기》 〈상대기〉에 이르기를,

"임금은 기장〔粱〕을 씻은 뜨물로 목욕시키고, 대부는 찰기장〔稷〕을 씻은 뜨물로 목욕시키고, 사는 기장을 씻은 뜨물로 목욕시킨다."

하였는데, 이에 대한 주에 이르기를,

"목욕은 머리카락을 감기는 것이다. 임금과 사가 똑같이 기장을 씻은 뜨물을 쓰는 것은, 위로 임금을 침범하는 혐의가 없기 때문이다. 기장과 찰기장을 씻은 뜨물을 가지고 머리카락을 감기는 것이다."

하였다.

휘장을 설치한다.〔設幃〕

○ 《의례경전통해》의 '유당(帷堂)'[15]의 주에 이르기를 "귀신은 그윽하고 어두운 곳을 좋아하기 때문이다." 하였다.

시신을 옮긴다.〔遷尸〕

○ 《예기》 〈곡례(曲禮)〉의 주에 이르기를,

"'시(尸)'는 펴 놓다는 뜻인 진(陳)이다. 사람이 병이 들었을 때 땅에 눕혀 놓았다가 기가 끊어진 뒤에 다시 침상에 눕혀 놓는 것이다. '구(柩)'는 오래가다는 뜻인 구(久)이다. 흙이 피부에 직접 닫지 않게

15 유당(帷堂) : 상례(喪禮)에서 소렴(小斂)하기 전 시신을 가리기 위해 대청 위에 휘장을 친 것을 말한다.

하여 오래도록 보존되게 하고자 하는 것이다."

하였다.

○ 《의례경전통해》의 주에 이르기를 "상 위에 있으면 '시(尸)'라고 하고, 관 안에 있으면 '구(柩)'라고 한다." 하였다.

○ 《의례》 〈사상례〉에 이르기를 "적실(適室)에서 죽는다. 덮을 것〔幠〕은 염금(斂衾)을 사용한다." 하였다.

〔안〕 처음 죽었을 때 및 염습을 할 때 시신을 덮는 것은 모두 염금을 써서 덮는다. 《가례》에서는 간략한 쪽을 따라서 하였다. '무(幠)'는 덮는 것이다. '염금'은 아마도 염을 할 때 쓰는 금(衾)인 듯하다.

염습하는 데 쓸 옷을 진설한다.〔陳襲衣〕

○ 《예기》 〈상대기〉에 이르기를,

"무릇 옷을 진설할 때는 말지 않는다[16]."

하였는데, 이에 대한 주에 이르기를,

"펼쳐서 진열하고 말아서 진열하지 않는 것이다."

하였다.

○ 《예기》 〈상대기〉에 또 이르기를,

"정색이 아니면 진열하지 않는다.〔非列采不入〕"

하였는데, 이에 대한 소에 이르기를,

"'열채(列采)'는 오방(五方)의 정기(正氣)의 색깔이다. '비열채(非列采)'는 잡색(雜色)을 이른다."

16 말지 않는다 : 대본에는 '不絀'로 되어 있다. 《예기》 〈상대기〉에 근거하여 '絀'을 '詘'로 바로잡아 번역하였다.

하였다.

○ 《예기》 〈상대기〉에 또 이르기를,

"고운 갈포와 굵은 갈포[17]는 쓰지 않는다."

하였는데, 이에 대한 주에 이르기를,

"무더운 때를 당해서도 역시 포(袍)를 쓴다."

하였다.

〔안〕 간색(間色)이나 고운 갈포와 굵은 갈포는 쓰지 않는 것이다.

옷깃을 서쪽으로 한다.〔西領〕 대주에 나온다.

○ 《의례》 〈사관례(士冠禮)〉의 소에 이르기를 "관례(冠禮)에서는 옷깃을 동쪽으로 하고, 상례(喪禮)에서는 옷깃을 서쪽으로 하는 것은, 길함과 흉함이 달라서이다." 하였다.

단의(褖衣)[18] 소주에 나온다. 아래 여섯 조항도 같다.

○ '단(褖)'의 음은 타(他)와 난(亂)의 반절이다. 검은색의 상의(上衣)와 하상(下裳)에 붉은색의 가선〔緣〕을 두른 옷을 '단(褖)'이라고 한다. 단은 가선을 말한다.

고(櫜)

17 굵은 갈포 : 대본에는 '絡'으로 되어 있다. 《예기》 〈상대기〉에 근거하여 '綌'으로 바로잡아 번역하였다. 이하의 '굵은 갈포'도 동일하다.

18 단의(褖衣) : 주(周)나라 때 후(后)가 입었던 육복(六服) 가운데 하나로, 검은색 바탕에 소매와 깃을 붉은색으로 가선을 둘렀다. 후의 육복은 단의, 위의(褘衣), 유적(褕狄), 궐적(闕狄), 국의(鞠衣), 전의(展衣)이다.

○ 《의례》〈사상례〉의 주에 이르기를 "금문(今文)에는 '탁(橐)'으로 되어 있다." 하였다.

철방(綴旁)[19]

○ 질(質)과 쇄(殺)[20]가 서로 접해지는 곳에 쓰는데, 서로 연결되게 하는 것이다.

검은색 모와 붉은색 쇄를 쓴다.〔緇冒䞓殺〕

○ '정(䞓)'은 붉은색이며, 음은 패(貝)와 정(貞)의 반절이다.[21]

〔안〕 본경(本經)[22]에는 치모정쇄(緇冒䞓殺)로 되어 있다. 모(冒) 자는 의당 질(質) 자로 되어야 한다.

악수(握手)[23]

19 철방(綴旁) : 옷이나 포대 같은 것을 묶어서 매기 위해 다는 끈으로, 아래와 위를 매듭지어 묶게 되어 있다.

20 질(質)과 쇄(殺) : 사람이 죽었을 때 시신을 싸는 주머니를 모(冒)라고 하는데, 모는 다시 상반신을 싸는 질과 하반신을 싸는 쇄로 나뉜다. 이 질과 쇄는 각각 철방, 즉 묶어 매는 끈을 달아서 아래와 위를 매듭지어 묶게 되어 있다.

21 정(䞓)은……반절이다 : 대본에는 '䞓赤色貝貞反'으로 되어 있다. '䞓'의 반절음에 근거할 때 '貝'는 '具'의 오자인 듯하다.

22 본경(本經) : 《의례》의 〈사상례(士喪禮)〉를 말한다.

23 악수(握手) : 죽은 자의 시신을 염습(斂襲)할 적에 손을 감싸는 천을 말하는데, 이에 대해서는 예가(禮家)마다 설이 일정하지 않다. 우리나라의 경우에는 각자 자신의 설을 주장하면서 많은 논란을 벌였는데, 기대승(奇大升), 이황(李滉), 장현광(張顯光), 정구(鄭逑), 김장생(金長生), 정경세(鄭經世) 등의 악수설이 있다.

○ 《의례》 〈사상례〉에 이르기를,

"악수는 검은색 비단으로 만드는데, 속에는 붉은색 비단을 댄다. 길이는 1자 2치이고, 너비는 5치이며, 중앙 부분의 양쪽 가에서 1치씩을 줄인다.〔牢中旁寸〕-누(牢)의 음은 누(樓)이다.- 겉과 속의 사이에는 솜을 채워 넣으며, 귀퉁이에는 실끈을 단다."

하였는데, 이에 대한 주에 이르기를,

"'누(牢)'는 누(摟)로 훈독한다. 누는 악(握)의 중앙 부분을 줄어들게 해서 손을 편안하게 하는 것이다. 금문에는 '누(摟)'가 '우(縵)'로 되어 있으며, '방(旁)'이 '방(方)'으로 되어 있다."

하였으며, 이에 대한 소에 이르기를,

"이 손을 감싸는 옷을 악(握)이라고 이름한 것은, 그것이 손에 있기 때문이다. 그러므로 악수라고 말한 것이지, 손을 마주 잡는다는 의미의 악수를 이르는 것은 아니다. 《의례》에 이르기를 '너비가 5치이고 중앙 부분의 양쪽 가에서 1치씩을 줄인다.'라고 하였으니, 중앙 부분은 너비가 3치이다. 너비가 3치인 중앙은 또 네 손가락이 들어갈 뿐이다. 네 손가락은 한 손가락이 1치이니 모두 4치가 된다. 4치 이외에는 그대로 8치가 남아 있다. 모두 너비가 5치이다. 읽을 적에 누(摟)라고 훈독하는 것은, 그 뜻을 점점 줄여서 좁게 한 데에서 취해 온 것이다. '삭약(削約)'은 깎아 내어 작아지게 하는 것이다."

하였다.

○ 《의례》 〈사상례〉에 이르기를,

"죽은 자의 오른쪽 엄지손가락에 깍지를 끼운 다음 악수를 씌우고서 악수에 있는 끈과 손목 부분에 묶은 깍지의 끈을 묶는다.〔設決, 麗于掔, 自飯持之, 設握, 乃連掔.〕"

하였다. 이에 대한 주에 이르기를,

"'설악(設握)'은, 악수에 달린 끈을 가운뎃손가락에 묶어서 건 다음에 다시 손등을 거쳐 오게 해서 깍지에 달린 횡대의 나머지 부분과 연결하는 것이다. 이는 오른손을 염습하는 것을 말한 것이다."

하였다.

〔안〕 윗글에서 "악수는 길이가 1자 2치이다."라고 한 것은, 손을 싸는 한쪽 끝이 손의 바깥쪽을 반드시 겹쳐 두르되, 위쪽을 덮는 곳의 아래쪽 모퉁이에 끈 하나를 달아서, 끈으로 손을 한 바퀴 둘렀다가 손 바깥쪽의 중지가 있는 곳에서 위로 향하여 중지에 걸었다가 또다시 되돌려 위쪽으로 감아서 끈이 아래로 향하게 하여, 깍지의 가로띠의 남은 부분과 연결한다는 것이다. 이것은 오른손의 악수를 말한 것이다. 오른손에는 깍지가 있기 때문에 지금 깍지와 함께 맨다고 하였는바, 이것은 오른손의 악수임이 분명하다. 아래의 기록에 이른바 "악수를 설치한다."라고 한 것은 왼손을 말하는데, 정현(鄭玄)은 "왼손에 깍지가 없는 것이다."라고 했다.

○ 《의례》 〈사상례〉에 이르기를,

"악수를 설치하는데, 안쪽이 피부에 닿도록 하여 중지에 걸어서 손목에 연결한다.〔設握, 裏親膚, 繫鉤中指, 結于掔.〕"

하였는데, 이에 대한 주에 이르기를,

"'완(掔)'은 손바닥 뒤의 마디 가운데 부분을 말한다. 손에 깍지가 없는 것은 악수의 끈 한쪽 끝으로 손목을 둘렀다가 다시 손목 위에서 스스로 꿰었다가 되돌려서 다른 한쪽 끝과 잡아매어서이다."

하였으며, 이에 대한 소에 이르기를,

"왼손에 깍지가 없는 것은, 《의례》에서 이미 깍지가 있는 오른손에 대해서 말하였으므로, 깍지가 없는 왼손에 대해서는 말하지 않은 것이다. 그러므로 기록하면서 이르기를 '악수의 끈 한쪽 끝으로 손목을 둘렀다가 다시 손목 위에서 스스로 꿰었다가 되돌려서 다른 한쪽 끝과 잡아매어서이다.'라고 한 것이다."

하였다.

〔안〕 윗글에서는 "악수는 검은색 비단으로 만드는데, 속에는 붉은색 비단을 댄다. 길이는 1자 2치이다." 하였는데, 지금은 "안쪽이 피부에 닿도록 한다.〔裏親膚〕"라고 하였다. 이는 악수를 손바닥 안에 놓되, 1자 2치 되는 길이의 중간 부분을 놓고서 뒤로 돌려 손등을 덮으면 겨우 서로 맞닿게 되는 데 의거하여 말한 것이다. 양 끝에 각각 끈이 있는데, 먼저 한쪽 끝을 손목에 한 바퀴 둘렀다가 되돌아와서 위에서 스스로 꿰고, 또 한쪽 끝은 위로 향하여 중지에 걸었다가 되돌려서 손목을 두른다. 이 둘을 손바닥 뒤의 마디 가운데에서 잡아매는 것이다. -《의례》〈기석례(旣夕禮)〉에 나온다.-

〔안〕《의례》를 보면 오른손 악수에는 끈이 하나이고, 왼손의 악수에는 끈이 두 개이며, 《가례》에는 깍지〔決〕가 없는데, 모두 두 개의 끈이 있어서 서로 연결하여야 하며, 악수의 끈은 위쪽을 덮는 곳의 아래쪽 모퉁이에 있어야 한다. 이제 의당 왼손과 오른손의 악수에는 각각 두 개의 끈이 있어야 한다. 지금 세상에서 악수의 끈을 하나로 하고자 하는데, 그렇게 해서는 안 된다.

완을 두른다.〔繞掔〕

○ '완(掔)'은 완(捥)이며, 음은 오(烏)와 난(亂)의 반절이다. '완'은 손바닥 뒤쪽의 손목 마디의 가운데 부분이다. 《의례》〈사상례〉의 주에

이르기를 "완은 손바닥 뒤의 마디라고도 하고, 손 뒤의 마디 가운데라고도 한다."라고 하였다.

멱목(幎目)

○ 《의례》《사상례》의 멱목에 대한 주에 이르기를 "저(著)는 속에 솜을 채워 넣는 것이다. 끈을 매다는 것은 묶을 수 있게 하기 위해서이다." 하였다.

당에다가 진설한다.〔陳于堂〕 대주에 나온다. 아래 세 조항도 같다.

○ 《논어》〈선진(先進)〉에 이르기를 "마루에까지 올라왔고 실(室)에만 들어오지 못하였을 뿐이다." 하였다.

〔안〕 실 바깥은 모두 '당(堂)'이라고 칭한다.

주발에다 담는다.〔實于盌〕

○ '완(盌)'의 음은 오(鄔)와 관(管)의 반절이며, 작은 그릇으로 완(椀)과 같다.

〔보(補)〕《의례》〈사상례〉에 이르기를,

"사(士)에게 얼음이 있으면 이반(夷槃)[24]을 써도 된다."

하였는데, 이에 대한 소에 이르기를,

"먼저 이반 속에 얼음을 넣고 침상의 위에 진설한다. 이반은 시신을 받드는 소반이다. 여름에 장사 지낼 때를 이른다."

24 이반(夷槃) : 옛날 임금이 붕어했을 때 시신(尸身)이 부패되지 않게 하기 위하여 얼음을 담아서 시상(尸牀) 밑에 놓아두었던 그릇을 말한다.

하였다.

머리카락을 묶어서 상투를 만든다.〔撮爲髻〕

○ '촬(撮)'의 음은 추(麤)와 괄(括)의 반절이며, 당겨서 잡는 것이다.

손톱과 발톱을 깎는다.〔剪爪〕

○《의례》〈사상례〉에 이르기를,

"손톱과 발톱을 깎기를 다른 날과 같이 한다."

하였는데, 이에 대한 주에 이르기를,

"손톱과 발톱을 깎고 머리카락을 자르기를 평소와 같이 한다."

하였다.

〔보(補)〕《의례》〈사상례〉에 이르기를 "어자(御者) 네 사람이 염습할 때 쓰는 이불을 들어서 시신을 가리고 목욕시킨다."라고 하였다.

시신이 놓인 침상을 옮긴다.〔徙尸牀〕

〔안〕 시신을 이미 염습하는 상으로 옮긴 뒤에 목욕을 시킨 상과 시신을 놓는 상 두 상을 각각 옮겨야 한다.

잔을 씻고 술을 따른다.〔洗盞斟酒〕 대주에 나온다.

○《의례》〈사상기(士喪記)〉의 주에 이르기를 "길례(吉禮)의 기물(器物)을 쓴다는 것은 기물을 바꾸지 않는 것이다." 하였다.

○《예기》〈단궁〉에 이르기를,

"증자가 말하기를 '사람이 갓 죽었을 때 올리는 전(奠)은 기각(庋閣)[25]에 남아 있던 것으로 올려도 된다.' 하였다."

하였는데, 이에 대한 주에 이르기를,

"'각(閣)'은 음식을 보관해 두는 시렁이다. 새로 바꾸어서 쓰지 않고 기각의 위에 있는 노병(老病)이 들었을 때 쓰던 나머지를 그대로 쓰는 것이다."

하였다.

개원례(開元禮)[26] 소주에 나온다.

○ 《통감(通鑑)》 〈당현종기(唐玄宗紀)〉에 이르기를,

"개원(開元) 19년(731)에 《개원례》가 이루어졌다. 처음에 장열(張說)에게 수정해서 확정하라고 명하였다. 장열이 죽은 뒤에는 소숭(蕭嵩)이 그 뒤를 이어서 완성하였다."

하였다.

주인 이하가 자리를 정하고서 곡한다.〔主人以下爲位而哭〕

〔안〕《의례》에는 좌위(坐位)에 대해서 실중(室中)과 호외(戶外)와 당하(堂下)의 구분이 있는데,[27] 《예기》 〈상대기〉에는 단지 동서(東

25 기각(庋閣) : 물건을 놓아두는 시렁을 말하는데, 여기서는 음식을 놓아두는 시렁을 말한다.

26 개원례(開元禮) : 당나라 현종(玄宗) 개원 19년에 장열(張說)이 《현경례주(顯慶禮註)》의 내용이 앞부분과 뒷부분이 서로 다르니, 의당 이를 절충하여 당례(唐禮)로 삼아야 한다고 아뢰자, 황제가 서견(徐堅), 소숭(蕭嵩) 등에게 조서를 내려 편찬하게 한 책으로, 모두 150권이다. 두우(杜佑)의 《통전(通典)》에 일부 편입되었고, 《신당서(新唐書)》 〈예문지(藝文志)〉와 《구당서(舊唐書)》 〈예문지〉의 바탕이 되었다.

27 의례에는……있는데 : 《의례》 〈사상례〉에 이르기를 "친한 자는 실(室) 안에 있고,

西)의 구분만 있다.[28] 《가례》에서는 《예기》를 따라서 간략하게 하였다.

○ 《의례경전통해》의 경(經)에 이르기를,

"상복의 곱고 거친 정도를 가지고 차서(次序)로 삼아서 주인(主人)의 다음 자리에 자리한다. 상을 주관하는 상주에게 비록 부형(父兄)이 있더라도 오히려 상주가 있는 자리에 끼지 못하고 반드시 상주의 아래에 자리한다."

하였는데, 이에 대한 주에 또 이르기를,

"거친 상복을 입은 자는 앞에 자리하고, 고운 상복을 입은 자는 뒤에 자리한다."

하였다.

○ 《의례》 〈사상례〉의 소에 이르기를,

"《예기》 〈상대기〉를 보면 부인(婦人)은 서 있는 법이 없으며, 사상(士喪)에서는 주인과 부형과 자성(子姓)이 모두 앉는다. 오직 대부

여러 부인(婦人)은 지게문 밖에 있으면서 북쪽을 바라본다. 여러 형제(兄弟)는 당(堂) 아래에 있으면서 북쪽을 바라본다."라고 하였다.

28 예기……있다 : 《예기》 〈상대기〉의 주에 이르기를 "남자는 동쪽에 있고 여자는 서쪽에 있는 것은 음과 양이 나누어지는 큰 구분이다. 상을 갑자기 당하여 슬픈 마음이 절박한 중에는 사람들이 뒤섞이고 일이 몰려들게 되는데, 먼저 남녀의 구분을 분명하게 하여 각자 자신의 성별에 따라서 하게 한다면, 시끄럽고 어지러운 것이 질서가 있게 될 것이다. 그리고 주인은 동쪽에 있고 손님은 서쪽에 있는 것은 안과 밖이 구분되는 큰 통서(統緖)이다. 남자 상주가 동쪽의 윗자리에 있고, 여자 가장으로서 비록 어머니뻘과 같은 존항(尊行)이라도 남자 상주의 서쪽에 있게 하면, 한 나라와 한 가정의 주인이 있음을 드러내 보여, 내외와 족성(族姓)의 존비가 모두 통섭되는 바가 있을 것이다."라고 하였다.

(大夫)의 상일 경우에는 존귀한 자는 앉고 비천한 자는 서 있는데, 존귀하고 비천함은 관작을 가지고 말한 것이다."

하였다.

반함(飯含)

○ 《예기》 〈상대기〉에 이르기를 "사(士)는 반함을 할 때 삼패(三貝)[29]로 한다." 하였다.

○ 《의례》 〈사상례〉에 이르기를 "패(貝) 세 개를 번(笲)-번(笲)은 음이 번(煩)이다.-에 담아 둔다. 대나무로 만든 그릇이다." 하였다.

○ 《예기》 〈단궁〉에 이르기를 "차마 그 입을 비어 있게 하지 못하고 이 아름다운 물건으로 채우는 것이다." 하였다.

멱(幎) 대주에 나온다.

○ 혹 '멱(冪)'으로도 되어 있는데, 덮는 것이다. '멱(幎)'의 음은 멱(覓)이다.

염습을 마친다.〔卒襲〕

○ 《의례》 〈기석례(旣夕禮)〉의 기(記)[30]에 이르기를,

"이미 염습한 다음에는 밤〔宵〕이 되면 중정(中庭)에 횃불을 밝힌다."

하였는데, 이에 대한 주에 이르기를,

29 삼패(三貝) : 상을 당하여 반함을 할 때 조개껍데기를 연결하여 세 줄로 만들어 배꼽의 위쪽에 붙이는 것을 말한다.

30 기(記) : 대본에는 '紀'로 되어 있다. 문맥에 근거하여 '記'로 바로잡아 번역하였다.

"'소(宵)'는 밤이다."

하였다.

옛날에는 수례가 있었다.〔古有襚禮〕 소주에 나온다. 아래도 같다.

○ 《의례》의 주에 이르기를 "'수(襚)'는 남겨 두는 것으로, 남겨 두는 의복을 수라고 한다." 하였다.

○ 《춘추곡량전(春秋穀梁傳)》에 이르기를,

"탈것과 말을 보내는 것을 봉(賵)이라 하고, 옷과 이불을 보내는 것을 수(襚)라고 하고, 패옥(貝玉)을 보내는 것을 함(含)이라 하고, 전재(錢財)를 보내는 것을 부(賻)라고 한다."

하였다.

고인이 남긴 옷〔古人遺衣〕

〔안〕 '고인(古人)'에서부터 '묘중(廟中)'에 이르기까지의 글[31]이 어떤 본에는 대주(大註)로 되어 있다.

혼백[32]을 설치한다.〔設魂帛〕

○ 주자가 말하기를 "혼(魂)을 조상하고 백(魄)을 부르고, 중(重)[33]을

31 고인(古人)에서부터……글 : 《가례》의 소주에 나오는 '古人遺衣裳, 必置于靈座, 既而藏于廟中.'을 말한다.

32 혼백(魂帛) : 초상을 당하여 신주를 만들기 전에 명주 조각을 양쪽에서 둥글게 만 다음 실로 중앙을 엇갈리게 세 번 엇걸어 묶어서 임시로 사용하는 신위(神位)를 말한다.

33 중(重) : 고례에 임시로 만들어 사용한 신주(神主)로, 우제(虞祭)가 되어 신주를

세우고 신주(神主)를 설치하는 것은 그 속에 있는 죽은 사람의 정신과 항상 접속하고자 해서인 것이다." 하였다.

나무를 깎아서 중을 만든다.〔鑿木爲重〕 대주에 나온다. 아래도 같다.

○ 《가례보주》에 이르기를,

"혹은 중(重)이라고 말하고, 혹은 신주(神主)라고 말하는 것은 막 죽어서 아직 장사를 지내지 않았으면 구(柩)가 있는데, 또 중(重)[34]을 설치하니, 거듭해서 하는 것이다. 이미 사당〔廟〕이 있는데, 사당이 있으면 반드시 주인이 있어야 하니, 이것이 신주이다."

하였다.

○ 《의례》의 주에 이르기를,

"물건을 매달아 두는 것을 '중(重)'이라 한다."

하였는데, 이에 대한 소에 이르기를,

"나무에 물건을 주렁주렁 매달아 놓은 것이 서로 겹쳐 있으므로 '중' 이라는 이름을 얻었다."

하였다.

○ 《예기》〈단궁(檀弓)〉에 이르기를,

"'중(重)'-평성(平聲)으로 읽는다.-은 신주의 도이다."

하였는데, 이에 대한 주에 이르기를,

만들 때까지 임시로 쓰는 신주이다. 사람이 처음 죽으면 중을 만들어서 신이 의귀(依歸)하게 한다. 은나라는 신주를 만들면 중을 달아 두고, 주나라에서는 신주를 만들면 중을 없앴다.

34 중(重) : 대본에는 '中'으로 되어 있다. 《가례보주》에 근거하여 '重'으로 바로잡아 번역하였다.

"막 죽어서 신주를 만들지 못하였으므로 중을 만들어 그 신을 주재하게 하는 것이다. 이미 우제(虞祭)를 지내고 나서는 중을 매장하고 다시 신주를 만든다."

하였다.

치병[35]을 탄다.〔乘輜軿〕

○ '치(輜)'의 음은 치(菑)이며, 수레의 앞쪽과 뒤쪽에 모두 가림막이 있다. '병(軿)'의 음은 병(絣)이며, 부인이 타는 수레인데, 가림막이 있으므로 병이라고 한다.

남긴 의상은 반드시 영좌에 둔다.〔遺衣裳, 必置於靈座.〕 소주에 나온다.

○ 《가례보주》에 이르기를 "의자 위에 의복을 놓고, 의복 위에 혼백(魂帛)[36]을 놓는데, 휘장 밖에 설치한다. 이것을 영좌(靈座)라고 이른다." 하였다.

명정을 세운다.〔立銘旌〕

〔안〕 《의례》에는 "중(重)을 만들고서 명(銘)을 놓아둔다."라고 하였는데, 《가례》에서 "혼백(魂帛)을 설치하고서 명정(銘旌)을 놓아둔다."라고 한 것이 바로 이 예(禮)이다. 부(跗)[37]에다가 세우는 것은

35 치병(輜軿) : 치거(輜車)와 병거(軿車)로, 덮개가 있고 사방이 가려진 수레를 가리킨다.

36 혼백(魂帛) : 대본에는 '魂魄'으로 되어 있다. 《가례보주》에 근거하여 '魄'을 '帛'으로 바로잡아 번역하였다. 이하의 '혼백'도 동일하다.

빈(殯)을 한 뒤에 하는 것이다.

〔안〕《의례》〈사상례〉에 이르기를,

"사람이 죽은 처음에는 명(銘)을 만들어 서쪽 계단 위에 놓는다. 중(重)을 만든 다음에는 이 명을 중에 기대어 놓는다. 빈(殯)을 한 뒤에는 이 명을 이(肂)[38]-음은 이(以)와 이(二)의 반절이며, 뜻은 관을 파묻을 구덩이이다.-에 놓아둔다."

하였는데, 이에 대한 소에 이르기를,

"'명(銘)'이라는 것은 상구(喪柩)를 표시하기 때문에 '명'이라고 하는 것이다."

하였다. 그러니 의당 빈(殯)을 한 뒤에 세우는 것이다. 그러므로 소에서도 역시 빈을 하기 전에는 쓰지 않는다는 뜻으로 말하였다. 그렇다면 '입명정(立銘旌)'이라고 한 곳에서의 '입(立)' 자는 아마도 잘못된 것인 듯하다.

오품이하(五品以下) 대주에 나온다. 아래도 같다.

〔안〕 '하(下)' 자는 마땅히 '상(上)' 자로 되어야 한다.

모공지구(某公之柩)

○ 《의례》의 주에 이르기를 "관(棺)에 있는 것이 '구(柩)'가 된다." 하였다.

37 부(跗) : 신주(神主)를 받쳐 놓는 네모난 받침대를 말한다.

38 이(肂) : 대본에는 '殚'로 되어 있다. 《의례》에 근거하여 '肂'로 바로잡아 번역하였다.

사마온공왈명정(司馬溫公曰銘旌) 소주에 나온다.

〔안〕 사마 온공의 이 말[39]은 의당 빈(殯)을 한 뒤에 있어야 하는바, 아마도 인용할 때 잘못 들어간 듯하다.

불사를 하지 않는다.〔不作佛事〕

○ 어떤 사람이 묻기를,

"어버이의 뜻이 불교의 의식을 쓰고자 하면 어떻게 하는 것이 마땅합니까?"

하자, 주자가 말하기를,

"부드러운 말로 깨우쳐 주는 것을 먼저 하고, 어버이의 뜻을 돌릴 수 없을 것 같으면 어버이의 뜻을 거슬러서는 안 된다."

하였다.

나와서 영좌에 절한다.〔出拜靈座〕 대주에 나온다. 아래도 같다.

○ 《가례보주》에 이르기를 "휘장 안에서 나와서 영좌(靈座)에 절을 하는 것이다." 하였다.

주인이 곡으로써 대한다.〔主人以哭對〕

○ 《예기》 〈상대기〉에 이르기를 "종자가 어리면 최마(衰麻)로 싸서 안고, 조객(弔客)에게 절을 할 때 종자 대신 그가 절을 한다." 하였다.

39 사마……말 : 《가례》 소주에 "명정의 받침대를 설치하여 빈소의 동쪽에 세워 놓는다.〔銘旌設跗, 立於殯東.〕"라고 한 것을 가리킨다.

소렴(小斂)

○ 《예기》 〈왕제(王制)〉에 이르기를 "교(絞), 금(紟), 금(衾), 모(冒)만은 죽은 뒤에 마련한다. 교, 금, 금, 모는 하루나 이틀이면 만들 수 있다." 하였다.

〔안〕 예전에 덮던 이불을 쓰지 않는다는 것을 잘 알 수가 있다.

이불은 겹이불을 쓴다.〔衾用複者〕 대주에 나온다.

○ 《예기》 〈상대기〉에 이르기를 "겹옷과 겹이불을 쓴다.〔用複衣複衾〕" 하였는데, 이에 대한 주에 이르기를 "'복(複)'은 솜이 들어 있는 것이다." 하였다.

설전(設奠)

○ 《의례경전통해》에 이르기를,

"전(奠)을 차릴 때에는 소기(素器)[40]에 차린다."

하였는데, 이에 대한 주에 이르기를,

"뒤에 있는 모든 전에 이를 통용한다."

하였다.

좌(髽)[41] 좌의 음은 장(莊)과 화(華)의 반절이다.

〔보(補)〕〔안(按)〕 어린아이의 경우에는 문(免)[42]을 하지 않는다.

40 소기(素器) : 장식이 없는 그릇을 말한다.

41 좌(髽) : 북상투로, 부인이 상중에 머리털을 풀어 묶기만 하고 싸개를 하지 않는 것을 말한다.

유씨(劉氏)의 문상(問喪)에 대한 주에 이르기를 "상을 당하면 반드시 문을 하는데, 이는 관(冠)을 쓰지 않는 것을 혐의스럽게 여겨서이다. 동자는 관례를 치르지 않았으면 상을 당해서도 문을 하지 않는다. 그러나 어린아이라도 장가를 들었을 경우에는 문을 하니, 성인(成人)의 예로 하는 것이다." 하였다.

왼쪽으로 옷깃을 여미되 매지는 않는다.〔左衽不紐〕 대주에 나온다. 아래의 두 조항도 같다.

○ 《예기》 〈상대기〉에 이르기를,

"소렴과 대렴에서는 모두 옷깃을 왼쪽으로 여미며, 마지막에는 효로 묶되 매듭을 만들어 묶지는 않는다.〔小斂大斂皆左衽, 結絞, 不紐.〕"

하였는데, 이에 대한 주에 이르기를,

"'임(衽)'은 '옷의 깃〔衣襟〕'이다. 살아 있을 적에는 오른쪽으로 향하게 해서 여미는데, 이는 푸는 데 편해서이다. 죽어서는 옷깃을 왼쪽으로 향하게 해서 여미는데, 이는 다시는 풀지 않을 것이라는 뜻을 보이는 것이다. 살아 있을 적에는 띠를 묶을 때 매듭을 지어 풀기 쉽게 하고 죽어서는 다시는 띠를 풀 일이 없으므로 효로 조이기를 마친 다음에 매듭을 지어 묶지 않는 것이다."

하였다.

〔안〕 매듭을 지어 묶지 않는 것은 다시 풀지 않는다는 뜻을 보이는

42 문(免) : 관을 벗고 머리를 묶는 것으로 흰 천을 일정한 모양으로 머리에 감는 것을 말한다. 특히 상복을 입지 않고 머리만 문하는 것은 먼 친족이나 타국에서 죽은 친구를 조상할 때 쓰는 예법이다.

것이다. 모든 띠와 효(絞)는 모두 묶으면서 매듭을 지어 묶지 않는다. 지금 왼쪽으로 옷깃을 여미되 매듭을 지어 묶지 않는 것은 바로 죽은 자를 보내는 예를 거론하여서이다.

남편이 아내에 대해서는 옷깃을 붙잡는다.〔夫於妻執之〕

○ 본문(本文)에 이르기를,

"아내는 남편에 대해서 옷깃을 살짝 잡고, 임금은 신하에 대해서 어루만진다.〔妻於夫拘之, 君於臣撫之.〕"

하였는데, '구(拘)'는 그 옷을 살짝 당기는 것이다. 《예기》 〈상대기〉에 이르기를,

"형수는 아재비에 대해서는 어루만지지 않으며, 아재비는 형수에 대해서 어루만지지 않으며, 임금은 복첩(僕妾)에 대해서 어루만지지 않는다."

하였는데, 이에 대한 주에 이르기를,

"임금은 대부(大夫) 및 명부(命婦)에 대해서 어루만지며, 대부는 실로(室老)[43] 및 질제(姪娣)에 대해서 어루만진다. '복(僕)'은 실로보다 천한 자이며, '첩(妾)'은 질제보다 천한 자여서 은혜가 미치지 않는 것이다."

하였다.[44]

43 실로(室老) : 경(卿)이나 대부 집의 가재(家宰)나 가로(家老)를 가리킨다.

44 본문(本文)에……하였다 : 이 부분은 편집하는 과정에서 오류가 생긴 듯하다. 《예기》 〈상대기〉에 이르기를 "군(君)은 신하에 대해 그 시신을 어루만지고, 부모는 자식에 대해 그 옷을 잡으며, 자식은 부모에 대해 그 시신에 기대며, 며느리는 시부모에 대해 그 옷을 받들며, 시부모는 며느리에 대해 어루만지며, 아내는 남편에 대해 옷을 살짝

시아버지가 며느리에 대해서는〔舅於婦〕

〔안〕《예기》〈상대기〉를 상고해 보면, ‘구(舅)’ 자 아래에 ‘고(姑)’ 자가 빠졌다.

집에 이르러 4일째 되는 날에는〔至第四日〕 소주에 나온다.

〔안〕 ‘제(第)’ 자가 다른 본에는 ‘가(家)’ 자로 되어 있다.

이에 전을 올린다.〔乃奠〕

〔안〕 습전(襲奠)[45]은 시신의 동쪽에 있고, 염전(斂奠)은 영좌(靈座)의 앞에 있다.

이에 교대해서 곡한다.〔乃代哭〕

○ 《의례경전통해》의 주에 이르기를 “예법에 있어서 죽은 이로 인하여 산 사람의 몸이 손상되는 것을 막기 위하여 효자로 하여금 교대해서 곡하게 하는 것이다.” 하였다.

대렴(大斂)

당기며, 남편은 아내와 형제에 대해 옷을 잡는다.〔君於臣撫之, 父母於子執之, 子於父母馮之, 婦於舅姑奉之, 舅姑於婦撫之, 妻於夫拘之, 夫於妻於昆弟執之.〕”라고 하였으며, 〈잡기(雜記)〉에 이르기를 “형수는 아재비에 대해서는 어루만지지 않으며, 아재비는 형수에 대해서 어루만지지 않으며, 임금은 복첩에 대해서 어루만지지 않는다.〔嫂不撫叔, 叔不撫嫂, 君不撫僕妾.〕”라고 하였는바, 이를 참조해서 보아야 한다.

45 습전(襲奠) : 시신을 목욕시켜서 수의(壽衣)를 입혀 염습한 다음 포(脯), 해(醢), 감주(甘酒), 술 등으로 간단하게 제사하는 것을 말한다.

○《예기》〈상대기〉의 주에 이르기를 "사(士)는 오히려 겹옷〔複衣〕과 겹이불〔複衾〕을 쓴다." 하였다.

〔안〕 대렴을 하면서 임금은 접의(褶衣)와 접금(褶衾)은 쓰는데, '접(褶)'은 옷이나 이불이 겹(裌)으로 된 것이다. 임금은 옷이 많으므로 겹으로 된 옷을 쓰는 것이다.

〔안〕《가례》를 보면 대렴과 소렴에 쓰는 이불은 모두 솜을 넣은 것을 쓴다.

○《예기》〈단궁〉에 이르기를,

"자사(子思)가 말하기를 '상을 당하면 3일 만에 빈(殯)을 한다. 무릇 시신에 사용하는 것은 반드시 정성스럽고 미덥게 하여 뒷날에 후회하는 일이 없도록 해야 한다. 그리고 3개월이 지나 장사할 적에 관곽(棺槨)과 함께 배장(陪葬)하는 물품들을 반드시 정성스럽게 하고 반드시 신실하게 하여 뒷날 후회하는 일이 없도록 해야 한다.' 하였다."

하였는데, 이에 대한 주에 이르기를,

"시신에 사용하는 것은 옷이나 이불 등이며, 관(棺)에 사용하는 것은 명기(明器)[46]와 용기(用器) 따위이다. 반드시 정성스럽게 하는 것은 죽은 자에 대해서 속이는 바가 없는 것이다. 반드시 미덥게 하는 것은 산 사람에 대해서 의심스러운 바가 없게 하는 것이다."

하였다.

46 명기(明器) : 장사 지낼 때에 망인(亡人)이 생시에 쓰던 것과 비슷하게 만들어 무덤에 넣던 부장품을 말한다. 일반적으로 나무나 대나무, 흙 등으로 만든다. 송(宋)나라 이후에는 종이로 만든 명기를 많이 썼다.

관을 들고 들어가서 당 가운데에서 조금 서쪽에 놓는다.〔擧棺入置于堂中少西〕

○ 《예기》 〈단궁〉에 이르기를,

"창문 아래에서 반함(飯含)하고, 방 안에서 소렴(小斂)하고, 동쪽 계단에서 대렴(大斂)하고, 객위(客位)에서 빈소(殯所)를 차리고, 뜰에서 조전(朝奠)하고, 묘소에 매장하는 것은 점차로 멀어지는 것을 나타낸 것이다."

하였는데, 이에 대한 주에 이르기를,

"한 절차를 거행할 때마다 한 절차만큼 멀어진다. 반(飯)은 반함하는 것이다."

하였다.

〔안〕 '조금 서쪽〔少西〕'은 바로 객위에 빈소를 차린다는 뜻이다.

두 개의 받침목으로 괸다.〔承以兩甑〕 대주에 나온다. 아래의 세 조항도 같다.

○ '등(甑)'은 혹 등(橙)으로도 쓰며, 상(牀)의 한 종류이다. 음은 정(丁)과 등(鄧)의 반절이며, 거성(去聲)으로 읽는다.

또 빈 곳을 헤아린다.〔又揣其空缺〕

○ 췌(揣)는 상성(上聲)으로 읽으며, 초(楚)와 위(委)의 반절이다. 높고 낮음을 헤아리는 것을 '췌'라고 한다.

흙벽돌[47]을 쌓고 진흙을 바른다.〔纍墼塗之〕

47 흙벽돌 : 대본에는 '塹'으로 되어 있다. 《가례》에 근거하여 '墼'으로 바로잡아 번역

○《의례》〈사상례〉의 주에 이르기를 "진흙으로 바르는 것은 화재에 대비하기 위해서이다." 하였다.

○ 이미 빈(殯)을 마치고는 주인이 머리의 모(髦)[48]를 제거하는 것[49]은 높은 사람이나 낮은 사람이나 똑같이 3일 만에 하는데, 3일 안에 살아나지 않으면 역시 살아나지 못하는 것이다.

○ '격(墼)'의 음은 격(擊)이며, 불에 굽지 않은 벽돌이다.

〔안〕《예기》〈잡기〉에 이르기를,

"첩이 죽었을 때에는 정실(正室)에서 빈렴(殯斂)을 하지 않으며, 연제(練祭)와 상제(祥祭)는 모두 그 아들로 하여금 주관하게 한다."

하였는데, 이에 대한 주에 이르기를,

"여군(女君)의 일을 섭행(攝行)한 첩도 똑같다. 오직 부제(祔祭)만은 남편이 스스로 주관한다."

하였다.

중문의 밖에 있는 소박한 방을 택한다.〔中門之外擇朴陋之室〕

○ 본경(本經)의 기(記)[50]에 이르기를,

하였다. 이하의 '흙벽돌'도 동일하다.

48 모(髦) : 어렸을 때 머리를 깎으면서 이마의 양쪽에 조금 남겨 놓은 머리카락인데, 아버지가 죽었을 경우에는 왼쪽 모를 제거하고, 어머니가 죽었을 경우에는 오른쪽 모를 제거한다.

49 이미……것 :《의례(儀禮)》〈기석례(旣夕禮)〉에 이르기를 "대렴을 마치고서 시신에 기대어 곡한다. 이미 빈을 마치고는 주인이 머리의 모를 제거한다. 사람이 죽은 지 사흘째 되는 날에 요질(要絰)을 흩어서 드리운다.〔大斂, 旣憑尸. 旣殯, 主人脫髦. 三日絞垂.〕"라고 하였다.

"의려(倚廬)[51]에 거처한다."

하였는데, 이에 대한 소에 이르기를,

"중문의 바깥 동쪽 벽에 의지하여 여막을 만드는데, 한쪽 끝이 땅에 이른다. 우제(虞祭)를 지낸 뒤에는 주미(柱楣)[52]를 하고 전병(翦屛)[53]을 한다."

하였다.

○ 이때에는 상사(喪事)가 아니면 말을 하지 않는다.

성복(成服)

○ 《성리대전(性理大全)》에서 진씨(陳氏)가 말하기를,

"대종(大宗)인 시조(始祖)에 대해서는 온 종족이 모두 자최삼월복(齊衰三月服)을 입는데, 친속(親屬)의 멀고 가까움을 가지고 논하지 않는다. 이것이 백대토록 조천(祧遷)하지 않는 대종이다. 소종(小宗)은 친진(親盡)이 되면 친함이 끊어진다. 아버지를 이은 자는 친형제가 소종으로 삼으며, 그를 위해서는 기년복(朞年服)을 입는다. 할아버지를 이은 자는 종형제(從兄弟)가 소종으로 삼으며, 그를 위해서는 대공복(大功服)을 입는다. 증조할아버지를 이은 자는 재종

50 본경(本經)의 기(記) : 《의례》 〈기석례〉를 말한다.

51 의려(倚廬) : 부모상 중에 상주가 거처하는 집으로, 빈소가 있는 문밖의 동쪽 담 밑에 짚으로 지붕만을 덮은 허름한 집이다.

52 주미(柱楣) : 장사 지내기 전에는 나무를 담장에 기대어 여막을 만들었다가, 장사 지낸 뒤에는 슬픔이 조금 줄어들므로 그 나무를 일으켜 세워 문에다 기둥을 만들어 햇볕이 들게 함으로써 지내기가 조금 편하게 하는 것이다.

53 전병(翦屛) : 우제를 지낸 뒤에 여막 주위의 풀을 제거하는 것이다.

형제(再從兄弟)가 소종으로 삼으며, 그를 위해서는 소공복(小功服)을 입는다. 고조할아버지를 이은 자는 삼종형제(三從兄弟)가 소종으로 삼으며, 그를 위해서는 시마복(緦麻服)을 입는다. 이것은 5대가 되면 조천하는 소종이다."

하였다.

○《주역》〈계사전(繫辭傳)〉에 이르기를 "상고 시대에는 상을 치르는데 확정된 기간이 없었다." 하였다.

○《의례》의 주에 이르기를 "황제(黃帝) 시대 이전에는 심상(心喪)의 예를 행하되 종신토록 변치 않았다. 당우(唐虞) 시대에는 심상을 행하기는 하되 다시 3년이라는 기간을 두었으나, 역시 상복(喪服)은 입지 않았다. 당우 시대 이전에는 길사(吉事)나 흉사(凶事)에 같은 복을 입었다. 삼왕(三王) 시대에는 백포관(白布冠)과 백포의(白布衣)를 썼으며, 인하여 이것이 상복이 되었다." 하였다.

산 사람은 오는 날을 헤아리고, 죽은 이는 가는 날을 헤아린다. 〔生與來日, 死與往日.〕 소주에 나온다.

○《예기》〈곡례〉의 주(註)에 이르기를 "'여(與)'는 헤아리다는 뜻인 수(數)이다. 산 사람은 오는 날을 헤아리는바 죽은 날을 제외하고 3일째 되는 날에 성복을 한다. 죽은 이는 가는 날을 헤아리는바, 3일째가 되어서 빈(殯)을 하는 것이다." 하였다.

참(斬)[54]

54 참(斬) : 참최복(斬衰服)으로, 상복(喪服)의 오복 가운데서 가장 중한 복으로, 전

○ 《의례》 〈상복(喪服)〉의 소에 이르기를 "'벤다〔斬〕'고 한 것은 애통함이 심한 뜻을 취한 것이다." 하였다.

추(麤) 대주에 나온다. 아래의 열다섯 조항도 같다.

○ 평성(平聲)으로 읽으며, 물건이 정밀하지 않은 것을 말한다.

세 개의 주름 깃을 만든다.〔作三𢄼〕

○ 《가례보주》에 이르기를,

"'첩(𢄼)'의 음은 첩(輒)이며, 주름을 뜻하는 습(褶)이다. 최상(衰裳)의 주름 깃과 복건(幅巾)의 가로 주름 깃은 조금 다르다. 복건의 가로 주름 깃은 양쪽 가장자리를 접은 부분이 안쪽에서 서로 마주 보는데 반해, 최상의 주름 깃은 양쪽 가장자리를 접은 부분이 위쪽에서 서로 마주 본다."

하였다.

체(綴)

○ 음은 주(株)와 위(衛)의 반절로, 거성(去聲)인 체(綴)로 읽으며, 이어서 붙이는 것이다.

연 가공하지 않은 극추생마포(極麤生麻布)를 사용하여 상의와 하상(下裳)을 만든다. 자르다는 뜻의 참(斬) 자가 의미하는 것과 같이 옷의 가장자리를 꿰매지 않은 채 그대로 놓아두고 시접을 밖으로 나오게 하여 슬픔의 극한 상태를 나타내고, 모든 장식을 하지 않는다.

서로 포갠다.〔相沓〕

○ '답(沓)'의 음은 달(達)과 합(合)의 반절이며, 합하다는 뜻이다.

관(冠)

○《예기》〈단궁〉에 이르기를,

"상관은 갓끈의 드림을 늘어뜨리지 않는다.〔喪冠不緌〕"

하였는데, 이에 대한 주에 이르기를,

"그 나머지 부분을 앞에 드리우는데, 이것을 '드림〔緌〕'이라고 한다. 드림을 늘어뜨리지 않는 것은 장식을 제거한 것이다."

하였다.

수질은 씨가 있는 삼으로 만든다.〔首絰, 以有子麻爲之.〕

○《의례》의 소에 이르기를 "수질은 치포관(緇布冠)의 규항(缺項)[55]을 형상한 것이다." 하였다.

○《의례》〈상복〉의 주에 이르기를 "'질(絰)'은 실(實)이다. 효자에게 충실한 마음이 있음을 밝히는 것이다." 하였다.

○《가례보주》에 이르기를 "수질은 씨가 있는 흑색을 띤 삼으로 만들되 한 가닥으로 꼬아서 만든다." 하였다.

요질(腰絰)

○《의례》〈상복〉의 소에 이르기를 "대대(大帶)를 형상한 것이다."

55 규항(缺項) : 치포관 따위를 쓸 적에 관이 벗겨지지 않도록 비녀 대신 목에 매다는 것을 말한다.

하였다.

효대는 씨가 있는 삼으로 만든다.〔絞帶, 用有子麻.〕

〔안〕《의례》〈상복〉의 전(傳)에 이르기를 "질(絰)과 대(帶)는 5분의 1씩을 줄여서 만든다."[56]라고 하였다.

저장(苴杖)[57]

○ 《가례보주》에 이르기를 "저(苴)의 음은 자(子)와 여(與)의 반절이며, 평성(平聲)인 저로 읽는다. '저(苴)'는 삼 가운데 씨가 있는 삼이다. 〈상복소기(喪服小記)〉의 주에 이르기를 '마음이 쪼개져 나가는 것 같고, 모습이 검푸르면서 참담하다. 이 때문에 최복(縗服)과 수질(首絰)과 요질과 저장을 모두 거무스름한 빛깔로 하는 것이다.' 하였다." 하였다.

조(粗)

○ 상성(上聲)으로 읽으며, 뜻은 거친 것이다.

56 질(絰)과……만든다 : 상복의 질(絰)과 대(帶)를 만드는 방법을 설명한 것으로, 《의례》〈상복〉의 전에 이르기를 "참최복의 저질(苴絰)은 삼을 한 움큼 잡아서 만들며, 여기에서 5분의 1을 감하여 참최복의 대를 만든다. 자최복의 저질은 참최복의 대와 같은 분량의 삼으로 하며, 여기에서 5분의 1을 감하여 자최복의 대를 만든다. 대공복의 저질은 자최복의 대와 같은 분량의 삼으로 하며, 여기에서 5분의 1을 감하여 대공복의 대를 만든다. 소공복의 저질은 대공복의 대와 같은 분량의 삼으로 하며, 여기에서 5분의 1을 감하여 대공복의 대를 만든다. 시마복의 저질은 소공복의 대와 같은 분량의 삼으로 하며, 여기에서 5분의 1을 감하여 시마복의 대를 만든다."라고 하였다.

57 저장(苴杖) : 상을 당한 사람이 짚는 지팡이로, 대나무나 오동나무를 잘라서 만든다.

대수(大袖)[58]

○ 《가례보주》에 이르기를,

"아주 거친 생마포(生麻布)를 써서 만드는데, 길이는 무릎에 닿게 하며, 소매의 길이는 1자 2치로 한다. 그 변폭(邊幅)은 모두 솔기가 밖으로 향하게 하며, 가장자리는 꿰매지 않는다. 남자들이 입는 최의(衰衣)의 제도에 준해서 만든다."

하였다.

장군(長裙)

○ 《가례보주》에 이르기를,

"아주 거친 생마포(生麻布) 6폭(幅)으로 만드는데, 6폭의 마포를 모두 12조각[破]으로 마름질하여 이를 이어 붙여서 군(裙)을 만든다. 그 길이는 땅에 끌리도록 하며, 그 변폭(邊幅)은 모두 솔기가 안쪽으로 향하도록 하고, 가장자리는 꿰매지 않는다. 남자들이 입는 최상(衰裳)의 제도에 준하여 만든다."

하였다.

개두(蓋頭)[59]

○ 《가례보주》에 이르기를 "조금 가는 마포로 만드는데, 모두 3폭으로 만들며, 길이는 몸체와 같고, 가장자리는 꿰매지 않는다." 하였다.

58 대수(大袖) : 상복(喪服) 제도의 하나로, 소매가 긴 옷인데, 우리나라의 장삼(長衫)과 같으며, 거친 생포로 만든다. 《世宗實錄 五禮儀 凶禮 服制》

59 개두(蓋頭) : 옛날 상복을 입을 때에 쓰던 쓰개의 일종이다.

포두수(布頭繻)[60]

○ 《가례보주》에 이르기를 "조금 가는 세포(細布) 한 가닥으로 만드는데, 길이는 8치이며, 이것으로 머리카락의 밑동을 묶고 남은 부분은 뒤로 드리운다. 《의례》에서 포총(布總)[61]이라고 하는 것이 바로 이것이다." 하였다.

죽차(竹釵)[62]

○ 《가례보주》에 이르기를 "대나무를 깎아서 만드는데, 길이는 5, 6치가량 되게 한다." 하였다.

마구(麻屨)

○ 《가례보주》에 이르기를 "부인들이 신는 신발이다. 《주례(周禮)》의 산구(散屨)에 대한 주에 이르기를 '산구는 장식을 제거한다.' 하였다." 하였다.

서자에 대해서는 장자를 위하여 입는 삼년복을 입지 못한다.〔庶子不得爲長子三年〕 소주에 나온다. 아래의 여섯 조항도 같다.

〔보(補)〕 송(宋)나라 황우(皇祐) 연간에 석조인(石祖仁)의 할아버

60 포두수(布頭繻) : 머리를 묶는 데 사용하는 베로 만든 끈을 말한다. 《세종실록》 28년 3월 27일 조에 "포두수는 시속(時俗)의 명칭이 결개(結介)인데, 생포(生布)를 사용한다."라고 되어 있다.

61 포총(布總) : 상례(喪禮)에 베로 된 띠를 가지고 머리카락을 묶는 것을 말한다.

62 죽차(竹釵) : 대나무로 만든 비녀로, 《의례(儀禮)》에는 전계(箭笄)로 되어 있다.

지인 석중립(石中立)이 죽었는데. 숙부인 석종간(石從簡)이 성복(成服)을 하고서 잇달아서 죽었다. 이에 석조인이 스스로 자기가 적손(適孫)이 되겠다고 자청하면서 이 일을 예원(禮院)에 내려 조부를 이어서 복(服)을 승중(承重)할지의 여부에 대해서 결정해 주기를 청하였다.[63] 그렇다면 비록 적손이 있더라도 서자(庶子)가 아버지의 후사가 될 수 있었던 것으로, 종법(宗法)이 무너졌다는 것을 잘 알 수가 있다. 그리고 정 태중(程太中)[64]의 상에 명도(明道)는 이미 죽고 명도의 아들이 있었는데도 이천(伊川)에게 종사(宗祀)가 돌아갔다. 이 역시 송나라의 이 법을 준행한 듯하며, 태중의 유명(遺命)이

63 송(宋)나라……청하였다 : 《의례경전통해속》의 〈상복도식(喪服圖式)〉에 "송나라 인종(仁宗) 황우 원년에 석조인이 아뢰기를 '조부 석중립이 죽고 나서 숙부 석종간이 성복한 뒤에 죽었습니다. 제가 적장손(嫡長孫)이니, 태상예원(太常禮院)에 내려서 복을 승중할지의 여부를 결정하여 주소서.'라고 하니, 박사(博士) 송민구(宋敏求)가 논의하기를 '지금 석중립의 상에 주상(主喪)이 없는데, 석조인이 명색이 적손이면서 승중하지 않아서야 되겠습니까. 또 삼년상에는 반드시 시일이 오래 지나야 복(服)이 변하는 법입니다. 지금 석중립의 장사를 아직 지내기도 전에 석종간이 죽었으니, 이는 시일이 오래되지 않아 복이 아직 변하지 않은 것입니다. 어찌 승중하는 바가 없을 수가 있겠습니까. 이제 석조인은 마땅히 관인(官印)을 풀고 그 장사로 인하여 참최삼년복(斬衰三年服)을 입어야 합니다.' 라고 하니, 송민구의 의론대로 하라고 조칙을 내렸다."라고 하였다.

64 정 태중(程太中) : 송나라의 정향(程珦, 1006~1090)으로, 태중은 그의 직명이다. 자는 백온(伯溫)이며, 정호(程顥)·정이(程頤) 형제의 아버지이다. 인종 연간에 주돈이(周敦頤)와 교유하면서 정호·정이 형제를 그에게 보내어 수학하게 하였다. 벼슬이 태중대부(太中大夫)에 이르렀으므로. 하남(河南)의 태중대부라고 칭해졌다. 정향이 죽었을 때 정향의 큰아들인 정호는 정향보다 5년 먼저 죽었고, 정호에게 아들이 있었다. 종법으로 보면 정호의 아들이 의당 정향의 제사를 주관하여야 한다. 그런데 그렇게 하지 않고 당시 송나라의 예법에 따라서 둘째 아들인 정이가 제사를 주관하였다.

있었던 듯하다.

접(摺)

○ 겹치다는 뜻인 첩(疊)이며, 입성(入聲)으로 읽는다.

옷깃에는 반드시 겁이 있다.〔領必有袷〕

○ '겁(袷)'의 음은 겁(劫)이며, 옷깃〔領〕을 교차시킨 것이다.

○ '겹(袷)'의 음은 겹(夾)이며, 혹 협(俠)으로도 쓰는데, 겹의(夾衣)이다.

전계[65]의 길이는 1자이다.〔箭笄長尺〕

○ 《예기》〈단궁〉에 이르기를,

"남궁도(南宮縚)[66]의 아내가 시어머니 상에 부자(夫子)가 좌(髽)[67]를 하는 법에 대해 가르치면서 말하기를 '너는 너무 높다랗게도 하지 말고 너무 넓게도 하지 말라. 가래나무로 비녀를 만들되 길이는 1자

65 전계(箭笄) : 대나무로 만든 비녀를 말한다.

66 남궁도(南宮縚) : 춘추 시대 노(魯)나라 사람 남궁괄(南宮括)로, 자는 자용(子容)·남용(南容) 등이다. 《논어》〈선진(先進)〉에 남용이 매일 《시경》〈억(抑)〉의 "흰 옥돌 속에 있는 오점(汚點)은 그래도 깎아서 없앨 수 있지만, 말을 한번 잘못해서 생긴 오점은 어떻게 해 볼 수가 없다.〔白圭之玷, 尙可磨也. 斯言之玷, 不可爲也.〕"라는 구절을 세 번씩 반복해서 외우자, 공자가 이를 훌륭하게 여겨 자신의 조카사위로 삼은 이야기가 있다.

67 좌(髽) : 북상투로, 부인이 상중에 머리를 풀어 묶기만 하고 싸개를 하지 않는 것을 말한다.

로 하고 머리카락을 묶는 끈〔總〕은 8치로 하라.〔爾無從從爾 爾無扈扈爾 榛以爲笄長尺 而總八寸〕' 하였다."

하였는데, 이에 대한 주에 이르기를,

"남궁도의 아내는 공부자의 형의 딸이다. '종종(從從)'은 높다란 모양이고, '호호(扈扈)'는 넓은 모양이다. 말하자면 좌(髽)는 지나치게 높다랗게 해서는 안 되고, 또 지나치게 넓게 해서도 안 된다. 또 비녀를 가지고 머리카락을 묶는 법을 가르친 것이다. 자최(齊衰)의 상에는 가래나무로 된 비녀를 쓴다."

하였다.

꾸미기를 밖으로 한 것이니 밖을 향하여 엮는다.〔外其飾向外編之〕

○ 《의례》 〈상복〉의 소에 이르기를 "그 남은 끝을 거두어서 바깥으로 향하게 한 것은 추악함을 취한 것이다." 하였다.

할아버지가 돌아가신 뒤에 할머니의 후사가 된 자가 입는 복이다.〔祖父卒而後 爲祖母後者〕

〔안〕 《의례》를 보면, 다른 사람의 후사가 된 자는 할머니 및 어머니에 대해서는 자신이 낳은 자식과 같아서 아버지와 할아버지가 죽은 뒤에는 모두 자최삼년복을 입는다.

〔안〕 《가례》를 보면, 아버지가 살아 계신데 어머니를 위하여 기년복을 입는다는 한 조항이 없는데, 양씨(楊氏)는 할아버지가 죽은 뒤에 할머니의 후사가 된 자는 자최삼년복을 입는다고 하였다. 그러나 할아버지가 비록 살아 있더라도 자최삼년복을 입는 것인지는 모르겠다.

소후자의 처 및 아들을 위하여 입는 복이다.〔爲所後者之妻若子也〕

〔안〕 소후자의 어머니는 생모(生母)와 같다.

대공(大功)

○《가례보주》에 이르기를 "말하자면 포(布)를 가공한 공이 거칠고 조악한 것이다." 하였다.

소공(小功)

○《가례보주》에 이르기를 "말하자면 포를 가공한 공이 세밀하고 조밀한 것이다." 하였다.

시어머니가 시아버지의 후사가 되지 못한 장자의 아내인 적부를 위해 입는 복이다.〔姑爲適婦不爲舅後者〕 소주에 나온다.

○《의례경전통해》의 주에 이르기를,

"적부(適婦)의 남편이 시아버지의 후사가 되지 못한 자는 남편에게 폐질(廢疾)이 있거나 다른 사유가 있거나, 혹 죽었는데 자식이 없어서 전중(傳重)을 받지 못한 자이다. 이 경우에는 소공복을 입는다." 하였다.

시마(緦麻)

○《가례보주》에 이르기를 "시마는 사(絲)이다. 그 올을 마전한 것이 가늘기가 실과 같은 것이다." 하였다.

한나라의 대덕[68]〔漢戴德〕 소주에 나온다. 아래의 두 조항도 같다.

○ 《한서(漢書)》〈유림전(儒林傳)〉에 이르기를,

“대덕(戴德)은 조카인 대성(戴聖)과 함께 후창(后蒼)에게서 예를 배웠다. 대덕이 《예기(禮記)》를 산정(刪定)하여 《대대례(大戴禮)》라고 하였다. 한나라 선제(宣帝) 때 사람이다.”

하였다.

서막(徐邈)[69]

○ 《진서(晉書)》에 이르기를 “서막은 휘장을 드리우고 글을 읽으면서 성읍(城邑)으로 들어가 놀지 않았으므로, 학자들이 종사(宗師)로 삼았다.” 하였다.

오늘날 사람들은 길복은 옛날처럼 하지 않으면서 흉복은 옛날처럼 한다.〔今人吉服不古而凶服古〕

○ 어떤 사람이 주자에게 묻기를,

“길복은 오늘날의 제도를 쓰면서 유독 상복만은 옛 제도를 쓴다면 한갓 사람들을 놀라게만 할 것입니다.”

하자, 주자가 말하기를,

“사람들을 놀라게 하는 것은 사소한 일이다.”

하였다.

68 대덕(戴德) : 서한 시대의 예가(禮家)로, 자는 연군(延君)이다. 조카인 대성과 구별하여 대덕은 대대(大戴)라고 부르고 대성은 소대(小戴)라고 부른다. 대덕이 편찬한 예 85편을 《대대례》라 하고, 대성이 편찬한 예 49편을 《소대례(小戴禮)》라고 한다.

69 서막(徐邈) : 진(晉)나라 고막(姑幕) 사람이다. 사안(謝安)이 천거하여 중서 사인(中書舍人)이 되었으며, 《오경훈의(五經訓義)》를 찬정하였다. 《晉書 徐邈列傳》

시집간 여자는 강복하되, 상기를 다 채우기 전에 쫓겨났다면〔女適人者降服未滿被出〕 대주에 나온다.

〔보〕 송(宋)나라 때에는 종법(宗法)이 무너져서 적손(嫡孫)이 후사(後嗣)가 되지 못하였으며, 소자(少子) 역시 아버지의 후사가 될 수 있었다. 그러므로 석조인(石祖仁)이 할아버지 석중립(石中立)이 죽어 미처 장사를 지내기 전에 그의 숙부인 석종간(石從簡)이 아버지의 후사가 되었다가 또 죽자, 석조인이 추복(追服)을 입게 해 줄 것을 청하였다. 이에 대해 박사(博士) 송민구(宋敏求)가 헌의(獻議)하기를,

"상복을 다시금 정해야 함이 분명합니다. 이미 장사를 지냈거나 장사를 지내지 못하였거나 간에 다시금 복제를 정하되 인정과 예문을 참작하여 하소서."

하였다. 그렇다면 적자(嫡子)가 할아버지와 아버지를 위하여 추복을 입을 경우에는 아버지가 죽은 것이 상기 안에 있어서 아직 상복을 벗지 않았다면 변복(變服)하는 절차를 인하여 장사 지내기 전의 성복(成服)과 이미 장사 지낸 뒤의 졸곡(卒哭)과 1주년의 연제(練祭)에 따라서 의당 참최복(斬衰服)을 지어 입고서 남은 달수를 다하여야 한다. 만약 상기를 이미 다 마치고서 길복(吉服)을 입었을 경우에는 의당 시집간 여자가 상기를 다 채우기 전에 쫓겨 왔는데 이미 본종(本宗)의 강복(降服)을 다 입었을 경우 추복을 입지 못하는 의리를 써서, 추복을 입지 않는 것이 분명하다.

오늘날의 묵최는〔今之墨縗〕 소주에 나온다. 아래 두 조항도 같다.

○ 《춘추좌씨전》에 이르기를 "검은 상복을 입고 문공을 장사 지냈다.

〔墨以葬文公〕" 하였다.[70]

〔안〕 진나라 문공을 아직 장사 지내기 전에 진나라 양공(襄公)이 군사를 출동시켜 싸움터에 나가면서 최복(衰服)에 검은 물을 들인 것을 입고서 나갔다. 상복(喪服)이 변한 것은 여기에서 시작되었다.

당나라 전 상원[71] 원년〔唐前上元元年〕

○ 《통감(通鑑)》을 보면, 당나라 고종(高宗) 상원(上元) 초에 조서를 내려 시행하였다.[72]

심상 삼년을 지낸다.〔申心喪三年〕

〔보〕 ○ 정자(程子)가 말하기를,

"스승을 위해서는 복(服)을 따로 세운 것이 없으니 복을 정해 세울 수가 없다. 안자(顏子)와 민자(閔子)가 공자(孔子)에 대해서는 비록 참최(斬衰) 삼년복을 입더라도 괜찮은 것이다. 그다음은 각자의 처지와 경우에 따라 그 관계가 깊거나 얕은 차이가 있을 것이다. 그런데 어찌 똑같이 같은 기준으로 복을 제정할 수 있겠는가."

70 춘추좌씨전에……하였다 : 《춘추좌씨전》 희공(僖公) 33년 조에 "여름 4월 신사일에 효(殽) 땅에서 진(秦)나라 군대를 패배시키고, 백리맹명시(百里孟明視), 서걸술(西乞術), 백을병(白乙丙)을 잡아서 돌아왔다. 마침내 검은 상복을 입고 문공을 장사 지냈으니 진(晉)나라에서 이때부터 상을 당하면 검은 상복을 입기 시작하였다."라고 하였다.

71 상원(上元) : 여기에서의 상원은 고종의 연호이다. 당나라에서는 상원이라는 연호를 두 번 썼는데, 앞에 있는 고종 때의 상원은 674년부터 676년까지이며, 뒤에 있는 숙종(肅宗) 때의 상원은 760년부터 762년까지이다.

72 당나라……시행하였다 : 심상(心喪)을 입는 제도를 시행한 것을 말한다.

하였다.

○ 구준(丘濬)이 말하기를,

“송나라 유학자인 황간(黃榦)이 그 스승인 주자(朱子)의 상을 당하여서 조복(弔服 조문 갈 때 입는 옷)에 가마(加麻)했는데, 그 제도는 심의(深衣)와 같고 관(冠)과 질(絰)을 사용하였다. 또 왕백(王柏)[73]이 그 스승인 하기(何基)[74]의 상을 당하여서 심의를 입고 대(帶)와 질(絰)을 더하였다. 왕백이 죽자 그 제자인 김이상(金履祥)[75]이 상을 치르면서 백건(白巾)에 질(絰)을 더했는데, 질은 시마(緦麻)와 같고, 소대(小帶)는 가는 모시〔細苧布〕를 사용하였다. 황간, 왕백, 김이상 세 사람은 모두 주자 문하의 적전(嫡傳)이니, 그들이 입은 복장이 근거가 없지 않을 것이다. 후세에 스승에게 받은 은혜와 의리를 갚기 위하여 복을 입으려는 자는 의당 이에 준하여 법으로 삼아야 할 것이다.”

73 왕백(王柏) : 송나라 금화(金華) 사람으로, 자는 회지(會之), 호는 장소(長嘯)·노재(魯齋), 시호는 문헌(文憲)이다. 하기(何基), 허겸(許謙), 김이상(金履祥) 등과 함께 금화주학(金華朱學)의 중요한 전인(傳人)으로, 금화사선생(金華四先生)이라고 불렸다. 《독역기(讀易記)》, 《서의(書疑)》, 《시의(詩疑)》 등을 저술하였다.

74 하기(何基) : 송나라의 학자로, 자는 자공(子恭), 호는 북산(北山), 시호는 문정(文定)이다. 주자의 문인인 황간에게 수학하였다. 금화산(金華山) 북쪽에 은거하여 강학과 저술에 전념하며 주자학을 널리 전파하였으며, 왕백, 김이상, 허겸과 함께 ‘금화사선생’이라 불렸다. 저서에 《대학발휘(大學發揮)》, 《중용발휘(中庸發揮)》, 《태극도설발휘(太極圖說發揮)》 등이 있다.

75 김이상(金履祥) : 원(元)나라의 학자이다. 송나라가 망한 뒤 벼슬하지 않고 인산(仁山) 아래에 살면서 학문 연구에 전념하였으므로 인산(仁山) 선생이라고 불렸으며, 《상서표주(尙書表注)》, 《통감전편(通鑑前編)》, 《논어주(論語注)》 등을 저술하였다.

하였다.

○《예기》〈단궁〉의 주에 이르기를 "심상은 몸에 최마(衰麻)의 복은 없으나 마음에 슬퍼하는 정이 있는 것이다. 이른바 아버지의 상을 당한 것같이 하나 상복을 입지 않는 것이다." 하였다.

○《예기》〈단궁〉에 이르기를,

"공자의 상에 문인들이 무슨 복을 입어야 할지 의심하였는데, 자공(子貢)이 말하기를 '옛날에 부자께서 안연(顔淵)의 상을 당하였을 때 마치 아들의 상을 당한 것같이 하였으나 복은 없었으며, 자로(子路)의 상을 당하였을 때에도 그러하였다. 청컨대 부자의 상을 당한 지금 아버지의 상을 당한 것같이 하되 복은 입지 말자.' 하였다."

하였다.

○《예기》〈단궁〉에 이르기를,

"공자의 상에 몇몇 제자는 모두 질을 하고 외출을 하니, 여러 제자가 붕우를 위하여 복을 입을 경우에는 거처할 적에는 질을 하다가도 외출할 때는 하지 않았다.〔孔子之喪, 二三子皆絰出. 群居則絰, 出則否.〕"

하였는데, 이에 대한 주에 이르기를,

"'군(群)'이라는 것은 여러 제자가 서로 붕우를 위하여 복을 입는 것이다.[76] 외출을 하면서도 질(絰)을 벗지 않는 것은 스승을 높이기 때문

76 군(群)이라는……것이다 : 이에 대해서 우복(愚伏) 정경세(鄭經世)는 "경문(經文)의 뜻을 상세히 생각해 보면 이와 같지 않은 듯하다. 대개 '몇몇 제자'는 70제자의 무리로서, 은혜가 깊고 의리가 무거웠으므로, 그래서 나갈 때에도 질(絰)을 했다. '군'이라는 것은 그 나머지의 여러 제자이니, 그들의 은혜와 의리는 70제자의 무리와는 같지 않았다. 그러므로 거처할 적에는 질을 하고 외출할 때는 하지 않았다."라고 하였다.

이다. 붕우를 위해서는 서로 시마복에 질과 대(帶)를 하는데, 외출할 경우에는 질과 대를 벗는다. 조복(弔服)에 마(麻)를 더한 것은 외출할 때에는 변경하는 것이다. 지금 외출하면서 질을 벗지 않는 것은 스승을 높여서이다. 무복(無服)은 조복에 마를 더한 것이다."

하였으며, 이에 대한 소에 이르기를,

"'조복'은 의최(疑衰)[77]이며, 마는 환질(環絰)[78]을 말한다. 오복(五服)의 질(絰)에는 모두 두 개의 가닥이 있는데, 오직 환질은 하나의 가닥만 있다."

하였다.

조석곡전(朝夕哭奠)

○《의례》〈사상례〉에 이르기를 "조석으로 곡을 한다. 부인은 당(堂)에서 자리로 나아가는데, 남쪽을 상석으로 한다." 하였다.

〔안〕 초상(初喪)에서 동쪽을 향할 경우 남쪽이 위의 위차(位次)가 된다.

○《의례》〈사상례〉에 이르기를 "장부(丈夫)는 문밖에서 자리로 나아

《愚伏集 別集3 思問錄 禮記》

77 의최(疑衰) : 옛날에 왕이 대부나 사(士)의 상에 참석할 적에 입는 상복을 말한다. '의(疑)'는 의(擬)와 뜻이 통하고, '최(衰)'는 최(縗)와 뜻이 통한다.《주례》〈춘관종백(春官宗伯) 사복(司服)〉에 이르기를 "무릇 상에 있어서 왕이 삼공과 육경을 위해서는 석최(錫衰)를 입고, 제후를 위해서는 시최(緦衰)를 입고, 대부와 사를 위해서는 의최를 입는다."라고 하였다.

78 환질(環絰) : 조복의 질(絰)로, 한 가닥의 삼줄을 바탕으로 하고 다시 그것을 다른 삼줄로 감아 상복의 허리나 머리에 두르는 띠를 말한다.《禮記 雜記》

가는데, 서쪽을 바라보며 북쪽을 상석으로 한다." 하였다.

〔안〕 남자는 계단 아래에 자리하는데 북쪽을 상석으로 삼는 것은 빈(殯)을 높여서이다. 초상의 경우에 당 위에서는 남쪽을 윗자리로 삼는 것은 역시 시신을 높이는 것으로, 시신의 머리가 남쪽을 향하여 있기 때문이다.

○ 《의례》 〈사상례〉의 소에 이르기를 "'벽(辟)'은 여는 것이다. 묘(廟)의 문은 일이 없으면 닫아 둔다. 귀신은 어둠을 숭상하기 때문이다. 조석곡(朝夕哭)을 할 때와 전(奠)을 올릴 때 열어 놓는다. 일이 있을 경우에는 열어 놓는 것이다." 하였다.

○ 《예기》 〈잡기〉에 이르기를,

"조석곡에는 휘장을 드리우지 않는다."

하였는데, 이에 대한 주에 이르기를,

"효자가 빈궁(殯宮)을 보면서 그 어버이를 생각하고자 하기 때문에 빈궁의 휘장을 걷고, 곡을 마치면 휘장을 드리우는 것이다."

하였다.

○ 《의례경전통해》에 이르기를 "대렴(大斂)의 묵은 전(奠)을 철거한다." 하였다.

○ 《예기》 〈단궁〉에 이르기를,

"조전(朝奠)은 해가 뜰 때 올리고, 석전(夕奠)은 해가 지기 전에 올린다."

하였는데, 이에 대한 주에 이르기를,

"음양이 교차하여 거의 만날 때이다."

하였다.

〔안〕 지금 《의례경전통해》를 보면 먼저 조곡(朝哭)을 하고 다음으

로 철전(撤奠)을 하며, 다음으로 조전을 올린 다음 철전을 하고 그다음에 대렴의 전을 올린다.

○ 《가례보주》에 이르기를 "혼백(魂帛)을 받들어 나온다는 것은 영상(靈床)을 들여가서 모시어서 내오는 것이다." 하였다.

조(罩) 소주에 나온다.

○ 음은 도(都)와 교(敎)의 반절이며, 거성(去聲)으로 읽는다. 죽롱(竹籠)이다.

영좌에 들여놓는다.〔入就靈座〕 대주에 나온다.

○ 《가례보주》에 이르기를 "본주에 나오는 '영좌(靈座)'는 마땅히 '영상(靈床)'이 되어야 한다." 하였다.

곡하는 것은 때가 없이 한다.〔哭無時〕

〔안〕《의례》〈상복〉의 소에 이르기를,

"때가 없이 수시로 곡을 하는 경우가 셋이 있다. 빈(殯)을 하기 이전까지는 곡을 하되 소리가 끊어지지 않게 하는데, 이것이 첫 번째 때가 없이 수시로 곡하는 것이다. 졸곡제를 지내기 이전까지는 여차(廬次) 안에서도 그리운 생각이 들면 곡을 하는데, 이것이 두 번째 때가 없이 수시로 곡하는 것이다. 연제(練祭)를 지낸 뒤에는 여차 안에 있을 적에만 10일이나 5일마다 생각이 나면 곡을 하는데, 이것이 세 번째 때가 없이 수시로 곡하는 것이다."

하였다.

금과 은과 전으로 장식한 것은 쓰지 않는다.〔不用金銀錢飾〕 소주에 나온다.
○ '전(錢)' 자에 대해 하서(河西 김인후(金麟厚))는 의당 '누(鏤)' 자가 되어야 한다고 의심하였다.

조(弔)

○ 《의례》〈사상례〉에 이르기를 "임금이 사람을 보내 조문할 경우에는 휘장을 거두어 올린다. 주인(主人)은 곡을 하지 않고 북쪽을 바라본다. 조문하러 온 자가 임금의 명을 전하면 주인이 곡을 한다." 하였다.
○ 《예기》를 보면, 주인은 나와서 영송(迎送)하고, 중주인(衆主人)은 나오지 않고 시신의 동쪽 자리에 있는다. -초상 때의 예이다-
○ 《예기》〈곡례〉에 이르기를,

"산 사람을 아는 자는 조문하고, 죽은 사람을 아는 자는 슬퍼한다. 산 사람을 알고 죽은 사람을 알지 못하면 조문만 할 뿐 슬퍼하지 않으며, 죽은 사람을 알고 산 사람을 알지 못하면 슬퍼만 할 뿐 조문하지는 않는다.〔知生者弔, 知死者傷. 知生而不知死, 弔而不傷, 知死而不知生, 傷而不弔.〕"

하였는데, 이에 대한 주에 이르기를,

"'조(弔)'라는 것은 예에 있어서 겉으로 슬퍼하는 것이고, '상(傷)'이라는 것은 정에 있어서 마음속으로 애통해하는 것이다."

하였다.
○ 《의례경전통해》에 이르기를,

"족인(族人)들이 서로 상을 당하여 돌보아 줌에 있어 의당 조문해야 하는데 조문하지 않거나 의당 문(免)을 해야 하는데 문을 하지 않을 경우에는 유사(有司)가 벌을 준다."

하였는데, 이에 대한 주에 이르기를,

“조(弔)는 6세(世) 이후를 말하고, 문(免)은 5세를 말한다.”

하였다.

○ 《의례경전통해》에 이르기를,

“노(魯)나라 사람 중에 동성(同姓)인 사람이 죽었는데도 조문하지 않으면서 말하기를 ‘내가 그 사람과 소원하기 때문이다.’라고 하였다. 자사(子思)가 그 말을 듣고는 말하기를 ‘은혜가 없음이 심하구나. 옛날에 부자(夫子)께서 성(姓)으로 이어지니 의리상 끊어짐이 없다고 하셨다.’ 하였다.”

하였다.-이상은 동성일 경우에는 반드시 조문해야 함을 말한 것이다.-

○ 《예기》 〈단궁〉에 이르기를 “자신이 빈소(殯所)를 모시고 있을 적에는 비록 시마복(緦麻服)을 입어야 할 사이라도 반드시 가서 조문해야 한다.” 하였다.

〔안〕 부모가 빈소에 있는데도 시마복의 상에 가서 조문하는 것은, 고례(古禮)는 이와 같으나 인정상 할 수 없는 바로, 아마도 행하기가 어려울 듯하다.-이상은 골육 형제의 경우에는 반드시 조문해야 함을 말한 것이다.-

○ 《예기》 〈증자문(曾子問)〉에 이르기를,

“공자가 말하기를 ‘삼년상의 상중에 다른 사람을 조문하여 곡하는 것은 허례(虛禮)가 아니겠는가.’ 하였다.”

하였는데, 이에 대한 주에 이르기를,

“곡을 하는 것이 상대방을 위한 것이면 어버이에게 전념하지 못하게 되고, 어버이를 위한 것이면 이것은 망녕되이 조문하는 것이다.”

하였다.-이상은 삼년상 동안에는 조문하지 않음을 말한 것이다.-

○《예기》〈단궁〉에 이르기를,

"자장(子張)이 죽자 증자(曾子)는 모친의 상중이었는데 가서 곡했다. 어떤 이가 말하기를 '자최복을 입고는 다른 사람을 조문하지 않는 법이다.'라고 하자, 증자가 말하기를 '내가 조문한 것인가?'라고 하였다."

하였는데, 이에 대한 주에 이르기를,

"벗의 죽음에 대해 애통함이 심하여 가서 곡한 것은 일반적인 조문과 같지 않다."

하였다.-이상은 어머니의 상중에 있으면서도 벗을 조문하는 것에 대해 말한 것이다.-

○《공자가어(孔子家語)》에 이르기를,

"공자의 형의 아들 공멸(孔篾)이 복자천(宓子賤)과 함께 벼슬살이를 하였는데, 공자가 공멸에게 묻기를 '벼슬살이를 하면서 무엇을 얻고 무엇을 잃었는가?' 하니, 공멸이 대답하기를 '얻은 바는 없고 잃은 것은 세 가지가 있습니다. 공적인 일이 많고 급하여서 죽은 이를 조문하지 못하고 병든 이를 문병하지 못하였습니다. 이것은 붕우의 도를 제대로 하지 못한 것입니다.' 하였다. 이에 반해 복자천은 대답하기를 '비록 공적인 일이 있더라도 죽은 이를 조문하고 병든 이를 문병하는 일을 폐하지 않았으니, 이것은 붕우에 대해서 도타이 한 것입니다.' 하자, 공자가 감탄하면서 말하기를 '이 사람은 군자답구나.' 하였다."

하였다.-이상은 공적인 일이 있어도 조문을 폐하지 않음에 대해 말한 것이다.-

○《예기》〈단궁〉에 이르기를,

"송(宋)나라 양문(陽門)을 지키던 개부(介夫)가 죽었는데, 사성(司

城) 자한(子罕)이 들어가서 몹시 슬피 곡하였다. 송나라에서 정탐 활동을 하던 진(晉)나라 사람이 이를 보고 진나라에 보고하기를 '개부가 죽었는데도 몹시 슬피 곡을 하니, 아마도 송나라는 칠 수 없을 것 같습니다.' 하였다. 공자가 그 말을 듣고는 말하기를 '나라를 엿보기를 잘하였구나. 시(詩)에, 백성에게 초상이 나면 급히 달려가 구원한다고 하였다.' 하였다."[79]

하였는데, 이에 대한 주에 이르기를,

"'개부'는 갑옷을 입은 군사이다."

하였다.-이상은 천한 자의 죽음에 대해서도 곡하는 것을 말한 것이다.-

○ 《춘추좌씨전》에 이르기를 "양중(襄仲)이 공손오(公孫敖)의 죽음에 곡하였으니,[80] 이는 원망으로 인해 친족 간의 도리를 폐하지 않은 것이다." 하였다.-이상은 원망하는 자에 대해서도 곡함을 말한 것이다.-

○ 《춘추좌씨전》에 이르기를,

"자석(子晳)이 백유(伯有)를 공격하여 죽였는데, 자산(子産)이 백유의 다리를 베고 곡을 하였다. 자석이 자산을 공격하려고 하자,

79 송(宋)나라……하였다 : 양문은 춘추 시대 송나라의 성문(城門) 이름이고, 개부는 갑사(甲士)로 하급 무사를 말한다. 사성은 사공(司空)으로 국가의 토목(土木)을 담당한 장관이다. 자한은 춘추 시대 송나라의 정경(正卿)으로, 성은 악(樂)이고, 이름은 희(喜)이다. 시(詩)는 《시경》 〈패풍(邶風) 곡풍(谷風)〉이다.

80 양중(襄仲)이……곡하였으니 : 양중은 춘추 시대 노(魯)나라의 대부이며, 공손오는 노나라의 종친이다. 양중이 거(莒)나라의 기씨(己氏)에게 장가들 예정이었는데, 때마침 공손오가 거나라에 사신으로 갔다가 그녀의 미모에 반하여 간통을 했다. 그 뒤에 공손오는 노나라를 떠나 기씨에게 의탁하여 살다가 결국 귀국하려는 소원을 이루지 못한 채 제(齊)나라에서 죽었는데, 그때 양중이 가서 조문하였다. 《春秋左氏傳 文公 8年, 14年, 15年》

자피(子皮)가 말하기를 '예가 있는 사람을 죽인다면 더할 수 없이 큰 화를 받을 것이다.'라고 하자, 이에 그만두었다."[81]

하였다.-이상은 곤란함도 피하지 않고서 곡한 것을 말한 것이다.-

○ 《예기》〈단궁〉에 이르기를,

"사람이 죽어도 조상(弔喪)하지 않는 경우가 셋이 있으니, 두려워서 죽은 자와 압사(壓死)한 자와 익사(溺死)한 자의 경우이다."

하였는데, 이에 대한 주에 이르기를,

"싸움에 임하여서 용맹이 없는 것은 효(孝)가 아니니, 두려워서 죽은 자를 조상하겠는가. 군자는 위험한 담장 아래에는 서 있지 않는 법이니, 압사한 자를 조상하겠는가. 효자는 배를 타고서 뱃놀이를 하지 않는 법이니, 물에 빠져 죽은 자를 조상하겠는가. 이 세 가지는 모두 올바른 죽음이 아니다. 그러므로 조상하지 않는 것이다."

하였으며, 일설(一說)에는 말하기를,

"이치를 보는 것이 밝지 못한 자는 두려워하여 어찌해야 할 바를 몰라서 구렁에서 스스로 목매는 경우가 있는데, 이는 진실로 두려워함에서 죽은 것이다. 오로지 전쟁에서 용맹함이 없는 것만을 가리킨다고 하기는 어려울 듯하다."

81 자석(子晳)이……그만두었다 : 자석은 춘추 시대 정(鄭)나라 공손흑(公孫黑)의 자이다. 백유는 양소(良霄)의 자(字)로, 정(鄭)나라의 대부이다. 자산은 공손교(公孫僑)의 자(字)로, 정나라의 재상이다. 자피는 한호(罕虎)로, 정나라의 경(卿)이다. 백유가 술을 너무 좋아한 나머지 공식 모임도 망치며 방탕하자, 자석이 공격하여 허(許)로 도망치게 하였다. 그 뒤 자피를 위시하여 여러 대부가 모여 백유를 제거하려 할 때, 자산은 이에 동조하지 않았으며, 백유가 다시 도성에 들어와 공격하다가 패해 죽자, 그의 시체는 물론 그 신하들의 시체까지 거두어 주었다. 《春秋左氏傳 襄公30年》

하였다.

○ 《춘추좌씨전》에 이르기를,

"금장(琴張)이 종로(宗魯)가 죽었다는 소문을 듣고 조문을 가려고 하니, 중니(仲尼)가 이르기를 '제표(齊豹)가 도둑으로 몰린 것과 맹칩(孟縶)이 살해당한 것이 모두 종로로 인해 생긴 일인데 너는 왜 조문을 하려고 하는가?'라고 하였다."[82]

하였는데, 이에 대한 주에 이르기를,

"종로는 비록 죽었지만 난을 피하지 못하였다. 제표가 도적이 된 것과 맹칩이 해를 당한 것은 모두 종로에게서 말미암은 것이다."

하였다.

○ 《의례경전통해》의 전(傳)에 이르기를,

"공족(公族)으로서 형벌을 받은 자에 대해서는 조문도 하지 않고 상복도 입지 않으며, 이성(異姓)의 사당에서 곡한다. 이는 조상을 더럽혔으므로 멀리하는 것이다. 소복(素服) 차림으로 바깥에 거처하며, 음악도 듣지 않으면서 사사로이 조상한다. 골육(骨肉)의 친함은 끊어짐이 없다."

하였다.

〔안〕 비단 공족만이 아니라 사상(私喪)에서도 이를 본받아 행해야 한다.-이상은 의롭지 못하게 죽은 자에 대해서는 조문하지 않는 것에 대하여

82 금장(琴張)이……하였다 : 금장은 공자의 제자로, 자는 자개(子開)이다. 종로는 춘추 시대 위(衛)나라 사람으로, 맹칩의 부하였는데, 제표가 반란을 일으킬 때 자신과 함께하기를 청하였으나, 동조하지 않았다. 제표는 위나라 영공(靈公)의 신하로, 사구(司寇)로 있을 때 맹칩에게 멸시를 당하였다는 이유로 반란을 일으켰다. 맹칩은 위나라 영공의 형으로, 공맹칩(公孟縶)이라고도 한다. 《春秋左氏傳 昭公20年》

말한 것이다.-

○ 《예기》 〈단궁〉에 이르기를,

"노(魯)나라 애공(哀公)이 사람을 보내 괴상(蕢尙)을 조문하게 했는데, 길에서 만나게 되자, 괴상이 궁실의 형상을 그려 놓은 뒤에 조문을 받았다. 이에 대해 증자가 말하기를 '괴상은 기량(杞梁)의 아내만큼도 예를 알지 못하는구나. 기량의 아내가 길에서 영구를 맞이하여 슬피 울고 있는데, 제(齊)나라 장공(莊公)이 사람을 보내어 조문하게 하자, 기량의 아내가 대답하기를 「선인(先人)의 초라한 집이나마 있으니 군주의 명을 욕되게 하지 마십시오.」라고 하였다.' 하였다."[83]

하였다.-이상은 길에서는 조문을 받지 않음을 말한 것이다.-

○ 《예기》 〈단궁〉에 이르기를 "다른 사람을 조상(弔喪)한 날에는 음악을 듣지 않는다." 하였다.

○ 《예기》 〈단궁〉에 이르기를 "조상한 당일에는 술을 마시지 않으며, 고기를 먹지 않는다." 하였다.

○ 《춘추좌씨전》에 이르기를 "산 사람에게 조문하되 슬픔에 미치지 못하였으니 예가 아니다." 하였는데, 이는 천천히 조문함을 이른 것이다.

○ 《예기》 〈곡례〉에 이르기를 "곡을 한 날에는 노래를 하지 않는다." 하였다.

83 노(魯)나라……하였다 : 괴상은 노(魯)나라 사람이다. 제(齊)나라 장공이 거(莒)를 습격할 때 기량이 전사하자, 그의 아내가 길에서 영구(靈柩)를 맞아 슬피 울고 있었다. 장공이 사람을 보내어 조문하자 기량의 아내가 말하기를 "임금의 신하가 죄를 지었다면 기시(棄市)해야 할 것이고, 죄를 면했다면 선인이 살던 집이 있으니, 사자는 길에서 조문하여 군명(君命)을 욕되게 하지 마십시오."라고 하였다. 그런데 괴상은 길에서 임금의 조문을 받았으므로 기량의 처만 못하다고 한 것이다. 《禮記 檀弓下》

○ 《예기》 〈소의(少儀)〉에 이르기를,

"손윗사람이고 자신보다 연배가 한참 위인 사람의 집으로 조상을 갈 때에는 그 사람의 상사에 방해가 되지 않도록 시간을 택해서 가야만 하며, 혼자서는 가지 않는다.〔尊長於己踰等, 俟事, 不犆弔.〕"

하였는데, 이에 대한 주에 이르기를,

"'사사(俟事)'는 조석곡(朝夕哭)을 할 때를 기다리는 것을 이른다. '불특조(不犆弔)'는 혼자서 조상하지 않는 것을 이른다."

하였다.-'특(犆)' 자는 '특(特)' 자로 되어 있다.-

○ 《예기》 〈단궁〉에 이르기를,

"재계를 하는 자는 다른 사람을 조문하지 않는다."

하였는데, 이에 대한 주에 이르기를,

"슬픔은 마음을 움직여서이다."

하였다.

부(賻)

○ 《예기》 〈곡례〉에 이르기를,

"남의 상을 조문할 적에는 부의(賻儀)를 낼 수 없으면 그 비용을 묻지 않는다. 남의 병을 병문안하면서 도움을 줄 수 없으면 그가 원하는 바를 묻지 않는다."

하였는데, 이에 대한 주에 이르기를,

"한갓 말로만 조상하는 것을 부끄럽게 여겨서이다."

하였다.

○ 《의례》 〈기석례(旣夕禮)〉에 이르기를,

"죽은 자를 알아 물품을 보내는 것을 증(贈)이라 하고, 산 자를 알아 물품을 보내는 것을 부(賻)라고 한다."

하였는데, 이에 대한 소에 이르기를,

"'증'은 완호(玩好)하던 것을 보내어 죽은 이에게 베푸는 것이고, '부'는 부족한 것을 보충해 주어 산 자에게 베푸는 것이다."

하였다.

○ 《춘추좌씨전》 희공(僖公) 27년 조에 이르기를,

"노(魯)나라는 제나라에 대해서 원망이 있었으나 효공(孝公)이 죽자 상사(喪事)에 대한 일을 폐하지 않았으니, 예에 맞는 것이다."

하였는데, 이에 대한 주에 이르기를,

"조상(弔喪)과 증봉(贈賵)의 수를 폐지함이 없었다는 말이다."

하였다.

○ 《춘추좌씨전》 은공(隱公) 원년 조의 주에 이르기를 "죽은 이에게 증(贈)을 하면서 장사를 지내기 전에 미치지 못하는 것은 예가 아니다." 하였다.

주인이 곡을 하고 나가 서쪽을 향하여 계상하고 재배한다.〔主人哭出, 西向稽顙再拜.〕 대주에 나온다.

○ 먼저 계상(稽顙)하고 난 뒤에 재배하는 것이다.

○ 《예기》 〈단궁〉에 이르기를,

"공자가 말하기를 '절한 뒤에 계상하는 것은 쓰러질 듯이 그 순서를 따름이다. 계상한 뒤에 절하는 것은 간절하여〔頎〕-간(頎)은 음이 간(懇)이다.- 그 슬픔이 지극한 것이다. 삼년상에서 나는 간절하여 그 슬픔이 지극한 것을 따르겠다.〔拜而稽顙, 頹乎其順也, 稽顙而後拜, 頎乎其至也. 三年之喪, 吾從其至者.〕' 하였다."

하였는데, 이에 대한 주에 이르기를,

"'절을 하는 것'은 빈(賓)에 대하여 예를 행하는 것이고, '계상을 하는 것'은 자기를 위해서 하는 것이다. '순(順)'이라는 것은 먼저 빈에게 절을 하여 공경함을 더하는 것이다. '간'이라는 것은 측은한 마음이 발하는 것이다. '지(至)'라는 것은 슬픔이 항상 어버이에게 있어서 스스로의 도리를 극진히 하는 것이다."

하였다.

문상(聞喪)[84]

〔보(補)〕《예기》〈단궁〉에 이르기를,

"백고(伯高)가 위(衛)나라에서 죽어 공자에게 부고가 오자, 공자가 말하기를 '내가 어디에서 곡을 해야 한단 말인가. 형제에 대해서는 내가 사당에서 곡하고, 아버지의 벗에 대해서는 내가 사당 문 밖에서 곡하고, 스승에 대해서는 내가 정침(正寢)에서 곡하고, 붕우에 대해서는[85] 내가 침문 밖에서 곡하고, 아는 사람에 대해서는 내가 들판에서 곡하면 되겠지만, 내가 백고에 대해서 들에서 곡하자니 너무 소원하게 대하는 것이 되고, 침문에서 곡하자니 너무 중하게 대우하는 것이 된다. 무릇 그가 사(賜)를 통해 나를 만나 보게 된 것이니, 나는 사씨(賜氏)의 집에서 곡하겠다.' 하고, 마침내 자공(子貢)에게 명하여 주관하게 하면서 이르기를 '너의

84 문상(聞喪) : 초상이 났다는 소식을 듣고 예를 행하는 것을 말한다.

85 내가 정침(正寢)에서……대해서는 : 대본에는 없다. 《예기》〈단궁 상〉에 근거하여 '吾哭諸寢, 朋友'를 보충하여 번역하였다.

곡하는 것을 위해 오는 자에게는 절하고, 백고를 알아서 오는 자에게는 절하지 마라.' 하였다."

하였다.

〔안〕 형제는 집안에서 친하게 지내는 사람이므로 사당에서 곡한다. 아버지의 벗은 아버지와 연관되어서 집 밖에서 친하게 지내는 사람이므로 사당 문 밖에서 곡한다. 스승은 그 친함이 아버지와 같으므로 정침에서 곡한다. 벗은 그 친함이 형제와 같으므로 침문의 밖에서 곡한다. 아는 사람은 함께 어울리는 사람이다. 공자가 백고의 죽음에 곡하면서 들판에서 하는 것은 너무 소원하게 대하는 것이 된다고 하여 자공의 집에서 곡하였다. 군자가 예를 행함에 곡하는 자리를 상세히 따져서 함이 이와 같았다. 그리고 산 사람을 조문하고 죽은 사람을 슬퍼함에 있어서 혹 절을 하기도 하고 절을 하지 않기도 하여, 그 정에 맞게 함이 이와 같았다.

○ 《예기》 〈단궁〉에 이르기를,

"공자가 자로(子路)의 죽음에 대해 중정(中庭)에서 곡을 한 뒤에 어떤 사람이 와서 조문을 하자 공자가 그에게 절하였다. 곡을 마치고 사자(使者)에게 나아가 자로가 죽은 까닭을 물었다."

하였는데, 이에 대한 주에 이르기를,

"중정에서 곡하는 것은 스승과 벗의 예이다."

하였다.

석 달 만에 장사를 치른다.〔三月而葬〕

○ 《예기》 〈왕제〉에 이르기를 "사(士)는 사후 3일 만에 빈(殯)하고 석 달 만에 장사를 치른다." 하였다.

○ 《예기》 〈단궁(檀弓)〉에 이르기를,

"태공(太公)이 영구(營丘), 즉 제(齊)에 봉해지고부터 5세에 이르기까지는 군주가 죽으면 모두 주(周)나라로 반장(返葬)하였다. 이에 군자가 이르기를 '악(樂)은 자기가 태어난 근원을 즐거워하는 것이고, 예(禮)는 자기의 근본을 잊지 않는 것이다. 옛사람이 이르기를 「여우가 죽으면서 제 살던 언덕을 향해 머리를 바로 두는 것은 인(仁)이다.」라고 하였다.' 하였다."

하였는데, 이에 대한 주에 이르기를,

"태공이 비록 제(齊) 땅에 봉해지기는 하였으나 주나라에 머물러 있으면서 태사(太師)가 되었으므로, 죽어서는 주나라에서 장사 지낸 것이다. 자손들이 감히 그 근본을 잊지 않았으므로 역시 제 땅에서 주나라로 반장하였으며, 5대(代)가 지나 친진(親盡)이 된 다음에야 그만두었다."

하였다.

○ 《예기》 〈단궁〉의 소에 이르기를,

"주공(周公)은 노(魯)에 봉해졌는데도 자손들은 주나라로 반장하지 않았다. 이것은 차자(次子)가 주나라에 있으면서 대대로 그 채지(采地)를 이어받았기 때문이다. 《춘추(春秋)》에 나오는 주공이 바로 이 경우이다."

하였다. 이상은 장사 지냄에 반드시 선조(先兆)에 지내는 것을 말한 것이다.

염범[86]은 상구를 천 리를 짊어지고 가서 장사 지냈다.〔廉范千里負喪〕

대주에 나온다. 아래 두 조항도 같다.

○ 《한서(漢書)》에 이르기를,

“염범(廉范)은 나이가 겨우 15세였는데도 아버지가 죽은 곳으로 가서 아버지의 상구를 맞이해 오다가 배가 침몰되어 모두 물에 빠져 죽었으나, 구원을 받아 겨우 살아날 수가 있었다. 명제(明帝) 때 무재(茂才)로 천거를 받았으며, 촉(蜀) 땅을 다스리면서는 백성들이 그의 정사를 크게 칭송하였다.”

하였다.

곽평은 스스로 품을 팔아서 무덤을 조성하였다.〔郭平自賣營墓〕

○ 《한서》에 이르기를 “곽평은 집이 가난하였으나 힘써 공부하였으며, 아버지가 죽자 자신이 날품을 팔아서 무덤을 조성하였다.” 하였다.

장지와 장사 날짜는 모두 점을 쳐서 결정한다.〔葬日皆決於卜筮〕

○ 《예기》〈곡례〉에 이르기를 “날짜를 점칠 때에는 상사(喪事)에는 먼 날을 먼저 점치고, 길사(吉事)에는 가까운 날을 먼저 점친다.” 하였다.

후토에 제사 지낸다.〔祠后土〕

○ 어떤 사람이 후토씨(后土氏)에게 지내는 제사에 대해서 물으니, 주자가 답하기를,

86 염범(廉范) : 후한 때 두릉(杜陵) 사람으로 자는 숙도(叔度)이다. 15세 때 아버지가 난을 당해 촉 땅에서 죽자 직접 그곳으로 가서 아버지의 널을 맞이해 왔다. 널을 싣고 운구하던 중 배가 난파되어 모두 빠져 죽었으나 그만은 살아남아 천 리 길을 모셔다가 장사를 지냈다. 《後漢書 廉范傳》

"극단적으로 말하면 참람한 듯하다. 그러나 이는 바로 옛사람들이 중류(中霤)에 지냈던 제사이다. 이는 단지 작은 것을 말한 것으로, 천자가 황천(皇天)과 후토(后土)에 제사 지내는 것처럼 큰 것이 아니다."

하였다.

○ 구준(丘濬)이 말하기를 "문공(文公)의 《주자대전(朱子大全)》을 상고해 보면 토지신에게 제사 지내는 글이 있는바, 이제 후토씨를 고쳐서 토지의 신이라고 하는 것이 마땅할 듯하다." 하였다.

〔안〕 이 말은 《주자어류(朱子語類)》에 실려 있는 주자가 앞에서 말한 설과 같지 않다. 앞 설에서 제사 지내는 것이 마땅한지의 여부에 대해서 논한 것과 이곳에서 칭호(稱號)에 대해서 말한 것은 서로 배치되지 않는 듯하다.

장(葬) 대주에 나온다. 아래도 같다.

○ 《예기》 〈상복소기(喪服小記)〉에 이르기를,

"부장(祔葬)하는 자는 묘지를 점치지 않는다."

하였는데, 이에 대한 주에 이르기를,

"'택(宅)'은 장사 지낼 땅이다. 앞사람의 장사 때 이미 점을 쳤기 때문이다."

하였다.

○ 《예기》 〈왕제〉에 이르기를,

"대사도(大司徒)는 본속(本俗)의 여섯 가지 방법으로 만민을 안정시키는데, 그 가운데 두 번째는 분묘를 종족별로 만들게 하는 것이다."

하였는데, 이에 대한 주에 이르기를,

"같은 종족의 사람들은 살아서는 서로 가깝게 살게 하고 죽어서는 서로 가까운 곳에 장사 지내게 하는 것이다."

하였다.[87]

찬구(攢柩)

○ '찬(攢)'의 음은 찬(竄)이며, 던지다는 뜻이다.

〔보〕 주인이 공장(工匠)에게 절한다. 곽(槨)을 만드는 데 공이 있으므로 주인이 절을 하는 것이다.

흥화와 장천〔興化漳泉〕 소주에 나온다. 아래의 다섯 조항도 같다.

○ 《일통지(一統志)》[88]를 보면, '장천(漳泉)'은 장주(漳州)와 천주(泉州) 두 주의 이름이고, '흥화(興化)'는 군(郡)의 이름이다.

곽 안에는 모래를 섞은 석회로 채운다.〔槨內實以和沙石灰〕

〔안〕 곽 안에다 석회를 쓰는 것은 온당치 않다. 곽이 썩으면 석회만 홀로 남아 있게 되어 이미 겉에 있는 숯과 하나로 될 수가 없다. 또 곽의 아래에 있는 판이 썩어서 꺼지면 석회만 그 자리에 안정되게

87 예기……하였다 : 이 내용은 《예기》 〈왕제〉에는 나오지 않고, 《주례(周禮)》 〈지관사도(地官司徒) 대사도〉에 나오는바, 구봉이 《예기》에 나오는 것으로 잘못 기록한 듯하다.

88 일통지(一統志) : 《원일통지(元一統志)》, 《대명일통지(大明一統志)》, 《청일통지(淸一統志)》 등이 있는데 중국 전체의 지리를 기술한 책이다. 《원일통지》는 책이 전하지 아니하고, 《청일통지》는 구봉이 미처 보지 못했을 것인바, 여기에 인용한 것은 《대명일통지》이다. 《대명일통지》는 명(明)나라 영종 2년(1458)에 찬술되었다.

있을 수 없다. 그러니 써서는 안 될 듯하다.

포박자(抱朴子)

○ 《진서(晉書)》에 이르기를,

"갈홍(葛洪)은 집안이 가난하였으나 힘써 공부하였는데, 특히 신선술(神仙術)과 양생술(養生術)을 좋아하였다. 구루 영(句漏令)이 되기를 구하면서 말하기를 '영광으로 삼고자 하는 것이 아니라, 그곳에는 단약(丹藥)이 있기 때문이다.' 하였다. 그 뒤에는 나부산(羅浮山)으로 들어가서 《포박자내외편(抱朴子內外篇)》 100여 책을 저술하였다. 호가 포박자이며, 시해(尸解)[89]되어 떠나갔다."

하였다.

가득 차기를 기다렸다가 덮개를 씌우고 다시 모래와 석회를 깐다.〔俟滿加蓋, 復布沙灰.〕

〔안〕 관 윗면에 석회를 쓰는 것은 아마도 석회가 붙어 있을 곳이 없을 듯하다. 관이 썩으면 끝내는 아래로 떨어질 것이니 써서는 안 될 듯하다. 관 위에 있는 석회는 석회의 두께가 두꺼우며 또 바깥에 있는 물건과 서로 합쳐져서 붕괴되지 않을 수 있다.

적계 선생(籍溪先生)[90]

89 시해(尸解) : 도가(道家)에서 쓰는 말로, 도통(道通)한 사람이 시신(屍身)은 남겨두고 혼백(魂魄)은 올라가 신선이 되는 것을 말한다.

90 적계 선생(籍溪先生) : 적계는 송나라의 학자인 호헌(胡憲)의 호이다. 숭안(崇安)

○ 《송감(宋鑑)》에 이르기를,

"호헌(胡憲)은 호안국(胡安國)의 조카로, 공부하는 데 오로지 마음을 두었고, 힘껏 농사를 지어 양친을 봉양하였으며, 주자(朱子)가 아주 오랫동안 사사(師事)하였다. 세상에서는 적계 선생이라고 불렀다."

하였다.

감히 온전한 돌을 쓰지 못한다.〔不敢用全石〕

○ 선생이 큰아들을 장사 지낼 적[91]에 그 광(壙)을 돌로 만들었는데, 위 덮개는 두께가 1자가량 되었으며, 5, 6단을 가로로 이어 붙였다. 그리고 양쪽 가 및 바닥은 6치가량 되었다. 안팎에는 석회(石灰)와 숯가루와 가는 모래와 황토를 채워 넣어서 축조하였다.-《주자어류》에 나온다.-

모씨모봉(母氏某封) 대주에 나온다.

○ '모(母)' 자 아래에 '모(某)' 자가 빠진 듯하다.

명기(明器)[92]

사람이며, 호안국의 조카이다. 일찍이 태학(太學)에서 공부하고 있던 중 이락(伊洛)의 설을 익혔으며, 그 뒤로는 학문 공부를 하는 데 오로지 마음을 두어 부지런히 학문을 닦으면서 후학을 가르쳤는데, 주희 역시 일찍이 그 문하에 나아가 사사하였다.

91 선생이……적 : 선생은 양복(楊復)의 스승인 주희(朱熹)를 말한다. 주희의 큰아들인 주숙(朱塾)은 주희보다 9년 먼저 죽었다.

92 명기(明器) : 장사 지낼 때에 망인(亡人)이 생시에 쓰던 것과 비슷하게 만들어

○ 《예기》 〈단궁〉에 이르기를,

"죽은 자를 보내는 데 있어서 완전히 죽은 자에 대한 예로써 대한다면 어질지 못한 것이어서 그렇게 할 수가 없다. 죽은 자를 보내는 데 있어서 완전히 산 자에 대한 예로써 대한다면 지혜롭지 못한 것이어서 그렇게 할 수도 없다. 그런 까닭에 죽기(竹器)는 쓸 수 없게 만들었으며, 와기(瓦器)는 질이 거칠어서 광택〔味〕-음은 말(沫)이다.-이 없으며, 목기(木器)는 소박하여 아로새긴 무늬가 없다. 금슬(琴瑟)은 설치되어 있어도 줄을 조율하지 않고, 우생(竽笙)은 갖추어 놓았어도 조화를 이루지 아니한다. 그것을 명기라고 하는 것은 신명(神明)의 도로 대하는 것이다."

하였다.

포(苞)

○ 《가례보주》에 이르기를,

"옛날에 포저(苞苴)라고 칭한 것이 바로 이것이다. 《예기》 〈곡례〉의 주에 이르기를 '포(苞)라는 것은 어육(魚肉) 등을 싸는 것이다. 저(苴)라는 것은 풀을 그릇에 깔고서 물건을 저장하는 것이다.' 하였다."

하였다.

소(筲)

○ 《논어》의 주에 이르기를 "소는 대나무로 만든 그릇으로, 한 말 두 되 정도가 들어간다." 하였다.

무덤에 넣던 부장품을 말한다. 267쪽 주46 참조.

오곡(五穀) 대주에 나온다.

○ 쌀과 조와 기장과 보리와 콩이다.-《맹자》의 주자(朱子)의 주(註)에 나온다.-

약(瀹) 음은 약(藥)이다. 소주에 나온다.

혜(醯) 대주에 나온다. 아래 다섯 조항도 같다.

○ 음은 형(馨)과 이(夷)의 반절이고, 평성(平聲)으로 읽으며, 산(酸)이다.

둥글게 뚫고 둥글게 깎는다.〔圓鑿圓枘〕

○ '조(鑿)'의 음은 조(漕)이며, 구멍을 뚫는 것이다. '예(枘)'의 음은 세(稅)[93]이며, 나무의 끝을 깎아서 구멍 안으로 끼우는 것이다.

찰(扎) 음은 찰(札)이다.

유소(流蘇)[94]

○ 《고색권유록(考索倦遊錄)》에 이르기를 "오색실을 섞어서 동심결(同心結)을 만들어 아래로 드리운 것을 유소라고 한다." 하였다.

93 예(枘)의 음은 세(稅) : 대본에는 '枘音稅'로 되어 있다. '枘'의 반절음에 근거할 때 '稅'는 '銳'의 오자인 듯하다.

94 유소(流蘇) : 채색 실이나 우모(羽毛) 등으로 수술 모양을 만들어서 수레나 가마, 휘장 등을 장식하는 것을 말한다.

괘(罣)

○ 음은 호(胡)와 괘(卦)의 반절이며, 지장을 주다는 뜻인 애(碍)이다.

유황(帷幌)[95] 소주에 나온다.

○ '황(幌)'의 음은 모(謨)와 낭(郎)의 반절이고, 상성(上聲)으로 읽는다. 위에 있는 것을 '황'이라고 하는데, 모두 유(柳)[96]에 입히는 것이다.

삽(翣)[97]

○ 《예기》 〈상대기〉의 주에 이르기를 "길에 있을 때에는 수레를 가리고, 곽(槨)에 들일 때에는 영구(靈柩)를 가린다." 하였다.

5치 5푼보다 조금 모자란다.〔五寸五分約〕 소주에 나온다.

○ '약(約)'이 다른 본에는 '약(弱)'으로 되어 있다.

영구를 그 위에 놓는데 머리를 북쪽으로 한다.〔致柩於其上北首〕 대주에

95 유황(帷幌) : 상거(喪車)를 덮는 휘장으로, 옆에 있는 것은 유라고 하고, 위에 있는 것은 황이라고 한다. 임금은 용유(龍帷)와 보황(黼幌)으로 장식하고, 대부는 화유(畫帷)로 장식하고, 사(士)는 포유(布帷)와 포황(布幌)으로 장식하는데, 그림을 그려 넣지 않은 백포(白布)로 만든다.

96 유(柳) : 여러 가지 장식이 모이는 것으로, 이것으로써 상구를 마치 담장을 둘러 집을 가리는 것처럼 하기 때문에 장(牆)이라고 이름하는 것이다. 유의(柳衣)라고도 한다.

97 삽(翣) : 너비가 3자, 높이가 2자 4치 되는 나무 광(匡)에 화포(畫布)를 입히고, 5자 되는 자루를 달아 깃털로 장식한 제구(祭具)로 그 모양이 부채와 같다. 상여가 나갈 때에는 수레를 가리고 곽(槨)에 넣을 때에는 널을 가리는 것이다. 《禮記 檀弓上》

나온다.

○ 조묘(朝廟 사당에 알현하는 의식)를 할 때 머리를 북쪽으로 하는 것은 죽은 자의 효심에 순응해서 그렇게 하는 것이다.

수장(遂匠) 소주에 나온다. 아래의 세 조항도 같다.

○ 본주(本註)에 이르기를,

"수인(遂人)과 장인(匠人)이다. 수인은 상구를 끌고 가는 일을 주관하고, 장인은 상구를 하관하는 일을 주관하는바 좌우에서 돕는 직책이다."

하였는데, 이에 대한 소에 이르기를,

"《주례》를 보면, 수인과 장인은 장사(葬事)를 주관한다."

하였다.

이상(夷牀)[98]

○ 《의례》 〈기석례〉에 이르기를 "'이(夷)'라는 말은 시신이라는 뜻이다." 하였다.

사당으로 옮긴다.〔遷于祖〕

○ '천(遷)'이 다른 본에는 '조(朝)'로 되어 있다.

영구의 동쪽에 진설하지 않는다.〔不設柩東〕

98 이상(夷牀) : 영구가 조상의 사당 양쪽 기둥 사이에 이르러 시신의 머리를 북쪽으로 할 때 사용하는 침상을 말한다.

○ 본소(本疏)[99]에 이르기를 "소렴의 전(奠)을 시신의 동쪽에 진설하는 것은, 죽은 처음에는 차마 산 사람과 다르게 대우할 수가 없어서이다. 대렴을 한 뒤에 올리는 전은 모두 당(堂) 가운데에 진설하는데, 이것 역시 영구에 통할되지 않는 곳이어서이다." 하였다.

드디어 청사[100]로 옮긴다.〔遂遷于廳事〕

○ 《가례보주》에 이르기를 "영구를 옮겨 청사의 한가운데에 놓는 것은 옛날에 계빈(啓殯)하던 뜻을 본뜬 것이다." 하였다.

조전을 베푼다.〔設祖奠〕

○ 《의례》 〈기석례〉의 주에 이르기를 "장차 길을 떠나려 할 때 술을 마시는 것을 '조(祖)'라고 한다." 하였다.

자리 위에 놓되 머리를 북쪽으로 한다.〔置席上北首〕 대주에 나온다.

〔안〕《예기》 〈예운(禮運)〉에 이르기를,

"죽은 사람은 머리를 북으로 두고, 산 사람은 남쪽을 향한다.〔死者北首, 生者南嚮.〕"

하였는데, 지금 비로소 머리를 북쪽으로 두는 것은 죽은 이를 대하는 방도를 쓰는 것이다. 〈예운〉의 주에 이르기를,

"죽은 자는 누워 있기 때문에 '머리〔首〕'라고 말하고, 산 사람은 일어나 있기 때문에 '향하다〔鄕〕'라고 말한다."

99 본소(本疏) : 《의례》 〈기석례〉의 소를 말한다.

100 청사(廳事) : 제사를 거행하는 장소인 집의 대청(大廳)을 가리킨다.

하였다.

이에 하관한다.〔乃窆〕

○ '폄(窆)'은 하관(下棺)하는 것으로, 음은 피(陂)와 험(險)의 반절이며, 거성(去聲)으로 읽는다.

○ 장자(張子)가 말하기를,

"묘혈(墓穴)에 안치하는 자리는 항렬이 높은 분의 묘소와 같은 방식으로 하관하되 남쪽으로 향하고 머리를 북쪽으로 한다. 배장(陪葬)할 경우에는 앞쪽에 두 줄을 만들되 역시 머리를 북쪽으로 하여 각각 그 묘혈에 안치한다."

하였다.

현훈(玄纁) 대주에 나온다.

○ 《서경》 〈우공(禹貢)〉의 주에 이르기를 "현은 검붉은 색의 폐백이고, 훈은 붉은색의 폐백이다." 하였다.

회격 안팎의 덮개를 덮는다.〔加灰隔內外蓋〕

〔안〕 '회격(灰隔)'은 회를 막는 얇은 판으로, 모양은 외관(外棺)과 같다. 안팎의 덮개는 바로 회를 막은 얇은 판의 안팎의 덮개이다. 안쪽 덮개는 상구의 위에 있어서 역청(瀝靑)[101]을 막고 있으며, 바깥쪽의 덮개는 역청의 위에 있어서 회와 모래를 막는다.

101 역청(瀝靑) : 송진에 기름을 섞어 만든 일종의 유기화합물로, 옛날에는 관에다가 이것을 칠하여 부식을 막았다.

부군신주(府君神主) 대주에 나온다. 아래도 같다.

○ 주자가 말하기를 "작위가 없으면 부군(府君)이라고 하고, 관직이 있으면 명부(明府)라고 하며, 아버지를 일러 가부(家府)라고 한다." 하였다.

형체가 둔석으로 돌아간다.〔形歸窀穸〕

○ 《춘추좌씨전》 양공(襄公) 13년 조의 주에 이르기를,

"둔(窀)의 음은 장(張)과 윤(綸)의 반절이며, 뜻은 두텁다는 뜻인 후(厚)이다. 석(穸)의 음은 석(夕)이며, 뜻은 밤이라는 뜻인 야(夜)이다. 두터운 밤이라는 말은 긴 밤이라는 말과 같으며, 매장(埋葬)하는 것을 이른다."

하였다.

분(墳)

○ 《예기》 〈단궁〉에 이르기를,

"공자가 이미 방묘(防墓)[102]에 합장(合葬)한 뒤에 말하기를 '옛날에는 묘(墓)를 만들었을 뿐이고 분(墳)은 만들지 않았다고 한다. 이제 나는 사방으로 떠돌아다니는 사람이니, 무덤에 표식을 하지 않을 수 없다.' 하였다. 그러고는 봉분을 만들었는데, 높이가 4자였다."

하였는데, 이에 대한 주에 이르기를,

"공자가 태어나서 세 살이 되었을 적에 아버지 숙량흘(叔梁紇)이

102 방묘(防墓) : 방산(防山)에 있는 공자(孔子) 부모의 산소이다. 방산은 중국 산동성(山東省) 곡부현(曲阜縣) 동쪽에 있는 산으로, 필가산(筆架山)이라고도 한다.

죽었다."
하였다.

○ 《예기》 〈단궁〉에 이르기를,

"방묘가 무너지자 공자가 눈물을 줄줄 흘리면서 이르기를 '내가 듣기로는 옛날에는 묘를 수리하지 않았다고 한다.' 하였다."

하였는데, 이에 대한 주에 이르기를,

"옛사람들은 무덤을 만들 때 지극히 공경하고 신중한 마음으로 행하여 수리할 일이 없었다고 말한 것이다."

하였다.

수 문제(隋文帝) 소주에 나온다. 아래도 같다.

○ 《수서(隋書)》를 보면, 문제(文帝)의 이름은 견(堅)이며, 주(周)나라를 찬탈하고 진(陳)나라를 평정하여 천하를 통일하였다.

오호유오연릉계자지묘(嗚呼有吳延陵季子之墓)[103]

○ 《일통지》[104]에 이르기를,

"계찰(季札)의 묘는 상주(常州) 강음현(江陰縣)에 있다. 공자(孔子)가 그 비석에 제(題)하였는데, 세월이 오래되어 민몰되었다. 이에 송(宋)나라의 태수 주언명(朱彦明)[105]이 다시 공자가 쓴 열 글자를

103 오호유오연릉계자지묘(嗚呼有吳延陵季子之墓) : 공자가 오나라 연릉 계자의 묘에 제한 글귀이다.

104 일통지 : 303쪽 주88 참조.

105 주언명(朱彦明) : 《대명일통지(大明一統志)》에는 '明'이 '復'으로 되어 있다.

취하여 비석에 새겨 표시하였다."
하였다.

반곡(反哭)

○ 《예기》 〈문상(問喪)〉에 이르기를,

"문에 들어가도 보이지 않고, 당에 올라가도 다시 보이지 않고, 실내에 들어가도 보이지 않으니, 이미 죽은 것이며, 이미 다시는 볼 수 없게 된 것이다. 그러므로 벽용(擗踊)해서 슬픔을 다 쏟는 것이다."
하였다.

영좌의 앞으로 나아가서 분향하고 재배한다.〔詣靈座前, 焚香再拜.〕 대주에 나온다.

〔안〕 강신례(降神禮)에서 분향하고 재배한 다음 술을 붓고서 다시 재배하기를 《가례》 〈사당장(祠堂章)〉에서 강신하는 예와 같이 한다. 그런데 시제(時祭) 조항에서는 한 번 재배하는 절차가 없는바, 아마도 빠진 듯하다.

진찬(進饌)

〔안〕 이미 재차 "조전(朝奠)과 같이 한다."라고 하였으니, 구찬(具饌)과 진찬에는 모두 반(飯)과 갱(羹)이 없는 것이다. 그런데 지금 축문(祝文)에는 자성(粢盛)-'자성'은 제반(祭飯)이다.-이 있으니,[106] 분

106 축문(祝文)에는 자성(粢盛)이 있으니 : 《가례》 초헌(初獻)의 축문에 "삼가 결생, 유모, 자성, 예제로 슬피 협사를 드리니 흠향하시기 바랍니다.〔謹以潔牲柔毛粢盛醴齊,

명치 않은 듯하다. 구준(丘濬)의 《가례의절(家禮儀節)》에 반과 갱이 있는 것은 안 될 것이 없을 듯하다. 그러나 유식(侑食)에 또 밥 가운데에 숟가락을 꽂는 절차가 없으니 《가례》의 경우에는 반(飯)이 없는 것이 맞을 듯하다. 또 졸곡(卒哭)에서야 비로소 "주인이 갱을 받들고, 주부가 반을 받든다.〔主人奉羹, 主婦奉飯.〕"라고 하였으니, 우제(虞祭)를 지낼 때에는 반과 갱이 없는 것이 역시 분명하다.

유일(柔日)

○ 《예기》 〈곡례〉에 이르기를,

"바깥일은 강일(剛日)을 가려서 하고, 집안일은 유일을 가려서 한다."

하였는데, 이에 대한 주에 이르기를,

"바깥일은 치병(治兵)과 순수(巡狩)와 조빙(朝聘)과 맹회(盟會) 등을 말하고, 집안일은 제례(祭禮)와 관례(冠禮)와 혼례(昏禮)이다."

하였다.

〔안〕 이것과는 조금 다르다.

부(祔)

○ 《가례보주》에 이르기를 "'부(祔)'라는 말은 부제하다는 뜻인 부(祔)이다. 조부(祖父)에게 다른 묘(廟)로 옮겨 가게 되었음을 고하고, 새로 죽은 자에게 이 묘(廟)에 들어가게 되었음을 고하는 것이다." 하였다.

종자가 아니면〔非宗子則〕 대주에 나온다. 아래도 같다.

哀薦祫事, 尙饗.〕"라고 한 것을 말한다.

〔안〕 상주가 된 사람이 증조할아버지를 잇는 종자(宗子)가 아니면 부제(祔祭)를 주관할 수가 없다.

종자는 절을 하지 않는다.〔宗子不拜〕

〔안〕 이것은 죽은 자의 앞에 나아가서 절을 하지 않는 것이다.

대상(大祥)

○ 《예기》 〈단궁〉에 이르기를 "공자가 상제(祥祭)를 지내고 5일이 된 뒤에는 거문고를 타되 곡조를 이루지 못하였다. 10일이 된 뒤에는 생황을 타면서 노래를 불렀다." 하였다.

〔안〕 고금의 예가 다른 것이다.

〔보〕 주자가 말하기를,

"어버이의 상을 당해서는 형제들 가운데 먼저 상기(喪期)가 찬 사람은 먼저 상복을 벗고, 뒤에 상기가 찬 사람은 나중에 상복을 벗는다. 외방에 있을 경우 초상이 났다는 소식을 들은 것에 빠르고 늦음의 차이가 있기 때문이다."

하였다.

○ 어떤 사람이 묻기를,

"남편이 아내의 상을 당하여 장례를 치르지 않았든지 이미 장례를 치렀든지 간에 아직 상복을 벗지 않았다면, 그때는 제사를 지내야 합니까? 제사를 지낼 때에는 어떤 옷을 입습니까?"

하자, 주자가 말하기를,

"아마도 제사를 지내서는 안 될 듯하다. 우리 집에서는 사시(四時)의 정제(正祭)를 폐하고-주자가 아내의 상을 당하였으므로 이른 말이다.- 오히려 절사(節祀)는 남겨 두었는데, 복색은 심의(深衣)와 양삼(凉衫) 같은 것만 사용한다. 이 또한 의리로 일으킨 것이지 참고할 만한 정례(正禮)가 있는 것은 아니다. 기제(忌祭)는 상사(喪事)의 나머지이니, 제사를 지내더라도 혐의가 없을 듯하다. 그러나 정침(正寢)에 이미 궤연(几筵)을 설치했으면 제사 지낼 곳이 없으니, 이런 경우에는 잠시 정지해도 될 듯하다."

하였다.

여포복(如布服) 소주에 나온다.

○ 《주자대전》에는 '포(布)'가 '조(弔)'로 되어 있다.

담(禫)

○ 《예기》〈단궁〉에 이르기를,

"맹헌자(孟獻子)가 담제(禫祭)를 지낼 때 악기(樂器)를 늘어놓기만 하였을 뿐 연주하지는 않고, 부인을 거느릴 때가 되었지만 침실에 들어가지는 않으니, 공자가 이르기를 '맹헌자는 보통 사람들보다 한 등급 위로구나.' 하였다."

하였다.

하순에 날짜를 점친다.〔下旬卜日〕

○ 《예기》〈곡례〉에 이르기를,

"무릇 날짜를 점칠 때에는 열흘 밖의 날을 '먼 어느 날'이라고 하고, 열흘 안의 날을 '가까운 어느 날'이라고 한다. 상사(喪事)에는 먼 날을 먼저 점치고, 길사(吉事)에는 가까운 날을 먼저 점친다."

하였는데, 이에 대한 주에 이르기를,

"상사는 장사(葬事) 및 소상과 대상 두 상제(祥祭)를 이른다. 급하게 하지 않음을 보임으로써 효심을 조금이나마 펴려는 것이다."

하였다.

거상잡의

居喪雜儀

궁함이 있는 것 같다.〔如有窮〕

○ 《예기》〈단궁(檀弓)〉의 소에 이르기를,

"일은 다하고 이치는 굴한 것이 '궁(窮)'이 된다. 효자가 땅바닥에 엎드려 기면서 통곡하는데, 마음이 답답하고 몸이 굽어서 마치 급히 길을 가고자 하나 길이 끊어져 몹시 곤궁하고 다급한 것을 형용한 것이다."

하였다.

구구(瞿瞿)

○ 눈을 두리번거리면서 쳐다보는 모습으로, 마치 무언가를 잃어버렸는데 찾아보아도 보이지 않는 것과 같은 것이다.

황황(皇皇)

○ 불안해하는 모습인 서서(棲棲)와 같은 뜻으로, 어버이를 초토(草土)에 파묻고서는 효자의 마음을 의탁할 곳이 없기가 마치 어버이가 오기를 바라건만 어버이가 오지 않는 것과 같은 것이다.

소상에 이르러서는 개연하다.〔練而慨然〕

○ 소상에 이르러서는 단지 말이 내달리듯 세월이 빨리 가는 것을 개탄하기만 할 뿐이다.

대상에 이르러서는 확연하다.〔祥而廓然〕

○ 대상에 이르러서는 마음이 휑하여서 즐거운 생각이 전혀 안 드는 것이다.

안정(顏丁)[107]

○ 노(魯)나라 사람이다.

소련과 대련〔小連大連〕

○ 《예기》〈잡기(雜記)〉의 주에 이르기를 "동이(東夷)의 사람인데, 학문을 익히지는 않았으나 예를 잘 아는 사람이다." 하였다.

송(誦)

○ 《가례보주(家禮補註)》에 이르기를 "'송'은 입으로 반복하는 것이다."라고 하였다.

고시(高柴)[108]

○ 자는 자고(子皐)이고, 공자의 제자이며, 위(衛)나라 사람인데, 공자가 그의 우직(愚直)함을 칭찬하였다.

107 안정(顏丁) : 춘추 시대 노나라 사람으로 특히 거상(居喪)을 잘하였다고 하는데, 《예기》〈단궁 하(檀弓下)〉에 그 내용이 나온다.

108 고시(高柴) : 춘추 시대 제(齊)나라 사람으로, 자는 자고(子皐)이다. 공자의 제자로 효성이 지극해서 어버이의 상을 당해서 3년 동안 피눈물을 흘리며 한 번도 이를 드러내어 웃은 적이 없었다고 한다. 《禮記 檀弓上》

몸에 양이 있다.〔身有瘍〕

○ '양(瘍)'의 음은 여(余)와 장(章)의 반절이며, 뜻은 양옹(瘍癰)이고, 또 병(病)이다.

〔보(補)〕《예기》〈곡례(曲禮)〉에 이르기를,

"거상(居喪)하는 예절은 비록 슬픔으로 몸이 상해서 수척해지더라도 뼈가 드러날 정도가 되게 해서는 안 되고, 시력과 청력도 쇠해지게 해서는 안 된다."

하였는데, 이에 대한 주에 이르기를,

"거상하는 예에 있어서 슬픔으로 인해서 몸이 수척해지는 것은 괜찮으나 뼈가 드러나 보일 정도로 수척해지게는 하지 않았으며, 또 몸이 상하더라도 목숨을 해치는 정도에 이르도록 하지는 않았다."

하였다.

○《예기》〈곡례〉에 이르기를,

"거상 중의 예에는 동쪽 계단을 통해 오르내리지 않으며, 문 가운데 길〔門隧〕로 드나들지 않는다."

하였는데, 이에 대한 주에 이르기를,

"아들 된 자의 예를 지키면서 차마 폐하지 못하는 것이다."

하였다.

○《예기》〈곡례〉에 또 이르기를 "초상을 이겨 내지 못하면 바로 자애롭지 못하고 효도하지 못한 데에 비유된다." 하였다.

○《예기》〈곡례〉에 이르기를,

"쉰 살이 된 사람은 지나치게 애통해하여 몸을 손상하는 데에는 이르지 않게 하며, 예순 살이 된 사람은 지나치게 애통해하지 않으며, 일흔 살이 된 사람은 다만 최마복을 입을 뿐 술을 마시고 고기를 먹으며 집 안에서 거처한다."
하였다.

억지로라도 죽을 먹어야 한다.〔强加飦粥〕

○ '전(飦)'은 전(饘)과 같으며, 음은 제(諸)와 연(延)의 반절이다. 걸쭉한 것을 '전'이라고 하고, 묽은 것은 '죽(粥)'이라고 한다.

구봉집

제9권

가례주설 3
家禮註說三

가례주설 3 家禮註說三

제례

祭禮

제례(祭禮)

○ 《예기》〈제통(祭統)〉에 이르기를,

“제사라는 것은 돌아가신 부모에게 봉양을 미루어 나아가고 효를 계속 이어 나가려고 행하는 것이다.”

하였는데, 이에 대한 주에 이르기를,

“미처 봉양하지 못한 것을 미루어 나아가고, 미진하였던 효를 이어 나가는 것이다.”

하였다.

○ 주자가 말하기를 “옛사람들은 성실하여 진실로 유(幽)와 명(明)을 하나로 보아 마치 위아래와 좌우에 계신 듯이 여긴 것이지, 마음속으로 그렇지 않은 줄 알면서 짐짓 이런 말을 하여 가르친 것은 아니다.” 하였다.

○ 주자가 말하기를 “혼(魂)을 조상하고 백(魄)을 부르고 중(重)[1]을

1 중(重) : 고례에 임시로 만들어 사용한 신주(神主)로, 우제(虞祭)가 되어 신주를

세우고 신주(神主)를 설치하는 것은, 그 속에 있는 죽은 사람의 정신과 항상 접속하고자 해서인 것이다." 하였다.

○ 주자가 또 말하기를 "성인께서 사람들의 자손들에게 항상 제사를 지내라고 가르친 것은 그 정신이 모이게 하기 위해서인 것이다." 하였다.

○ 어떤 사람이 주자에게 묻기를,

"이미 가서 귀신이 되었다고 하였는데, 어찌해서 '조고가 오신다.〔祖考來格〕'[2]라고 합니까."

하자, 주자가 말하기를,

"이른바 오신다는 것은 역시 대략 귀신의 의사(意思)가 있는 것이다. 나의 정신으로써 귀신의 정신을 감통시킨다는 것은 대개 이것을 이른 것이다."

하였다.

○ 공자가 말하기를,

"천하 사람들로 하여금 재계하고 옷을 잘 차려 입고서 제사를 받들게 하고, 뚜렷하게 그 위에 있는 듯하고 그 좌우에 있는 듯하다."

하였는데, 이에 대해서 어떤 사람이 주자에게 '양양여재(洋洋如在)'에 대해서 묻자, 주자가 답하기를,

"역시 스스로 느끼게 하도록 하는 바가 있어야만 비로소 얻을 수

만들 때까지 임시로 쓰는 신주이다. 사람이 처음 죽으면 중을 만들어서 신이 의귀(依歸)하게 한다. 은나라는 신주를 만들면 중을 달아 두고, 주나라에서는 신주를 만들면 중을 없앴다.

2 조고(祖考)가 오신다 : 《서경》 〈익직(益稷)〉에 이르기를 "명구를 치고 거문고와 비파를 타며 노래를 읊으니, 조고가 오시어 우빈의 자리에서 제후들과 덕으로 사양합니다.〔戛擊鳴球, 搏拊琴瑟, 以詠, 祖考來格, 虞賓在位, 群后德讓.〕"라고 하였다.

있는 것이다."

하였다.

○ 《예기》 〈제의(祭義)〉에 이르기를,

"효자가 제사를 지냄에 있어서는 나아가고 물러남에 반드시 공경스럽게 하여, 마치 직접 어버이에게 명을 듣는 듯이 한다."

하였는데, 이에 대한 주에 이르기를,

"나아가고 물러나는 사이에 직접 부모의 명을 듣는 것같이 하여, 마치 그렇게 하도록 시키는 자가 있는 것처럼 하는 것이다."

하였다.

○ 어떤 사람이 묻기를,

"귀신의 뜻에 대해서 보내오신 편지에 이르기를 '단지 상채(上蔡)[3]의 「조고(祖考)의 정신이 바로 나 자신의 정신이다.」라고 한 한 구절을 생각해 본다면, 그 묘맥(苗脈)을 볼 수 있을 것이다.'라고 하셨습니다.

제가 일찍이 《태극도의(太極圖義)》를 읽어 보니 거기에 이르기를 '사람과 사물의 시작은 기(氣)가 화(化)하여 생겨난 것이다. 기가 모여서 형체를 이루면 형체와 기운이 교감하면서 드디어 형체가 변화하여 사람과 사물이 생겨나 변화가 무궁해진다.' 하였습니다.

여기에서 천지(天地) 사이에 있는 사람과 사물이 낳고 낳아서 끊임이 없게 하는 것이 참으로 이 이(理)라는 것을 알 수가 있습니다.

3 상채(上蔡) : 사양좌(謝良佐, 1050~1103)로, 자는 현도(顯道), 시호는 문숙(文肅)이며, 상채 사람이다. 정호(程顥)가 지부구사(知扶溝事)로 있을 때 그에게 수학하였다. 상채학파(上蔡學派)의 비조이며 상채 선생으로 불렸다. 그의 사상은 다분히 선불교의 내용을 포함하고 있어 주희로부터 비판을 받기도 하였다. 저서에 《논어해(論語解)》가 있다.

모여서 생성되고 흩어져서 죽는 것은 기(氣)입니다. 이 이(理)가 있으면 이 기가 있는 것입니다. 기가 여기에 모여 있으면 그 이 역시 여기에다가 명을 하는 것입니다. 지금 이른바 기라는 것은 이미 화(化)하여서 남아 있는 것이 없습니다. 그렇다면 이른바 이라는 것이 대체 어디에 붙어 있을 수 있겠습니까.

그러나 나의 이 몸은 바로 조고(祖考)의 유체(遺體)입니다. 조고가 갖추어서 조고가 되게 한 것은 모두 나에게 갖추어져 있어서, 일찍이 없어진 적이 없습니다. 이것은 혼(魂)이 올라가고 백(魄)이 내려와 비록 이미 화하여 없어졌다고 하더라도, 조고에게 뿌리박았던 그 이는 이미 종식(終息)되는 법이 없으며, 나에게 갖추어진 기는 다시 중간에 끊어짐이 없어서, 내가 능히 정신을 모으고 정성을 다해 구하면, 이 기는 순일(純一)하여서 잡된 바가 없게 됩니다. 그렇다면 이 이는 저절로 환하게 드러나서 가릴 수가 없는 것입니다. 이것은 그 묘맥이 환하여서 볼 수가 있는 바입니다.

상채가 이르기를 '3일 동안 재숙(齋宿)하고 7일 동안 재계(齊戒)하면서 음양과 천지에 구하는 것은, 단지 자신의 정신을 모으고자 하는 것이다.'라고 하였습니다. 대개 나의 정신이 바로 조고의 정신입니다. 나에게 있는 것이 이미 모여졌다면, 이는 바로 조고가 오신 것입니다."

하였는데, 주자가 말하기를,

"말한바 귀신에 대한 설이 아주 정밀하다."

하였다.

○ 자사(子思)가 말하기를,

"은미한 것이 드러나니, 성(誠)의 가릴 수 없음이 이와 같다."

하였는데, 이에 대해서 연평 이씨(延平李氏)[4]가 말하기를,

"제사를 받들 때에는 귀신의 이치가 환하게 밝아서 보기가 쉽다."

하였다.

○ 어떤 사람이 묻기를,

"방친(旁親)[5] 및 아들은 한 기(氣)입니다. 그러나 아내와 외친(外親)을 제사 지낼 경우에는 그 정신은 친족의 정신이 아닙니다. 어찌 여기에서는 단지 마음으로만 감통하고 기로써는 감통하지 않는 것이 아니겠습니까."

하니, 주자가 말하기를,

"대개 그 근본은 하나의 근원에서 흘러나온 것이어서 애당초부터 간격이 없는 것으로, 비록 천지나 산천이나 귀신이라도 역시 그렇다."

하였다.

○ 《예기》〈제통〉에 이르기를,

"사람을 다스리는 도리는 예보다 더 급한 것은 없다. 예에는 다섯 가지의 예제(禮制)가 있는데, 그 가운데에서 제례(祭禮)보다 중한 것은 없다."

4 연평 이씨(延平李氏) : 송나라 학자 이동(李侗, 1093~1163)을 말한다. 연평은 호이고, 자는 원중(愿中), 시호는 문정(文靖)이며, 검남(劍南) 사람이다. 나종언(羅從彦)이 양시(楊時)에게 낙학(洛學)을 전수받았다는 이야기를 듣고 나종언에게 가서 배워 양시와 나종언과 함께 '검남삼선생(劍南三先生)'으로 불렸다. 정호(程顥)와 정이(程頤)의 학문이 주희에게 이어지는 데 있어서 교량적 역할을 하였다. 저서에 《이연평집》이 있다. 《宋史 道學列傳 李侗》

5 방친(旁親) : 직계(直系)에서 갈라져 나온 방계(傍系)의 친척을 말한다. 나로부터 부(父), 조(祖), 증조(曾祖)는 정통(正統)이라고 하고, 그 외에 백숙중고(伯叔仲考), 백숙조(伯叔祖), 중자(衆子), 곤제(昆弟)는 모두 방친이 된다.

하였는데, 이에 대한 주에 이르기를,

"오례(五禮)는 길례(吉禮)와 흉례(凶禮)와 군례(軍禮)와 빈례(賓禮)와 가례(嘉禮)이다."

하였다.

○ 《예기》 〈제통〉에 이르기를 "제사라는 것은 가르침의 근본이다." 하였다.

○ 《예기》 〈제통〉에 또 이르기를,

"제사에는 열 가지 윤리가 있다. 귀신을 섬기는 도리가 나타나며, 군신(君臣)의 의리가 나타나며, 부자(父子)의 윤리가 나타나며, 귀천(貴賤)의 등급이 나타나며, 친소(親疏)의 감쇄(減殺)가 나타나며, 작상(爵賞)의 시행이 나타나며, 부부(夫婦)의 분별이 나타나며, 정사(政事)의 균등함이 나타나며, 장유(長幼)의 차례가 나타나며, 상하(上下)의 관계가 나타난다. 이것을 열 가지 윤리라고 한다."

하였다.

○ 《예기》 〈제의〉에 이르기를 "제사는 자주 지내려고 하지 않는다. 자주 지내면 번거롭고, 번거로우면 경건하지 않다. 제사는 성글게 지내려고 하지 않는다. 성글면 게으르게 되고, 게으르면 잊게 된다." 하였다.

○ 《상서대전(尙書大傳)》에 이르기를 "'제(祭)'라는 말은 살핀다는 뜻인 찰(察)이다. '살핀다'는 것은 이른다는 뜻인 지(至)이다. 인사(人事)가 이른 다음에야[6] 제사를 지낸다." 하였다.

○ 공자(孔子)가 말하기를,

6 다음에야 : 대본에는 '缺'로 되어 있다. 《상서대전》에 근거하여 '然後'를 보충하여 번역하였다.

“뭇 생명체는 반드시 죽고, 죽으면 반드시 흙으로 돌아간다. 이것을 귀(鬼)라고 한다. 뼈와 살은 섞어서 아래에 묻히고〔陰〕-음(陰)은 거성(去聲)으로 읽는다.- 이것이 야토(野土)가 되면 그 기운은 발양하여 위로 올라가서 소명(昭明), 훈호(焄蒿), 처창(悽愴)이 된다. 이것이 바로 백물(百物)의 정기가 되니, 여기에서 신(神)이 나타난다.”

하였는데, 이에 대해 주자가 말하기를,

“귀신이 밝게 드러나는 것이 ‘소명’이고, 그 기운이 위로 퍼져 올라가 사람에게 감촉되는 것이 ‘훈호’이고, 사람의 정신을 오싹하게 하는 것이 ‘처창’이다.”

하였다.

○ 어떤 사람이 묻기를,

“천지와 산천은 구체적인 사물이 있어서 그 신(神)을 오게 할 수가 있습니다. 그런데 사람은 죽으면 그 기(氣)가 흩어지는데, 어떻게 오게 할 수 있습니까.”

하자, 주자가 말하기를,

“단지 이것은 하나의 기이다. 가령 자손의 구체적인 기가 이곳에 있다면 필경에는 그 기가 무엇을 인하여 이곳에 있겠는가. 그것이 온 바는 대개 사람이 처음에 태어날 적에 기화(氣化)한 조상이 서로 전하여 이곳에 이른 것이다. 단지 이것은 이 기이다.”

하였다.

○ 주자가 말하기를 “천지로 말하자면 다만 하나의 기운이지만, 한 몸으로 말하자면 나의 기운이 곧 조선(祖先)의 기운이고, 또한 하나의 기운인지라, 느끼면 반드시 감응한다.” 하였다.

○ 《예기》 〈곡례(曲禮)〉에 이르기를,

"제사 때에는 흉사(凶事)를 말하지 않는다."

하였는데, 이에 대한 주에 이르기를,

"제사는 길사이다. 길사와 흉사는 서로 범하지 않는다."

하였다.

○ 《주역》 〈췌괘(萃卦)〉의 괘사(卦辭)에 이르기를,

"왕이 사당(祠堂)에 이른다.〔王假有廟〕"

하였는데, 이에 대해 주자가 말하기를,

"사당에 가서 조고(祖考)의 정신을 모으는 것이다. 사람은 반드시 자기의 정신을 모을 수 있어야만 사당에 가서 조고를 받들 수 있는 것이다."

하였다.

○ 정자(程子)가 말하기를 "천하의 인심을 수합하고 여러 사람의 마음을 총괄하는 방도로는 종묘보다 더한 것이 없다. 제사에 대한 보답은 인심(人心)에 근본한 것으로, 성인이 예를 제정하여 그 덕을 이루었을 뿐이다." 하였다.

○ 또 《주역》 〈췌괘〉의 전(傳)에 이르기를 "모이기를 정도(正道)로써 하지 않으면 능히 형통할 수 있겠는가?" 하였다.

○ 《예기》 〈곡례〉에 이르기를 "제사 지낼 대상이 아닌데도 제사 지내는 것을 음사(淫祀)라고 한다." 하였다.

○ 북계 진씨(北溪陳氏)[7]가 말하기를,

7 북계 진씨(北溪陳氏) : 송(宋)나라의 학자인 진순(陳淳)으로, 자가 안경(安卿)이고 북계 선생이라고 불렸다. 장주(漳州) 용계현(龍溪縣) 사람이다. 주희에게 잠시 배웠으며, 주희의 어록(語錄)을 기록하였다. 《성리자의(性理字義)》 등을 저술하였다.

"오늘날 사람들은 자기의 조상에게 제사 지내면서는 도리어 설만하고 소홀하게 하고, 그 이외의 다른 귀신에게 제사 지내면서는 반드시 정성스럽고 공경하게 하면서, 다른 귀신이 자기와 무슨 관계에 있는지를 알지 못한다. 만약 그 대상이 바른 귀신이라면, 제사를 지내지 않아야 할 데에다 제사 지내는 것을 흠향하지 않을 것이다. 그리고 만약 그 대상이 올바르지 못한 귀신이라면, 제사 음식을 훔쳐 먹을 뿐으로, 반드시 복을 내려 줄 리가 없는 것이다."

하였다.

○ 어떤 사람이 묻기를,

"조선이 사인(士人)이 아닌데도 자손이 그 가풍을 바꾸고자 하여 사인의 예로써 제사 지낸다면, 조선이 알지 못할 것입니다. 어떻습니까?"

하자, 주자가 말하기를,

"공께서 안다면 조선께서도 곧 알 것입니다."

하였다.

○ 《예기》 〈제통〉에 이르기를,

"오직 성인(聖人)이라야 상제(上帝)를 제사 지낼〔饗〕 수 있고, 효자라야 어버이를 제사 지낼 수 있다. 제사 지낸다〔饗〕는 것은 향함〔鄕〕이다. 향한 뒤에야 능히 제사 지낼 수 있다."

하였는데, 이에 대한 주에 이르기를,

"뜻이 향한 이후에야 능히 제사 지낼 수 있는 것이다."

하였다.

○ 주자가 말하기를,

"제사를 지내면 귀신이 느껴서 이르러 오는데, 이것은 어떤 한 물건이 허공중에 쌓여 있으면서 자손들이 찾아 주기를 기다리고 있는 것이 아니다. 정성과 공경의 도리를 다하여 감응하였을 때 이 기운이 여기에 와서 깃드는 것이다."

하였다.

○ 정자가 말하기를,

"무릇 죽은 사람을 섬기는 예는 산 사람을 섬기는 것보다 후하게 해야 한다."

하였으며, 주자가 말하기를,

"다만 정성과 공경을 위주로 하면 되고, 기타 의식은 집안의 처지에 맞추어서 풍성하게 하든지 간략하게 하든지 하면 된다. 국 한 그릇 밥 한 그릇이라도 모두 스스로 정성을 다하면 된다."

하였다.

〔안〕 집집마다 귀신을 섬김에 있어서는 의당 산 사람을 봉양하는 것보다 후하게 해야 하지만, 역시 제물의 품수(品數)에 구애받을 필요는 없다.

○ 《예기》〈증자문(曾子問)〉에 이르기를,

"증자가 묻기를 '종자(宗子)가 사(士)이고 서자(庶子)가 대부(大夫)일 경우, 그 제사는 어떻게 지냅니까?' 하니, 공자가 이르기를 '상생(上牲)으로 종자가 그 집에서 제사 지내며, 그 축문(祝文)에 이르기를 「효자 아무개가 개자(介子)[8] 아무개를 위하여 상사(常事)[9]를 올

8 개자(介子) : 서자를 말한다. 서자라고 하지 않고 개자라고 하는 것은, 서자는 비천한 자에 대해서 부르는 칭호이고, 개자는 부이(副貳)의 뜻인바, 역시 귀한 이를 귀하게 여기는 도리에서 이렇게 칭하는 것이다.

립니다.」 한다.' 하였다."

하였다.

○ 《예기》 〈제통〉에 이르기를,

"무릇 제사라는 것은 어떤 사물이 밖으로부터 이르러 오는 것이 아니라, 안에서부터 나와 마음에서 생겨나는 것이다."

하였는데, 이에 대한 주에 이르기를,

"그 마음을 다하는 것이 제사를 지내는 근본이다. 그 물품을 다하는 것은 제사에 있어서 말단의 일이다."

하였다.

○ 공자가 말하기를,

"아버지가 대부이고 아들이 사(士)이면 장사(葬事)는 대부의 예로 하고 제사는 사의 예로 한다. 아버지가 사이고 아들이 대부이면 장사는 사의 예로 하고 제사는 대부의 예로 한다."

하였는데, 이에 대해서 주자가 말하기를,

"제사를 지낼 때에는 산 자의 작록으로 한다."

하였다.

〔안〕 사의 작록과 대부의 작록으로써 이미 제사를 지내면서 풍성하게 하고 줄여서 하였으니, 가난하고 부유함에 있어서도 역시 그렇게 한다. 한 가지 예에 구애받을 필요는 없다.

○ 《주역》 〈손괘(損卦)〉에 이르기를,

"어디에 쓰겠는가. 두 그릇만 가지고서도 제향(祭享)할 수가 있다."

하였는데, 이에 대해 정자가 말하기를,

9 상사(常事) : 상제(常祭)로서 일정한 시기에 지내는 제사를 이른다.

"'손(損)'이라는 것은 부박하고 말단적인 것을 줄여서 본실(本實)로 나가는 것이다. 향사(享祀)의 예는 성실함과 공경함이 근본이 된다. 꾸밈이 정성보다 지나치면 거짓이 된다. 그러므로 '두 그릇만 가지고도 제향할 수가 있다.'라고 한 것이다. 제향을 함에 있어서는 정성이 근본이 되는 것이다."

하였다.

○ 《예기》 〈제통〉에 이르기를 "겉으로는 제물을 다하고, 안으로는 뜻을 다한다." 하였다.

〔안〕 제물과 정성을 다한 다음에야 제대로 제사를 지낼 수가 있다.

○ 《예기》 〈제의〉에 이르기를,

"효자가 제사를 지내려고 할 때에는 그 일을 미리부터 생각해서 준비하지 않으면 안 된다. 그리고 제사 지낼 때에 맞추어 필요한 물품들을 충분히 갖추어 두지 않으면 안 된다. 잡념이 없는 텅 빈 마음의 상태에서〔虛中〕 이런 일들을 행해야 한다."

하였는데, 이에 대한 주에 이르기를,

"'비시(比時)'는 때에 맞추어서 하는 것이다. '허중(虛中)'은 마음에 잡념이 없는 것이다."

하였다.

○ 《주역》 〈기제괘(旣濟卦)〉에 이르기를,

"동쪽 인근 마을에서 소를 잡아 성대하게 제사하는 것보다는 서쪽 인근 마을에서 조촐하게 제사를 지내고 실제로 그 복을 받는 것이 훨씬 낫다.〔東隣殺牛, 不如西隣之禴祭, 實受其福.〕"

하였는데, 이에 대한 주에 이르기를,

"'살우(殺牛)'는 성대한 제사이다. '약제(禴祭)'는 조촐한 제사이다."

하였다.

○ 《의례경전통해(儀禮經傳通解)》에 이르기를,

“서자(庶子)가 부유하면 희생(犧牲)을 두 개로 갖추어서 그 가운데 더 좋은 것〔賢者〕-‘현(賢)’은 선(善)과 같다.-을 종자(宗子)에게 바친다. 종자의 제사를 마친 뒤에야 감히 사제(私祭)를 지낸다.”

하였는데, 이에 대한 소에 이르기를,

“대종(大宗)과 소종(小宗)이 모두 그렇다.”

하였다.

○ 《예기》 〈왕제(王制)〉에 이르기를,

“상제(喪祭)에 있어서 비용이 부족한 것을 ‘폭(暴)’이라 하고, 여유가 있는 것을 ‘호(浩)’라고 한다. 제사는 풍년에도 사치하게 하지 않으며, 흉년이라도 검박하게 하지 않는다.”

하였는데, 이에 대한 주에 이르기를,

“‘폭(暴)’은 정제(整齊)하지 않았다는 말이고, ‘호(浩)’는 범람(汎濫)하다는 뜻이다.”

하였다.

〔안〕 예에는 정해진 제도가 있는바, 역시 더하거나 줄여서는 안 된다.

사시제(四時祭)

○ 공자(孔子)가 말하기를 “봄가을에 지내는 제사는 계절에 따라 사모하는 마음이 생겨서 지내는 것이다.” 하였다.

○ 《예기》 〈제통〉에 이르기를,

“제사의 경우에는 공경히 하고 제때에 하는 것을 본다.”

하였는데, 이에 대한 주에 이르기를,

"예는 제때에 하는 것이 중요한 것이다."

하였다.

○ 공양자(公羊子)[10]가 말하기를,

"사(士)가 이 네 가지 제사를 지내지 못하였을 경우에는 겨울에는 갖옷을 입지 않고 여름에는 갈옷을 입지 않는다."

하였는데, 이에 대한 주에 이르기를,

"'이 네 가지'는 사시(四時)의 제사를 이른다."

하였다.

하휴(何休)[11] 소주에 나온다. 아래의 세 조항도 같다.

○ 《한서》에 이르기를 "하휴의 자는 소공(邵公)[12]이며, 육경(六經)을 정밀하게 연구하였다." 하였다.

특돈(特豚)[13]

10 공양자(公羊子) : 《춘추공양전(春秋公羊傳)》을 지은 사람이다. 《춘추공양전》의 저자에 대해서 《한서(漢書)》 〈예문지(藝文志)〉에는 공양자라고만 기록되어 있고 구체적으로 이름이나 출신 등은 말하지 않았다.

11 하휴(何休) : 후한(後漢) 사람으로, 역산(曆算)을 잘 하였으며, 특히 《춘추공양전》을 좋아했다. 벼슬은 간의대부(諫議大夫)에 이르렀고, 저서에 《춘추공양해고(春秋公羊解詁)》, 《공양묵수(公羊墨守)》, 《좌씨고황(左氏膏肓)》 등이 있다. 《後漢書 儒林列傳 何休》

12 소공(邵公) : 대본에는 '卻公'으로 되어 있다. 《후한서》에 근거하여 '卻'을 '邵'로 바로잡아 번역하였다.

13 특돈(特豚) : 특은 수컷이라는 뜻이고, 돈은 작은 돼지로, 예를 행할 적에 희생(犧牲)으로 쓰는 수퇘지를 말한다. 《의례》의 주는 이와 약간 다르게 되어 있다.

○ 《의례》 〈사혼례(士昏禮)〉의 주에 이르기를 "'특(特)'은 '일(一)'과 같다." 하였다.

'봄에는 부추를 천신하고'에서부터 '기러기로 한다.'까지〔春薦韭 止 以雁〕[14]

○ 《예기》 〈왕제〉의 본주(本註)에 이르기를,

"부추는 성질이 따스하여 양(陽)의 종류이므로 알〔卵〕을 짝하게 하는 것인데, 알이 음(陰)에 속하는 물건이기 때문이다. 보리와 기장은 모두 남방의 곡식으로 역시 양에 속하는 종류이다. 그러므로 물고기나 돼지와 짝하는바, 물고기나 돼지가 모두 음에 속하는 사물이기 때문이다. 벼는 서방의 곡식으로 음에 속하는 종류이다. 그러므로 기러기와 짝하는데, 기러기가 양에 속하는 사물이기 때문이다. 식물로서 양에 속하는 것은 동물로서 음에 속하는 것과 짝하고, 식물로서 음에 속하는 것은 동물로서 양에 속하는 것과 짝하는 것은, 역시 양이 음을 이기지 못하게 하고, 음이 양을 이기지 못하게 하기 위한 것이다."

하였다.

서수[15]는 희생을 넘지 말아야 한다.〔庶羞不踰牲〕

14 봄에는……까지 : 《가례》의 이 부분의 원문은 "봄에는 부추를 천신하고, 여름에는 보리를 천신하고, 가을에는 기장을 천신하고, 겨울에는 벼를 천신한다. 부추는 알로 하고, 보리는 물고기로 하며, 기장은 돼지로 하고, 벼는 기러기로 한다.〔春薦韭, 夏薦麥, 秋薦黍, 冬薦稻. 韭以卵, 麥以魚, 黍以豚, 稻以雁.〕"이다.

15 서수(庶羞) : 평상시에 먹는 음식으로, 각종의 맛있는 음식을 말하기도 하고, 제사

○ 《예기》 〈왕제〉에 이르기를,

"서수(庶羞)는 희생보다 낫게 할 수 없고, 연의(燕衣)는 제복(祭服)보다 낫게 할 수 없고, 정침(正寢)은 종묘보다 낫게 할 수 없다."

하였는데, 이에 대한 주에 이르기를,

"이 세 가지는 모두 자신을 봉양하는 데에는 박하게 하고 귀신을 섬기는 데에는 후하게 해야 함을 말한 것이다."

하였다.

〔안〕 지금 본문(本文)을 보건대, 고씨(高氏)가 인용한 것[16]과는 그 뜻이 조금 다르다.

이 세사[17]를 도모한다.〔諏此歲事〕 대주에 나온다. 아래의 두 조항도 같다.

○ '추(諏)'는 계책을 모으는 것이다.

조고에게 나아간다.〔適其祖考〕

○ 뜻에 맞아서 반드시 따르는 것을 '적(適)'이라고 한다.-모두 《운회(韻會)》에 나온다.-

'다음 달 아무 날'에서부터 '조고에게 제사를 지내고자'까지〔來月某日

에 쓰는 온갖 찬수(饌羞)를 말하기도 한다.

16 고씨(高氏)가 인용한 것 : 《가례》 〈사시제(四時祭)〉의 소주(小註)에 나오는 고씨의 설을 말한다. 고씨는 송나라의 학자인 고항(高閌)을 가리킨다. 자는 억숭(抑崇)으로, 어려서부터 경사(經史)에 통달하였다. 사람들이 흔히 식재(息齋) 선생이라고 불렀으며, 《춘추집주(春秋集注)》를 저술하였다.

17 세사(歲事) : 연중의 행사를 말하는데, 여기서는 제사 지내는 일을 말한다.

止 事于祖考〕

〔안〕 예제(禰祭)[18]를 지낼 때에는 조고비(祖考妣)를 고쳐서 고비(考妣)라고 칭하는바, 지금 '고(考)' 자 아래에 '비(妣)' 자가 빠졌다.

맹선(孟詵) 소주에 나온다. 아래도 같다.

○ '맹선'에 대해서 《당감(唐鑑)》에 이르기를 "진사시(進士試)에 급제하였다. 치사(致仕)한 뒤에는 그가 있는 곳에 봄가을로 양(羊)과 술을 지급해 주었다." 하였다.

하지와 동지와 춘분과 추분〔二至二分〕

○ 어떤 사람이 묻기를,

"시제(時祭)를 청명(淸明) 등에 지내다가 혹 이날이 선대(先代)의 기일이면 어떻게 합니까?"

하자, 주자가 말하기를,

"그런 경우까지는 생각해 보지 못했다. 이것이 고인(古人)이 날을 점치는 것을 귀하게 여긴 까닭이다."

하였다.

〔안〕 주자의 말이 또 이와 같은바, 하지와 동지 및 춘분과 추분으로 제사 날짜를 정하는 것을 정식으로 삼아서는 안 된다.

재계(齋戒)

18 예제(禰祭) : 선친에 대한 제사를 말한다. 살아서는 부(父)라고 하고, 죽어서는 고(考)라고 하고, 사당에서 제사 지낼 때에는 예(禰)라고 한다.

○《예기》〈제통〉에 이르기를 "'재(齋)'라는 말은 가지런히 하는 것으로, 가지런하지 않은 마음을 가지런하게 해서 차분한 심경에 이르게 하는 것이다." 하였다.

○《예기》〈제통〉에 이르기를,

"재계하려 할 때에는 사특한 외물이 들어오지 못하게 하고 기욕(嗜慾)을 끊으며, 귀로는 음악을 듣지 않는다."

하였으며, 또 이르기를,

"재계를 하는 중에는 마음을 구차스럽게 가지지 않고 반드시 도리에 따라서 하며, 손발을 가벼이 움직이지 않고 반드시 예에 따라 행한다."

하였다.

○《예기》〈제통〉에 또 이르기를,

"7일 동안 산재(散齋)하여 마음을 안정시키고, 그다음에 3일 동안 치재(致齋)하여 마음을 가지런하게 하는 것이다. 마음을 안정시키는 것을 재계한다고 하는 것이다. 재계라는 것은 마음을 가장 순수하고 청명한 상태가 되게 하는 것이다. 그런 다음에야 신명(神明)과 교접할 수 있는 것이다."

하였다.

○《예기》〈제의〉에 이르기를 "치재는 안에 대해서 하고, 산재는 밖에 대해서 한다." 하였다.

○《예기》〈곡례〉에 이르기를,

"재계를 하는 자는 음악을 연주하지 않고 다른 사람을 조문하지도 않는다."

하였는데, 이에 대한 주에 이르기를,

"음악을 연주하면 마음이 흐트러지고, 슬퍼하면 마음이 흔들리는데,

이는 모두 재계하는 데 방해가 되는 것이다."
하였다.

냄새 나는 채소를 먹지 않는다.〔不得茹葷〕 대주에 나온다.

○ '훈(葷)'은, 《순자(荀子)》의 주에 이르기를 "파〔蔥〕와 염교〔薤〕이다."라고 하였다.

○ 《이아(爾雅)》의 〈익운(翼云)〉에 이르기를 "대산(大蒜)과 소산(小蒜)과 흥거(興渠)와 자총(慈蔥)과 각총(茖蔥)이 다섯 가지 훈채(葷菜)[19]이다." 하였다.

재계를 하는 날에는 그 거처하던 모습을 생각한다.〔齋之日, 思其居處.〕 소주에 나온다. 아래 여섯 조항도 같다.

○ 정자(程子)가 이르기를,

"평소에 거처하던 모습을 생각하고, 담소하던 모습을 생각하는 것은, 효자가 평소에 어버이를 생각하는 마음이지 재계할 때 하는 것이 아니다. 재계할 때에는 생각함이 있는 것을 용납하지 않는바, 생각함이 있으면 재계하는 것이 아니다. 재계하는 3일 동안에는 반드시 재계를 하여 제사를 지낼 대상을 본다는 것은 성인(聖人)의 말이 아니다. 재계라는 것은 담박하고 순일하게 하는 것으로, 그렇게 하

19 다섯 가지 훈채(葷菜) : 다섯 가지의 자극성이 강한 채소로, 불가(佛家)에서는 마늘, 달래, 무릇, 파, 세파를 가리키고, 도가(道家)에서는 부추, 자총이, 마늘, 평지, 무릇을 가리킨다. 이 채소들은 모두 음욕(淫慾)과 분노(忿怒)를 유발한다고 하여 금식(禁食)한다.

여야만 바야흐로 귀신과 교접할 수 있는 것이다. 그러나 능히 귀신을 섬길 수 있다면 이것은 이미 일등인(一等人)의 사람에 오른 것이다." 하였다.

〔안〕 정자의 설은 지나치게 높아서 손을 쓸 곳이 없다. 이는 온당치 못한 듯하다.

비록 7묘나 5묘라도 제사는 역시 고조에게서 그친다.〔雖七廟五廟, 亦止於高祖.〕

○ 《예기》 〈왕제〉에 이르기를,

"천자(天子)는 사당에 7대의 신위(神位)를 모시니, 소(昭)에 3위(位)이고 목(穆)에 3위이며, 태조(太祖)의 신주와 합하여 일곱 신위이다. 제후는 사당에 5대의 신주를 모시니, 소에 2위이고, 목에 2위이며, 태조의 신주와 합하여 다섯 신위이다. 대부는 사당에 3대의 신주를 모시니, 소에 1위이고, 목에 1위이며, 태조의 신위와 합하여 세 신위이다. 사(士)는 1묘이고, 서인은 정침에서 제사 지낸다." 하였다.

〔안〕 모두 강쇄하여 둘로 하였다.

○ 주자가 말하기를 "조(祖)는 공(功)이 있으며, 종(宗)은 덕(德)이 있다. 이 때문에 백대토록 불천(不遷)[20]하는 묘(廟)가 되는 것이다." 하였다.

○ 주자가 말하기를,

20 불천(不遷) : 친진이 된 뒤에도 신위(神位)를 옮겨 가지 않는 것으로, 큰 공이나 큰 덕이 있는 사람의 신위를 영원히 사당에 모셔 두는 일을 이른다.

"천자의 경우에는 태조(太祖)는 백대토록 불천한다. 첫 번째 소와 첫 번째 목은 종(宗)이 되는데, 역시 백대토록 불천한다. 두 번째 소와 두 번째 목은 사친(四親)의 묘(廟)가 된다. 고조(高祖) 이상은 친진(親盡)이 되면, 훼철하여 체천(遞遷)한다. 제후의 경우에는 두 종(宗)이 없다. 대부의 경우에는 두 묘(廟)가 없다. 훼철하여 체천하는 순서는 천자의 경우와 같다."

하였다.

○ 《예기》 〈제법(祭法)〉에 이르기를 "대부는 3묘(廟)로, 고조의 묘가 없다." 하였다.

○ 《예기》 〈제법〉에 이르기를 "왕은 7묘를 세우고, 제후는 5묘를 세운다.-왕과 제후는 달〔月〕로 제사 지낸다.- 대부는 3묘를 세운다.-향상(享嘗)[21]만 지내고 만다.-" 하였다.

○ 《의례경전통해》의 전(傳)에 이르기를,

"주나라에서는 날마다 제사 지냈다."

하였는데, 이에 대한 주에 이르기를,

"조고에게 날마다 제사 지내는 것으로, 이는 상식(上食)을 이른다. 한(漢)나라에서도 그렇게 하였다."

하였다.

○ 주자가 말하기를 "송나라 태조(太祖)와 태종(太宗)과 인종(仁宗)은

21 향상(享嘗) : 향(享)은 봄 제사이고, 상(嘗)은 가을 제사이다. 왕은 7묘(廟)를 갖추는데, 시조(始祖)와 고조(高祖), 증조(曾祖), 조(祖), 고(考)에 대해서는 매달 지내고, 원조(遠祖)는 체천하여 월제(月祭)를 지내지 않고 사시제(四時祭)만 지낸다. 《禮記 祭法》

공덕이 아주 성대한바, 의당 주(周)나라의 문왕(文王)과 무왕(武王)에 견주어서 백대토록 불천하고 세실(世室)[22]이라고 불러야 한다." 하였다.-종(宗)에 대해서도 세실이라고 한다.-

〔안〕 주자가 희조(僖祖)[23]를 시조(始祖)로 삼아 백대토록 불천하고자 하였으므로 태조와 태종을 세실로 삼았는데, 일정한 숫자를 정해 놓지 않고 참으로 공덕이 있으면 종(宗)으로 삼게 하였다. 그러므로 미리 종의 숫자를 정해 놓을 수가 없었다. 은(殷)나라에 삼종(三宗)[24]이 있는데, 주공(周公)이 이들의 행적을 거론하면서 성왕(成王)에게 권하였다. 이로 말미암아 종(宗)이라고 칭하는 것에 일정한 숫자가 없게 되었다.-이 내용은 《주자대전(朱子大全)》에 나온다.-

○ 주자가 또 말하기를 "고종(高宗)은 중흥을 하였으므로 역시 세실로 삼아서 불천하고자 하였다." 하였다.

○ 주자가 말하기를,

"주나라의 제도를 보면, 후직(后稷)은 처음 봉해졌고, 문왕(文王)과 무왕(武王)은 천명을 받아서 왕이 되었다. 그러므로 이 세 묘(廟)는 훼철하지 않으면서 친묘(親廟) 네 개와 더불어 7묘(廟)가 된다고

22 세실(世室) : 대진(代盡)하여도 훼철(毁撤)하지 않고 대대로 봉사(奉祀)하는 공덕이 있는 임금의 묘를 이른다.

23 희조(僖祖) : 송(宋)나라를 건국한 조광윤(趙光胤)의 고조(高祖)로, 이름은 조(朓)이다. 송나라가 건국한 뒤에 희조로 추존되어 별묘에 신주가 안치되었으나, 신종(神宗) 원풍(元豐) 6년(1083)에 희조를 나라의 시조로 삼아 태묘(太廟)에 신주를 안치하였다. 《宋史 太祖本紀, 神宗本紀》

24 삼종(三宗) : 은나라의 불천위(不遷位)로 중종(中宗)인 태무(太戊), 고종(高宗)인 무정(武丁), 조갑(祖甲)을 이른다.

하는 것이 제유(諸儒)의 설이다. 그리고 삼소(三昭)와 삼목(三穆)과 태조의 묘를 합하여 7묘가 되며, 문왕과 무왕은 종(宗)이 되어 그 숫자에 포함되지 않는다는 것이 유흠(劉歆)의 설이다. 이에 그 숫자가 같지 않게 되었는데, 유흠의 설이 비교적 옳은 듯하다."

하였다.

월제와 향상의 구별〔月祭享嘗之別〕

○ 《의례경전통해》의 경(經)에 이르기를,

"옛날에 선왕(先王)은 날마다 제사〔日祭〕하고 달마다 향사〔月享〕하였으며, 철마다 유〔時類〕를 하고 해마다 사〔歲祀〕를 올렸다. 제후는 일제(日祭)를 버리고, 경대부는 월제(月祭)를 버리고, 서인은 시제(時祭)를 버린다."

하였는데, 이에 대한 주에 이르기를,

"3일마다 조고(祖考)에게 제(祭)하고, 달마다 증조(曾祖)에게 천(薦)하며, 철마다 두 조(祧)에 유(類)[25]하며, 해마다 단선(壇墠)[26]에 사(祀)한다."

하였다.-이는 《국어(國語)》에 나온다.-

대부는 일이 있을 때 그 임금에게 여쭙는다. 간협은〔大夫有事 省於其

25 유(類) : 제사의 이름이다.

26 단선(壇墠) : 단은 흙을 쌓아 올려 만든 제단(祭壇)이고, 선은 평지를 깨끗이 소제하여 만든 제단이다. 고례(古禮)에 의하면, 제후는 5묘(廟)를 세운 이외에 단 하나와 선 하나를 더 설치한다. 6세조는 단에서 제향하고 7세조는 선에서 제향하고 8세조 이상은 제향하지 않는다. 《禮記 祭法》

君 干祫〕

○ 《예기》 〈대전(大傳)〉에 이르기를,

"대부와 사는 대사(大事)가 있을 때 그 임금에게 여쭙고, 간협은 그 고조에까지 미친다."

하였는데, 이에 대한 주에 이르기를,

"'대사'는 협제(祫祭)를 이른다. 감히 사사로이 대사를 거행할 수가 없고, 반드시 임금에게 물어보고서 임금이 제사를 내려 주어야만 제사를 지낼 수가 있으며, 협제를 지낼 때에는 위로 고조에까지 미친다. '간(干)'이라는 것은 아래에서 위를 간범(干犯)한다는 뜻이다. 낮은 자이면서 존귀한 자의 예를 행하므로 '간협(干祫)'이라고 한 것이다."

하였다.

이주〔二主〕

〔안〕 이것은 바로 아랫글에 나오는 영정(影幀)과 사판(祀板)이다.

지자가 스스로 제주(祭主)가 되어 지내는 제사〔支子所得自主之祭〕

〔안〕 지자(支子)가 스스로 제주가 되어 지내는 제사는 바로 예(禰)를 잇거나 조(祖)를 잇는 등의 소종(小宗)이다. 바로 〈사당장(祠堂章)〉에서 이른바 "제사 지낸 다음 날에 차위(次位)의 자손으로 하여금 스스로 제사 지내게 한다."라는 것이 이것이다.

혹은 물품으로써 돕는다.〔或以物助之〕

○ 정자가 말하기를,

"지자(支子)는 비록 자신이 제주(祭主)가 되어 제사를 지내지 않더라도 재계(齋戒)하고 치성(致誠)하는 것은 제사를 주관하는 자와 차이가 없게 한다. 제사에 참여할 수가 있으면 자신이 직접 집사(執事)를 하고, 참여할 수 없으면 물품을 보내 돕는다."

하였다.

성생(省牲)[27]

○ 《의례경전통해》에 이르기를 "희생이 새끼를 배었으면 하늘에 제사 지내는 데에는 쓰지 않는다." 하였다.

〔안〕 비단 하늘에 제사 지내는 데에만 쓰지 않을 뿐만이 아니라 모든 제사에 의당 쓰지 말아야 한다.

구찬(具饌)

〔안〕 사시(四時)에 제수(祭需)를 갖춤에 있어서는 모두 어(魚)와 육(肉)을 말하였는데, 비록 생물(生物)을 써야 한다는 명문(明文)이 없기는 하지만, 주자가 말하기를 "무릇 귀신을 제사 지냄에 있어서는 생물을 쓴다. 제사라는 것은 모두 그 생기(生氣)를 빌려서 신령하게 하는 것이다. 옛사람들이 흔종(釁鍾)[28]과 흔귀(釁龜)[29]를 한 것

27 성생(省牲) : 제향(祭享)에 쓸 희생(犧牲)을 살펴보는 것을 말한다.

28 흔종(釁鍾) : 고대에 종(鍾)을 새로 주조(鑄造)할 때 희생을 죽여서 그 피를 종의 틈새에 바르는 제의(祭儀)를 말한다. 《孟子 梁惠王上》

29 흔귀(釁龜) : 고대에 거북점을 치는 데 사용하는 거북을 신성하게 하기 위하여 거북을 잡아 말려서 짐승의 피를 바르는 것을 말한다. 《周禮 春官宗伯 龜人》

이 모두 이 뜻이다." 하였고, 사마공(司馬公)의 《제의(祭儀)》에도 생물을 썼고, 《가례》에도 시조(始祖)를 제사 지냄에 있어서는 역시 생물을 썼다. 그러니 생물을 써야 함은 의심의 여지가 없다.

만두(饅頭) 대주에 나온다. 아래 두 조항도 같다.

○ 《운회》에 이르기를 "만두는 떡〔餠〕이다."라고 하였다.

고(糕)

○ '고(糕)'는 혹 고(餻)로 쓰기도 한다. 《주례》의 〈변인(籩人)〉에 이르기를 "구이(糗餌)와 분자(粉餈)이다."라고 하였는데, 이에 대한 주에 이르기를 "방언(方言)에 이(餌)를 고(糕)라고 한다."라고 하였다. '자(餈)'는, 《예기》 〈내칙(內則)〉의 주에 이르기를 "'자(餈)'는 쌀로 만든 병(餠)이다. 쌀을 익힌 다음 찧어서 만든다."라고 하였다. '분자(粉餈)'는 콩으로 만든 가루이다.-《예기》 〈내칙(內則)〉에 나온다.-

일관(一串)

○ 한유(韓愈)의 시에 이르기를 "고기를 관에 꿴 것과 같네.〔如以肉貫串〕"라고 하였다. '천(串)'-음은 초(初)와 한(限)의 반절이다.-이 《운회》에는 '찬(弗)'으로 되어 있다.

회헌(膾軒) 소주에 나온다. 아래도 같다.

○ 《예기》 〈내칙〉에 이르기를 "날고기는 가늘게 썬 것은 '회(膾)'가 되고 크게 썬 것은 '헌(軒)'이 된다." 하였다.

향토에서 나는 것에 따라서 한다.〔隨鄕土所有〕

○《예기》〈예기(禮器)〉에 이르기를,

"하늘이 내지 않고 땅이 기르지 않는 것을 군자는 예를 행하는 데에는 쓰지 않으며, 귀신 역시 흠향하지 않는다. 산에서 사는 사람이 물고기나 자라 따위를 예에 쓰거나 택지(澤池)에 사는 사람이 사슴이나 멧돼지를 예에 쓰는 것을, 군자는 예를 모르는 것이라고 한다."

하였는데, 이에 대한 주에 이르기를,

"'하늘이 내지 않는다.'는 것은 제철에 나오는 물품이 아닌 것을 이른다. '땅이 기르지 않는다.'는 것은 산에서 물고기나 자라가 살지 않고, 못에서 사슴이나 멧돼지가 살지 않는 것과 같은 따위이다."

하였다.

현주(玄酒) 대주에 나온다. 아래도 같다.

○《예기》〈예운(禮運)〉의 주에 이르기를,

"먼 옛날에는 술이 없어서 물을 사용하여 예를 행했다. 후대의 왕이 고례를 중시했기 때문에 그것을 높여 현주라고 했다. 제사를 지낼 경우에는 실(室)에다가 이를 놓아두는데, 북쪽과 가까운 곳에 놓아둔다."

하였다.

○ 구준(丘濬) 역시 말하기를 "물을 담아서 차를 끓이는 데 쓴다." 하였다.

화로에 숯을 피운다.〔熾炭於爐〕

○ 구준(丘濬)이 말하기를 "숯을 피운 것은 간이나 고기를 굽는 데

쓴다." 하였다.

〔안〕 술을 데우는 데에도 쓴다.

질명(質明)

○ 《예기》 〈단궁(檀弓)〉에 이르기를,

"하후씨(夏后氏)는 대사(大事)를 지낼 때 어두울 무렵에 지냈고, 상(商)나라 사람들은 대사를 지낼 때 한낮에 지냈고, 주(周)나라 사람들은 대사를 지낼 때 해가 뜰 무렵에 지냈다. 하(夏)나라에서는 검은색을 숭상하여 어두운 때를 썼으므로 어두울 때 제사 지낸 것이고, 상나라 사람들은 흰색을 숭상하여 한낮을 썼으므로 밝은 때에 제사 지낸 것이며, 주나라 사람들은 붉은색을 숭상하여 해가 뜰 때를 썼으므로 아침부터 어두울 때까지 제사 지냈던 것이다."

하였다.

〔안〕 자로(子路)가 계씨(季氏)의 집에서 제사를 도울 적에 먼동이 틀 때 제사를 지내기 시작하여 늦은 아침에 제사를 마치고 물러나오자, 공자가 그것을 보고 잘하였다고 하였다. 이것은 주(周)나라의 예이다. 그러나 예는 늦게 지내는 잘못을 저지르기보다는 차라리 일찍 지내는 것이 낫다.

신주를 받들어 자리로 나아간다. 〔奉主就位〕

○ 《예기》 〈곡례〉에 이르기를 "신주(神主)를 받드는 자는 가슴에 닿게 하고, 드는 자는 띠에 닿게 한다." 하였다.

○ 주자가 말하기를,

"신주의 자리는 동쪽을 향하게 하고, 시동(尸童)은 신주의 북쪽에 있게 한다."

하였으며, 또 말하기를,

"하(夏)나라에서는 시동을 세워 놓았고 상(商)나라에서는 시동을 앉혀 놓았으며, 주(周)나라에서는 여수(旅酬)[30]를 하였다. 선왕(先王)의 의복은 사당 안에 안치하였다가 제사에 임하여 시동에게 입혔다."

하였다.

○ 공자(孔子)가 말하기를,

"옛날에는 남자는 남자의 시동이 되고, 여자는 여자의 시동이 되었다. 주(周)나라 이후로 여자 가운데에는 시동이 된 사람이 없었다. 그러므로 여자 시동이 없게 되어, 후세에서는 드디어 여자 시동이 없게 되었으며, 능히 시동이 되는 사람 역시 일반 사람이 아니었다."

하였다.

○ 주자가 말하기를 "《의례》를 보면, 주공(周公)이 태산(泰山)에 제사 지낼 때 소공(召公)이 시동이 되었다." 하였다.

〔안〕 시동이 될 만한 사람이 없어서 시동에 관한 예가 이미 폐지되었으며, 제사 지낼 만한 사람이 없어서 제사에 관한 예가 장차 폐해지게 되었다. 시동에 관한 예가 폐해졌더라도 제사를 주관하는 사람이 있으면 제사를 지낼 수가 있다. 그러나 제사 지내는 예가 폐해진다면 누가 제사를 지낼 수 있겠는가. 제사를 주관하는 자는 이를 유념하지 않아서야 되겠는가.

30 여수(旅酬) : 제사를 마친 뒤, 제사에 참석한 사람들이 한자리에 모여 연회를 즐기는 자리에서 서로에게 술잔을 권하는 의식이다.

성복(盛服) 대주에 나온다. 아래도 같다.

〔보〕《예기》〈곡례〉에 이르기를,

"땅과 녹봉이 있는 자는 먼저 제복(祭服)을 마련한다. 제복이 해지면 불태우고, 제기(祭器)가 망가지면 파묻으며, 희생이 죽으면 파묻는다."

하였는데, 이에 대한 주에 이르기를,

"사람이 쓰는 바는 불태우니, 이는 양(陽)이기 때문이다. 귀신이 쓰는 바는 파묻으니, 이는 음(陰)이기 때문이다."

하였다.

주부는 서쪽 계단 아래에 선다.〔主婦西階下〕

〔안〕 제사 날짜를 고하는 의식에서는 서쪽 계단의 위차가 없으므로, 지금 또다시 별도로 기록하였는데, 모두 삭망의(朔望儀)와 같게 하였다.

울창주(鬱鬯酒)를 붓는다.〔灌用鬱〕 소주에 나온다.

○《예기》〈교특생(郊特牲)〉의 주에 이르기를,

"주(周)나라 사람들은 냄새를 숭상하여 제사를 지낼 때 반드시 먼저 음(陰)에서 구하였다. 그러므로 희생을 죽이기 전에 먼저 울창주를 따라서 땅에 부어 신령이 강림하기를 구하였는데, 이는 울창주에 향기로운 기운이 있어서이다. 또 울금초(鬱金草)라는 향기로운 풀을 찧어서 그 즙을 울창주에 섞어 향기가 더욱 짙게 하였다. 냄새로써 음기(陰氣)가 이르게 하기를 구하고자 하여 그 냄새를 땅속 깊은 곳까지 도달하게 한 것이다. '소(蕭)'는 향기로운 쑥〔香蒿〕이다. 이

쑥과 희생의 지료(脂膋)를 취하여 이를 서직(黍稷)과 섞은 다음에 볶아 태워서, 그 기운을 담장과 지붕 사이에 이르게 하였다. 이는 냄새로써 양기(陽氣)를 도달하게 하는 것이다. 이것은 천자나 제후의 예이다."

하였으며, 구준(丘濬)은 말하기를,

"'창(鬯)'은 찰기장과 메기장으로 술을 빚은 것이다."

하였다.-요(膋)의 음은 요(僚)이며, 내장 사이의 기름이다.-

분향(焚香) 대주에 나온다. 아래도 같다.

〔안〕《가례》〈사당장(祠堂章)〉을 보면, 강신(降神)을 할 적에 분향을 하고 재배(再拜)하고, 뇌주(酹酒)를 하고 재배하는데, 이는 양(陽)인 하늘에 구하기 위해 재배하고 음(陰)인 땅에 구하기 위해 재배하는 것이다. 지금 분향하고 재배하는 조항이 빠져 있는바, 첨가해 넣지 않을 수 없다.

○ 《주자어류(朱子語類)》에 이르기를,

"사마 온공(司馬溫公)의 《서의(書儀)》를 보면, 향(香)을 가지고 쑥을 태우는 것을 대신하였는데, 양자직(楊子直)[31]은 이 법을 쓰지 않으면서 '향은 단지 불가(佛家)에서 쓰는 것일 뿐이다.' 하였다."

하였다.

○ 구준(丘濬)이 말하기를,

31 양자직(楊子直) : 남송의 성리학자 양방(楊方)을 말한다. 자직은 자이고, 호는 담헌(淡軒)이며 정주(汀州) 사람으로, 숭안(崇安)으로 가서 주희(朱熹)에게 수학하였다. 저서에 《한천어록(寒泉語錄)》이 있다.

"살펴보건대, 옛날에는 오늘날에 쓰는 향이 없었다. 한(漢)나라 이전에는 단지 난초(蘭草)와 지초(芝草) 및 쑥〔蕭〕과 약쑥〔艾〕 따위를 태웠을 뿐이다. 그런데 후세에 백월(百越)[32]에서 중국으로 들어와 비로소 향이 있게 되었다. 이것이 비록 고례(古禮)가 아니기는 하지만, 통용해 온 지 이미 오래되었으니, 귀신도 편안하게 여길 것이다."

하였다.

부복하였다가 일어나서 재배한다.〔俛伏興再拜〕

〔안〕《가례》〈사당장〉을 보면, 뇌주(酹酒)를 하고서 부복하였다가 일어나 조금 물러나서 재배하는데, 지금 이 조항이 빠졌는바, 첨가해 넣는 것이 마땅하다.

띠풀로써 축작[33]한다.〔以茅縮酌〕 소주에 나온다.

○《주례》〈천관(天官)〉에 이르기를,

"제사 지낼 적에 소모(蕭茅)를 지공하는 것을 맡는다."

하였는데, 이에 대한 주에 이르기를,

"'소(蕭)'는 훈독(訓讀)하면 '축(縮)'이 된다. 띠풀〔茅〕을 묶어서 세운 다음 제사 지내기 전에 그 위에 술을 부으면 술이 아래로 스며들면서 내려가는 것이 마치 신령이 술을 마시는 것과 같다. 그러므로 그것을 축(縮)이라고 한다."

32 백월(百越) : 중국 남쪽 지방인 복건(福建)이나 광동(廣東) 등지에서부터 안남(安南) 지방까지를 이른다.

33 축작(縮酌) : 제사에서 헌작(獻酌)할 때 모사(茅沙)에 술을 조금 붓는 것을 말한다.

하였다.

○ 또 《춘추좌씨전》에 이르기를 "제(齊)나라 환공(桓公)이 초(楚)나라를 정벌하면서 말하기를 '네가 조공해야 할 포모(包茅)[34]를 들이지 않아서 축주(縮酒)[35]할 수가 없었다.' 하였다." 하였다.

진찬(進饌)

○ 《예기》 〈곡례〉에 이르기를,

"음식을 올리는 예는, 밥〔食〕은 사람의 왼쪽에 놓고, 국〔羹〕은 사람의 오른쪽에 놓는다."

하였는데, 이에 대한 소에 이르기를,

"마른 것은 왼쪽에 놓고, 젖은 것은 오른쪽에 놓는다."

하였다.

주인이 올라가면 주부가 따라간다.〔主人陞, 主婦從之.〕 대주에 나온다. 아래의 네 조항도 같다.

〔안〕 《예기》 〈제통〉에 이르기를 "제사 지낼 적에 반드시 부부가 친히 행하는 것은 내외의 제관을 갖추어야 하기 때문이다."라고 하였다. 한(漢)나라 이후로는 황후(皇后)가 사당 안에 들어가는 일이 없었는데, 그것을 이어받아서 오늘날에까지 이르렀다. 이에 옛날에

34 포모(包茅) : 중국 고대에 초(楚)나라 지역에서 바치던 공물(貢物)로, 술을 거를 때 사용하는 일종의 띠풀인 청모(菁茅)를 궤짝에 넣은 것이다. 일반적으로 조공(朝貢)을 뜻한다. 《書經 禹貢》

35 축주(縮酒) : 제사에 올리는 술을 띠풀에 거르는 일에서 비롯된 것으로, 강신을 할 때 띠풀에 술을 조금 붓는 절차를 가리킨다.

종묘(宗廟)에서 9헌(獻)을 하면서 왕(王)과 후(后)가 각각 4헌을 하고 신하가 1헌을 하던 예가 드디어 폐해졌다.

띠풀 위에 제사드린다.〔祭之茅上〕

○ 《논어》 〈향당(鄕黨)〉에 이르기를 "임금이 제를 올리면 먼저 밥을 맛보았다." 하였다.

○ 호광(胡廣)[36]이 말하기를,

"옛날에는 손님이 주인의 음식을 얻으면 나이 많은 한 사람이 술을 들어서 땅에다가 제사 지내었다. 그러므로 모든 관명(官名)에 좨주(祭酒)[37]라고 이름 붙이는 것은 모두 그 관위(官位)의 우두머리가 된다."

하였다.

〔안〕 고례(古禮)를 기준으로 할 경우에는 고조고(高祖考) 한 분에게만 제사 지내는 것이 마땅하다. 그런데 매 위(位)마다 모두 제사 지내는데 그 이유를 알 수가 없다. 그러나 주자(朱子)가 각위(各位)에 모두 제사 지낸 것은 필시 소견이 있어서일 것인바, 지금 고쳐서는 안 된다.

화로에 간을 굽는다.〔炙肝于爐〕

36 호광(胡廣) : 후한(後漢) 때 사람으로, 자는 백시(伯始)이다. 안제(安帝) 때 효렴(孝廉)으로 등용되어 상서랑(尙書郞), 사도(司徒)가 되었다. 《後漢書 胡廣列傳》

37 좨주(祭酒) : 원래는 회합(會合)이나 배연(配宴) 석상에서 연장자가 먼저 술로 강신(降神)하는 것으로, 덕행 있는 연장자를 존칭하는 관명인데 뒤에 학정(學政)을 다스리는 장관(長官)이 되었다.

〔안〕 '자(炙)' 자에는 두 가지 음이 있다. 고기를 막 구울 때는 입성(入聲)으로 적(炙)이라고 읽고, 고기를 이미 구운 뒤에는 거성(去聲)으로 자(炙)로 읽는다.

자성(粢盛)

○ '자(粢)'는 《광운(廣韻)》에 "제사 지낼 때의 밥이다."라고 하였다. '성(盛)'은 《고금운회(古今韻會)》에 "그릇 안에 있는 것을 성이라고 한다."라고 하였다. 또 《예기》 〈곡례〉의 주에는 "제사 지내는 밥을 자성이라고 한다."라고 하였다.

유모와 강렵〔柔毛剛鬣〕[38]

○ 《예기》 〈곡례〉에 이르기를 "천자는 희우(犧牛)를 쓰고, 제후는 비우(肥牛)를 쓰고, 대부는 색우(索牛)를 쓰고, 사(士)는 양시(羊豕)로 제사 지낸다." 하였다.

〔안〕 이 부분의 주에 이르기를 "털빛이 순수한 것을 '희(犧)'라고 한다. 우리에서 기른 것을 '비(肥)'라고 한다. 구하여서 쓰는 것을 '색(索)'이라 한다."라고 하였다.

○ 《예기》 〈곡례〉에 이르기를,

"제사에서 쓰는 소를 일원대무(一元大武)라고 한다."

하였는데, 이에 대한 주에 이르기를,

38 유모(柔毛)와 강렵(剛鬣) : 유모는 제사에 쓰는 양(羊)을 말하고, 강렵은 제사에 쓰는 돼지〔豕〕를 말한다. 《예기》 〈곡례 하〉에 "소〔牛〕를 일원대무라고 하고, 돼지를 강렵이라고 하고, 돼지〔豚〕를 돌비(腯肥)라고 하고, 양을 유모라고 한다."라고 하였다.

"'원(元)'은 머리를 말한다. '무(武)'는 족적이다. 소가 살이 쪘으면 족적이 크다."

하였다.

○ 《예기》 〈곡례〉에 이르기를,

"큰 돼지〔豕〕를 강렵(剛鬣)이라 한다."

하였는데, 이에 대한 주에 이르기를,

"큰 돼지가 살찌면 털이 거세다."

하였다.

○ 《예기》 〈곡례〉에 이르기를,

"작은 돼지〔豚〕를 돌비(腯肥)-돌의 음은 돌(突)이다.-라고 한다."

하였는데, 이에 대한 주에 이르기를,

"'돌'은 충만한 모습이다."

하였다.

○ 《예기》 〈곡례〉에 이르기를,

"양을 유모(柔毛)라 한다."

하였는데, 이에 대한 주에 이르기를,

"양이 살지면 털이 가늘면서 부드럽다."

하였다.

○ 《예기》 〈곡례〉에 이르기를,

"닭을 한음(翰音)이라 한다."

하였는데, 이에 대한 주에 이르기를,

"'한(翰)'은 긺〔長〕이다. 닭이 살지면 소리가 길다."

하였다.

○ 《예기》 〈곡례〉에 이르기를,

"개〔犬〕를 갱헌(羹獻)이라 한다."

하였는데, 이에 대한 주에 이르기를,

"개가 살지면 국을 끓여 올릴 수 있다."

하였다.

○ 《예기》 〈곡례〉에 이르기를,

"꿩을 소지(疏趾)라 한다."

하였는데, 이에 대한 주에 이르기를,

"꿩이 살지면 두 발가락이 넓게 벌어진다. 그러므로 소지라고 하는 것이다."

하였다.

○ 《예기》 〈곡례〉에 이르기를,

"토끼를 명시(明視)라 한다."

하였는데, 이에 대한 주에 이르기를,

"토끼가 살지면 시력이 밝다."

하였다.

○ 《예기》 〈곡례〉에 이르기를,

"포(脯)를 윤제(尹祭)라 한다."

하였는데, 이에 대한 주에 이르기를,

"'윤(尹)'은 바름이다. 포를 네모지게 반듯하게 자르고자 하는 것이다."

하였다.

○ 《예기》 〈곡례〉에 이르기를,

"고어(槀魚)를 상제(商祭)라 한다."

하였는데, 이에 대한 주에 이르기를,

"'고(稾)'는 마른 것이다. '상(商)'은 헤아림〔度〕이다. 마르고 젖음의 마땅함을 헤아리는 것이다."

하였다.

○ 《예기》 〈곡례〉에 이르기를,

"선어(鮮魚)를 정제(脡祭)라 한다."

하였는데, 이에 대한 주에 이르기를,

"'정(脡)'은 곧음이다. 생선이 신선한 것은 익히면 곧게 된다."

하였다.

○ 《예기》 〈곡례〉에 이르기를,

"물을 청척(淸滌)이라 한다."

하였는데, 이에 대한 주에 이르기를,

"현주(玄酒)이다. 깨끗하게 빨 수가 있으므로 '청척'이라고 한 것이다."

하였다.

○ 《예기》 〈곡례〉에 이르기를,

"술을 청작(淸酌)이라 한다."

하였는데, 이에 대한 주에 이르기를,

"옛날의 술〔酒〕과 단술〔醴〕에는 맑은 것이 있고 걸쭉한 것이 있었다. 거르지 않은 것은 걸쭉한 것이 되고, 이미 거른 것은 맑은 것이 된다."

하였다.

초헌(初獻)

〔보〕 우제(虞祭)에서 잔을 올리는 것은 집사(執事)가 하지만, 시제(時祭)의 경우에는 제주(祭主)가 한다.

〔안〕 우제에서 처음으로 제례(祭禮)를 쓰는데, 상인(喪人)이 곡읍(哭泣)을 한 나머지 스스로 잔을 올리는 것을 감당할 수가 없으니, 어찌 시제를 지낼 때의 예와 같게 할 수가 있겠는가. 비단 우제만 그런 것이 아니지만, 신위(神位)가 오직 하나이므로 다르게 할 뿐이다.

〈소뢰궤식〉과 〈사우〉와 〈특생〉과 〈향사〉와 〈대사〉〔少牢饋食士虞特牲鄕射大射〕 소주에 나온다. 아래도 같다.

○ 모두 《의례》의 편명(篇名)이다.

획자[39]가 후[40]를 바친다.〔獲者獻侯〕

○ 《의례》 〈향사례(鄕射禮)〉의 주에 이르기를,

"획자는 후(侯)를 알리는 것을 공으로 삼는다. 이 때문에 헌작(獻爵)을 하는 것이다.[41] '획(獲)'은 맞히는 것이다."

하였다. 또 〈향사례〉의 기(記)에 이르기를,

"동방(東方)을 우개(右個)[42]라고 한다."

39 획자(獲者) : 사례(射禮)를 행할 적에 깃발을 흔들면서 "맞혔다."라고 외치는 사람을 말한다. 정현(鄭玄)이 "획자 역시 제자 가운데에서 뽑는다. 획자라고 이름한 것은 그 맡은 일에 따라 붙인 것이다."라고 하였다.

40 후(侯) : 활을 쏠 때 표적을 걸어 두는 베를 말하는데, '사포(射布)'라고도 한다. 변을 호랑이·곰·표범·순록의 가죽으로 장식하였다. 후의 한가운데를 곡(鵠)이라 하고, 곡의 한가운데를 정(正)이라 하며, 여기서 다시 정의 한가운데를 질(質)이라고 한다.

41 이……것이다 : 대본에는 '是以獻爲'로 되어 있다. 《의례》 〈향사례〉의 주에 근거하여 '爲'를 '焉'으로 바로잡아 번역하였다.

하였는데, 이에 대한 주에 이르기를,

"후(侯)는 당(堂)을 향하는 곳이 면(面)[43]이 된다."

하였으며, 이에 대한 소에 이르기를,

"좌개(左箇)와 우개에 대해 동쪽과 서쪽을 구분해 놓지 않았으므로 기록하는 자가 분명하게 말해 놓은 것이다."

하였다.

숟가락을 밥 가운데 꽂는다. [扱匙飯中] 대주에 나온다. 아래도 같다.

○ '급(扱)'은 《고금운회》를 보면, 삽(揷)과 통용하였다.

〔안〕 숟가락을 밥 가운데 꽂되 자루가 서쪽으로 향하도록 하며, 젓가락을 접시 위에 놓되 똑바로 놓는다.

이것이 이른바 염[44]이다. [此所謂厭也]

○ 《운회》에 이르기를 "'염(厭)'은 염(饜)과 같다. 거성(去聲)으로 읽으며, 배가 부른 것이다." 하였다.

○ 《예기》 〈증자문〉의 주에 이르기를 "'염(厭)'에는 음염(陰厭)과 양염(陽厭)이 있다. 신령이 있는 곳을 알 수가 없어서 이쪽이나 저쪽이나

42 우개(右箇) : 우개(右个)와 같은 말로, 과녁의 정중앙부에 잇대어져 있는 오른쪽의 베를 말한다. 우설(右舌)이라고도 한다.

43 면(面) : 대본에는 '西'로 되어 있다. 《의례》 〈향사례〉의 주에 근거하여 '面'으로 바로잡아 번역하였다.

44 염(厭) : 실컷 먹는다는 뜻으로, 신(神)이 흠향하는 것을 말한다. 염제(厭祭)에는 두 가지가 있는데, 시동씨(尸童氏)가 들어오기 전에 거행하는 음염과 시동씨가 나간 다음에 거행하는 양염이 있다.

모두 흠향하여 배불리 먹게 하는 것이다." 하였다.-《예기》〈증자문〉에 나온다.-

일식구반을 할 동안〔一食九飯之頃〕 소주에 나온다.

○《예기》〈곡례〉에 이르기를,

"삼반(三飯)을 한다."

하였는데, 이에 대한 소에 이르기를,

"삼반은 삼반하고서 배가 부르다고 하는데도 더 먹도록 권하는 것이다. 그러므로 삼반이 끝나면 주인이 객(客)을 인도하여 저민 고기를 먹게 하는 것이다. 이것은 바로 빈주(賓主)의 예이다."

하였다.

○ 천자(天子)는 십오반이고, 제후(諸侯)는 십삼반이다. 구반은 사(士)의 예인데, 삼반에 삼반을 더하고 다시 삼반을 더하는 것이다.-《의례》〈소뢰궤식례(小牢饋食禮)〉의 소(疏)에 나온다.-

○《의례》〈소뢰궤식례〉의 주에 이르기를 "'사(食)'는 전체를 말하는 큰 명칭이다. 전체 중의 작은 것은 '반(飯)'이라고 한다." 하였다.

○《의례》〈특생궤식례(特牲饋食禮)〉의 주에 이르기를 "세 번 숟가락을 뜨면 예가 한 차례 이루어진다. 또다시 세 번 숟가락을 뜨고, 또다시 세 번 숟가락을 뜨면, 예가 세 번 이루어진다." 하였다.

수조(受胙)[45]

45 수조(受胙) : 제사 의식의 하나로, 제사를 마치고서 제육(祭肉)을 나누어 받는 의식이다.

○ '조(胙)'의 음은 조(阼)이며, 제사를 지내고 남은 고기이다.

쵀주(啐酒) 대주에 나온다. 아래 여덟 조항도 같다.

○《예기》〈잡기(雜記)〉의 주에 이르기를 "술을 입에 대는 것이 '쵀(啐)'이고, 이에 닿는 것이 '제(嚌)'이다." 하였다. 쵀의 음은 칠(七)과 내(內)의 반절이다.

하(嘏)

○《예기》〈예운(禮運)〉의 주에 이르기를 "'하'는 시동씨(尸童氏)가 주인에게 축복해 주는 말이다." 하였다.-음은 고(古)와 아(雅)의 반절이다.-

○《예기》〈예운〉의 주에 이르기를 "제례(祭禮)의 경우 처음 시작할 때 축사(祝辭)를 하고 끝날 적에 하사(嘏辭)를 하면 예가 이루어진다." 하였다.

공(工)

○《시경》〈초자(楚茨)〉의 주에 이르기를 "일을 잘하는 것을 '공(工)'이라고 한다." 하였다.

승(承)

○《시경》〈초자〉의 주에 이르기를 "'승'은 전한다는 뜻인 전(傳)이다." 하였다.

많은 복을 너의 효손에게 이르게 하였다.〔致多福于〕

○《예기》〈제통〉에 이르기를 "현자(賢者)가 제사 지내면 반드시 그

복을 받는데, 그 복은 세상에서 말하는 복이 아니다. 복은 갖추어짐〔備〕인데, 갖추어짐이란 만사가 순조로움을 말한다." 하였다.

○《예기》〈제통〉에 이르기를,

"음식을 조출하게 마련하여 올릴 뿐이며, 복을 구하는 마음을 가지지 않는다.〔明薦之而已矣, 不求其爲.〕"

하였는데, 이에 대한 주에 이르기를,

"'불구기위(不求其爲)'는 복을 구하는 마음이 없는 것으로, 이른바 제사를 지내면서 기원하지 않는다는 것이다."

하였다.

내여(來汝)

○《시경》〈초자〉의 주에 이르기를 "'내(來)'는 음독하면 내(釐)인데, 내려 준다는 뜻인 사(賜)이다." 하였다.

폐하지 말고 길게 하여라.〔勿替引之〕

○《시경》〈초자〉의 주에 이르기를 "'인(引)'은 길다는 뜻인 장(長)이다." 하였다.

왼쪽 소매에 채운다.〔實于左袂〕

○《의례》〈소뢰궤식례〉의 주에 이르기를 "왼쪽 옷소매에 넣는 것은 오른손을 쓰기가 편해서이다. '계(季)'는 소(小)와 같다.[46]" 하였다.

46 계(季)는 소(小)와 같다 :《가례》의 이 부분 아래에 나오는 "소매에 새끼손가락을 건다.〔掛袂於季指〕"에 대해 설명한 말이다.

고이성(告利成)[47]

○ 《의례》 〈특생궤식례〉의 주에 이르기를 "'이(利)'는 기른다는 뜻인 양(養)과 같다. 공양(供養)하는 예가 이루어진 것이다. 예가 끝났다고 말하지 않는 것은 시동(尸童)을 보내는 것 같은 혐의가 있어서이다." 하였다.

〔안〕 주자(朱子)는 이미 한 위공(韓魏公)[48]보다 늦게 태어났는데 이곳에다가 수조례(受胙禮)를 붙여 놓았다. 의당 주자가 행한 것을 따라야 함이 의심의 여지가 없다.

사신(辭神)

○ 어떤 사람이 묻기를,

"조고(祖考)의 정신이 이미 흩어졌으니 반드시 사흘을 산재(散齋)하고 이레를 재계(齋戒)하여 양(陽)에서 구하고 음(陰)에서 구해야만 그것을 모을 수가 있습니다. 그런데 그 모이는 것이 홀연 도달하였으니, 빌고 제사하는 것을 마치고 나서 정성과 공경이 이미 흩어지면 또 곧장 흩어집니까?"

하니, 주자가 그렇다고 하였다.

47 고이성(告利成) : 제사 때 축(祝)이 시동(尸童)에게 공양(供養)의 예가 이루어졌다고 고하는 절차로, 제사가 끝났음을 알리는 것이다. 《예기》 〈증자문(曾子問)〉의 주에 "이(利)는 기른다는 뜻인 양(養)과 같으니, 공양하는 예가 이미 이루어졌음을 이르는 것이다."라고 한 내용이 보인다.

48 한 위공(韓魏公) : 송나라의 명상(名相)인 한기(韓琦)로, 일찍이 위국공(魏國公)에 봉해졌으므로 이렇게 칭하는 것이다.

철(徹)

○ 《예기》 〈제의〉에 이르기를 "제사를 마친 뒤에는 도도수수(陶陶遂遂)[49]하여 마치 어버이가 다시 사당에 들어가는 듯이 한다." 하였는데, 단번에 떠나가고자 하지 않음은 사랑과 공경이 다함이 없어서이다.

○ 《시경》 〈채번(采蘩)〉에 이르기를,

"머리 꾸밈의 여유로움이여, 조용히 돌아가도다.〔被之祁祁, 薄言還歸.〕"

하였는데, 이에 대해 주자가 말하기를,

"'기기(祁祁)'는 느긋한 모양으로, 일을 마침에 위의(威儀)가 있는 것이다."

하였다.

○ 《예기》 〈제의〉에 이르기를,

"제사를 지내는 날에는 기쁨과 슬픔이 서로 반반이다. 흠향을 하면 반드시 기쁘고 이미 이르렀으면 반드시 슬프다."

하였는데, 이에 대한 주에 이르기를,

"반드시 기쁜 것은 신이 오는 것을 맞이해서이다. 예가 끝나면 신이 떠나기 때문에 슬픈 것이다."

하였다.

준(餕)[50]

49 도도수수(陶陶遂遂) : 서로 따라다니는 모습을 형용하는 말인데, 도도는 부모를 생각하는 마음이 안에 있는 것이고, 수수는 부모를 생각하는 마음이 밖으로 드러나 보이는 것이다.

○ 《예기》〈제통〉에 이르기를,

"'준(餕)'은 제사의 끝이다. 고인이 말하되 '끝을 잘 맺는 것이 처음을 잘 시작하는[51] 것처럼 중요하니, 준이 그것이다.'라고 하였다."

하였는데, 이에 대한 주에 이르기를,

"준에 대한 예를 삼가는 자는 끝을 삼가는 것을 처음에 시작할 때같이 하는 것이다."

하였다.

○ 《예기》〈제통〉에 이르기를,

"제(祭)라는 것은 은택이 큰 것이다. 위에서 큰 은택을 내리면 그 은혜가 반드시 아래에까지 미친다. 그러므로 정사(政事)를 살펴볼 수 있다고 한 것이다."

하였는데, 이에 대한 주에 이르기를,

"준(餕)을 말미암아서 은혜를 볼 수가 있으므로 '정사를 살필 수 있다.'라고 한 것이다."

하였다.

○ 《의례경전통해》의 경(經)에 이르기를,

"'사사로이 잔치한다.〔燕私〕'는 것은 무엇인가? 제사를 마치고 족인들과 함께 술을 마시는 것이다. 취하지 않고 나가면 이는 친하지 않은 것이요, 취했으면서 나가지 않음은 종가(宗家)를 만만하게 보

50 준(餕) : 제사를 끝마치고 나서 행하는 의식의 한 가지로, 제사를 마친 다음 주인이 제육(祭肉) 등을 친우(親友)들에게 보내고, 그 제사에 참석한 남녀가 자리를 따로 하여 각각 축인의 인도에 따라 함께 음복하는 것을 말한다.

51 시작하는 : 대본에는 '是'로 되어 있다. 《예기》〈제통〉에 근거하여 '始'로 바로잡아 번역하였다.

는 것이다. 나가서도 술을 마시기를 멈추지 않는 것은 불충(不忠)한 것이다. 친하면서도 몹시 공경하고, 충성스러우면서도 게을리하지 않아야 하니, 이와 같이 하면 형제의 도가 갖추어진다."

하였다.

'제부녀'에서부터 '헌남존수'까지〔諸婦女 止 獻男尊壽〕 대주에 나온다. 아래도 같다.

○ 《예기》〈방기(坊記)〉에 이르기를,

"공자가 이르기를 '예에 제사가 아니면 남자와 여자는 술잔을 바꾸지 않는다.' 하였다."

하였는데, 이에 대한 주에 이르기를,

"선유(先儒)가 이르기를 '동성(同姓)의 경우에는 친히 술잔을 올리고, 이성(異姓)의 경우에는 다른 사람이 대신해서 술잔을 올린다.'라고 하였다."

하였다.

그날 모두 없앤다.〔其日皆盡〕

○ 《논어》〈향당〉에 이르기를,

"제육(祭肉)은 3일을 넘기지 않는다."

하였는데, 이에 대해 주자가 말하기를,

"3일이 지나면 고기가 반드시 부패된다. 이것은 귀신이 먹다가 남긴 것을 설만히 대하는 것이다."

하였다.

수없이 대작한다.〔無算爵〕 소주에 나온다.

○《의례》〈유사철(有司徹)〉의 주에 이르기를,

"자기가 마시고 싶은 만큼만 마시며, 차서(次序)에 따른 일정한 숫자가 없이 마시는 것이다."

하였다.

〔보〕《예기》〈제의〉에 이르기를,

"문왕(文王)이 제사를 지낼 적에는 먼동이 트도록 잠을 못 이루었으며, 제향하여서 정성을 바치고서 또 따라서 그리워하였다."

하였는데, 이에 대한 주에 이르기를,

"제사를 지낸 다음 날에도 오히려 이와 같이 하였으니, 더구나 제사를 지내는 그날이겠는가."

하였다.

○ 오사(五祀)를 행하는 것에 대해서,《예기》〈증자문〉에 이르기를 "천자(天子)가 죽어 빈(殯)을 하지 않았을 적에는 오사의 제사를 지내지 않는다."라고 하였고,《의례》〈사상례(士喪禮)〉에 이르기를 "오사에 기도를 한다."라고 하였다.[52]

○《예기》〈곡례〉의 주에 이르기를,

"천자로부터 사(士)에 이르기까지 모두 오사를 지낸다. 오사는 봄에는 호(戶)에 제사 지내고, 여름에는 조(竈)에 제사 지내고, 계하(季夏)에는 중류(中霤)에 제사 지내고, 가을에는 문(門)에 제사 지내

52 오사(五祀)를……하였다 : 이 부분은 뜻이 잘 통하지 않는바, 편집 과정에서 글이 잘못된 듯하다. 아마도 '행오사(行五祀)'가 별도의 항목으로 잡혀서 아래에 나오는 '초조(初祖)' 조항 전까지가 다른 곳에 편집되어야 할 듯하다.《禮記 曲禮下》

고, 겨울에는 행(行)에 제사 지낸다."

하였다.

〔안〕 지금 세상 사람들은 오사를 이미 폐하였는데, 시제(時祭)를 마친 뒤에 주자가 제사를 지낸 것을 모방하여 반드시 지내야만 할 듯하다.

○ 《예기》 〈증자문〉에 이르기를,

"공자가 이르기를 '제사는 때가 지나면 다시 제사 지내지 않는 것이 예법이다.' 하였다."

하였는데, 이에 대한 주에 이르기를,

"가령 봄 제사를 지낼 때 혹 어떤 일이 있어서 제사를 지내지 못하였다가 여름에 이르러서 제사 지낼 경우에는 오직 여름 제사만 지내고, 다시 봄 제사를 보충하여 지내지 않는다. 이것은 단지 사시(四時)의 상제(常祭)만을 이른 것이고, 체협(禘祫)[53]의 경우에는 그렇지 않다."

하였다.

초조(初祖)

○ 《의례》 〈상복(喪服)〉의 전(傳)에 이르기를,

"제후는 그 태조가 나온 바에까지 미치고, 천자는 그 시조가 나온 바에까지 미친다.〔諸侯及其太祖, 天子及其始祖之所自出.〕"

하였는데, 이에 대한 주에 이르기를,

"'태조(太祖)'는 처음 봉해진 임금이다. '시조(始祖)'라는 것은 신령(神靈)에 감응되어서 태어난 분으로, 직(稷)이나 설(契)과 같은 사

53 체협(禘祫) : 조상의 신주를 한곳에 모셔 놓고서 지내는 제사이다.

람이다. '자(自)'는 말미암는다는 뜻인 유(由)이다. '시조가 나온 바에까지 미친다.'는 것은 하늘에 제사 지내는 것을 이른다." 하였다.

〔안〕 초조와 시조는 명칭은 다르나 똑같은 조상이다.

○ 주자가 말하기를 "협제(祫祭)[54]는 태조에서 그친다. 체제(禘祭)[55]는 또 조상이 나온 바에 제사 지낸다." 하였다.

○ 한유(韓愈)가 말하기를 "'협(祫)'이라는 것은 합하는 것이다. 훼철한 사당의 신주를 모두 태조의 사당에 합쳐서 모시는 것이다." 하였다.

○ 조백순(趙伯循)[56]이 말하기를 "'체(禘)'는 왕자(王者)의 큰 제사이다. 왕자가 이미 시조의 묘(廟)를 세우고, 또 시조가 나온 바를 추대하여 시조의 묘에 향사하면서 시조를 배위(配位)로 한다." 하였다.

사당(祠堂) 대주에 나온다. 아래의 일곱 조항도 같다.

〔안〕 이곳에서 말한 사당은 어느 곳을 말하는지 모르겠다. 《가례보주(家禮補註)》에 이르기를 "묘소(墓所)에다가 설치한다."라고 하였다. 이것은 바로 〈사당장〉에서 이른바 "시조(始祖)가 친진(親盡)이 되면 묘소에다가 신주를 보관한다."라고 한 것이다. 그리고 양복(楊復)이 이른바 "반드시 사당이 있어야만 옮겨 간 신주를[57] 받들 수

54 협제(祫祭) : 태조 이하 4묘(廟)의 신주를 한곳에 모셔 놓고 합제(合祭)하는 것을 말한다.

55 체제(禘祭) : 임금이 그 시조(始祖)의 묘에 올리는 제사이다.

56 조백순(趙伯循) : 조광(趙匡)으로, 백순은 그의 자이다. 당(唐)나라 후기의 학자로 주로 《춘추》를 연구하였다.

57 옮겨간 신주를 : 대본에는 '遷主'로 되어 있다. 《가례》 〈사당장〉의 소주에 나오는

있다."라고 한 것이다. 그러나 지금 이른바 사당이라고 하는 것이 바로 이곳을 가리키는 것인지는 알 수가 없다.

속모지하(束茅之下)

〔안〕 '지(之)' 자가 다른 본에는 '이(以)' 자로 되어 있다.

우[58]는 여섯 개다.〔杅六〕

○ '우(杅)'의 음은 우(于)[59]이다. 《의례》 〈기석례(旣夕禮)〉의 주에 이르기를 "우에는 탕(湯)과 장(漿)을 담는다."라고 하였다. 또 음식을 담는 그릇이다.

모혈[60]을 담아서 한 쟁반을 만든다.〔毛血爲一盤〕

○ 《예기》 〈제의〉에 이르기를,

"윗옷을 벗고 희생의 털을 베어 바치는데, 귀의 털을 먼저 바친다.〔袒而毛牛, 尙耳.〕"

하였는데, 이에 대한 주에 이르기를,

"윗옷을 벗는 것은 일이 있음을 보이는 것이다. 장차 희생을 죽이려면 먼저 귀 주위에 있는 털을 베어서 신에게 바치는데, 털을 바쳐서

양복의 설에는 '墓祭'로 되어 있다.

58 우(杅) : 대본에는 '杆'으로 되어 있다. 《가례》에 근거하여 '杅'로 바로잡아 번역하였다. 아래의 '우'도 동일하다. 탕(湯)이나 음료를 담는 그릇이다.

59 우(于) : 대본에는 '干'으로 되어 있다. 문맥에 근거하여 '于'로 바로잡아 번역하였다.

60 모혈(毛血) : 신에게 바치는 희생의 털과 피를 말한다. 모는 길짐승의 털을 말한다.

온전함을 고하는 것이다. 귀는 듣는 것을 맡는바, 신으로 하여금 듣게 하기 위한 것이다. 귀의 털을 위로 삼으므로 '상이(尙耳)'라고 한 것이다."

하였다.

머리와 염통과 간과 허파를 담아서 한 쟁반을 만든다.〔首心肝肺爲一盤〕

○ 《예기》〈교특생〉에 이르기를,

"희생의 피를 가지고 제사 지내는 것은 생기(生氣)가 왕성해서이다. 폐와 간과 심장을 가지고 제사 지내는 것은 생기의 근원이 되는 부분을 귀하게 여겨서이다."

하였는데, 이에 대한 주에 이르기를,

"피가 있고 기가 있어야만 생물이 된다. 폐와 간과 심장은 모두 기가 머무는 집이다. 그러므로 '생기의 근원이 된다.'라고 한 것이다. 주(周)나라에서는 폐를 가지고 제사 지냈고, 은(殷)나라에서는 간을 가지고 제사 지냈고, 하(夏)나라에서는 심장을 가지고 제사 지냈다. 희생의 머리 역시 양에 속한다. 형체의 혼기(魂氣)는 하늘로 돌아가서 양이 된다. 이것은 양의 사물로써 양의 혼령에게 보답하기 위한 것이다."

하였다.

○ 《의례경전통해(儀禮經傳通解)》에 이르기를 "유우씨(有虞氏)[61]는 머리를 가지고 제사 지냈다." 하였다.

61 유우씨(有虞氏) : 중국 고대(古代) 순(舜) 임금을 가리키는 말이다. 그가 맨 처음 우(虞)에서 나라를 세웠으므로 이렇게 일컫는다.

왼쪽 반[62]은 쓰지 않는다.〔左胖不用〕

○《의례》〈기석례〉에 이르기를,

"양(羊)의 왼쪽 반(胖)을 올린다."

하였는데, 이에 대한 주에 이르기를,

"길제(吉祭)와 반대로 한다. 길제에는 오른쪽 반을 올린다. 왼쪽 반을 쓰는 것은 길제에 반대로 하는 것이다."

하였다.

○《의례》〈소뢰궤식례〉에 이르기를,

"양의 오른쪽 반을 올린다. 비는 올리지 않는다.〔升羊右胖, 髀不升.〕"

하였는데, 이에 대한 주에 이르기를,

"'승(升)'은 올린다는 뜻인 상(上)과 같다. 오른쪽 반(胖)을 올린 것은 주(周)나라에서 귀하게 여긴 바이기 때문이다. 비(髀)를 올리지 않는 것은 항문에 가까운 부위는 천해서이다. 반의 음은 판(判)이다."

하였다.

항문에 가까운 부위 한 마디는 쓰지 않는다. 모두 12체이다.〔去近竅一節不用, 凡十二體.〕

〔안〕 뒷다리는 항문에 가까운 한 마디는 쓰지 않으니, 모두 11체(體)인바, '이(二)' 자는 아마도 잘못된 것이다. 선조(先祖)를 제사 지냄에 있어서는 지체(支體)를 두루 말하였는데, 뒷다리는 역시 2단(端)을 쓰는바, '이' 자는 이에 '일(一)' 자가 잘못된 것임은 의심할 것이 없다.

62 반(胖) : 희생(犧牲)의 반쪽 몸을 말한다.

털과 피와 날고기를 담은 쟁반〔毛血腥盤〕

○ 《예기》 〈예기〉에 이르기를,

"예로써 인정에 가까운 것은 예의 지극한 것은 아니다."

하였는데, 이에 대한 주에 이르기를,

"가깝게 하는 것은 설만한 것이 되고, 멀리하는 것은 공경하는 것이 된다. 교사(郊祀)에는 모두 날고기〔腥〕와 피〔血〕가 있다."

하였으며, 주에 또 이르기를,

"하늘에서 온전한 것으로는 피만 한 것이 없다. 그러므로 《예기》 〈교특생〉에 이르기를 '지극히 공경할 경우에는 맛을 흠향하지 않고 기와 냄새를 귀하게 여긴다.' 하였다."

하였다.

편우(匾盂) 소주에 나온다.

○ '변(匾)'의 음은 편(扁)이며, 상성(上聲)으로 읽는다. 그릇 가운데 납작하면서 둥글지 않은 모양의 그릇이다. '우(盂)'의 음은 우(于)이며, 밥을 담는 그릇이다.

형갱[63]과 대갱〔鉶羹大羹〕 대주에 나온다. 아래의 세 조항도 같다.

○ '형(鉶)'의 음은 형(刑)이며, 양념을 넣은 국을 담는 그릇이다.

63 형갱(鉶羹) : 소금과 채소를 가미하여 다섯 가지 맛을 낸 육즙으로, 형기(鉶器)에 담아서 내므로 형갱이라고 한다. 형(鉶)은 1말(斗) 정도를 담을 수 있는 그릇으로, 두 개의 귀와 세 개의 다리로 구성되어 있으며, 뚜껑이 있다. 사(士)는 철(鐵), 대부(大夫)는 동(銅), 제후는 백금(白金), 천자는 황금(黃金)을 사용했다.

〔안〕 '대갱(大羹)'은 바로 양념을 하지 않고 고기를 끓여 우려낸 것이다. '형갱(鉶羹)'은 바로 채소를 넣고서 고기를 끓여 우려낸 것이다. 대갱은 태고 시대의 국이다. 고기를 끓여 낸 국물에 소금이나 매실을 가미하지 않은 것이며, 또한 현주(玄酒)를 숭상하는 뜻과 같은 것이다. '형갱'은 형정(鉶鼎)에 담은 국이며, 오미(五味)를 갖춘 것이다. '급(湆)'의 음은 급(急)이며, 거(去)와 급(急)의 반절이며, 고기의 국물이다. 금문(今文)에는 급(湆)이 모두 즙(汁)으로 되어 있다.

간을 굽고 소금으로 맛을 낸다.〔炙肝加鹽〕

○《의례》〈특생궤식례〉의 주에 이르기를 "간(肝)은 소금을 치는 것이 마땅하다." 하였다.

〔안〕 제사를 지내는 음식에 소금으로 간을 하지 않는 것은 서수(庶羞) 등의 찬(饌)을 각각 소금과 매실로 간을 하였기 때문이다. 이 예는 대부분 고례(古禮)를 쓰고 있는데, 근본으로 돌아가고 옛날을 회복하여 신령에게 교접하기 위한 것이지, 맛난 음식을 바치는 도로써 하는 것은 아니기 때문이다. 《춘추좌씨전》에 이르기를 "대갱에 맛을 내지 않는다.〔大羹不致〕"라고 하고, 《예기》에는 "대갱에 조미를 하지 않는다.〔大羹不和〕"라고 했는데, 이는 질박함을 귀하게 여긴 것이다. 그렇다면 소금으로 맛을 내는 것은 무슨 뜻인가. 이 역시 고례이다. 소금은 간의 오른쪽에 있다. 이에 대해서는 《의례》〈소뢰궤식례〉에 상세하게 실려 있다.

쟁반과 술잔은 각각 둘이다.〔盤盞各二〕

〔안〕 술잔은 한 신위마다 두 개씩 놓는데, 그 의미는 미상이다. 혹자

는 선조(先祖)는 통칭 고조 이상을 말하는데, 단지 한 신위만을 설치하므로 두 개의 술잔을 놓는 것이라고 한다.

털과 피를 파묻는다.〔瘞毛血〕

〔안〕 구준(丘濬)의 《가례의절(家禮儀節)》에는 '예(瘞)' 자가 '진(進)' 자로 되어 있다.

○ 예경(禮經)을 근거하여 보면, 제사를 끝낸 뒤에 털과 피를 파묻는데, 지금 진찬조(進饌條)에서 파묻는다고 한 것은 미상이다.

녜(禰)

○ 《예기집설(禮記集說)》에 이르기를 "고(考)를 '녜(禰)'라고 한다. '녜'는 가까운 것이다. 녜(禰)의 음은 내(乃)와 례(禮)의 반절이다. 아버지의 사당을 '녜'라고 한다." 하였다.

수조(受胙)

〔안〕 하사(嘏辭)[64]에서는 응당 '조고(祖考)'를 고쳐서 '고(考)'라고 해야 한다.

기일(忌日)

○ 《예기》 〈제의〉의 주에 이르기를 "기일은 어버이가 돌아가신 날이다." 하였다.

64 하사(嘏辭) : 제사 지낼 때, 축(祝)이 제사받는 조상을 대신하여 주인에게 전하는 축복의 말을 가리킨다.

○ 《예기》〈제의〉에 이르기를,

“기일에 다른 일을 하지 않는 것은 상서롭지 않아서가 아니다. 기일에는 내 마음이 한곳으로만 쏠리기 때문에 다른 사사로운 일에 마음을 기울일 수가 없어서이다.”

하였는데, 이에 대한 소에 이르기를,

“이날이 좋은 날이 아니라는 것은 아니다. 마음이 어버이를 생각하는 데 간절하여 감히 자신의 마음을 다하여 다른 일을 할 수 없는 것이다.”

하였다.

○ 주자가 말하기를 “옛날에는 기제(忌祭)가 없었다. 근래에 와서 여러 선생께서 바야흐로 상고하여 이에 미쳤다.” 하였다.

〔안〕 기제를 지낼 적에 주자는 단지 한 신위(神位)만을 설치하였는데, 정자(程子)가 고비(考妣)의 신위를 배설하였다. 한 신위에만 제사를 지내는 것이 예에 있어서 바른 것이다.

〔안〕 주자는 제사 지내기 전에는 손님을 만나 보지 않았다. 또 모부인(母夫人)의 기일에는 복색(服色)을 물었다. 그렇다면 재계(齊戒)를 하면서는 손님을 만나 보지 않았다는 것을 잘 알 수가 있으며, 기일에 제사를 지낸 뒤에는 손님을 만나 보았다는 것도 잘 알 수가 있다.

○ 《예기》〈제의〉에 이르기를 “문왕(文王)이 제사를 지냄에 기일에는 반드시 슬퍼하였다.” 하였다.

○ 《예기》〈곡례〉에 이르기를,

“졸곡(卒哭)이 지나면 비로소 죽은 자의 이름을 부르는 것을 휘(諱)한다.”

하였는데, 이에 대해 정현(鄭玄)이 말하기를,

“귀신의 이름을 공경하는 것이다. ‘휘’는 피하는 것이다. 살아 계실 적에는 서로 피하지 않는다."

하였다.

○ 《춘추좌씨전》에 이르기를 "주(周)나라 사람들은 휘하는 방법을 적용해서 귀신을 섬겼다." 하였다.[65]

○ 어떤 사람이 주자에게 묻기를,

"기일에 곡해야 마땅합니까?"

하자, 주자가 답하기를,

"만일 마음에 슬픔이 일어난다면 곡하는 것이 마땅하다."

하였다.

○ 어떤 사람이 주자에게 묻기를,

"여행 중에 사기(私忌)를 만났을 경우, 묵고 있는 집에서 탁자를 설치하고 향을 피워도 괜찮습니까?"

하니, 주자가 말하기를,

"이와 같이 미세한 곳에 대해서는 옛사람들도 일찍이 말해 놓지 않았다. 만약 그것이 의리에 크게 해롭지 않을 경우에는 행하여도 무방할 것이다."

하였다.

○ 주자가 말하기를 "무릇 먼 친족의 휘일(諱日)을 만났을 경우에는 온 집안사람들이 소식(蔬食)을 하며, 제사에 쓴 음식을 가지고 손님을 접대한다." 하였다.

65 춘추좌씨전에……하였다 : 《춘추좌씨전》 환공(桓公) 6년 조(條)에 나오는 말이다. 이에 대해 진(晉)나라 두예(杜豫)는 해설하기를 "아버지로부터 고조(高祖)까지는 모두 감히 이름을 직접 부르지 못하였다는 말이다."라고 하였다.

○ 장횡거(張橫渠)의 〈이굴(理窟)〉에 이르기를,

"기일에 변복(變服)하는 것은, 증조비(曾祖妣)와 조고비(祖考妣)와 고비(考妣)를 위해서는 모두 포관(布冠)과 소대(素帶)와 마의(麻衣)와 마구(麻屨) 차림을 하기를 각각 차등이 있게 한다. 백부모(伯父母)와 숙부모(叔父母)와 형(兄)을 위해서는 소의(素衣)와 소대(素帶)를 차등이 있게 한다. 아버지를 위해서는 관(冠) 역시 소관(素冠)으로 한다. 제질(弟姪)을 위해서는 갈옷으로 바꾸어 입고 고기를 먹지 않는다. 서모(庶母) 및 형수를 위해서는 똑같이 고기를 먹지 않는다."

하였다.

주부는 특계[66]를 하고 장식을 제거한다.〔主婦特髻去飾〕 대주에 나온다.

○ 《사물기원(事物記原)》에 이르기를 "수인씨(燧人氏)[67]가 처음으로 계(髻)를 만들었다. 순(舜) 임금 때에는 머리 장식이 있었다. 문왕(文王)이 또 취교(翠翹)[68]를 가하였다." 하였다.

○ 《이의실록(二儀實錄)》[69]에 이르기를 "'계(髻)'는 묶는다는 뜻인 계(繼)이다. 말하자면 여자는 반드시 다른 사람에게 묶이는 것이다. 다만 머리카락만 가지고 서로 묶으며, 머리를 묶는 다른 물품은 없었다."

66 특계(特髻) : 머리털을 묶는 방식의 하나로, 가계(假髻)와 같은 것이다.

67 수인씨(燧人氏) : 전설 속에 나오는 고대의 제왕(帝王)으로, 나무를 비벼서 불을 일으키는 방법을 처음 발명한 사람이다.

68 취교(翠翹) : 여자의 머리에 꽂아 꾸미는 수식(首飾)인데, 비취(翡翠)의 날개처럼 생겼으므로 취교라 한다.

69 이의실록(二儀實錄) : 송나라 유효손(劉孝孫)이 찬한 것으로, 1권으로 되어 있다.

하였다.

신주를 받들어서 정침에 내놓는다.〔奉神主, 出就正寢.〕

○ 주자가 말하기를,

“기일(忌日)에 기일이 된 분만 제향해서는 안 된다. 그러므로 신주를 모셔 내어 다른 곳에 배설(排設)하는 것이다. 비록 존자(尊者)의 기일이라 하더라도 신주를 모셔 내야 한다. 이렇게 하는 것이 비록 고례에는 없으나, 뜻으로 추측하여 알 수 있다.”

하였다.

묘제(墓祭)

○ 정자(程子)가 말하기를,

“장례는 바로 체백(體魄)을 안장하는 것인데, 신(神)은 사당으로 돌아간다. 옛사람은 오직 사당에서 제사 지내는 것에 정성을 다하였다. 지금도 역시 소제를 하고 배알하는 예를 쓰는데, 다만 사시(四時)의 제사를 지낼 때보다는 간략하게 한다.”

하였다.

〔안〕 오늘날 세속에서 정조(正朝)와 한식(寒食)과 단오(端午)와 추석(秋夕)에 사시의 제사와 차이가 없게 제사를 지내는데, 한식 때 지내는 제사에서만은 3월 상순에 제사를 지내는 예를 써서 축문(祝文)을 읽고 제사를 지내고, 나머지 날에는 전례(奠禮)를 써서 지내어 강쇄하는 것이 옛날의 뜻에 합당할 듯하다. 이것은 이제 행한 지 이미 오래되어 폐할 수가 없다. 그러나 역시 행하지 말아야 한다.

○ 장남헌(張南軒)이 이르기를 “묘소에서 제사 지내는 것은 옛 예가

아니다." 하였다.

○ 《가례보주》에 이르기를,

"《주례(周禮)》를 보면, 총인(冢人)[70]이라는 관직이 있어 묘소에 제사 지낼 적에 시동씨(尸童氏)가 되었다. 이것은 성대하였던 성주(成周)[71] 시대에도 또한 묘소에서 제사 지내는 자가 있었던 것이다."

하였다.

〔보〕〔안〕 진찬(進饌)하는 한 가지 절차가 없는데, 이것은 묘제(墓祭)를 지내면서는 간략한 쪽을 따라서 한 것이다.

〔안〕 예를 보면 섭주(攝主)[72]는 염제(厭祭)[73]의 절차가 없고, 묘제에서는 유식(侑食)하는 절차가 없는데, 이 역시 간략한 쪽을 따라서 한 것이다.

〔안〕 차를 올리는 진다(進茶) 한 절차는 아마도 빼서는 안 될 듯하다.

저전(楮錢)[74] 소주에 나온다.

〔안〕《주자어류(朱子語類)》를 보면, 선생의 집에서 제향(祭享)을

70 총인(冢人) : 주(周)나라의 관명(官名)으로, 왕실의 묘역(墓域)을 관장하였다.

71 성주(成周) : 지금의 하남성(河南省) 낙양현(洛陽縣)의 동북쪽에 있는 지명이다. 주(周)나라 경왕(敬王) 때 이곳으로 도읍을 옮겼으며, 전국(戰國) 시대에는 낙양(洛陽)이라고 이름을 고쳤다. 흔히 동주(東周)를 지칭하는 말로 쓰인다.

72 섭주(攝主) : 다른 사람을 대신해서 일을 주관하는 사람을 가리킨다. 여기서는 제주(祭主)를 대신해서 제사 지내는 사람을 말한다.

73 염제(厭祭) : 제사를 지낼 적에 신에게 음식을 더 권하는 절차이다.

74 저전(楮錢) : 지전을 말한다. 제사(祭祀) 때나 신(神)·불(佛)에게 기도(祈禱)할 때에 태워서 폐백(幣帛)으로 하던 것이다.

지낼 적에는 지전(紙錢)을 쓰지 않았다고 하였으며, 《가례》에도 역시 이 예가 없으니, 써서는 안 된다.

제례에 있어서의 변례〔祭變禮〕

○ 《예기》 〈증자문〉에 이르기를,

"증자가 묻기를 '대부의 제사에 정조(鼎俎)를 이미 진설하고 변두(籩豆)를 이미 진설하였다가 예(禮)를 이루지 못하고 폐하는 것은 몇 가지가 됩니까?'라고 하자, 공자가 답하기를 '아홉 가지이다.'라고 하였으며, 그에 대한 내용을 다시 묻자 '천자가 붕어했을 때, 왕후의 초상, 군(君)이 훙했을 때, 부인(夫人)의 초상, 군의 태묘에 불이 났을 때, 일식, 삼년상, 자최(齊衰), 대공(大功)에는 모두 제사를 폐한다. 사(士)의 경우에 이와 다른 것은 시마복(緦麻服)의 상을 당해서도 제사를 중지한다는 것이다. 그러나 제사 지내는 대상자가 죽은 자에 대해서 복(服)이 없을 경우에는 제사를 지낸다.' 하였다."

하였는데, 이에 대한 주에 이르기를,

"사(士)는 대부보다 낮아서 비록 시마복의 상을 당하였더라도 제사 지내지 않는 것이다."

하였다.

○ 《예기》 〈증자문〉의 주에 이르기를,

"'제사 지내는 대상자가 죽은 자에 대해서 복이 없다.'라는 것은, 처의 부모나 어머니의 형제자매를 이른다. 자기 자신은 비록 복이 있더라도 자기가 제사 지내는 대상자가 죽은 자에 대해서 복이 없으면 제사 지낼 수 있는 것이다."

하였다.

○ 《예기》 〈증자문〉의 주에 이르기를 "지위가 높으면 일로서 제사를 폐하는 경우가 적고, 지위가 낮으면 일로써 제사를 폐하는 경우가 많은 것이다." 하였다.

○ 《춘추》의 경(經)에 이르기를,

"무궁(武宮)에 제사를 지내는데, 약(籥)이 들어갈 때에 숙궁(叔弓)이 졸하니, 음악을 거두고 제사를 끝까지 마쳤다."

하였는데,[75] 이에 대한 《춘추호씨전(春秋胡氏傳)》[76]에 이르기를,

"예에 제사를 지내는 것보다 더 중한 것이 없다. 대부에게 변고가 있으면-'변고'는 죽는 것을 말한다.- 제사는 지내되 음악을 듣는 것은 안 된다.-안으로는 종묘(宗廟)에 대해서 정성과 공경의 마음을 다할 수 있고, 밖으로는 대신(大臣)에 대해서 돌보아 주는 은혜를 온전히 해야 하여서이다.- 그렇다면 종묘에 일이 있어서 대신이 일을 보다가 약무(籥舞)가 들어올 때 대신이 제사 지내는 곳에서 죽었으니, 음악을 거두고 제사를 끝까지 마치는 것이 옳다.-선조(先祖)의 마음은 대신이 졸한 것을 보고서 반드시 음악을 들어도 즐겁지 않을 것이며, 효자(孝子)의 마음은 이미 진설한 찬(饌)을 보고서 차마 경솔히 철거하지 못할 것이다. 그러므로 음악을 거두고 제사를 끝까지 마치는 것이 옳은 것이다.-"

하였다.-큰 글씨와 작은 글씨가 모두 호씨의 설이다.-[77]

75 춘추의……하였는데 : 《춘추》 소공(昭公) 15년 조에 나온다. 무궁은 노(魯)나라 무공(武公)의 사당이다. 약(籥)은 중국 고대 악기(樂器)의 하나인데, 제사 지낼 때 연주하는 악기이다. 숙궁은 노나라 대부의 이름이다.

76 춘추호씨전(春秋胡氏傳) : 호씨는 송 고종(宋高宗) 때의 학자인 호안국(胡安國)을 가리킨다. 《춘추》를 해석한 책에 《좌전(左傳)》, 《공양전(公羊傳)》, 《곡량전(穀梁傳)》과 아울러 호안국의 《호씨전(胡氏傳)》이 있다.

○ 《예기》 〈제통〉에 이르기를 "군자가 제사 지낼 때에는 반드시 자신이 몸소 행하는데, 연고가 있으면 사람을 시키는 것도 괜찮다." 하였다.

○ 《논어》 〈팔일(八佾)〉에 이르기를 "공자께서 이르기를 '내가 제사에 참석하지 않으면 제사 지내지 않은 것과 같다.' 하였다." 하였다.

○ 이요경(李堯卿)[78]이 주자에게 묻기를,

"제 아내의 소생모(所生母)를 저희 집에서 모시고 있는데, 이분이 돌아가신 뒤에는 아내의 외가(外家)의 선영에 합장(合葬)하고자 하는데, 어떻습니까?"

하니, 주자가 답하기를,

"그렇게 해도 된다."

하였다. 또 묻기를,

"신주(神主)를 아내의 친정집으로 보내고자 하니 아내의 친정집이 몰락하였습니다. 이에 저희 집의 별실(別室)에서 제사 지내고자 하는데, 어떻습니까?"

하니, 주자가 답하기를,

"불편할 것이다. 그러나 북쪽 사람들의 풍속은 그와 같다."

하였다.

○ 《이정전서(二程全書)》에 이르기를,

"정자의 어머니인 후부인(侯夫人)이 병이 매우 위독하자 이천(伊川)에게 명하기를 '지금은 백오(百五)[79]에 나를 위해 내 부모의 제사를

77 큰……설이다 : 원문은 대자로 되어 있다. 문맥에 근거하여 소자로 바로잡아 번역하였다.

78 이요경(李堯卿) : 주희의 문인인 이당자(李唐咨)의 자(字)이다.

지내고, 내년에는 다시 지내지 말라.'라고 하였다."
하였다. 이에 대해 주자가 말하기를,

"이것은 외가를 제사 지내는 것인데, 예경(禮經)에는 없는 것이다."
하였다.

○ 주자가 말하기를 "남편이 아내를 제사 지낼 때에도 절을 해야만 한다." 하였다.

○ 《예기》〈곡례〉에 이르기를,

"제복(祭服)이 해지면 불사르고, 제기(祭器)가 못 쓰게 되면, 땅에 파묻는다. 귀협(龜筴)[80]이 해지면 땅에 파묻고, 희생(犧牲)이 죽으면 땅에 파묻는다."
하였는데, 이에 대한 주에 이르기를,

"모두 사람들로 하여금 설만하게 대하지 않도록 하는 것이다."
하였다.

척도(尺圖)

〔안〕《가례》의 도본(圖本)은 주자가 그린 것이 아니니 법칙으로 삼아서는 안 된다. 또 단지 그 형체만을 그려 놓았을 뿐이고 척(尺)의 장단(長短)을 그려 놓은 것은 아니다. 그리고 판본(板本)마다 각각 다르게 그려져 있다. 구준(丘濬)의 《가례의절(家禮儀節)》에 그려

79 백오(百五) : 한식(寒食)을 말한다. 동지(冬至)로부터 105일째 되는 날이 한식이므로 이렇게 이르는 것이다.

80 귀협(龜筴) : 고대에 점을 칠 때 사용하던 거북의 등딱지와 대나무로 된 산가지를 말한다.

져 있는 것은 지나치게 길게 그려져 있어서 역시 믿고서 따르기가 어렵다.

우리나라에서 지금 신주(神主)를 만드는 데 쓰는 주척(周尺)[81]은 전래되어 온 지 비록 오래되었으나, 항상 의심스럽다고 여겼다. 지금 서거정(徐居正)의 《필원잡기(筆苑雜記)》를 상고해 보니, 거기에 이르기를,

"세종(世宗) 때 허조(許稠)[82]가 진우량(陳友諒)[83]의 아들 진리(陳理)[84]의 가묘(家廟) 신주(神主)의 척식(尺式)을 구하여 척본(尺本)을 만들었고, 또 의랑(議郎) 강천주(姜天霔) 집에서 척본[85]을 얻었다. 이것은 바로 그의 아버지인 판삼사사(判三司事) 강석(姜

81 주척(周尺) : 중국 주(周)나라에서 제정하여 사용하던 자이다. 《경국대전(經國大典)》에 의하면, 주척 1자는 황종척(黃鍾尺) 6치 6리(釐)로서 곡척(曲尺)으로는 6치 6푼이며, 원기(原器) 실측 결과는 6치 7푼 5리로, 약 20cm에 해당된다.

82 허조(許稠) : 1369~1439. 본관은 하양(河陽), 자는 중통(仲通), 호는 경암(敬菴), 시호는 문경(文敬)이다. 권근(權近)의 문인이다. 유교적 윤리관을 보급해야 하는 조선 초기에 태종과 세종을 도와 예악 제도를 정비하는 데 크게 공헌하였다.

83 진우량(陳友諒) : 원말(元末)의 무장으로 나라를 세워 한(漢)이라고 하였으며 당시 가장 강력한 세력을 가지고 있었다. 파양하(鄱陽河)에서 주원장(朱元璋)과 싸우다 대패하여 군사의 태반을 잃고 경강(涇江)으로 도주했다가 유시(流矢)에 맞아 죽었다. 《明史 太祖本紀1》

84 진리(陳理) : 진우량의 아들로, 진우량이 죽은 뒤에 한황제(漢皇帝)라 칭하면서 명나라 태조(太祖)에게 대항하다가 태조에게 귀순(歸順)하자, 태조가 그의 가속을 거느리고 고려(高麗)로 가서 살게 하였는데, 그때 태조가 그를 우리나라로 보내면서 공민왕에게 "군사로 삼지 말고 백성으로도 삼지 말라."라고 당부하였다. 《高麗史節要 卷29 恭愍王4》

85 척본 : 《필원잡기》에는 '지본(紙本)'으로 되어 있다.

碩)의 집에 있던 것인데, 원(元)나라의 원사(院使) 금강(金剛)이 소장하였던 상아척(象牙尺)에서 전해진 것으로, 앞면에 '신주척 정식(神主尺定式)'이라 써 놓은 것이었다. 이것을 지금의 관척(官尺)에서 2치 5푼을 제거하고 7치 5푼을 사용하면, 《가례》의 부주(附註)에 반시화(潘時華)가 이른바 '주척은 지금 성척(省尺)의 7치 5푼에서 조금 모자란다.'라는 말과 동일하기에, 두 본을 서로 비교해 보았더니 조금도 차이가 없었다. 이에 비로소 척제(尺制)를 정했다.

무릇 신주와 천문(天文)을 관측하는 누기(漏器) 등을 제작함에 있어서는 이것에 근거하여 정식으로 삼았다. 뒤에 북경(北京)에 간 사람[86]이 중국에서 새로 만든 신주를 사 가지고 와서 다시 이 자[尺]로 비교해 보았더니 한 치 한 푼까지 서로 합치되었다. 지금 우리나라에서 사용하는 주척이 중국에서 사용하는 것과 같음은 의심의 여지가 없다."

하였다. 이에 지금은 우선 세종조에 정한 바에 따라서 지금의 척(尺)으로 쓰는 것이 도리에 합당할 듯하다.

86 북경(北京)에 간 사람 : 《필원잡기》에 의거하면 세종 때 성절사(聖節使)의 통사(通事)로 갔던 조충좌(趙忠佐)이다.

구봉집

제10권

부록 附錄

부록 附錄

신원소[1] 을축년(1625, 인조3)

伸冤疏 乙丑

2월에 사계(沙溪) 김장생(金長生) 선생이 약봉(藥峯) 서성(徐渻), 수몽(守夢) 정엽(鄭曄), 청천군(菁川君) 유순익(柳舜翼), 죽서(竹西) 심종직(沈宗直) 공들과 함께 연명으로 올렸다.

삼가 아룁니다. 백성은 임금과 부모와 스승 세 분에게 의지하여 살아가므로, 섬기기를 한결같이 하는 법입니다. 스승이 어쩌다 헤아릴 수 없는 화를 당하여 구천에서 억울한 원한을 품고 있는데, 그 사람에게 수업한 자로서 한마디 말도 하지 않아 '섬기기를 한결같이 한다.'는 의리를 저버릴 수 있겠습니까.

신등은 어려서 송익필(宋翼弼)에게 수학하였습니다. 송익필의 문장과 학식은 한 시대에 뛰어나 이이(李珥)·성혼(成渾)과 더불어 서로 강마

1 신원소(伸冤疏) : 이 〈신원소〉는 인조반정이 일어나 북인(北人) 세력이 망하고 서인(西人) 세력이 조정에 등용된 뒤에 구봉의 억울함을 신원하기 위하여 구봉의 제자인 김장생 등이 올린 것이다. 김장생의 《사계전서(沙溪全書)》 권1에 〈신변사원소(伸辨師冤疏)〉라는 제목으로 수록되어 있으며, 정엽(鄭曄)의 《수몽집(守夢集)》 권4에 〈위망사송구봉신원소(爲亡師宋龜峯伸冤疏)〉라는 제목으로 수록되어 있다.

(講磨)하는 교우(交友) 관계를 맺었습니다. 그런데 이이가 죽은 뒤에 이발(李潑)과 백유양(白惟讓) 등의 무리가 이이와 성혼을 원수처럼 미워한 나머지, 송익필에게까지 화가 미쳐 기어이 죽을 곳으로 밀어 넣고 나서야 그만두려 하였습니다. 이는 갑(甲)에게 성난 것을 을(乙)에게 화풀이하는 정도가 심한 것이라고 할 만합니다.

송익필의 아버지 송사련(宋祀連)은 고인이 된 재상 안당(安瑭)의 서얼 누이동생의 아들입니다.[2] 송사련의 어머니는 이미 종량(從良)하였고, 송사련은 또 잡과(雜科)에 급제하기까지 하였으니, 2대를 연이

2 송익필의……아들입니다 : 구봉의 할아버지 송린(宋璘)은 배천(白川)에서 갑사(甲士)로 있으면서 안당의 서매(庶妹)인 감정(甘丁)을 맞아들여 구봉의 아버지인 송사련을 낳았는데, 당시의 법에 의하면 감정이 천첩(賤妾)의 소생이므로, 송린과 감정 사이에서 태어난 송사련은 종모법(從母法)에 따라 천인의 신분을 면할 길이 없었다. 그런데도 안씨 집안에서는 감정의 아들 송사련에게 은정을 베풀어 관상감 판관(觀象監判官)의 자리를 마련해 주고, 문중의 대소사를 그에게 맡겼다. 송사련은 자신의 신분에 대한 불만을 품고 거기에서 벗어나기 위하여 안당의 아들 안처겸(安處謙)이 역모(逆謀)를 하였다고 고변(告變)하였다. 이로 인해 1521년(중종16)에 신사무옥(辛巳誣獄)이 일어나 안씨의 일족이 멸문지화를 당하였으며, 송사련은 고변한 공로로 당상관(堂上官)인 절충장군(折衝將軍)의 품계에 올랐다. 이후 송사련은 선조 초년까지 4대를 내리 섬기면서 40여 년 동안 득세하여 자못 세도를 부렸다. 그러다가 구봉이 42세 때인 1575년(선조8)에 아버지 송사련이 사망하였고, 그해에 신사무옥이 송사련이 무고한 것임이 밝혀졌다. 1586년에 안당의 증손자인 안로(安璐)의 처 윤씨(尹氏)가 신원 상소를 올림에 따라 안당과 세 아들, 손자들이 모두 복권되었으며, 안당 일가를 죽음으로 몰고 간 송사련에 대한 비난 여론이 조성되어 송사련의 관작이 삭탈되고 송사련의 가솔 70여 명이 모두 안씨 집안의 노비로 환천(還賤)되었다. 이에 불복한 구봉은 드디어 온 가솔들로 하여금 각자 흩어져서 도피하게 하였으며, 자신도 식구들을 이끌고 충청남도와 전라도 일대에서 도피 생활을 하였다. 《최영성, 구봉 송익필의 생애와 위상, 구봉 송익필 선생 선양 학술강연회 발표집, 2011》

어 양역(良役)을 한 것입니다. 그리고 또 '60년의 연한을 경과한 자는 환천(還賤)[3]할 수 없다.'는 것이 법전에 분명하게 기재되어 있습니다.

그런데도 이발 등은 송사련이 상변(上變)하여 안씨(安氏) 집안의 자손들과는 한 하늘 아래에서 살 수 없는 원수가 되었다고 여긴 까닭에, 기회를 틈타 사주하여 법을 무시하고 환천시켰습니다. 그 당시에 송관(訟官)이 혹시라도 법대로 곧게 집행할 뜻이 있으면, 이발 등이 송관을 논박하여 그를 체차시켰는데 두세 번을 그렇게 한 뒤에야 비로소 그들의 뜻대로 할 수 있었습니다.

무릇 법이라는 것은 역대 조정의 금석(金石)처럼 귀중한 전범(典範)입니다. 송사련이 비록 선비들에게 죄를 얻었고, 송익필이 비록 당시 사람들의 노여움을 범했다 할지라도, 어떻게 한때의 개인적인 사사로운 분노를 가지고 역대 조정의 금석처럼 귀중한 전범을 왜곡하여, 자신들의 마음을 시원하게 한단 말입니까.

이 때문에 우리 선조대왕(宣祖大王)께서 지난 임진왜란에 서쪽으로 몽진하였을 때 송익필의 억울함을 호소함으로 인하여 비로소 그 원통함을 풀어 줄 실마리를 찾았습니다. 그러나 형관(刑官)이 경황이 없어 성상의 뜻을 받들어 시행할 겨를이 없었으므로, 우선 서울에 돌아온 뒤에 판결하겠다는 내용으로 회계(回啓)하였습니다.

그 뒤에 신들의 스승 또한 죽자, 다시는 하소연하지 못하고 마침내 그대로 덮어 둔 채 오늘에 이른 것입니다. 지금 세상이 다시 밝아져 억울하게 묻혀 있던 일들을 모두 신원(伸冤)하였습니다. 그런데 유독 돌아가신 저희 스승의 억울함만은 풀리지 않아, 아직까지도 지하에서

3 환천(還賤) : 면천(免賤)하였던 사람을 도로 천인(賤人)으로 만드는 것을 말한다.

눈을 감지 못하고 있으니, 슬픈 일입니다.

돌아가신 스승은 고금을 널리 통한 학문을 가지고 있었으면서도 살아서는 미처 임금의 인정을 받지 못하였고, 죽어서는 노비라는 비천한 이름을 면하지 못하였습니다. 그러니 어찌 신들만의 가슴 아픈 일이겠습니까. 국법이 무너진 것에 대해서는 식자들 역시 깊이 걱정하고 있습니다. 신들은 항상 이를 성상께 한번 말씀드리려고 하였으나, 나라에 일이 많아 이를 아뢸 경황이 없었습니다.

신들이 스스로 생각해 보건대, 신들은 모두 노쇠한 자들인바 하루아침에 갑자기 죽는다면 마침내 스승을 저버린 귀신이 되고 말 것입니다. 그러므로 감히 죽음을 무릅쓰고 말씀드리는 것입니다. 신들이 어찌 감히 좋아하는 사람에게 아부하고자 하여 위로 임금을 속일 수 있겠습니까.

삼가 바라건대 성명(聖明)께서는 빨리 해당 관서에 이를 내려보내어, 법에 따라 원통함을 풀어 주시기 바랍니다. 그렇게 하신다면 매우 다행이겠습니다. 신등은 떨리고 두렵기 그지없습니다. 삼가 죽음을 무릅쓰고 아뢰니다.-해당 관서에 내려보내어 회계(回啓)하게 하였다.-

행장
行狀

선생의 성은 송씨(宋氏)이고, 휘는 익필(翼弼)이며, 자는 운장(雲長)이다. 본관은 여산(礪山)으로, 고려의 정렬공(貞烈公) 송송례(宋松禮)의 후예이다. 고조는 송근(宋根)이고, 증조는 송소철(宋小鐵)이다. 할아버지는 송린(宋璘)으로 직장(直長)을 지냈으며, 순흥 안씨(順興安氏)로 아무 관직을 지낸 아무개의 딸에게 장가들어 첨추군(僉樞君) 송사련(宋祀連)을 낳았다. 이분이 선생의 아버지이다. 연일 정씨(延日鄭氏)에게 장가들어 4남 1녀를 낳았는데, 장남은 인필(仁弼)이고, 차남은 부필(富弼)이고, 그다음이 바로 선생이며, 운곡거사(雲谷居士) 한필(翰弼) 계응(季鷹)[4]이 막내이다.

선생은 가정(嘉靖) 갑오년(1534, 중종29) 2월 10일 묘시(卯時)에 태어났다. 7, 8세의 나이 때 이미 붓을 들어 시를 지으면 시어(詩語)가 문득 사람들을 놀라게 했다. 장성해서는 동생인 운곡(雲谷)과 함께 발해(發解)에서 높은 등급으로 합격하였다. 얼마 뒤에는 서울에 살면서 벗들과 어울리는 것을 즐거워하지 않아 고양(高陽)의 구봉산(龜峯

4 운곡거사(雲谷居士) 한필(翰弼) 계응(季鷹) : 송한필(宋翰弼)로 계응은 그의 자이며, 송사련의 4남 1녀 중 막내이다. 생애에 대해서 알 길이 없지만, 형 구봉과 함께 선조 때의 성리학자, 문장가로 이름이 있었다. 이이(李珥)는 성리(性理)의 학을 토론할 만한 사람은 이 세상에서 구봉 형제뿐이라고 하였다. 박인로(朴仁老), 조호인(曺好仁), 박준민(朴俊民) 등과 교유하였다. 시 32수와 잡저(雜著)가 형인 구봉의 《구봉집》에 부록으로 실려 있다.

山)[5] 아래로 가 숨어 살았다.

갑신년(1584, 선조17)에 율곡(栗谷) 이이(李珥)가 죽은 뒤에 당화(黨禍)가 더욱 심해졌다. 이에 우계(牛溪)와 율곡 두 현인을 원수처럼 보는 간사한 자들이 선생에게로 노여움을 옮겼다.

병술년(1586)에 화가 드디어 일어났다. 이에 형제들과 더불어 도망쳐 자취를 숨기고서 원수들을 피하였다. 그러자 문열공(文烈公) 중봉(重峯) 조헌(趙憲)이 상소를 올려 그 원통함에 대해 극력 진달하였으며, 또한 공의 어짊에 대해 말하면서 자신의 자급(資級)을 바쳐 속신(贖身)하게 해 주고, 명곡산장(鳴谷山長)[6]으로 삼기를 청하였다. 정해년(1587)과 무자년(1588)에도 중봉이 연이어 상소를 올려 논하였는데, 무자년의 경우에는 또 "송익필과 서기(徐起)[7] 등은 모두 장수(將帥)의 재주가 있다."라고 하였다.

기축년(1589) 겨울에 상이 선생에게 관가(官家)로 나와서 자수(自首)하라고 엄명을 내렸다. 이것이 바로 선생이 이른바 "경인년(1590) 봄에 조여식(趙汝式 조헌)이 상소를 올려 나를 구한 데 연루되어 내

5 구봉산(龜峯山) : 경기도 고양시와 파주시 교하면 사이에 있는 심학산(尋鶴山)의 옛 이름이다. 구봉은 심학산 남쪽에 있는 지금의 고양시 구산리에 살았다. 이곳에는 현재 수백 년은 되었을 것으로 추정되는 은행나무가 있는데, 그 아래에서 구봉이 서당을 열고 후생들을 가르쳤다는 말이 전해 온다.

6 명곡산장(鳴谷山長) : 명곡은 충남 서천군 문산면 지원리 명곡에 있던 명곡정사(鳴谷精舍)를 가리키고, 산장(山長)은 서원의 장(長)을 말한다.

7 서기(徐起) : 1523~1591. 본관은 이천(利川), 자는 대가(待可), 호는 고청초로(孤青樵老)·구당(龜堂)·이와(頤窩)이다. 서경덕(徐敬德), 이중호(李仲虎), 이지함(李之菡)을 사사하였다. 저서로는 《고청유고(孤青遺稿)》가 있다.

스스로 대방(帶方)에서 초수(楚囚)가 되었다."라고 하는 것이다.[8] 이때 시를 지어 읊은 가운데 "천리 밖의 상소 어찌 내게 곤욕 끼치었나 임금 마음 막힘없어 저울처럼 공평하다네.〔千里狂章那困我 聖心無滯若衡平〕"라는 구절이 있다.-이 시의 자주(自註)에 이르기를 "이때 들으니 조여식이 나를 구하기 위해 올린 상소는 장방평(張方平)이 소식(蘇軾)을 구제해 준 상소[9]보다 더 심했다고 한다."라고 하였다.-

신묘년(1591) 봄에 장차 사림(士林)의 화가 있을 것이기에 또다시 호남(湖南)으로 갔다. 이보다 앞서 기축년(1589) 여름에 중봉이 이미 유배를 당하였는데, 이때에 이르러 송강(松江) 정철(鄭澈)이 또 멀리 유배되었다.[10] 선생은 모두 시를 지어 상심을 토로하였다. 이해에 당금

8 선생이……것이다 : 《구봉집》 권2의 〈회포가 있어서 적다〔有懷〕〉에 "대방산의 아래 있는 광한전의 이 누각을, 늘 오르고 싶었지만 오랫동안 못 올랐네. 오늘 초수 신세 되어 늙은이 맘 읊조리니, 이 한 봄의 신선 꿈이 연무 저편 격해 있네.〔帶方山下廣寒殿, 每欲登臨宿計違. 今日楚囚吟老泚, 一春仙夢隔煙霏.〕"라고 하였다. 대방은 남원(南原)의 고호(古號)이고, 초수는 타향을 떠돌면서 고향을 그리워하는 신세를 뜻하는 말로, 춘추 시대 초(楚)나라 악관(樂官)인 종의(鍾儀)가 정(鄭)나라 사람에 의해 진(晉)나라에 잡혀가서 갇혀 있을 때 진 혜공(晉惠公)이 그를 불러다가 여러 가지 일을 물어보고 그에게 거문고를 주었더니, 그는 그곳에서도 자기 고향인 초나라의 음악을 탔다는 고사에서 온 말이다. 《春秋左氏傳 成公9年》

9 장방평(張方平)이……상소 : 장방평은 송(宋)나라 영종(英宗)·신종(神宗) 때 사람으로, 자는 안도(安道), 호는 낙전거사(樂全居士), 시호는 문정(文定)이다. 성품이 몹시 강개하여 왕안석(王安石)이 정권을 잡았을 때 조금도 굽히지 않았다. 일찍이 소식이 어사에게 탄핵받았을 때 상소를 올려 소식을 구원해 주었는데, 상소에서 한 말이 아주 과격하였다. 소식이 풀려난 뒤에 그 상소를 읽어 보고는, 하마터면 황제의 노여움을 사서 오히려 더 큰 화를 당할 수 있었으므로, 자신도 모르게 안색이 변했다고 한다. 《言行龜鑑 卷6》

(黨禁)이 있다는 말을 듣고서 스스로 홍산(鴻山)에서 초수가 되었다.[11] 이때 중봉이 또 상소를 올리면서 백의(白衣)를 입고 도끼를 등에 지고 나가 대궐 앞에 엎드려 있으면서 죽여 주기를 청하였다. 선생이 그 소식을 듣고는 붓을 들어 기록하기를 "조여식과 서로 얼굴을 보지 못한 지가 근 10년이나 되었는데, 상소 가운데에서 매번 나에 대해서 말하였으므로 이런 처벌이 있게 되었다."라고 하였다.

임진년(1592) 1월에 희천의 유배지에 도착하였다. 송강이 당시에 강계(江界)에 위리안치(圍籬安置)되어 있었는데, 어떤 사람에게 보낸 편지에 이르기를 "근래에 또 구봉공이 멀지 않은 곳에 와 있는데, 앞으로 또 어떠한 재앙과 괴변이 일어날지 알지 못하겠다."라고 하였다. 7월에 왜적들을 피하여 명문산(明文山)으로 들어갔는데, 바로 희천 고을에 있는 산이다.

계사년(1593) 9월에 은혜를 받아 방환(放還)되었다. 희천 고을에 한원당(寒暄堂) 김굉필(金宏弼)과 정암(靜菴) 조광조(趙光祖) 두 현인의 사당(祠堂)이 있었는데, 이는 대개 한훤당이 유배되어 와 있을 때 정암이 이곳으로 책을 싸 들고 와 공부하였기 때문이다. 선생은

10 이때에……유배되었다 : 정철은 1591년에 건저문제(建儲問題)에 대해 헌의하였다가 선조의 노여움을 받아 6월에 명천(明川)으로 유배지가 정해졌다가 다시 진주(晉州)로 옮겨졌다가 또다시 특명에 의해 강계(江界)로 이배되었다. 그 뒤 다음 해인 1592년 4월에 임진왜란이 일어남에 따라 5월에 사면을 받고 평양의 행재소로 나가 선조를 배알하였다.

11 이해에……되었다 : 구봉은 1591년에 관가로 나와 자수하라는 선조의 엄명에 따라 홍산 고을로 나가 스스로 감옥에 갇히었다. 구봉은 이곳에 갇혀 있다가 다음 해에 평안도 희천(熙川)으로 유배되었다. 홍산은 지금의 부여군 홍산면을 말한다. 당금은 당인(黨人)들을 금고(禁錮)시키는 것을 말한다.

옛 현인들의 유적(遺蹟)을 보고는 감개하여 제문(祭文)을 지어 제사하고 돌아왔다.[12]

갑오년(1594) 가을과 겨울에 저새(楮塞)의 산속에다 몸을 붙이고 우거하였는데, 둘째 형인 묵암공(默庵公)이 죽어 곡하였다.[13] 그 뒤에 또 동생인 운곡공(雲谷公)이 죽어 곡하였는데, 연월(年月)은 미상이다.

병신년(1596)에 또 면천(沔川)의 마양촌(馬羊村)[14]에 있는 첨지중추부사(僉知中樞府事) 김진려(金進礪)[15]의 장사(莊舍)에서 살았는데, 우계가 편지를 보내어 이르기를 "김씨 집에 기숙하고 있다는 것을 알았습니다. 주인 김씨는 어질고 현명한 사람입니다. 후생들이 풍모를 듣고 와서 배우는 자가 아주 많습니다. 늘그막에 떠돌다가 이런 사람을 만났

12 희천……돌아왔다 : 정암 조광조가 부친인 감찰공(監察公) 조원강(趙元綱)을 따라가 어천(魚川)의 우관(郵館)에 머무른 적이 있었는데, 그때 한훤당 김굉필이 1498년(연산군4)에 일어난 무오사화(戊午士禍)로 인하여 희천에 유배 중이었으므로, 조광조가 김굉필을 찾아가 수업(受業)하여 마침내 김굉필의 학통을 전함으로써, 우리나라 도학(道學)의 연원(淵源)이 되었다. 《구봉집》 권3에 〈한훤과 정암 두 선생에 대한 제문〔祭寒暄靜菴兩先生文〕〉이 수록되어 있다.

13 갑오년……곡하였다 : 저새는 황해도 수안(遂安)의 별칭이다. 구봉은 희천의 유배지에서 풀려난 뒤에 한동안 이곳에서 지냈다. 묵암은 구봉의 둘째 형인 송부필(宋富弼)의 호이다. 송부필에 대한 자세한 이력은 미상이며, 도력(道力)이 있었다는 정도만 알려져 있다. 그에 대한 제문이 《구봉집》 권3에 수록되어 있다.

14 면천(沔川)의 마양촌(馬羊村) : 현재의 당진군 송산면 매곡리 숨은골이다. 구봉은 61세 때인 1594년에 당진으로 내려가 살았으며, 이후 마양촌으로 들어가 이곳에 있는 김진려의 장사에서 지내면서 제자들과 함께 학문을 토론하곤 하였다.

15 김진려(金進礪) : 안동 김씨(安東金氏)로 첨지중추부사를 지냈으며, 당진의 호족(豪族)이었다. 사계 김장생(金長生)의 셋째 아들인 김반(金槃)의 장인(丈人)으로, 김장생과는 사돈 간이어서 구봉이 도피 생활을 할 때 많은 도움을 주었다.

으니, 참으로 다행이라고 하겠습니다."라고 하였다. 선생은 이로부터 마양촌에 산 것이 몇 년이나 되었다. 기해년(1599) 8월 8일에 우사(寓舍)에서 병으로 인해 졸하니 향년이 66세였다. 당진(唐津)의 북면(北面) 원당동(元堂洞)에 장사 지냈는데, 아내인 창녕 성씨(昌寧成氏)와 같은 언덕이다.

성씨(成氏)는 가정(嘉靖) 계묘년(1543, 중종38)에 태어나서 구봉 선생이 죽기 한 해 전인 무술년(1598, 선조31)에 졸하였다.

선생은 아들 하나를 두었는데, 이름이 취방(就方)이다. 측실에서 아들 둘을 두었는데, 취대(就大)와 취실(就實)이며, 딸 하나는 아무개에게 시집갔다.

선생이 저술한 것 가운데에는 〈태극문(太極問)〉 1권, 〈예문답(禮問答)〉 1권, 〈여우율변론서척(與牛栗辨論書尺)〉 1권이 있어 집안에 보관되어 있으며, 시고(詩藁) 1권은 문인인 죽서(竹西) 심종직(沈宗直)이 세상에 간행하였다.

당시에 문하로 나온 선비들은 손으로 꼽을 수 없을 정도로 많았는데, 문원공(文元公) 사계(沙溪) 김장생(金長生), 문경공(文敬公) 신독재(愼獨齋) 김집(金集)은 도학(道學)으로 이름이 났고, 수몽(守夢) 정엽(鄭曄), 약봉(藥峯) 서성(徐渻), 대학사(大學士) 기옹(畸翁) 정홍명(鄭弘溟), 관찰사(觀察使) 강찬(姜燦), 처사(處士) 허우(許雨) 및 나의 외할아버지이신 참판(參判) 김반(金槃) 공은 혹은 문학(文學)으로, 혹은 환업(宦業)으로 세상에 이름이 났다.

아, 선생께서 살아 계셨던 시대는 지금 이미 멀어져서 그 평생의 본말을 찾아볼 길이 없다. 그사이에 일찍이 선배들이 기록한 바를 보니, 그 기록에 이르기를,

"기축년 12월에 선조대왕께서 형조에 전교하기를 '사노(私奴) 송익필 형제는 조정에 대한 원망을 쌓아 기필코 일을 만들어 내고자 하였다. 조헌이 상소를 올려 진달한 것이 모두 이 사람이 사주한 것이라고 하니, 이는 몹시 통분한 일이다. 더구나 종으로서 주인을 배반하여 도망치고서 나타나지 않으니, 더욱더 놀랍다. 잡아 가두고서 끝까지 추문(推問)하라.'라고 하였다.

송익필은 송사련의 아들이다. 송사련은 안당(安瑭)의 얼속(孼屬)으로서 안처겸(安處謙)이 모변(謀變)한다고 고발하여 옥사(獄事)를 성립시켜 상을 받고 첨지(僉知) 벼슬을 하였는데, 그의 여러 아들이 모두 재예(才藝)가 있었다.

송익필은 처음에 시(詩)를 잘 짓는다는 명성이 있어 이산해(李山海), 최경창(崔慶昌), 백광홍(白光弘), 최립(崔岦), 이순인(李純仁), 윤탁연(尹卓然), 하응림(河應臨) 등과 함께 팔문장(八文章)으로 불리었다. 아우 송한필(宋翰弼)과 함께 발해(發解)에서 높은 성적으로 합격하여 교유가 매우 성대하였다.

사관(史官) 이해수(李海壽) 등이 말하기를 '송사련이 이미 죄인이 되어 상으로 받은 직이 해면되었으니, 그의 아들은 곧 얼손(孼孫)이다. 법을 무릅쓰고 과시(科試)에 응시하게 해서는 안 된다.'라고 하고는, 동료와 의논하여 정거(停擧)하고 금고(禁錮)하였다. 이산해 등이 풀어 주기를 청하였으나 되지 않았다.

송익필이 다시 이이·성혼(成渾)과 상종하며 도학을 강론하였는데, 식견이 통투(通透)하고 논의가 영발(英發)하였다. 문호를 열어 문도를 가르치니 종학(從學)하는 자가 날로 많아졌으며, 호를 구봉(龜峯)이라고 칭하였다. 송익필은 스스로 고상하게 표방하면서 명경(名卿)

사대부(士大夫) 들과 대등한 예로 교제하고 나이대로 서열을 정하니, 좋아하지 않는 자가 많았다.

삼사(三司)가 이이를 공격할 때를 당하여 성혼이 상소하여 이이를 신구(伸救)하려 하였다. 그러나 노기(怒氣)를 격동시켜 도리어 손상할까 염려하였고, 또 스스로 '산야(山野)의 천사(賤士)로서 물러나는 것을 의리로 삼고 있는데, 갑작스럽게 시사(時事)에 대해 극렬하게 논하는 것이 어떤지 모르겠다.'라고 여겼다. 이에 송익필에게 편지를 보내어 물으니, 송익필이 답하기를 '존형(尊兄)은 성군(聖君)의 지우(知遇)를 받아 이미 조정에 발을 들여놓았습니다. 어찌 시사에 대해 두루 논하여, 그동안 받은 특별한 은명이 형식적인 것으로 돌아가지 않도록 하지 않습니까. 비록 조정에 나아가지 않은 것으로 자처하려고 하지만, 지금 이미 나아갔습니다. 그러니 시위(施爲)하는 바가 있어야 할 것이며, 불가함을 보고 난 뒤에 돌아와야 할 것입니다.'라고 하니, 성혼이 그 말에 따랐다.

이로부터 거듭 조정 사람들이 미워하는 바가 되었고, 안씨(安氏)의 자손이 그에 따라서 송사(訟事)를 일으켜, 결단코 천적(賤籍)으로 환속(還屬)시킨 다음에 그를 죽여서 원수를 갚으려고 하였다. 이에 송익필 등이 모두 도망하였는데, 이산해와 정철 등이 서로 숨겨주어 죽지 않을 수 있었다.

이때에 이르러 떠도는 말이 상에게 보고되었으므로 이러한 명이 있었던 것이다. 송익필이 관가에 나아가 자수하니, 아우 송한필과 함께 극변(極邊)으로 유배하였다. 이로 말미암아 정인홍(鄭仁弘) 등이 옳지 못한 사람과 교유했다는 내용으로 성혼과 이이를 비난하였다."

하였다.

이상의 내용에서 송익필이 화를 당하게 된 전말을 잘 알 수가 있다. 그 뒤 인조(仁祖) 을축년(1625, 인조3)에 문원공 김장생과 수몽 정엽 및 여러 동문이 상소를 올려 송익필의 천적을 씻어 주기를 청하였는데, 그 상소를 해당 조에 내렸으나, 일이 마침내 유야무야되고 말았으며, 그 뒤에는 드디어 이에 대해서 다시 말하는 자가 없게 되었다.

삼가 선배들의 공정한 평론(評論)을 살펴보면 "천품(天稟)이 아주 높았으며, 문장(文章)도 역시 높았다."라고 하였는데, 이것은 상촌(象村) 문정공(文貞公) 신흠(申欽)이 한 말이다. 또 "타고난 자질이 아주 투철하고 영리하였으며, 이치를 분석하는 것이 아주 정미하고 치밀하여, 다른 사람으로서는 미치지 못할 바였다."라고 하였는데, 이것은 택당(澤堂) 이식(李植)이 한 말이다. 그리고 상촌 신흠이 송익필의 시에 대해서 논하면서는 말하기를,

"시의 소재를 성당(盛唐)에서 취해 왔으므로 그 소리가 맑았고, 시의 뜻을 격양(擊壤)[16]에서 취해 왔으므로 그 말이 조리가 있었다. 화평하고 관대한 지취(旨趣)를 궁박하게 떠돌거나 쫓겨나 귀양살이를 하는 즈음에도 잃지 않았고, 한가롭게 노니는 즐거움을 풍화(風花)와 설월(雪月) 사이에서 마음껏 누렸다. 그러니 때에 편안하고 순리대로 살아 애락(哀樂)에 동요되지 않은 사람이라고 할 만하다."

하였다. 또 말하기를,

16 격양(擊壤) : 송(宋)나라의 소옹(邵雍)을 가리킨다. 그의 문집 이름이 《격양집(擊壤集)》이다. 소옹의 시풍은 백거이(白居易)에 근원을 두었는데, 대체로 논리를 근본으로 삼고 수식을 말단으로 삼는 한편 억지로 교묘하게 읊는 것을 배격하였다.

"가령 '버들 짙어 연무는 방울이 지려 하고, 못 고요해 백로는 날기를 잊었네.〔柳深煙欲滴 池淨鷺忘飛〕'라고 한 구절을 보면, 그 시격(詩格)이 뭇사람을 뛰어넘고 있는데, 한갓 그 맑은 점만이 귀하게 여길 만할 뿐 아니라, 이치로 따져도 저절로 수긍이 간다."

하였다.

당시의 여러 명현(名賢) 가운데 토정(土亭) 이지함(李之菡)[17]과 같은 분은 구봉에게 지어 준 시편(詩篇)에서 이르기를,

전에 내가 운장 그대 만났던 거는	曩遇雲長初
실로 내게 있어서 큰 행운이었네	實爲芸所幸
깊은 우물 긷는 데에 뜻이 있어서	有意於汲古
그대에게 두레박줄 빌리었었지[18]	從君借脩綆
그대 방촌 사이에는 현황이 있어[19]	玄黃方寸間
추로조차 아주 멀진 아니하였지	鄒魯亶非[20]迥
여탕 이에 내가 그대 위해 잡았고	鑢鐋我須執
사석은 또 그대가 날 위해 갈았네[21]	沙石子須磨

17 이지함(李之菡) : 1517~1578. 본관은 한산(韓山), 자는 형백(馨伯)·형중(馨仲), 호는 토정·수산(水山), 시호는 문강(文康)이다. 수학(數學)·천문·지리·음양(陰陽)·술서(術書)에 능통하였다. 저서에 《토정유고(土亭遺稿)》, 《토정비결(土亭秘訣)》이 있다.

18 깊은……빌리었었지 : 학문을 연구함에 있어서 상대방에게 도움을 받았다는 뜻으로, 여기서는 이지함이 구봉에게 도움을 받았다는 뜻이다. 깊은 우물을 긷는다는 것은, 옛 전적(典籍)을 연구하는 것을 깊은 우물에서 물을 푸는 것에 비유한 것이다.

19 그대……있어 : 마음속에는 천지의 이치를 모두 품고 있었다는 뜻이다. 방촌(方寸)은 마음을 말하고, 현황(玄黃)은 천지를 가리킨다.

20 非 : 《토정유고》에는 '不'로 되어 있다.

사사로운 정이 혹시 일어날 때면　　私情如或起
비록 곁에 있더라도 되레 멀었네　　在邇還在遐

하였다.

중봉 조헌은 칭하여 말하기를,

"노년에 이르러서도 독서에 힘써 학문이 깊고 경서에 밝았으며, 언행이 바르고 곧았다. 이에 우계(牛溪) 성혼(成渾)과 율곡(栗谷) 이이(李珥)가 모두 외우(畏友)로 여겨, 늘 제갈량(諸葛亮)이 법정(法正)에게 했던 것[22]처럼 하였다. 그리고 사람을 가르치는 즈음에는 다른 사람들의 의사를 잘 유도하여 스스로 감동하고 분발하여 자립하게 하였다."

하였으며, 고청(孤靑) 서기는 그에게 와서 배우는 자들에게 말해 주기를,

21 여탕(鑢鐋)……갈았네 : 서로 간에 함께 절차탁마(切磋琢磨)하면서 덕을 닦고 학문을 연구하였다는 뜻이다. 여탕은 뼈나 나무 등을 가는 도구이고, 사석(沙石)은 옥이나 돌을 다듬는 도구이다. 《시경》 〈위풍(衛風) 기욱(淇奧)〉에 "저 기수 물굽이를 바라다보니, 푸른 대나무가 의의하도다. 아름답게 문채 나는 우리 님이여, 깎고 다듬은 위에 또 쪼고 간 듯하도다.〔瞻彼淇奧, 綠竹猗猗. 有匪君子, 如切如磋, 如琢如磨.〕"라고 하였는데, 이에 대한 주에 "뼈나 뿔을 다듬는 자는 칼과 도끼로 절(切)하고 다시 여탕으로 차(磋)하며, 옥과 돌을 다듬는 자는 이미 송곳과 끌로 탁(琢)하고서 다시 사석(沙石)으로 마(磨)한다."라고 하였다.

22 제갈량(諸葛亮)이……것 : 서로 지향하는 바가 다르더라도 공적인 대의로써 서로 취하는 것을 말한다. 삼국 시대 때 법정이 촉군 태수(蜀郡太守)가 되어 지나치게 굴자, 어떤 자가 제갈량에게 "법정이 촉군에서 제멋대로 행하니 주공(主公)에게 알려 억제하도록 하십시오."라고 하니 제갈량은 "어떻게 금지시켜 그의 뜻대로 하지 못하게 할 수 있겠는가."라고 하였다. 제갈량은 법정과 숭상하는 것이 서로 같지 않았지만, 공적인 대의로써 서로 취하였다. 《三國志 蜀書 法正傳》

"너희들이 제갈공명(諸葛孔明)이 어떠한 사람인가를 알고자 하면 모름지기 송구봉을 보면 된다. 비단 송구봉이 제갈공명과 비슷할 뿐만이 아니라, 바로 제갈공명이 송구봉과 비슷한 것이다."

하였는바, 여러 노선생으로부터 크게 추중받는 바가 이와 같았다.

대개 일찍이 듣건대, 선생은 풍의(風儀)가 높고 단정하였으며, 언론(言論)이 시원스럽고 깨끗하였으므로, 사람들이 한 번이라도 선생의 얼굴을 접하고 선생의 말을 들었을 경우에는 모두 마음속으로 취하여 공경하지 않는 사람이 없었다고 한다.

북저(北渚) 김류(金瑬) 상공(相公)이 어렸을 때 자부심이 강하여 남에게 굽히지 않았는데, 어느 날 산사(山寺)에서 우연히 선생을 만나고 난 뒤에는 자기가 하던 공부를 그만두고, 선생의 말을 들으면서 열흘이 넘도록 떠나지 않고 있었다. 그 뒤에 자신이 장상(將相)을 겸하게 되었을 때에 말하기를 "나에게 오늘이 있을 수 있었던 것은 당시에 구봉에게서 직접 받은 가르침에 힘입은 덕분이다."라고 하였다.

참의(參議) 홍경신(洪慶臣)이 처음에는 자기 형 영원군(寧原君) 홍가신(洪可臣)에게 충고하기를 "형은 무엇 때문에 송모(宋某) 같은 자와 가까이 지내십니까? 내가 그를 만나면 반드시 모욕을 줄 것입니다."라고 하니, 영원군이 웃으면서 말하기를 "네가 과연 송모를 모욕할 수 있을 것 같으냐? 필시 못할 것이다."라고 하였다. 그 뒤에 홍경신이 영원군의 집에서 선생을 만나자마자 자기도 모르게 섬돌 아래로 내려가 맞이하였는데, 예를 올리는 것이 아주 공경스러웠다. 선생의 언론과 풍의가 족히 사람들을 감동하게 함이 바로 이와 같았다고 한다.

아, 선생께서는 정밀하고 드넓은 학문과 통달하고 투철한 식견과 나라를 빛낼 만한 문장과 세상을 경륜할 만한 재주를 가지고서도 문벌

(門閥)에 막히고 당화(黨禍)에 시달려, 여기저기를 떠돌고 쫓겨나 귀양살이를 하느라, 그 뜻을 조금도 펴지 못하고서, 끝내는 궁박하고 초췌한 가운데에서 세상을 떠나고 말았다. 어찌 우리 사문(斯文)의 액운이 아니겠으며 지사(志士)들이 개탄할 바가 아니겠는가. 오직 당대에 입언(立言)하는 군자가 혹시라도 논찬(論撰)하고 저술(著述)하여, 그 도학의 실제를 오늘날과 후대에 환하게 보여 주어, 영원토록 전해지기를 도모한다면, 거의 괜찮을 것이다.

중봉이 병술년(1586, 선조19)과 정해년(1587)에 올린 두 상소의 일단 및 갑자년(1624, 인조2)에 올린 신원소(伸冤疏)[23]를 아울러 아래에다가 첨부하여 참고하는 데 대비한다.

갑인년(1674, 현종15) 계추(季秋)에 후학 이선(李選)[24]은 삼가 찬술한다.

병술소 丙戌疏

송익필(宋翼弼)과 같은 자는 비록 송사련(宋祀連)의 아들이기는 하지만, 노년에 이르러서도 독서에 힘써 학문이 깊고 경서에 밝으며 언행이 바르고 곧아 제 아버지의 허물을 덮기에 충분하였습니다. 이에 이이(李珥)와 성혼(成渾)이 모두 외우(畏友)로 여겨, 늘 제갈량(諸葛亮)이 법정(法正)에게 했던 것처럼 하였습니다.

23 갑자년에 올린 신원소(伸冤疏) : 본서 권10 〈신원소(伸冤疏)〉를 가리키는데, 을축년(1625) 2월에 올린 것으로 되어 있다.

24 이선(李選) : 1631~1692. 본관은 전주(全州), 자는 택지(擇之), 호는 지호(芝湖), 시호는 정간(正簡)이다. 송시열의 문인이다.

그리고 그가 사람을 가르칠 때에는 다른 사람들의 의사를 잘 유도하여 스스로 감동하고 분발하여 자립하게 하였습니다. 그러므로 생원시나 진사시에 오른 자도 기꺼이 그의 문도가 되었습니다. 그중에 김장생(金長生)과 허우(許雨) 같은 자는 의를 행하는 행실이 경외(京外)에 저명하였고, 강찬(姜燦)과 정엽(鄭曄) 같은 자도 모두 뛰어난 재주를 가졌습니다.

조종조(祖宗朝)의 전례(典禮)로 말하면, 사람을 가르쳐 성취시킨 일이 있으면 으레 관직을 상으로 주는 법이 있고, 중국의 제도로 말하면, 어진 이를 쓰는 데는 출신 성분을 따지지 않는다는 것이 고금을 통하여 변함없는 원칙입니다. 이이가 서얼(庶孽)의 허통(許通)을 주장한 의도는 단지 훌륭한 인물을 구하여 임금을 보필하자는 것일 뿐, 일개 송익필에게 사심을 둔 것은 아니었습니다. 그런데도 사람들은 대부분 이이의 허물로 돌립니다.

이산해(李山海)의 경우에는 송익필에게 말하기를 "김응남(金應南)이 제주 목사(濟州牧使)가 된 것[25]을 사람들은 그대가 청탁하였기 때문이라고 한다. 그대가 만약 이이가 죽고 난 뒤 곧바로 절교하

25 김응남(金應南)이……것 : 선조 계미년(1583, 선조16) 4월 17일에 경안령(慶安令) 이요(李瑤)가 면대(面對)를 청하여, "조정이 편안하지 못하고 동과 서가 붕당을 나누며, 정령(政令)이 여러 곳에서 나오고 유성룡(柳成龍), 이발, 김효원(金孝元), 김응남이 동인의 괴수로서 마음대로 하는 형적이 많으니 제재를 가하소서."라고 극력 아뢰었다. 이에 대해 삼사(三司)에서 경안령이 이이의 사주를 받고 아뢴 것이라고 하면서 경안령을 파직하기를 청하고 이이와 박순(朴淳)까지 탄핵하자, 선조는 특지(特旨)를 내려 당시에 승지로 있던 김응남을 제주 목사로 좌천시켰다. 이 일로 인해 동인과 서인의 반목이 더 심해졌다. 《燃藜室記述 卷13 宣祖朝故事本末》

였더라면, 이러한 환난을 겪지 않았을 것이다."라고 하였습니다.

이발(李潑), 이길(李洁), 백유양(白惟讓)은 또 송익필 형제가 정철(鄭澈)과 평소 교분이 두터운 것을 미워하고, 또 자기들의 단점을 의논할까 의심하여, 몰래 해당 관리를 사주해 사조(四朝)의 양적(良籍)을 모두 없애고 불법으로 환천(還賤)시킨 다음, 곤장을 쳐서 거의 죽을 지경에 이르게 하였습니다.

그리고 그의 자손 70여 명도 모두 안씨(安氏)들의 보복을 두려워한 나머지 가업을 파산(破産)하고 도망가 돌아갈 곳이 없게 되고 말았습니다. 혹자는 이들이 경외(京外)에 흩어져 걸인이 되었다고 하고, 혹자는 이들이 배를 타고 섬으로 들어갔다고 합니다. 흩어져 걸인이 되었다면 70여 명 모두가 머지않아 구렁텅이에서 죽어 해골이 될 것이고, 배를 타고 섬으로 들어갔다면 70여 명이 장차 수적(水賊)들에게 죽음을 당하게 될 것입니다.

아, 성은(聖恩)은 하늘과 같아서 살려 주고 길러 주지 않는 것이 없습니다. 이에 사형의 죄에 해당되는 자라도 또한 모두 삼복(三覆)을 시행하여, 형벌에 조금이라고 의심스러운 단서가 있으면 반드시 널리 공의(公議)를 수렴하여 살려 주는 길을 찾습니다. 심지어 새와 송아지가 슬프게 울어도 성려(聖慮)를 다하였고, 타락(駝酪)의 진상을 감하여 세상의 초목이 모두 생기를 띠게 한 일도 있었습니다. 그런데 유독 이 70여 명의 목숨은 죽을 지경에 처해 있는데도 누구 하나 애석하게 여기지 않습니다.

신이 관할하고 있는 공주(公州)에는 공암정사(孔巖精舍)[26]가 있

26 공암정사(孔巖精舍) : 충청남도 공주시 반포면 공암리의 고청봉(孤靑峯) 아래에

고, 서천(舒川)에는 명곡정사(鳴谷精舍)[27]가 있습니다. 공암정사에는 양인(良人) 서기(徐起)[28]라는 자가 있는데, 그는 일찍이 이중호(李仲虎)[29]에게 배워 학문이 넓고 행실이 온전한 탓에, 인근에서 그에게 배운 자 중에는 더러 생원시나 진사시에 합격한 사람이 있고, 가르치기가 쉬운 선비가 많이 있습니다. 그러나 명곡정사는 특별히 주장하는 스승이 없습니다. 지난해에 신이 한번 지나다가 보니, 그곳 생도들 가운데 아주 영특하여 가르칠 만한 자들이 상당수 있었습니다. 그런데 지금 두루 돌아다니면서 강의하다 보니, 크게 진보한 자가 한 사람도 없었습니다.

신의 생각으로는 송익필이 아직 구렁텅이에서 굶어 죽거나 수적에게 죽기 전에 신의 자급(資級)을 거두어 안씨(安氏) 집안에 주고서 그를 속신(贖身)하고 그 죄를 용서하며 행인과 어부들로 하여금 온 나라 안에 수소문하여 찾게 한 다음, 혹시라도 그가 나오면 명곡서원의 산장으로 삼아, 각자의 재능에 따라 잘 가르쳐 이끌어 주게 했으면 합니다. 그럴 경우 어리석은 신이 10년 동안 제독(提督)[30]을

있던 정사로, 나중에 충현서원(忠賢書院)으로 바뀌었다. 고청(孤靑) 서기가 강학하던 곳이다.

27 명곡정사(鳴谷精舍) : 충남 서천군 문산면 지원리 명곡에 있던 정사이다.

28 서기(徐起) : 400쪽 주7 참조.

29 이중호(李仲虎) : 1512~1554. 효령대군(孝寧大君)의 현손(玄孫)으로, 호는 이소재(履素齋)이다. 일찍부터 시로써 명성이 높았다. 성리학에 전념하여 《성리명감(性理明鑑)》 등의 저술을 남기는 한편으로 제자들을 많이 길러 그의 문하에서 김근공(金謹恭)과 유조인(柳祖訒) 등이 배출되었다.

30 제독(提督) : 교육을 장려하고 감독하는 관원으로, 선조 때부터 각 도마다 한 사람씩을 두었다. 훈도(訓導)라고도 한다.

맡은 것보다 더 큰 효과를 거둘 수 있을 것입니다.

정해소 丁亥疏

반드시 송하(宋賀)[31]와 같이 이이(李珥)에게 버림을 받은 자들로 하여금 송익필의 옥사(獄事)를 다스리게 하여 법을 농락하고 법전을 잘못 적용해, 결단코 그로 하여금 온 가족을 거느리고 떠돌면서 도망치게 한 뒤에야 그 뜻에 시원하게 여겼습니다.

아, 이이의 한평생은 오직 나라를 걱정하고 백성을 걱정하는 것을 뜻으로 삼았는바, 이 무리들을 저버린 바가 무엇입니까? 그런데도 지금 조야(朝野)에서는 이이를 옳다고 하는 자는 늙은이나 젊은이를 막론하고 모두 화를 당하고 있으며, 이이에 대해 비난하는 자는 어리석거나 불초하거나를 막론하고 모두 승진되어 의기양양해하고 있습니다. ……

갑자신원소[32] 甲子伸冤疏

-앞에 나온다.-

31 송하(宋賀) : 1524~? 본관은 진천(鎭川), 자는 경숙(慶叔)이다.

32 갑자신원소 : 395쪽 주1 참조.

묘갈문

墓碣文

송시열(宋時烈) 찬(撰)

지난번에 동춘(同春) 송준길(宋浚吉) 공이 나에게 말하기를,

"문원공(文元公) 김 선생(金先生)께서는 율곡(栗谷) 이 선생(李先生)을 스승으로 모셔 도(道)가 이루어지고 덕(德)이 높게 되었다. 그러나 그 빗장과 자물쇠를 열어서 기초를 다져 준 분을 상고해 보면, 구봉(龜峯) 선생이었다는 것은 속일 수 없는 사실이다. 구봉 선생의 문하에서 배출된 명현(名賢)과 거공(巨公)이 많지 않은 것이 아니다. 그런데도 선생이 세상을 뜬 뒤 70여 년이나 되도록 묘도(墓道)에 비갈(碑碣)이 없으니, 어찌 우리들이 세워 주기를 기다리고 있었던 것이 아니겠는가."

하였다. 이에 내가 비갈의 글을 짓겠다고 승낙하고 나서 그 전말을 상고해 보고자 하였더니, 자손들이 미약해 남아 있는 사람이 얼마 없어 징험할 수가 없었다. 그런데 얼마 뒤에는 동춘마저 세상을 뜨고 말아, 그 일을 함께 추진할 만한 사람이 없었다.

지금 형조 참의로 있는 이선 택지(李選擇之)는 바로 사계 김 선생의 외증손(外曾孫)이다. 일찍이 사관(史官)으로 있으면서 조야(朝野)의 기록을 모두 들추어 본 끝에 그 일의 자초지종과 제공(諸公)이 그 일에 대해 자세히 논의해 놓은 것까지를 다 찾아내었다. 그러고는 드디어 한 통의 행장(行狀)을 써 가지고 와서 나에게 보여 주었다.

예전에 홍경로(洪景盧)[33]가 전대(前代) 사람이 저술하지 못하였던

것을 저술하여 도술(道術)의 원류(源流)를 밝히자, 주자(朱子)가 말하기를 "역사를 기록하는 사람은 이러한 일에서 공로가 있다."라고 하였다. 지금 이택지가 아마 그러한 사람인바, 여러 노선생께서 하지 못했던 일을 그가 장차 이룰 수 있을 것이다.

삼가 살펴보건대, 선생의 성은 송씨(宋氏)요, 휘는 익필(翼弼)이며, 자는 운장(雲長)인데, 집이 고양(高陽)의 구봉산(龜峯山) 아래 있어서 그곳에서 배우는 자들을 가르쳤으므로, 배우는 자들이 구봉 선생이라 칭하였고, 그의 친구들도 구봉이라고 칭하였다.

선생의 선대는 여산(礪山)에서 나왔는데, 현조(顯祖)로는 고려의 정렬공(貞烈公) 송송례(宋松禮)가 있으며, 그 이후로는 미미하여 떨치지 못하다가 조부인 송린(宋璘)이 처음으로 잡직(雜職)의 직장(直長)이 되었다. 아버지 송사련(宋祀連)은 통정(通政)의 품계를 받았는데, 그 사실이 율곡 선생이 쓴 정민공(貞愍公) 안당(安瑭)의 묘비(墓碑)에 기록되어 있다.

아버지 송사련이 연일 정씨(延日鄭氏)의 딸에게 장가들어 아들 4형제를 두었는데, 선생은 셋째 아들이다. 7, 8세 때 이미 시사(詩思)가 맑고 뛰어나 "산속 집의 초가지붕에 달이 들쭉날쭉하네.〔山家茅屋月參差〕"라는 시구를 읊었다. 조금 자라서는 아우 송한필(宋翰弼)과 함께 높은 성적으로 발해(發解)에 급제하였는데, 그때부터 점차 이름이 나기 시작하였다.

33 홍경로(洪景盧) : 남송(南宋) 시대 학자인 홍매(洪邁)를 가리킨다. 경로는 그의 호이다. 시호는 문민(文敏)이다. 《사기법어(史記法語)》, 《용재수필(容齋隨筆)》 등 많은 저서를 남겼다. 《宋史 洪邁列傳》

가장 가깝게 지내면서 서로 허여한 사람으로는 이산해(李山海), 최경창(崔慶昌), 백광훈(白光勳), 최립(崔岦), 이순인(李純仁), 윤탁연(尹卓然), 하응림(河應臨) 등이 있었는데, 당시 사람들이 그들을 가리켜 팔문장(八文章)이라 하였다. 그러나 선생은 과거(科擧) 이외에 달리 마음을 써야 할 곳이 있음을 알았다. 이에 드디어 성리(性理)에 관한 모든 서적을 가져다 밤낮으로 읽고 연구하였는데, 스승에게 배우지 않고서도 능히 자세하게 이해하였다.

문(文)은 좌구명(左丘明)과 사마천(司馬遷)의 문을 위주로 하였으며, 시(詩)는 이백(李白)의 시를 위주로 하였다. 이치를 논함에 이론이 투철하여 조금도 막히는 데가 없었다. 배우러 온 사람들이 하루 종일 그칠 사이가 없었지만, 응대하기를 게을리하지 않았는데, 그중에는 아는 것이 없이 왔다가 많은 것을 알고 돌아간 자들이 매우 많았다.

율곡 이 선생과 우계(牛溪) 성 선생(成先生)이 그에게 학술(學術)이 있음을 알고는 마음으로 깊이 교분을 나누었는데, 서로 의리(義理)를 변론하면서 절차탁마(切磋琢磨)하기를 아주 돈독하게 하였다. 이 선생이 일찍이 과장(科場)에 들어갔다가 천도책(天道策)의 대책문(對策文)을 보고 찾아와 묻는 거자(擧子)에게 말하기를 "송운장(宋雲長)이 아주 고명하고 아는 것이 많으니, 그에게 가서 묻는 것이 옳다."라고 하였다. 이에 과장에 있던 모든 거자들이 물결처럼 선생에게로 몰려갔는데, 선생은 그들을 좌우로 수응(酬應)하면서 물으면 물을수록 더욱 더 막힘없이 대답하였다. 그러자 많은 거자들이 이를 서로 돌려 가며 베꼈는데, 비단 과거 시험을 보는 데에만 이를 쓰려고 한 것이 아니었다.

선생은 자신이 옛날의 도(道)를 지키는 것으로 자처하여, 비록 공경(公卿) 귀인(貴人)이라고 하더라도 이미 그와 허교(許交)를 했을 경우에는, 모두 대등한 위치에서 대하면서 그들의 자(字)를 부르고 관직으로 부르지 않았다. 이에 대해 뭐라고 하는 사람이 많았지만, 선생은 조금도 개의치 않았다.

만력(萬曆)[34] 계미년(1583, 선조16)에 율곡 선생이 군소배(群小輩)의 미움을 사 그들이 모함하는 것이 소성(紹聖)[35] 시대보다 더하였다. 그때 마침 성 선생이 임금의 부름을 받고 서울에 와 있으면서 상소를 올려 어느 쪽이 옳고 그른가를 밝히려고 하였다. 그러면서 또 '초야에 묻혀 사는 사람으로서는 언제나 물러나 있는 것을 의리로 삼고 있는데, 갑자기 이때 와서 시사(時事)를 극론하는 것은 어묵(語默)하는 도리가 아닌 듯하다.'라고 여겼다. 그러자 선생이 서신을 보내 권하기를,

"존형(尊兄)은 성주(聖主)의 인정을 받고 이미 조정에 발을 들여놓은 이상 조정에 나가지 않은 사람으로 자처해서는 안 될 것입니다. 그러니 어찌 음양(陰陽)이 소장(消長)하는 즈음에 분명하게 말하고 잘 의논해서 공의(公議)가 펴지게 하지 않을 수 있겠습니까."

하였다. 이에 성 선생은 그 말을 따랐고, 상도 간사한 무리들이 어진 이를 시기하고 있는 정상을 깊이 알아 호오(好惡)를 분명하게 내보였다.

그러나 그 일로 인해 성 선생은 크게 비방을 당했으며, 선생의 경우

34 만력(萬曆) : 대본에는 '嘉靖'으로 되어 있다. 이이의 생몰년(1536~1584)에 근거하여 '萬曆'으로 바로잡아 번역하였다.

35 소성(紹聖) : 송 철종(宋哲宗)의 연호이다. 철종이 10세의 어린 나이로 즉위하여 태황태후(太皇太后) 고씨(高氏)가 함께 청정(聽政)하면서 사마광(司馬光)·여공저(呂公著) 등을 탁용하여 왕안석(王安石)이 행하던 신법(新法)을 모두 혁파하였다. 그 뒤 고 황후가 죽고 철종이 친정(親政)하면서는 장돈(章惇)·여혜경(呂惠卿) 등을 기용하고 신법을 다시 사용하기 시작하였다. 이로 인해 붕당(朋黨)의 화가 생겨났다.

는 더욱 심하여 드디어 군소배로 하여금 보복을 꾀하는 마음을 먹게 하였다. 그때 마침 이 선생이 갑자기 세상을 떠났다. 연평군(延平君) 이귀(李貴) 공이 이 선생을 위하여 억울함을 하소연하려 하였는데, 선생이 그 소본(疏本)을 기초(起草)하였다. 그러자 군소배가 원망하고 더욱 노여워하면서 서로 앞다투어 선생을 해치려고 하였으나, 트집을 잡을 만한 것이 없었다. 이에 드디어 정민공(貞愍公) 안당(安瑭)의 자손들을 부추겨 "선생의 할머니가 원래는 안씨 집안의 여종이었다."라고 하면서, 선생을 천적(賤籍)으로 돌리고서 집안을 멸족시키려고 하였다.

대개 정민공의 숙부인 감사(監司) 안관후(安寬厚)에게 여종이 있었는데, 정민공의 아버지 사예공(司藝公) 안돈후(安敦厚)를 모시다가 딸을 낳았다. 그 딸이 바로 선생의 할머니이다. 이 할머니가 송사련을 낳았는데, 송사련은 천문학(天文學)에 소속되었다. 그런데 안씨의 자손들은 "송사련의 어머니는 사예공의 딸이 아니라 바로 전 남편과의 사이에서 낳은 딸이며, 종량(從良)하지 않았다."라고 주장하였다. 이산해(李山海)가 선생에게 말하기를,

"그대는 오늘의 화근(禍根)을 아는가? 그 원인이 율곡에게 있는 것이다. 그대가 만약 남들이 하는 대로 따라 율곡을 헐뜯는다면 화를 면할 것이다."

하자, 선생이 대답하기를,

"비록 죽을지라도 어떻게 차마 그렇게 하겠는가."

하였다.

안씨 집안에서 송사를 일으키자 선생은 예측할 수 없는 화가 닥칠 것을 알고 드디어 형제들과 더불어 원수를 피해 피신하였다. 이산해는 송강(松江) 정철(鄭澈) 등 여러 사람과 함께 서로 보호해 주었다.

그러나 그때 이산해는 이미 시배(時輩)들에게 붙어 있었고, 또 권신(權臣)과 결탁하여 자신의 총애를 굳히고 있었다.[36] 이에 선생이 일찍이 시를 지어 이를 기롱하였는데, 그 시에 여지(荔枝)니 연리(連理)니 하는 등의 말이 있어 이산해의 뜻을 크게 거슬렀다.[37] 또 문열공(文烈公) 중봉(重峯) 조헌(趙憲)이 상소하여, 율곡과 우계의 억울함을 극력 밝히면서 시배들을 기롱하고 배척했다. 이에 이산해는 더욱 앙심을 품고, 드디어 유언비어를 퍼뜨려 그 말이 대궐 안에 들어가게 하였다.

어느 날 상이 형조(刑曹)에 하교하기를,

"사노(私奴) 송모(宋某) 형제가 조정에 원한을 품고 기필코 일을 만들어 내려고 하는데, 조헌이 상소를 올린 것도 모두 그자가 부추긴 것이다. 이는 매우 통분한 일이니, 그를 잡아 가두고서 끝까지 추문하라."

하였다. 이에 선생은 드디어 스스로 옥(獄)에 나아갔는데 아우 송한필과 함께 극변(極邊)으로 유배되었다. 대개 송한필 역시 시(詩)에 능하고 의론(議論)을 좋아하여 다른 사람에게 많은 원성을 사고 있었다.

임진년(1592, 선조25)에 왜란이 일어나자 선생은 귀양살이를 하고

36 이산해는……있었다 : 이산해가 그의 아들 이경전(李慶全)을 시켜 선조의 총애를 받고 있던 인빈(仁嬪) 김씨(金氏)의 오빠 김공량(金公諒)에게 송강 정철이 인빈과 인빈의 소생인 신성군(信城君)을 해치려고 한다고 말하게 하여 물의를 빚었던 것을 말한다.

37 선생이……거슬렀다 : 구봉이 지은 〈무제(無題)〉에 "여지는 단지 일개 강남땅의 풀이었고, 연리는 별 뜻 없이 한밤중에 말한 거네. 남자들 몇몇이나 되레 총애 굳혔던가? 향라건 아래에는 원통한 혼 남았구나.〔荔枝一箇江南草, 連理無情半夜言. 男子幾人還固寵, 香羅巾下有冤魂.〕"라고 하였는데, 이 시를 본 이산해가 자신을 비꼬는 것이라고 여겨 구봉을 내쳤다고 한다.

있던 희천(熙川)의 적소(謫所)에서 왜적을 피하여 명문산(明文山) 속으로 들어갔다가 계사년(1593)에 사면을 받았다. 그 고을에 한훤당(寒暄堂) 김굉필(金宏弼)과 정암(靜菴) 조광조(趙光祖) 두 선생의 사당이 있었는데, 선생은 그분들이 그 당시에 화를 입었던 것에 대해 감개하여 제문(祭文)을 지어 제사를 올려 자신의 뜻을 드러내 보인 뒤에 돌아왔다.[38]

그때부터 선생은 온 집안이 근거를 잃었으며, 또 시배들이 안씨(安氏)들을 종용하여 마지않았으므로, 비록 임금이 억울한 정상을 알게 되었는데도 선생은 오히려 두려운 마음으로 위축된 채 처세에 조심을 하였다. 그러나 친구와 문인 들이 서로 다투어 처소를 제공하였고, 학도들은 쉴 새 없이 몰려들었다.

일찍이 선생이 면천(沔川)에 사는 첨지중추부사 김진려(金進礪)의 집에 우거하고 있을 때 성 선생이 서신을 보내오기를,

"주인은 인자하고 어질며 후생들은 모두 따르는데, 늘그막까지 떠돌다가 그런 사람을 만나게 되었으니, 참으로 다행이라고 하겠습니다."

하였다. 만력 기해년(1599) 8월 8일에 면천의 우사(寓舍)에서 졸하니, 향년은 66세였다. 문인들이 모여 당진(唐津)의 치소(治所) 북쪽에 있는 원당동(元堂洞)에 장사 지냈다.

부인 창녕 성씨(昌寧成氏)는 선생보다 먼저 죽었는데 묘는 같은 언덕에 있다. 아들은 취방(就方)과 서출(庶出)인 취대(就大)·취실(就實)이 있다.

선생은 높은 재주와 깊은 학문을 가지고 있었으면서도 처음에는 문

38 그 고을에……돌아왔다 : 403쪽 주12 참조.

지(門地)에 구애를 받고, 중년에는 집안의 허물에 얽매였으며, 끝내는 성우계와 이율곡 두 선생 일에 연루되어, 사방을 떠돌며 갖은 곤욕을 다 겪고서 세상을 떠났으니, 애석한 마음을 금할 수가 없다.

선생은 의리를 강명하여 자기 자신을 닦았으며, 또 그것을 후세에까지 전하였다. 지금 사계 김 선생의 학문은 세상의 으뜸이 되고 있다. 그렇다면 선생은 우리 사문(斯文)에도 큰 공을 세웠다고 할 수 있다.

그 나머지 선생의 가르침을 받아 성취(成就)한 사람들 가운데 문경공(文敬公) 김집(金集), 수몽(守夢) 정엽(鄭曄), 약봉(藥峯) 서성(徐渻), 기옹(畸翁) 정홍명(鄭弘溟), 감사(監司) 강찬(姜澯), 처사(處士) 허우(許雨), 참판(參判) 김반(金槃) 공 같은 이들은, 혹은 도학(道學)으로, 혹은 환업(宦業)으로써 후생들에게 도를 전하거나 나라를 돕고 있다.

그리고 동춘 송준길의 선고(先考)인 군수 송이창(宋爾昌)도 선생에게 수학한 것을 가지고 동춘을 가르쳐 결국 명유(名儒)가 되게 하였다. 그러니 선생의 육신은 비록 세상에서 시달림을 받았지만, 그 도(道)는 빛이 났다고 하지 않을 수 없다.

제공들이 선생에 대하여 논술(論述)한 것을 살펴보면, 중봉 조헌은 말하기를,

> "늙을 때까지 학문에 힘써 학문이 깊고 경전에 밝았으며, 행실이 방정하고 말이 정직하여 아버지의 허물을 덮기에 충분하였다. 그러므로 성우계와 이율곡 두 선생이 다 외우(畏友)로 대하였다. 그리고 또 가르치는 방법에 있어서도 상대를 잘 일깨워 주어서 사람들로 하여금 분발하여 뜻을 세우게 하였다."

하였으며, 조헌 자신의 관급(官級)을 모두 바쳐서라도 선생의 억울함

을 씻어 주려고까지 하였다. 토정(土亭) 이지함(李之菡)은 말하기를,

"천지의 이치를 가슴속에 담고 있었으며, 공자와 맹자의 도(道)도 멀리 있는 것이 아니었다."

하였고, 상촌(象村) 신흠(申欽)은 말하기를,

"천품(天稟)이 매우 높고 문장(文章) 또한 절묘했다."

하였다. 택당(澤堂) 이식(李植)은 말하기를,

"타고난 자질이 투철하고 영리하며, 이치를 분석하는 것이 정확하고 정미했다."

하였고, 고청(孤靑) 서기(徐起)는 자기 제자들에게 말하기를,

"너희들이 제갈공명(諸葛孔明)을 알고 싶으면 송구봉을 보면 될 것이다."

하고는, 이어 말하기를,

"나는 제갈공명이 구봉과 비슷했으리라 여긴다."

하였다. 참의(參議) 홍경신(洪慶臣)이 매양 자기 형 영원군(寧原君) 홍가신(洪可臣)에게 충고하기를,

"형은 무엇 때문에 송모와 가까이 지내십니까? 내가 그를 만나면 반드시 모욕을 주겠습니다."

하니, 영원군이 웃으면서 말하기를,

"네가 과연 송모를 모욕할 수 있을 것 같으냐? 필시 모욕하지 못할 것이다."

하였다. 그 뒤에 선생이 오는 것을 보고는 자신도 모르게 섬돌 아래로 내려가 절을 하고 맞아들이고는 말하기를,

"내가 절을 하려고 해서 한 것이 아니라, 무릎이 저절로 굽혀지더라."

하였다.

승평부원군(昇平府院君) 김류(金瑬) 상공(相公)이 어렸을 때 자부심이 강하여 남에게 굽히기를 싫어했는데, 어느 날 산사(山寺)에서 우연히 선생을 만나 보고 난 뒤에는 자기가 하던 공부를 그만두고 날마다 선생의 말을 들으면서 오랫동안 떠나지 못하였다. 그 뒤에 큰 공을 세워 장상(將相)을 겸하게 되었을 때에는 말하기를 "나에게 오늘이 있을 수 있었던 것은 당시에 구봉에게서 직접 가르침을 받은 덕분이다." 라고 하였다. 당시 선생에 대해 한 말들이 이루 다 기록할 수 없을 정도로 많지만, 이상 몇 가지 말만 보더라도 선생의 대략을 알기에는 충분하다.

생각건대 선생은 가슴에 품은 포부가 크고 세상에 대해 스스로 자임하는 것도 아주 중하여, 자못 세상을 바로잡는 데 뜻을 두었다. 이에 김 선생이 일찍이 은미하게 풍간(諷諫)하면서 말하기를 "재앙을 부르는 실마리가 될까 염려됩니다."라고 하였으나, 선생은 그렇지 않다고 여겼다.

천계(天啓) 갑자년(1624, 인조2)에 김 선생이 수몽 정엽과 함께 상소하였는데, 대략 이르기를,

"신등은 어려서 송익필(宋翼弼)에게 수학하였습니다. 송익필의 문장과 학식은 한 시대에 뛰어나, 이이(李珥)·성혼(成渾)과 서로 강마(講磨)하는 교우(交友) 관계를 맺어 왔습니다. 그런데 이이가 죽은 뒤에 이발(李潑)과 백유양(白惟讓)의 무리가 이이와 성혼을 원수처럼 미워한 나머지 송익필에게까지 화가 미쳐 기어이 죽을 곳으로 밀어 넣고야 말려고 합니다. 이는 갑(甲)에게 성난 것을 을(乙)에게 화풀이하는 정도가 심한 것이라고 말할 만합니다.

송익필의 아버지 송사련은 바로 고인이 된 재상 안당의 서얼 누이

동생의 아들입니다. 송사련의 어머니는 이미 종량(從良) 되었고, 송사련은 또 잡과(雜科)에 급제하기까지 하였으니, 2대를 연이어 양역(良役)을 한 것입니다. 그리고 또 '60년의 연한을 경과한 자는 환천(還賤)할 수 없다.'는 것이 법전에 분명하게 기재되어 있습니다.

그런데도 이발 등은 송사련이 상변(上變)했다는 이유로 안씨(安氏) 집안의 자손들과는 한 하늘 아래에서 살 수 없는 원수가 되었다고 생각한 까닭에, 기회를 틈타 사주하여 법을 무시하고 환천시켰습니다. 그 당시 송관(訟官)이 혹시라도 법대로 집행할 뜻이 있으면, 이발 등이 논박하여 그 사람을 체직시켰는데, 두세 번을 그렇게 한 뒤에야 비로소 그들의 뜻대로 할 수 있었습니다. 송사련이 아무리 선비들에게 죄를 얻었고, 송익필이 아무리 당시 사람들의 노여움을 범했다 할지라도, 어떻게 한때의 개인적인 분노를 가지고 역대 조정의 금석처럼 귀중한 전범을 왜곡하여 그 마음을 시원하게 한단 말입니까. 이에 우리 선조대왕(宣祖大王)께서 다시 개석(開釋)[39]의 실마리를 열어 놓으셨으나, 송익필은 얼마 뒤에 죽고 말았습니다.

오늘날에 와서 해와 달이 다시 밝아져 당시의 억울했던 일들이 모두 펴졌습니다. 그런데도 유독 죽은 이 스승의 억울함만은 펴지지 않아 아직도 지하에서 눈을 감지 못하고 있으니, 슬픈 일입니다.

돌아가신 스승께서는 살아서는 미처 임금의 인정을 받지 못하였고, 죽어서는 노비라는 비천한 이름을 면하지 못하였으니, 이것이 어찌 신등만이 마음 아파할 일이겠습니까. 국법이 한번 무너지면 말류의 폐해를 막기 어려운 법입니다. 이 역시 식자들이 깊이 걱정하

39 개석(開釋) : 무고하게 죄를 받은 신하의 혐의를 풀어 주는 것을 이른다.

면서 길이 탄식하는 것입니다."

하였다.

선생의 문집(文集) 몇 권이 세상에 간행(刊行)되어 있는데, 상촌 신흠이 일찍이 평론하여 말하기를,

"시의 소재를 성당(盛唐)에서 취해 왔으므로 그 소리가 맑았고, 시의 뜻을 격양(擊壤)에서 취해 왔으므로 그 말이 조리가 있었다. 화평하고 관대한 지취(旨趣)를 궁박하게 떠돌거나 쫓겨나 귀양살이를 하는 즈음에도 잃지 않았고, 한가롭게 노니는 즐거움을 풍화(風花)와 설월(雪月) 사이에서 마음껏 누리면서 유유자적하였다. 그러니 때에 편안하고 순리대로 살아 애락(哀樂)에 동요되지 않은 사람이라고 할 만하다."

하였다. 또 〈현승편(玄繩編)〉 한 편이 있는데, 그것은 바로 이율곡과 성우계 두 선생과 주고받은 편지를 모은 책이다. 계곡(谿谷) 장유(張維)가 일찍이 이에 대해 논하기를,

"율곡의 말은 솔직 평탄하고, 우계의 말은 따스하고 공손하며 자세하다. 그에 비하여 구봉은 의지와 기상이 높고 깨끗하며 자기 자신을 대하는 것이 아주 중하였으며, 그 말은 조리가 있고 그 학문은 해박하였다."

하고, 또 말하기를,

"여기에서 그가 의론(議論)한 것을 보면 이 노인네의 가슴속은 전혀 엉성한 것은 아니었다."

하였다. 이것은 비단 송구봉의 시문(詩文)만 알 수 있는 것이 아니라 송구봉의 사람됨도 알 수 있는 것이다.

내가 동춘(同春)과 함께 오랫동안 사계(沙溪) 노선생(老先生)의 문

하에 있었던 탓에 구봉 선생의 언행(言行)에 대해 익히 들었다. 구봉 선생에 대해 지적할 만한 흠이 하나도 없다고 하는 것은 참으로 공정하게 평가하는 도리를 잃은 것이다. 그러나 만약 일부러 흠을 꼬치꼬치 찾아내어 이발이나 백유양이 무함한 것을 도우려고 한다면, 그것은 역시 공정한 의논이 아닌 것이다. 성 선생이 평소 구봉 선생에 대하여 전혀 불만의 뜻이 없었던 것은 아니었다. 그러나 그것은 현자(賢者)에게 책비(責備)하는 《춘추(春秋)》의 뜻[40]이었다. 여기에서 구봉 선생의 뜻이 높으면서도 컸던 것을 더욱더 잘 알 수가 있다.

대개 일찍이 노선생께서 말하던 것을 가지고 논해 보면, 그 뜻이 우주(宇宙)를 감싸고 그 용기가 고금(古今)을 뛰어넘는 것이 바로 구봉 선생의 마음이었다. 그러면서도 세세하고 은미한 일에 있어서는 다소 소홀했던 점이 없지는 않았다. 이것이 어찌 구봉 선생이 재주가 높고 학식이 해박하며 세상일에 능숙하여, 선생의 생각에 '이 정도면 성현(聖賢)의 문정(門庭)에 들어갈 수 있고, 또 황왕(皇王)의 사업(事業)[41]도 할 수 있을 것이다.'라고 여겨, 근본을 함양(涵養)하는 공부에는 다소 등한히 한 탓이 아니겠는가.

이상에서 말한 것을 가지고 적절히 헤아려 보면, 구봉 선생에 대하여 혹 대충이나마 알 수 있을 것이다.

40 현자(賢者)에게……뜻 : 현자에 대해서는 자그마한 결점까지도 모두 통렬하게 지적하고 고치게 하여 완전한 인격을 갖추게 한다는 뜻이다. 《신당서(新唐書)》 〈태종본기(太宗本紀)〉에 "《춘추》의 법을 보건대, 현자에게는 항상 완전무결하게 되기를 요구하고 있다.〔春秋之法, 常責備於賢者.〕"라고 하였다.

41 황왕(皇王)의 사업(事業) : 패도(覇道)가 아닌 왕도(王道)로 천하를 다스리는 것을 말한다.

후지 後識

이것은 참으로 묘갈문(墓碣文)으로 지은 것이다. 문원공(文元公) 김장생(金長生)의 현손인 김진옥(金鎭玉)[42] 공이 수성(隋城)[43]의 수령으로 있을 적에 이를 빗돌에 새겨 세울 뜻이 있었다. 그러나 힘이 달려서 뜻을 이루지 못하고는, 우선 먼저 작은 묘표(墓表)를 세우고, 이 묘갈문으로 묘지(墓誌)를 만들어 파묻으려고 하였다. 상서(尙書)로 있던 민진원(閔鎭遠) 공은 동춘(同春) 선생의 외손(外孫)인데, 그 소식을 듣고 기꺼이 동참하여 이를 완성하였다. 아, 이 뒤에 능곡(陵谷)이 변하여 무덤이 파헤쳐졌을 경우, 반드시 이것을 보고서 묘소를 도로 덮는 자가 있을 것이다. 그러니 두 공은 참으로 그들 선조의 뜻을 잊지 않았다고 하겠다.

우암(尤庵) 문정공(文正公)의 증손인 송무원(宋婺源)[44]은 삼가 기록한다.

42 김진옥(金鎭玉) : 1659~1736. 본관은 광산, 자는 백온(伯溫), 호는 유하(柳下)·온재(韞齋)이다. 고조부는 김장생이고, 송시열(宋時烈)의 문인이다. 저서로는 김장생의 행장을 기록한 《사계연보(沙溪年譜)》와 《온재유고》가 전한다.

43 수성(隋城) : 수원(水原)의 고호이다. 김진옥은 수원 부사(水原府使)를 지냈다.

44 송무원(宋婺源) : 1677~1736. 본관은 은진(恩津), 자는 경휘(景徽), 호는 염수와(念修窩)이다. 우암 송시열을 증손이며, 동계(東溪) 송회석(宋晦錫)의 아들이다. 저서로는 《염수와유고(念修窩遺稿)》가 있다. 《宋子大全隨箚 卷13 目錄〉

묘표음기
墓表陰記

생각건대 이곳 당진현(唐津縣) 원당리(元堂里)의 감향(坎向)를 등진 언덕은 바로 구봉(龜峯) 송 선생(宋先生) 휘 익필(翼弼), 자 운장(雲長)을 장사 지낸 곳이다. 당시에 문인(門人)들이 대략 석물(石物)을 갖추어 놓고 또 갈석(碣石)을 떠 놓았으나, 비문을 새기는 것은 미처 하지 못하고 후대를 기다렸다. 세월이 오래 흘러 빗돌은 보존되지 못하였으며, 자손들이 한미하여 묘소를 수리하고 소제하는 것마저도 혹 빠뜨린 탓에 봉역(封域)이 무너지고 우마(牛馬)가 밟았으니, 슬픔을 금할 수가 없다.

우암(尤庵) 송 선생(宋先生)께서 일찍이 묘갈문(墓碣文)을 찬하여 선생의 도학(道學)의 시말(始末)을 백 대 뒤에도 징험할 수 있게 하였다. 그리고 율곡(栗谷)과 우계(牛溪) 두 선생께서 벗으로 삼았으며, 나의 선조이신 문원공(文元公 김장생(金長生))께서 스승으로 섬겼다. 여기에서 선생의 사람됨이 어떠하였는지를 잘 알 수가 있다.

우암께서는 매번 묘갈문을 새겨서 빗돌을 세우고, 유집(遺集)을 이어서 간행하는 것에 대해 선생 문인의 자손과 제자들에게 면려하였다. 못난 소자인 나 역시 직접 면전에서 명을 듣고는 이를 가슴속에 담아두었다. 그러던 차에 마침 수부(隋府)의 부사(府使)를 맡게 되었는데, 수부는 가성(佳城)[45]과 아주 가까운 곳이다. 그러나 빗돌을 크게 새겨

45 가성(佳城) : 무덤을 뜻한다. 여기서는 송익필의 무덤을 가리킨다.

서 세우기에는 힘이 달렸다. 이에 단지 작은 빗돌의 뒤에다가 몇 줄을 새긴 다음, 선생의 4대손인 송삼창(宋三昌)을 시켜 선생의 묘소 앞에다가 이를 세우게 하였다.

아, 이와 같이 하고서도 오히려 선조의 뜻과 스승의 가르침을 저버리지 않았다고 할 수 있겠는가. 그 묘갈문은 사우(士友)들이 의논하여 묘지(墓誌)로 바꾸어 만들기로 하였는바, 앞으로 이를 이룰 수가 있을 것이다.

숭정(崇禎) 기원후(紀元後) 두 번째 경자년(1720, 경종 즉위년) 가을에 후학(後學) 광산(光山) 김진옥(金鎭玉)은 삼가 쓴다.

제문 경자년(1720, 경종 즉위년)

祭文 庚子

묘표(墓表)를 세울 때의 제문이다.

구봉 송 선생(宋先生)께서 돌아가신 지가 지금까지 122년이 되었는데, 묘도(墓道)에 아직까지 비석을 세우지 못하고 있다. 그러니 어찌 사림(士林)의 수치가 아니겠으며, 후인(後人)들의 책임이 아니겠는가.

후학 광산(光山) 김진옥(金鎭玉)은 삼가 아주 자그마한 빗돌을 갖추어서 대략 그 뒤에다가 전말을 기록한 다음, 양포(楊浦)[46]의 후손인 최흡(崔濬)과 구봉 선생의 4대손인 송삼창(宋三昌)으로 하여금 함께 가서 역사(役事)를 마치도록 하여, 경자년 8월 14일 무신(戊申)에 묘소 앞에다가 이를 세웠다. 그러고는 제문을 지어 고하였다. 그 제문은 다음과 같다.

아아, 우리 구봉 선생께서는	嗚呼先生
저의 선조 문원공의 스승이시며	我文元師
문장이야 물론이고 도학도 또한	文章道學
그 당대에 으뜸 되는 분이십니다	冠冕一時
문장 보면 서경 필력[47] 지니시었고	西京筆力

46 양포(楊浦) : 최전(崔澱, 1568~1589)의 호이다. 본관은 해주(海州), 자는 언침(彦沈)이다. 저서로는 《양포유고(楊浦遺稿)》 1책이 있다.

47 서경(西京) 필력(筆力) : 수준이 매우 높은 문장을 짓는 필력을 말한다. 서경은

도학은 또 송유 의리[48] 갖추었으며　宋儒義理
황왕이야 물론이고 제패까지도[49]　皇王帝霸
가슴속에 모두 들어 있었습니다　布羅匈次
세상 좁아 받아들이지를 못하매　世隘莫容
부귀영화 따위 모두 내버리고서　寧賁我趾
벗의 도를 숭상하고 넓히었으며　尙弘友道
사석에서 홀로 꼿꼿하였습니다　獨抗師席
어진 자는 어질다고 여기었는데　賢者賢之
어리석은 자는 이를 허물하여서　愚者則謫
노여움을 선생에게 옮기었으매　怒移於乙
참혹한 화 당해 옥에 갇혔습니다　禍慘在絏
남쪽 북쪽 떠돌아서 다니었으매　棲遑南北
온갖 고난 두루두루 맛보았는데　備嘗艱厄
역책하게 되는 날에 미치어서는　逮其易簀

서한(西漢)의 수도인 장안(長安)의 이칭인데, 이 말은 흔히 서한을 가리키는 말로 쓰인다. 서한 때에는 《사기(史記)》를 지은 사마천(司馬遷)을 필두로 하여 사마상여(司馬相如), 양웅(揚雄) 등의 대가들이 출현했다.

48 송유(宋儒) 의리(義理) : 아주 뛰어난 의리를 말한다. 송유는 송나라 때의 유학자들로, 정호(程顥), 정이(程頤), 주희(朱熹) 등의 학자들이 활동하였다.

49 황왕(皇王)이야 물론이고 제패(帝霸)까지도 : 천하를 다스리는 큰 도를 말하는데, 황(皇)과 왕(王)은 왕도(王道)로 다스리는 것을 말하고, 제(帝)와 패(覇)는 패도(霸道)로 다스리는 것을 말한다. 중국 고대의 정치에 삼대(三代)는 순수한 왕도요, 한(漢)은 왕도와 패도를 섞었다고 한다. 소옹(邵雍)의 시에 "일월성신 그 모두가 높이 떠서 빛 비추고, 황왕제패 그 모두가 커다랗게 펴졌구나.〔日月星辰高照耀, 皇王帝伯大鋪舒.〕"라고 하였다.

면천 땅의 한 구비에 계셨습니다	在沔之曲
그 당시에 나의 선조 문원공께선	惟時吾祖
종시토록 한결같은 마음 가지고	一其終始
살아서는 어려움을 구제해 줬고	生而濟難
죽어서는 묘소를 써 주었습니다	歿且營隧
빗돌 마련했었지만 새기지 않고	有石無鐫
후대 사람 나오기를 기다렸는데	蓋待來後
오랜 세월 흐르도록 하지 못하여	歲久因循
비석조차 세우지를 못하였습니다	旋作烏有
이 때문에 우리 우옹 선생께서는	是以尤翁
묘명 찬술하는 데에 정성 쏟으며	眷眷銘述
이것으로 문생들을 힘쓰게 하여	以勖門生
돌에 새겨 세우도록 하였습니다	俾顯其刻
이제 못나 형편없는 소자인 제가	今余小子
마침 수원 부사 되어 내려왔는데	適官于隋
원당리에 있는 묘소 돌아다보니	瞻彼堂封
거리 얼마 안 되는 데 있었습니다	一帶限之
선대 뜻과 스승님의 가르치심을	先志師教
속히 준행하는 것이 마땅했지만	亟遵是宜
돌아보매 저의 힘이 부족하여서	顧坐力綿
큰 빗돌을 세우지를 못하고서는	未能張大
작은 돌에 짤막하게 말을 지어서	片石單辭
우선 위와 같이 써서 새겼습니다	姑記其左
그런 다음 묘소에다 이를 세워서	樹諸原壟

나무하고 꼴 베는 걸 금지시키며　　庸戢樵牧
철인께서 잠이 들어 계신 이곳을　　哲人攸宅
혹시라도 침범 말게 하였습니다　　罔或毀觸
할 겨를이 없어 미처 하지 못했던　　猶有未遑
유고집을 간행하고 묘지 묻는 건　　刊稿藏誌
사우들이 서로서로 면려하면서　　士友交勉
여기에다 경경하게 마음을 쓰니　　耿耿于此
다행히도 다 이루는 날이 있어서　　幸而有成
남은 책임 마칠 수가 있을 겁니다　　庶卒餘責
이상에서 말한 것과 같은 사유를　　凡玆事由
직접 가서 고하는 게 마땅하지만　　宜自敬告
관직 맡고 있는 데에 구애되어서　　官守有拘
남을 시켜 대신해서 고하게 하니　　替伸微臆
존귀하신 우리 선생 혼령께서는　　尙冀尊靈
부디 크게 진노하지 마시옵소서　　勿震斯役

제문 계묘년(1723, 경종3)

祭文 癸卯

지석(誌石)을 파묻을 때의 제문이다.

세차 계묘년 3월 경오삭(庚午朔) 16일 을미에 후학 광산(光山) 김진옥(金鎭玉)은 삼가 종질(從姪) 김천택(金天澤)을 시켜서 구봉 송 선생(宋先生)의 묘소에 고합니다.

지금부터 삼 년 전인 경자년에	往在庚子
빗돌을 세우고서 고해 올릴 때	樹石有告
묘지는 묘갈문을 쓸 것이라고	誌用碣文
그 사유를 간략하게 말했습니다	略陳其故
다행히도 이제 이를 이루었거니	今幸有成
이 모두가 사우들의 덕분입니다	士友之力
사우들 중 민 아무개 송 아무개가	惟閔與宋
실로 이 일 하는 거를 도왔습니다	實相其役
이들 모두 선조들의 뜻 따르기를	俱追先故
제가 하는 것과 같이 하였습니다	暨我一般
그렇지만 아직 남은 책임 있으니	猶有餘責
유고집을 아직 간행 못한 겁니다	稿未續刊
세상은 어렵고 사람은 흩어졌으니	世難人散
누구에게 부탁해서 하겠습니까	疇與相託
공경한 맘 가지고서 묘지 묻음에	敬埋磁燔
한갓 슬픈 맘만 더욱 불어납니다	徒增感戚

포증해 주기를 요청하는 서장 경오년(1750, 영조26) 6월 15일

請褒贈狀 庚午六月十五日

충청 감사(忠淸監司) 홍계희(洪啓禧)[50]

신이 삼가 《속대전(續大典)》의 〈장권조(奬勸條)〉를 보니, 거기에 이르기를 "외방 사람 가운데 효열(孝烈)이 아주 뛰어난 자는 관찰사가 상세하게 살펴서 조정에 계문하여 정포(旌褒)한다."라고 하였습니다. 이것은 이에 나라를 다스리는 자가 백성들을 고취시키는 아름다운 법문(法文)이며, 외방을 맡아 교화를 펴는 자의 중요한 책무입니다.

신이 이 지방에 도임한 이후로 사민(士民)들의 정문(呈文)과 수령(守令)들의 전보(轉報)에서 효열에 관해 말한 것이 권축(卷軸)을 이루었는바, 기특한 절개와 뛰어난 행실이 한둘에 그치지 않았습니다. 신은 이에 법전(法典)에서 이른바 상세히 살피라는 조문을 가지고 특별히 유의하여 찾아다니면서 물어보았습니다. 그러나 신이 새로 부임한 지 얼마 안 되어 두루 다 살펴볼 수 없었던 탓에, 미처 알아보지 못한 경우도 있었고 혹 알고는 있었으나 미심쩍은 경우도 있었습니다. 만약 만에 하나라도 잘못될 경우에는 문득 조정을 속이는 것이 됩니다. 그러므로 주저하면서 결단하지 못하고 있었습니다.

50 홍계희(洪啓禧) : 1703~1771. 본관은 남양(南陽), 자는 순보(純甫), 호는 담와(澹窩)이다. 별시 문과에 장원 급제한 뒤 여러 관직을 거쳤으며, 병조 판서에 발탁되어 영의정 조현명(趙顯命)을 도와 균역법(均役法)을 제정하여 시행하였다. 1777년(정조1) 손자 홍상범(洪相範)과 홍상간(洪相簡)의 정조 시해 미수 사건으로 일가가 처형당하자, 그도 관작이 추탈되고 역안(逆案)에 이름이 올랐다.

지금 체차되어 돌아가는 즈음에 또 감히 경솔하게 형식적으로 올릴 수는 없습니다. 그러면서도 유독 신의 구구한 뜻에 특별히 관심이 가는 바가 있습니다. 비록 나라의 법전에 실려 있는 바는 아니지만, 그 관계된 바가 효열을 정표하는 것보다 못하지 않을 듯하기에, 감히 새로운 전례를 만들어 다시금 아뢰는바, 몹시 황공합니다.

본 충청도의 유학(儒學)은 중종(中宗)과 인종(仁宗) 때부터 시작되었으며, 명종(明宗)과 선조(宣祖) 이후에 이르러 유종(儒宗)이 배출되고 사림(士林)이 울연히 일어나, 집에는 시서(詩書)가 있고 사람들은 효제(孝悌)를 행하여, 풍속의 아름다움이 다른 도보다 훨씬 뛰어났습니다. 이것은 참으로 우리 조정에서 잘 이끌어 주면서 교화한 성대함입니다. 그러나 실로 또한 여러 유학자가 학문을 가르친 공이기도 합니다.

근년 이래로 선비들의 습속이 날로 무너지고 백성들의 풍속이 날로 나빠져, 상서(庠序)에는 글을 읽는 소리가 끊어지고 향당(鄕黨)에는 예로써 양보하는 습속이 없어졌는데, 마치 물이 더욱더 아래로 흘러내려가 되돌릴 길이 없는 것과 같습니다. 신이 직임을 제수받고 내려온 이래로 감히 여기에 마음을 다하지 않은 것은 아닙니다. 그러나 학문은 부족하고 능력은 모자라 성상의 뜻에 보답한 바가 없었기에, 아침저녁으로 삼가고 두려워하였습니다.

신이 삼가 보건대, 본도의 유현(儒賢)으로서 이미 종사(從祀)한 사람과 현재 종사하기를 청한 사람 이외에, 명유(名儒)와 석사(碩士)들은 거의 모두가 크게 포상을 받아 빠진 사람이 없는 듯합니다. 그런데 유독 송익필(宋翼弼)과 서기(徐起)만은 학행(學行)의 아름다움과 교육(教育)한 공이 실로 다른 사람들보다 훨씬 탁월한데도, 단지 가문이 미천하다는 이유로 살아서는 추천해 주는 사람이 없었고, 죽은 뒤에는 포증(褒贈)하는 은전을 받지 못하여, 장차 민몰되어 전해지지 않게 되었습니다. 이는 유도(儒道)를 중히 여기고 후학(後學)을 권장하는 방도가 전혀 아닙니다.

송익필은 본디 고양(高陽) 사람인데, 어려운 처지를 만나 이곳저곳으로 떠돌아다니다가 늘그막에는 면천(沔川)에 우거하였으며, 죽은 뒤에는 당진(唐津)에 장사 지냈습니다. 서기는 본디 홍주(洪州) 사람인데, 공주(公州)로 와서 살다가 죽은 뒤에는 집 곁에 장사 지냈습니다. 송익필은 자손들이 중간에 끊겨 향화(香火)가 영원히 끊어졌으며, 서기는 비록 미약한 자손이 있기는 하지만 역시 이미 황폐해졌습니다. 신은 그들의 유허(遺墟)를 방문해 보고는 슬픈 마음을 금할 수가 없었습니다.

이것은 실로 성대한 조정의 커다란 흠결인 것이며, 사림들의 깊은 통한인 것입니다. 만약 이명(离明)[51]께서 특별히 굽어살펴 속히 포장(褒奬)한다면, 여항에 있는 선비들이 반드시 권장하고 흥기하는 성과가 있게 될 것입니다. 신이 삼가 두 신하의 사실을 모아 아래에다가 조목별로 나열해 이명께서 살펴보고 받아들이는 데 대비합니다.

송익필은 총명하고 영특함이 다른 사람들보다 훨씬 뛰어났습니다. 어려서는 문장(文章)을 잘 짓는다는 명성이 최립(崔岦), 최경창(崔慶昌), 백광훈(白光勳) 등과 나란하였습니다. 조금 장성해서는 학문을 연구하였는데, 스승으로부터 배우지 않고서도 혼자서 깊이 궁리하여 묘한 이치를 터득해 성리(性理)의 이치를 환히 깨달았습니다. 그리고

51 이명(离明) : 세자(世子)를 뜻하는 말인데, 여기서는 1749년(영조25)부터 대리청정(代理聽政)한 사도세자(思悼世子)를 가리킨다.

사람됨이 시원스럽고 밝으며, 재주와 식견이 크게 통달하였습니다.

선정신(先正臣) 이이(李珥)와 성혼(成渾)이 일찌감치 그와 도의(道義)의 교분을 정하였는데, 서로 간에 절차탁마(切磋琢磨)하는 의리가 늙어서도 아주 돈독하였습니다. 무릇 이 두 현인께서는 천인(天人)과 성명(性命) 및 출처(出處)와 일용(日用)의 사이에 있어서, 크고 작거나 정미하고 거칠거나 간에 어느 하나도 송익필과 더불어 강구하지 않은 것이 없었습니다. 그리고 송익필이 논하는 바의 시비(是非)와 득실(得失)에 대해서는 두 현인께서 또 마음속으로 믿으면서 따라 주지 않은 것이 없었습니다.

그들이 서로 왕복한 서척(書尺)이 지금 〈현승편(玄繩編)〉 한 편에 실려 있어서, 붕우들이 서로 허여한 아름다움을 모두 알 수가 있습니다. 이것은 실로 전세(前世)에 드문 일로, 백대 이후에도 보는 자들로 하여금 감탄하면서 흥기하게 하기에 충분할 것입니다. 두 선정신의 어짊이 아니었다면 참으로 여기에 미칠 수가 없었을 것입니다. 대현(大賢)들께서 벗으로 취하기를 이와 같이 하였으니, 송익필의 어짊에 대해서는 물어보지 않아도 잘 알 수 있을 것입니다.

이 이외에도 한때 추중(推重)을 받은 것이 이루 다 기록할 수 없을 정도로 많습니다만, 그 가운데에서 큰 것만을 대략 거론해 보겠습니다. 선정신 조헌(趙憲)은 말하기를,

"늙어서도 서책을 연구하여 학문은 투철하고 경전에 밝았으며, 행실은 바르고 말은 곧아서 아버지의 허물을 가리기에 충분하였다. 그러므로 이이나 성혼이 모두 외우(畏友)로 삼은 것이다."

하였으며, 또 송익필은 장수(將帥)가 될 만한 자질이 있다고 칭하였습니다. 이지함(李之菡)은 말하기를,

“나의 벗인 성호원(成浩原), 이숙헌(李叔獻), 송운장(宋雲長)은 모두 학문이 높고 밝으며, 지극한 행실은 이 세상의 모범이 된다.”

하였으며, 문정공(文正公) 이식(李植)은 말하기를,

“천부적인 자질이 통투(通透)하고 영오(穎悟)하였으며, 분석하는 것이 정밀하고 미묘하였다.”

하였으며, 서기는 그에게 배우는 자들에게 말하기를,

“너희들이 제갈공명(諸葛孔明)을 알고자 하면 오직 송구봉을 보면 된다.”

하였습니다. 문충공(文忠公) 장유(張維)는 공이 남겨 놓은 글에 대해 논하여 말하기를,

“기상이 준엄하고 개결하였으며, 스스로를 대하는 것이 아주 중하였다. 그 학문은 박학하였으며, 그 말은 논리적이었다.”

하였습니다. 구봉은 송익필의 호이며, 운장은 그의 자입니다. 호원과 숙헌은 두 선정(先正)의 자입니다.

송익필이 후진들을 가르쳐서 깨우친 데에 이르러서는, 다른 사람의 뜻을 일깨워 홍기시키기를 잘하였는데, 학도들이 구름처럼 몰려들어 그가 머무르는 곳마다 문에 넘쳐 났습니다. 학도들 가운데 성취(成就)한 자로는, 선정신 김장생(金長生)과 김집(金集) 및 고(故) 명신(名臣) 정엽(鄭曄)·서성(徐渻)·정홍명(鄭弘溟)·김반(金槃)·강찬(姜燦)·허우(許雨)·송이창(宋爾昌) 등이 있는데, 이들은 모두 도학(道學)이나 아니면 정사(政事)로써 후생(後生)들을 개도하거나 왕가(王家)에 도움을 주었습니다.

그가 맺은 붕우(朋友)와 사제(師弟)의 성대함이나 칭도하고 논술한 말을 가지고 서로 참조하여 살펴보면, 송익필은 투철한 학문과 높은

재주를 가지고 있었던바, 실로 일대의 유종(儒宗)이며, 간세(間世)의 위인(偉人)입니다. 그가 이이와 성혼의 인(仁)을 돕고 김장생에게 도(道)를 전한 것은, 시절(偲切)[52]의 유익함과 계도(啓導)의 바름이 모두 우리 사도(斯道)에 공이 있는 것입니다. 그리고 연원(淵源)을 밝혀내고 정맥(正脈)을 부추기어 도운 것은 심상한 다른 일반 유학자들에게 비할 바가 아닌 것입니다.

서기는 어려서부터 몹시 영특하여 사물을 만나면 반드시 그 이치를 궁구하였으며, 성현을 사모하는 뜻을 품고 있었으므로, 사람들이 신동(神童)이라고 불렀습니다. 지극한 정성으로 어머니를 섬겨, 8, 9세 때 어머니가 병이 나 몹시 위독하자 자신의 손가락을 잘라 피를 받아 이를 마시도록 하여 다시금 살아나게 하였습니다.

장성해서는 이지함과 이중호(李仲虎)를 사사(師事)하였는데, 몸소 농사를 지으면서 글을 읽었습니다. 총명하고 영준한 자질을 가지고 각고의 노력을 가한 탓에 식견과 견해가 아주 정미하였는데, 특히 《주역(周易)》에 대해 깊이 통달하였으며, 천문(天文)이나 지리(地理) 등에 대해서도 모두 두루 통달하였습니다.

그는 덕성(德性)은 순수하고 정성스러웠으며, 제행(制行)은 맑으면서도 고상하였습니다. 처음에는 지리산(智異山)에 은거하다가 뒤에 공주(公州)로 돌아와 고청산(孤靑山) 아래에서 은거하였는데, 배우는 자들이 고청 선생이라고 칭하였으며, 문하로 나온 선비들이 천 명이나 되었습니다.

52 시절(偲切) : 절절시시(切切偲偲)의 준말로, 붕우 간에 간곡하게 충고하고 자상하게 권면하는 것이다.

서기는 주자(朱子)를 독실하게 믿어서 일찍이 주자의 진상(眞像)을 스스로 가지고 다니다가 사당을 세우고서 봉안하였으며, 강당을 지어서 문도들과 더불어 그 안에서 강학하였습니다. 그 사당과 강당이 지금 충현서원(忠賢書院)이 되었습니다. 공주의 유학이 성대해진 것은 서기로부터 시작되었는바, 그가 창도하여 밝힌 공은 참으로 아주 크다고 할 수 있습니다.

성제원(成悌元)과 송익필 및 선정신 조헌·김장생 등이 모두 그와 더불어 종유하면서 강론하였으며, 당대의 대인군자(大人君子)들이 대부분 존경하는 예를 올렸습니다. 문충공(文忠公) 박순(朴淳)은 그가 임하(林下)에서 초연히 지내면서 유학자가 된 용기를 칭찬하였습니다. 여성군(礪城君) 송인(宋寅)은 "글을 읽으면서 옛사람을 사모한, 밝은 시대의 일민(逸民)이다."라고 칭찬하였습니다. 이지함은 "충신(忠信)은 의지할 만하고 정성은 금석(金石)을 뚫을 만하다."라고 칭찬하였습니다. 조헌은 "학문이 박학하였으며 행실이 온전하였다."라고 칭찬하였습니다.

선배들 가운데에는 또 그가 성현에 침잠하여 한마음으로 각고 노력한 결과, 산림(山林)이 날로 자라나 학문의 공이 깊어진 것을 칭찬한 사람도 있습니다. 이들 몇몇 현인들의 한마디 말은 의당 백대에서 믿는 바가 될 것입니다. 그렇다면 그의 학문의 독실함과 덕행의 순수함은 충분히 증명할 수 있어서 의심할 것이 없으며, 그 정성 역시 이 세상에 드문 현자입니다.

그를 종학한 선비 가운데 이덕윤(李德胤), 송이창, 민재문(閔在汶), 박희철(朴希哲), 박희성(朴希聖) 등은 모두 경학(經學)과 행의(行義)로 당대에 이름이 났습니다. 선정신 송시열(宋時烈)이 송익필의 묘갈

문(墓碣文)을 찬하면서는 이르기를,

"동춘(同春)의 아버지인 군수 송이창은 선생에게 수학하여 그것을 가지고 동춘을 가르쳐 끝내는 명유(名儒)가 되게 하였다. 그러니 선생의 몸은 비록 이 세상에서 곤욕을 당했으나, 그 도는 빛이 났다고 하지 않을 수 없다."

하였습니다. 동춘은 선정신 송준길(宋浚吉)의 호입니다. 송이창은 실로 서기에게 수학하였습니다. 그 도가 후세에서 빛이 난 것은 서기와 송익필이 같습니다. 그가 가르침을 베푼 공을 여기에서 더욱더 징험할 수 있습니다.

삼가 생각건대, 두 사람은 가문이 몹시 빈한하고 천했는데도 명종(明宗)과 선조(宣祖)의 성대한 시기를 당하여 우뚝하니 빼어나, 학문은 밝고 덕은 높아 당대 사람들이 추중하는 바가 되었습니다. 그리고 명공(名公)과 대현(大賢) 들이 서로 더불어 사우(師友) 관계를 맺어 유풍(流風)과 유택(遺澤)이 지금에 이르러서도 의지하는 바가 있습니다. 이는 대개 간기(間氣)[53]가 모인 바이고 성세(聖世)의 기이한 일입니다. 그런데도 국법에 구애되어 초야에서 늙어 죽어 드러나지 않았으니, 도가 있는 나라에서 듣게 해서는 안 됩니다.

신이 일찍이 국조(國朝)의 고사(故事)를 듣건대, 문도들을 가르쳐서 성취시킨 자가 많을 경우에는 녹봉을 주거나 혹 관직을 제수한다고 하였습니다. 지금 송익필과 서기는 가르쳐서 성취시킨 바가 저와 같이

53 간기(間氣) : 위대한 사람을 탄생시키는 기운을 말한다. 옛 설에 의하면, 위대한 사람이 이 세상에 태어나는 것은 위로 하늘의 성상(星象)에 응하여 천지의 특수한 기운(氣運)을 받아서라고 한다. 《춘추연공도(春秋演孔圖)》에 "정기(正氣)는 제(帝)가 되고, 간기는 신(臣)이 되고, 수기(秀氣)는 인(人)이 된다."라고 하였다.

많습니다. 그렇다면 그저 구두(句讀)나 떼어 주는 늙은 스승들이 문도 몇 명을 가르친 것과 똑같은 예로 대우해서는 안 될 뿐만이 아닙니다. 더구나 그들이 우리 사문(斯文)을 도운 공이 또 이와 같이 밝게 드러났으니, 반드시 그들이 민멸되어 사라지게 해서는 안 됩니다.

삼가 바라건대 예자(睿慈)께서는 특별히 유사(有司)에게 명하여 속히 포증(褒贈)을 내려, 먼 외방 사람들로 하여금 성대한 조정에서 유학자를 높이고 유도(儒道)를 숭상하는 뜻에 있어, 비천한 신분의 사람이라는 이유로 차이를 두지 않는다는 것을 알게 하소서. 그럴 경우 유교의 교화를 흥기시키고 풍속이 아름답도록 돕는 데에 있어, 반드시 한 가지 절개나 한 가지 행실이 있는 사람을 포장하는 것보다 더 나을 것입니다.

송익필과 서기는 신분이 이미 비천하고 미약하며 세대가 이미 아주 멀어졌기에, 반드시 은미한 것을 드러내고 숨은 것을 천명하여, 이명(离明)께서 상세히 살펴보는 데 대비하고자 하였습니다. 그러므로 논열하는 즈음에 저절로 번잡하게 반복하여 말하고 말았습니다.

송익필은 여러 소인배에게 질시를 받아 화를 입은 것이 아주 참혹했습니다. 이에 비록 오늘날의 사람들이라고 하더라도 혹 그의 글을 보지 못하였거나 그에 대한 사실을 상세히 알지 못하는 자가 있을 것입니다.

선정신 김장생이 일찍이 인조(仁祖) 초년에 정엽 등 여러 문인들과 더불어 상소를 올려 원통함을 말한 일이 있었는데, 선정신 송시열이 그 상소를 취하여 묘갈문에 실었습니다. 그러므로 이번에도 역시 끝에다가 이를 덧붙여서 진달드리는바, 환하게 살펴보시기 바랍니다. 그 상소에 대략 이르기를,

"신등은 어려서 송익필에게 수학하였습니다. 송익필의 문장과 학식

은 한 시대에 뛰어나, 이이·성혼과 서로 강마(講磨)하는 교우(交友) 관계를 맺어 왔습니다. 그런데 이이가 죽은 뒤에 이발(李潑)과 백유양(白惟讓)의 무리가 이이와 성혼을 원수처럼 미워한 나머지 송익필에게까지 화가 미쳐 기어이 죽을 곳으로 밀어 넣고야 말려고 하였습니다. 이는 갑(甲)에게 성난 것을 을(乙)에게 화풀이하는 정도가 심한 것이라고 말할 만합니다.

송익필의 아버지 송사련(宋祀連)은 바로 고인이 된 재상 안당(安瑭)의 서얼 누이동생의 아들입니다. 송사련의 어머니는 이미 종량(從良)되었고, 송사련은 또 잡과(雜科)에 급제하기까지 하였으니, 2대를 연이어 양역(良役)을 한 것입니다. 그리고 또 '60년의 연한을 경과한 자는 환천(還賤)할 수 없다.'는 것이 법전에 분명하게 기재되어 있습니다.

그런데도 이발 등은 송사련이 상변(上變)하여 안씨(安氏) 집안의 자손들과는 원수가 되었을 것이라고 여기고는, 기회를 틈타 사주하여 법을 무시하고 환천시켰습니다. 그 당시 송관(訟官)이 혹시라도 법대로 곧게 집행할 뜻이 있으면, 이발 등이 논박하여 그 사람을 체직시켰는데, 두세 번을 그렇게 하고 나서야 비로소 그들의 뜻대로 할 수 있었습니다.

송사련이 비록 선비들에게 죄를 얻었고, 송익필이 비록 당시 사람들의 노여움을 범했다 할지라도, 어떻게 한때의 개인적인 분노를 가지고 역대 조정의 금석처럼 귀중한 전범(典範)을 왜곡하여 자신들의 사사로운 마음을 시원하게 한단 말입니까. 이에 우리 선조대왕(宣祖大王)께서 다시 개석(開釋)하는 실마리를 열어 놓으셨으나, 송익필은 얼마 뒤에 죽고 말았습니다.

오늘에 와서는 해와 달이 다시 밝아져 당시의 억울했던 일들이 모두 펴졌습니다. 그런데도 유독 죽은 이 스승의 억울함만은 펴지지 않아 아직도 지하에서 눈을 감지 못하고 있으니, 슬픈 일입니다.

돌아가신 스승께서는 살아서는 미처 임금의 인정을 받지 못하였고, 죽어서는 노비라는 비천한 이름을 면하지 못하였습니다. 이것이 어찌 신등만이 마음 아파할 일이겠습니까. 국법이 한번 무너지면 말류의 폐해를 막기 어려운 법입니다. 이 역시 식자들이 깊이 걱정하면서 길이 탄식하는 것입니다."

하였습니다.

이 상소를 해당 조(曹)에 내리자, 해당 조가 복계(覆啓)하면서 상소에서 말한 대로 하기를 청하였습니다. 그러나 곧바로 이괄(李适)의 변란이 일어나 황급하게 도성을 떠나는 바람에 그 일이 드디어 중지되었으며, 그 이후로 다시는 억울함을 밝히고 드러내어 표창하라는 뜻으로 조정에 아뢰는 자가 없었습니다. 그러니 참으로 개탄스럽습니다. 선정신이 올린 한 통의 상소를 보신다면, 송익필이 무함을 받은 전말을 환하게 알 수가 있을 것입니다. 아울러 잘 유념하여 살펴보시기 바랍니다.

신미년(1751, 영조27) 12월 12일의 경연설

辛未十二月十二日筵說

예조 판서 이익정(李益炡)과 병조 판서 홍계희(洪啓禧)가 함께 입시하였을 때 예조 판서 이익정이 아뢰기를,

"병조 판서가 충청 감사로 있을 때 서기(徐起)와 송익필(宋翼弼)에게 증직(贈職)하는 일에 대해 장계(狀啓)로 보고하였습니다. 두 사람의 학행(學行)은 온 나라 사림(士林)들이 추중하면서 허여하는 바인데, 가문이 미천하다는 이유로 증직하는 은전을 시행하지 않았습니다. 병조 판서가 이 때문에 개탄스럽게 여겨 장계를 올려 청한 바가 있었던 것입니다. 이것은 심상하게 포증(褒贈)하는 것과는 차이가 있습니다. 대신(大臣) 역시 의당 한 차례 대조(大朝 영조(英祖)) 께 진달해 여쭙는 바가 있어야 할 것이라고 하였습니다. 이에 감히 아룁니다."

하자, 상이 이르기를,

"병조 판서가 상세하게 진달하라."

하였다. 홍계희가 아뢰기를,

"서기는 바로 이지함(李之菡)의 문인(門人)인데 5, 6세 때 땔나무를 하러 갔다가 해가 저물어 돌아오기에, 그 부모(父母)가 그 연유를 물었더니, '작은 새가 양기(陽氣)를 따라서 올라가는 것을 보고 그 이치를 궁구해 보느라고 늦게 돌아오게 되었다.'라고 하였습니다. 그가 이치를 궁구하는 학문은 하늘에서 타고난 것입니다. 그는 평생 동안 주자(朱子)를 존중하고 숭상하였으며, 학문이 아주 정심(精深)

하였습니다. 계룡산(鷄龍山)의 고청봉(孤靑峯) 아래에 살았으므로 자호(自號)를 고청(孤靑)이라 하였습니다. 공주(公州) 충현서원(忠賢書院)의 별묘(別廟)에서 향사(享祀)하고 있습니다. 호중(湖中)의 학문이 성대해진 것은 실로 서기의 덕분이 아주 큽니다.

송익필은 바로 선정신(先正臣) 이이(李珥)와 성혼(成渾)이 도의(道義)로 사귄 벗이고, 선정신 김장생(金長生)의 스승입니다. 그렇다면 그의 경학(經學)이 일세(一世)의 표준이 된다는 것을 잘 알 수가 있습니다. 이이와 성혼 두 선정신을 질시하는 군소배가 송익필에게 칼날을 옮겨 공격한 탓에, 일생 동안 곤욕을 당하면서 굶주림에 시달리다가 죽었습니다. 그런데도 지금에 이르러서는 학자(學者)들이 송구봉(宋龜峯) 선생이라고 일컫고 있습니다. 이 두 사람에게 어찌 한 관직을 추증해 주는 일이 없어서야 되겠습니까. 그런데도 문벌이 미천하고 자손들이 잔약한 탓에 아직까지 포증하는 일이 없었으니, 실로 한심합니다.

송익필은 묘소가 당진(唐津)에 있는데 자손이 없어서 향화(香火)가 싸늘하게 식었습니다. 신이 호서 감영에 있을 적에 사람을 보내어 제사를 지냈는데, 몹시 측은하였습니다. 두 사람이 남긴 글을 신이 대략 수습한 것이 있는데, 서기의 유고(遺稿)는 문자가 많지 않았기 때문에 몇 건을 인출하였습니다만, 송익필의 유고는 아직까지 간행하지 못하였는바, 몹시 애석합니다. 포증하는 한 가지 일은 결단코 그만두어서는 안 됩니다. 그러므로 신이 장계를 올려 청하였던 것입니다."

하니, 상이 이르기를,

"병조 판서가 서기의 글을 간행해 낸 것은 참으로 희귀한 일이다.

만약 포증하는 은전을 시행한다면, 어떤 관직을 추증하는 것이 마땅하겠는가?"

하자, 홍계희가 아뢰기를,

"선현(先賢)을 증직할 경우에는 집의(執義)를 추증하거나 혹은 지평(持平)을 추증한 경우가 있으니, 굳이 고관(高官)으로 하는 것만이 좋은 것은 아닙니다."

하였다. 상이 이르기를,

"그렇게 하되, 이미 대조(大朝)의 경연(經筵)에서 분부한 뜻으로 말을 만들어, 동궁(東宮)에 복달(覆達)[54]하는 것이 옳다."

하였다.

54 복달(覆達) : 어떤 사안에 대해 다시 신중하게 심사하여 임금에게 거듭 아뢰는 것을 말하는데, 임금에게 아뢸 경우에는 복계(覆啓)라고 하고, 세자에게 아뢸 경우에는 복달이라고 한다.

예조의 복달 신미년(1751, 영조27) 12월 15일

禮曹覆達 辛未十二月十五日

판서(判書) 이익정(李益炡)

전 충청 감사 홍계희(洪啓禧)가 장계를 올려 진달한 바를 보니, 거기에 이르기를,

"본 충청도의 명유(名儒)와 석사(碩士) 들은 거의 모두가 높은 포상을 받았는데도 유독 송익필(宋翼弼)과 서기(徐起)만은 학행(學行)의 아름다움과 교도(敎導)의 공이 실로 다른 사람들보다 훨씬 탁월한데도, 단지 신분이 미천하다는 이유로 민몰되어서 칭해지지 않습니다. 이것은 유도(儒道)를 중히 여기고 후학(後學)들을 권장하는 방도가 전혀 아닙니다.

송익필은 투철한 학문과 높은 재주를 가지고 있었던바, 실로 일대의 유종(儒宗)입니다. 그가 선정신(先正臣) 이이(李珥)와 성혼(成渾)의 인(仁)을 돕고 선정신 김장생(金長生)에게 도(道)를 전한 것은, 시절(偲切)[55]의 유익함과 계도(啓導)의 바름은 우리 사도(斯道)에 모두 공이 있는 것입니다. 그리고 연원(淵源)을 밝혀내고 정맥(正脈)을 부추기어 도운 것은, 심상한 다른 유학자들에게 비할 바가 아닌 점이 있습니다.

서기는 어려서부터 몹시 영특하여 사물을 만나면 반드시 그 이치

55 시절(偲切) : 절절시시(切切偲偲)의 준말로, 붕우 간에 간곡하게 충고하고 자상하게 권면하는 것이다.

를 궁구하였으며, 성현을 사모하는 뜻을 품고 있었으므로, 사람들이 신동(神童)이라고 불렀습니다. 어머니를 섬기기를 지극한 정성으로 하여, 8, 9세 때 어머니가 병이 나 몹시 위독하자, 손가락을 잘라 피를 받아 이를 마시도록 하여 다시금 살아나게 하였습니다. 장성해서는 이지함(李之菡)과 이중호(李仲虎)를 사사(師事)하였는데, 몸소 농사를 지으면서 글을 읽었습니다.

총명하고 영준한 자질이 있어 식견과 견해가 아주 정미하였는데, 특히 《주역》에 대해 깊이 통달하였으며, 천문(天文)이나 지리(地理) 등에 대해서도 모두 두루 통달하였습니다. 덕성(德性)은 순수하고 정성스러웠으며, 제행(制行)은 맑으면서도 고상하였습니다. 문하로 나온 선비들이 거의 천 명이나 되었는바, 공주(公州)의 유학이 성대해진 것은 서기로부터 시작되었습니다. 그의 도가 후세에 빛이 나는 것은 송익필과 더불어 똑같습니다.

송익필과 서기 두 사람의 유풍(流風)과 유택(遺澤)은 지금에 이르러서도 그 영향을 받고 있습니다. 그런데 초야에서 늙어 죽어 드러나지 않고 있습니다. 그러니 유사(有司)에게 명하여 속시 포증을 하게 하소서."

하였습니다. 그리고 이번 12월 12일에 대조(大朝)에 입시하였을 때 신 익정(益炡)이 병조 판서 홍계희가 장계로 보고한 내용을 갖추어 진달하자, '송익필과 서기 두 사람은 장계에서 청한 대로 두 사람 모두 포증하라는 뜻으로 소조(小朝)에 회달(回達)하라.'라는 것으로 신 이익정이 직접 전교(傳敎)를 받들었습니다.

송익필과 서기는 도학(道學)과 의범(懿範)이 이미 이와 같이 탁월하여 온 세상 사람들이 추앙하는 바입니다. 그러니 격려하고 권장하며 사람들을 흥기시키는 도리에 있어서 그대로 민몰되게 내버려 두어서는 안 됩니다. 특별히 해당 조에 명하여 증직하는 은전을 시행해서 풍교(風敎)를 수립하는 것이 어떻겠습니까? 모년 모월 모일에 좌부승지 남태기(南泰耆)가 담당관이 되어 진달합니다.-의준(依準)[56]하였다.-

56 의준(依準) : 아뢴 데 의거하여 준허한다는 뜻으로, 임금이 인준(認準)하는 것을 뜻한다.

이조 정사의 망단자 임신년(1752, 영조28) 1월 11일

吏曹政事望 壬申正月十一日

증(贈) 통덕랑(通德郞) 행 사헌부 지평(行司憲府持平)

학생(學生) 송익필(宋翼弼)-학생 서기(徐起)도 함께 추증되었다.-

도학(道學)과 의범(懿範)이 모두 탁월하여 온 세상이 추앙하는 바, 증직(贈職)하라는 승전(承傳)을 받들었다.

시집후서 1

詩集後序

선생의 시(詩)는 사람들의 입에 회자되고 있다. 비록 한때 문장(文章)에 아주 뛰어난 사람이라고 하더라도, 모두 추대하고 양보하면서 감히 나란히 서려고 하지 않는다. 돌아보건대, 나는 시에 대해서 어둡기만 하여, 마치 눈먼 사람이 아름답게 수놓은 비단을 보는 것만 같다. 그런데다가 6, 7년 전부터는 거친 들판에 홀로 살면서 친구들과 접하지 않은 탓에, 선생께서 남겨 놓은 시편(詩篇)들을 수집하여 대들보가 부러진 애통함[57]을 위로할 길이 없었다. 그러면서 가끔 사람들의 입에 전송(傳誦)되는 시 한두 편을 얻어 듣고는, 영탄(詠歎)하면서 깊이 음미할 뿐이었다.

나와 동문(同門)의 벗인 심사경(沈士敬)[58] 군이 홍산(鴻山)의 수령으로 있으면서 장편(長篇)과 단율(短律), 오언(五言), 칠언(七言)의 시를 각각 약간 수(首)를 수집해 얻은 다음, 어렵게 재력(材力)을 끌어모아 이를 판각하여 간행하고는 나에게 한 질을 보내 준 다음, 후서(後序)를 지어 달라고 부탁하였다.

57 대들보가 부러진 애통함 : 스승의 죽음을 슬퍼하는 말이다. 공자가 세상을 떠나기 일주일 전에 "태산이 무너지는구나. 대들보가 꺾이는구나. 철인이 시드는구나.〔泰山其頹乎, 梁木其壞乎, 哲人其萎乎.〕"라고 노래한 데서 유래하였다.

58 심사경(沈士敬) : 심종직(沈宗直)으로, 본관은 청송(靑松), 자는 사경, 호는 죽서(竹西)이다. 구봉의 문인이다. 홍산 현감(鴻山縣監)으로 있을 때에 구봉의 시문을 모아서 《구봉집》을 간행하였다.

내가 손으로 펼쳐서 눈으로 읽어 보고 입으로 읊조리면서 마음으로 생각한 것이 여러 날이었는데, 비단 시원스럽기가 한문(寒門)에서 날아올라 청풍(淸風)에 씻는 것[59]과 같을 뿐만이 아니라, 황홀하기가 마치 다시금 고비(皐比)[60]의 아래에서 기침 소리를 듣는 것만 같아, 나도 모르는 사이에 눈물이 저절로 흐르는 것을 금할 수가 없었다.

인하여 생각해 보건대, 선생께서는 7, 8세 때부터 붓을 들어 시를 짓기만 하면 시어(詩語)가 문득 사람들을 놀라게 했다. 이에 아계(鵝溪) 이산해(李山海), 율곡(栗谷) 이이(李珥) 등 여러 사람과 더불어 나란히 문장가(文章家)로 칭해졌는데, 시격(詩格)의 맑고 시원함과 기이하고 절묘함은 선생만이 홀로 시단(詩壇)에 오를 수 있었다.

장성해서는 서울에 살면서 붕우들과 어울리는 것을 좋아하지 않았다. 이에 고양(高陽)의 구봉산(龜峯山) 아래에 집을 지어 놓고는 광채를 숨긴 채 숨어 살면서 경적(經籍)에 침잠하였는데, 마음속으로 체득하고 몸으로 체험하면서 제일등(第一等)의 일[61]로 기약하였다. 그렇다

59 한문(寒門)에서……것 : 주희(朱熹)가, 공중지(鞏仲至)가 시를 보내 준 데 대해 답한 편지에 "이 더운 여름에 시원하기가 한문에 날아올라 맑은 바람에 씻은 듯하다."라는 말이 있는데, 이것을 원용한 것이다. 《晦庵集 卷64 答鞏仲至》

60 고비(皐比) : 호피(虎皮)인데, 선생이 강학하는 자리에 호피를 깔았으므로, 전하여 선생의 강석(講席)을 말한다.

61 제일등(第一等)의 일 : 사람에게 가장 중요한 일이라는 뜻으로, 부귀와 명예를 추구하지 않고 오로지 심신을 수양하여 깨끗하게 자신의 지조를 지키는 일을 말한다. 《근사록(近思錄)》 권14 〈관성현(觀聖賢)〉에 이르기를 "맹자가 이르기를 '사람은 누구나 요순이 될 수 있다.'라고 하고, 또 이르기를 '내가 원하는 바는 공자를 배우는 것이다.'라고 하였다. 옛사람은 일찍이 제일등의 일을 제일등의 사람에게도 양보하지 않았다. 〔孟子云, 人皆可以爲堯舜. 乃所願則學孔子也. 古人不肯以第一等事讓第一等人.〕"라고

면 예전에 즐기던 문묵(文墨)에는 손을 댈 겨를조차 없었으며, 또한 대수롭지 않게 여겼다.

그러나 만년에 들어서는 혹 사물에 느껴워 회포를 붙이거나, 혹 나그네가 되어 떠돌면서 고난을 겪는 중에 행적을 기록하거나 다른 사람과 수작(酬酌)하기도 하였는데, 그때 지은 시들을 보면 혼연히 자연스러워서 굳이 아름답게 다듬지 않더라도 저절로 풍아(風雅)의 뜻에 맞았다.

선생의 시는 맑으면서도 편협하지 않았고, 기발하면서도 괴이하지 않았으며,[62] 즐거우면서도 방종하지 않았고, 걱정하면서도 원망하지 않았으며, 가까우면서도 멀었고, 은미하면서도 드러났으며, 풍성하면서도 절실하였고, 요약되면서도 다 말하였다. 한 글자 한 구절도 모두 성정(性情)의 바름에서 나오고 의리(義理)의 깊숙함에 뿌리박았으며, 상하(上下)가 동류(同流)하는 묘함[63]에서 뜻을 얻었고, 음양(陰陽)이 변화(變化)하는 데에다 흥을 붙였으며, 가난과 시련 속에서도 기운은 오히려 굳건하였고, 감옥에 갇혀 죽게 된 즈음에도 말이 더욱 평온하였다.[64] 그렇다면 덕이 있는 자는 반드시 말이 있다는 것[65]을 믿을 만하다.

하였다.

62 기발하면서도 괴이하지 않았으며 : 대본에는 '奇而不聲'으로 되어 있다. 《수몽집》 권3 〈구봉선생시집후서〉에 근거하여 '聲'을 '怪'로 바로잡아 번역하였다.

63 상하(上下)가 동류(同流)하는 묘함 : 천지조화의 운행에 순응하는 것을 말하는데, 맹자가 "군자는 지나는 곳마다 변화하고 마음을 두는 곳마다 신묘해진다. 위와 아래로 천지와 그 흐름을 같이하나니, 그 작용이 어찌 세상을 조금 도울 뿐이라 하겠는가.〔夫君子所過者化, 所存者神. 上下與天地同流, 豈曰小補之哉.〕"라고 한 데서 나온 말이다. 《孟子 盡心上》

64 평온하였다 : 《수몽집》 권3 〈구봉선생시집후서〉에는 '平'이 '精'으로 되어 있다.

65 덕이……것 : 훌륭한 덕이 있는 사람은 반드시 그 덕에 걸맞은 훌륭한 말을 글을

세상에서 시에 대해 논하는 자들은 옛날의 시는 떠받들면서 오늘날의 시는 낮추어 보아, 비록 명가(名家) 대수(大手)라고 하더라도 모두 어떻게든 하자를 찾아내려고 한다. 그러나 선생에 대해서만은 혀를 차며 감탄하면서 모두 말하기를 "성당(盛唐)의 청조(淸調)와 요부(堯夫)[66]의 자득(自得)을 겸하였다."라고 한다. 선생께서 시구를 읊조리는 사이에 우연히 발한 것이 이와 같으니, 품부받은 기운이 높음과 이치에 나아간 바가 깊음과 함양한 바가 두터움을 대개 상상할 수가 있다.

아, 나는 이에 대해서 더욱더 느꺼운 바가 있다. 선생의 영특한 기운과 박고(博古)한 학문을 가슴속에 온축하고 언론으로 토해 내는 것을 가지고 이 세상에 나가 이 세상의 쓰임이 되었다면, 사업(事業)에서 시행한 것이 의당 어떠하였겠는가.

그런데도 끝내는 시골구석에 살면서 가난에 시달리는 속에서 늙어 버리고 말았다. 그리고 또 율곡 선생을 원수로 보는 당로자(當路者)들이 율곡에 대한 미움을 선생에게로 옮긴 탓에, 여기저기 떠돌아다니면

통해서 후세에 남기는 것을 말한다. 공자가 "덕을 소유한 사람은 반드시 이에 합당한 말을 하게 마련이지만, 그럴듯한 말을 한다고 해서 그 사람에게 꼭 덕이 있다고는 말할 수 없다.〔有德者, 必有言, 有言者, 不必有德.〕"라고 하였다. 《論語 憲問》

66 요부(堯夫) : 송나라의 학자인 소옹(邵雍)으로, 요부는 그의 자(字)이다. 소옹은 학문이 깊고 역리(易理)에 훤하여 세상만사에 아무 거리낌 없이 살면서, 자기가 있는 곳을 안락와(安樂窩)라고 하고, 자호를 안락선생(安樂先生)이라고 할 만큼 모든 것을 초월하여 일생을 여유작작하게 지냈다. 그가 지은 시들은 특히 유학적 내용을 많이 담고 있는데, 그 가운데서 "휘영청 둥근달은 중천에 뜨고, 상큼한 바람결이 물 위를 스칠 때, 이다지도 청아한 이 맛, 이 뜻을 아는 이가 적다는 걸 내 아노라.〔月到天心處, 風來水面時, 一般淸意味, 料得少人知.〕"라고 한 〈청야음(淸夜吟)〉은 도(道)를 자득한 시의 대표작이라고 한다. 《擊壤集 卷12》

서 곤욕을 당한 상황은 차마 말할 수 없는 것이 있었다.

선생께서 역책(易簀)하시고 난 뒤로부터 지금까지 20여 년의 세월이 흘렀다. 그런데 문인(門人)과 제자(弟子)들이 또 능히 숨겨진 광채를 발양(發揚)하지 못하였다. 이에 모범으로 삼을 만한 평소의 언행(言行)과 우계(牛溪)·율곡과 더불어 정미하게 논변한 편지들이 모두 민멸되어 전해지지 못하게 하고 말았다. 오늘날과 후대에 전하려고 하는 것은, 생각건대 이는 아마도 선생께서 그다지 탐탁하게 여기지 않으면서 우연히 발하였던 것이다. 이것은 시대 탓인가, 아니면 운명 탓인가? 어찌하여 선생께서는 이 세상에 살아 있을 때나 죽은 뒤에도 불우하기가 이와 같단 말인가. 문인과 제자들 역시 그 책임을 면치 못할 것이다.

비록 그렇지만 당시에 함장(函丈)에서 옷자락을 말아 쥐었던 사람들 가운데 오직 심사경 및 나와 서너 사람만이 이 세상에 살아남아 있다. 그런데 심사경의 맑은 지조와 은혜로운 은택에 대해서는 온 경내의 사람들이 모두 다 찬미하면서 칭송하고 있다. 그렇다면 심사경이 자신의 몸가짐을 올바르게 하여 다른 사람에게 영향을 끼친 것은, 우리 선생께 배운 바를 저버리지 않았다고 할 만하다. 그리고 또 능히 병란으로 인해 흩어져 버린 나머지에서 선생의 유고(遺稿)를 널리 수집하여, 녹봉을 덜어 내어 이를 간행해 영원토록 전해질 수 있도록 도모하였다. 그렇다면 이 역시 가르침을 받은 은혜를 거의 저버리지 않았다고 할 만하다.

이에 반해 나와 같은 자는 일찍부터 친절하고 차근차근하게 가르쳐 주는 은혜를 받았으면서도 행하는 것을 힘쓰지 않은 탓에 시골구석에서 침체되어 있다. 이에 지금은 올연히 쓸모없는 사람이 되고 말아, 장차 돌아가신 스승님의 학문을 발명(發明)할 길이 없게 되었다. 그러니 문인과 제자들이 그 책임을 면할 수 없을 것이라는 말은, 나에게 있어서 더욱 심하다. 이제 심사경의 간청으로 인하여 붓을 잡고 종이에 임하니, 나도 모르는 사이에 등에 진땀이 흘러 옷을 적신다.

천계(天啓) 2년(1622) 7월 모일에 문인(門人) 자헌대부(資憲大夫) 행 용양위 사직(行龍驤衛司直) 정엽(鄭曄)[67]은 삼가 서문을 쓴다.

67 정엽(鄭曄) : 1563~1625. 본관은 초계(草溪), 자는 시회(時晦), 호는 수몽(守夢)이다. 송익필(宋翼弼), 성혼(成渾), 이익(李珥)의 문인이다. 문집으로 《수몽집(守夢集)》이 있다.

시집후서 2

나는 구봉을 직접 만나 뵙지는 못하고, 구봉의 시고(詩稿)만 죽서(竹西) 심종직(沈宗直)에게서 얻어 보았는데, 참으로 이른바 한 번 읊음에 세 번 감탄하고도 여운이 남아 있다는 것이었다. 재주가 높고 뜻이 넓으며, 지취(志趣)가 활달하고 절조(絶調)가 뛰어났는바, 성정(性情)에서 우러나와 문채(文彩)로써 꾸미지 않았으며, 천부적인 데에서 뻗어 나와 색채로써 꾸미지 않았다.

또한 여유작작하고 태연자약하였는바, 화평하고 관대한 뜻은 타향살이를 하고 귀양살이를 하는 속에서도 잃지 않았고, 한가로이 노닐면서 푹 젖어 드는 즐거움은 풍화(風花)와 설월(雪月)의 사이에서 스스로 유유자적하였다. 그러니 주어진 처지를 편안히 여기면서 순리대로 처신하여 슬픔과 즐거움이 파고들지 못하는 데 가까운 것이라고 하겠다.

죽서가 말하기를 "시의 소재를 성당(盛唐)에서 취했기 때문에 그 음향이 맑고, 시의 뜻을 격양(擊壤)[68]에서 취했기 때문에 그 말이 조리가 있다."라고 하였는데, 내가 살펴보니 정말로 그러하였다. 그분께서 이 세상에 살아 계실 때 안락와(安樂窩)[69] 속에서 경세(經世)의 대법(大法)을 가지고 한번 토론해 보지 못한 것이 한스럽다. 황천에서 다시

68 격양(擊壤) : 송(宋)나라의 소옹(邵雍)을 가리킨다. 407쪽 주16 참조.

69 안락와(安樂窩) : 송(宋)나라의 학자인 소옹이 안빈낙도(安貧樂道)의 생활을 즐겼던 오두막집의 이름인데, 여기서는 소옹처럼 빈한하게 살았던 구봉이 사는 곳을 뜻하는 말로 쓰였다.

살아나게 할 수 없으니, 아, 슬프다.

천계(天啓) 2년(1622) 맹추(孟秋) 상완(上浣)에 동양(東陽) 신흠(申欽)은 검포서사(黔浦書舍)에서 쓴다.

시집후서 3

시(詩)는 성정(性情)에 근본을 두고 감정(感情)에 따라 나온 것이기에 선(善)과 악(惡)을 감출 수 없는 것이 분명하다. 그 시를 외우고 그 글을 읽으면서 그 사람됨을 모른다면 말이 되겠는가. 선사(先師)께서는 평소에 성현(聖賢)의 책을 읽고 정주학(程朱學)을 강설하면서 《소학(小學)》으로 자신의 몸가짐을 단속하였는바, 문장(文章)이라는 것은 선사에게 있어서는 다만 여사(餘事)일 뿐이었다.

선사의 시를 살펴보면, 고상하고 청아하며 간명하고 빼어나 유연히 자득(自得)함이 모두 학문 속에서 우러나왔는바, 음풍농월(吟風弄月)이나 하는 자로서는 만분의 일조차도 비슷하게 할 수가 없다. 그러니 참으로 덕을 지닌 자의 말이라고 하겠다.

그러나 애석하게도 율곡(栗谷), 우계(牛溪), 송강(松江)과 서로 사이가 좋았다는 이유만으로 이들 세 분을 질시하는 자들이 그 노여움을 선사에게로 옮겼다. 그리하여 교묘하게 화기(禍機)를 만들어 내어 생각지도 못한 곤경에 빠뜨린 탓에, 한평생을 불우하게 지내면서 세상에 용납되지 못한 채 돌아가시고 말았다. 인심의 험악함이 이에 이와 같으니, 참으로 두려워할 만하다.

시집(詩集)이 버려져 있은 지 오래되었는데, 동문의 벗 심사경(沈士敬) 군이 홍산(鴻山)의 수령으로 부임한 지 몇 개월 만에 곧바로 이를 간행하였다. 그러니 후세의 자운(子雲)[70]이 능히 알아볼 수 있을 것이다.

70 후세의 자운(子雲) : 구봉과 《구봉집》에 대해서 올바르게 평가해 줄 안목을 갖춘

황명(皇明) 천계(天啓) 2년 임술년(1622, 광해군14) 7월 모일에 문생(門生) 광산후인(光山後人) 김장생(金長生)은 삼가 발문을 쓴다.

후세 사람을 뜻한다. 자운은 한나라 때의 유학자인 양웅(揚雄)을 가리킨다. 양웅이 《태현경(太玄經)》을 지었을 때 사람들이 모두 그것을 비웃었는데, 양웅은 이르기를 "세상이 나를 믿어 주지 않아도 상관없다. 후세에 다시 양자운이 있다면 반드시 이 책을 좋아할 것이다."라고 하였다. 《五百家注昌黎文集 卷17 與馮宿論文書》

운장의 시에 차운하다

次雲長韻

토정(土亭) 이지함(李之菡)[71]

전에 내가 운장 그대 만났던 거는	曩遇雲長初
실로 내게 있어서 큰 행운이었네	實爲芸所幸
깊은 우물 긷는 데에 뜻이 있어서	有意於汲古
그대에게 두레박줄 빌리었었지[72]	從君借脩綆
그대 방촌 사이에는 현황이 있어[73]	玄黃方寸間
추로조차 아주 멀진 아니하였지	鄒魯亶非[74]逈
여탕 이에 내가 그대 위해 잡았고	鑢鐋我須執
사석은 또 그대가 날 위해 갈았네[75]	沙石子須磨
사사로운 정이 혹시 일어날 때면	私情如或起
비록 곁에 있더라도 되레 멀었네	在邇還在遐

토정(土亭)의 처음 이름이 이지운(李之芸)이다.

71 이지함(李之菡) : 408쪽 주17 참조.

72 깊은……빌리었었지 : 학문을 연구함에 있어서 상대방에게 도움을 받았다는 뜻으로, 여기서는 이지함이 구봉에게 도움을 받았다는 뜻이다. 깊은 우물을 긷는다는 것은, 옛 전적(典籍)을 연구하는 것을 깊은 우물에서 물을 푸는 것에 비유한 것이다.

73 그대……있어 : 마음속에는 천지의 이치를 모두 품고 있었다는 뜻이다. 방촌(方寸)은 마음을 말하고, 현황(玄黃)은 천지를 가리킨다.

74 非 : 《토정유고》에는 '不'로 되어 있다.

75 여탕(鑢鐋)……갈았네 : 서로 간에 함께 절차탁마(切磋琢磨)하면서 덕을 닦고 학문을 연구하였다는 뜻이다. 여탕은 뼈나 나무 등을 가는 도구이고, 사석(沙石)은 옥이나 돌을 다듬는 도구이다.

송구봉의 〈현승편〉 뒤에 쓰다

書宋龜峯玄繩編後

계곡(谿谷) 장유(張維)

〈현승편(玄繩編)〉 한 편을 통해 여러 노선생(老先生)께서 주고받은 언론(言論)을 얻어 볼 수가 있었는데, 얼마나 성실하게 강론하며 문의했으며, 얼마나 돈독하게 우의(友誼)를 나누었는지를 모두 상상해 볼 수가 있었다. 지금 세상에서야 어찌 이런 일이 있을 수 있겠는가.

율곡(栗谷) 이이(李珥)의 말은 솔직하고 평이했으며, 우계(牛溪) 성혼(成渾)의 말은 온화하고 공경스럽고 지극히 간절하였다. 그리고 구봉은 뜻과 기상이 준엄하고 개결하였고, 자신을 대하는 것이 몹시 신중하였으며, 그 말이 논리적이고 그 학식이 넓었다. 그러나 가끔 가다 타당하지 못한 점도 눈에 띄었다. 이에 나의 의견을 대략 다음과 같이 적어 본다.

구봉은 말하기를 "아직 동하지 않았을 때는 성(性)이요, 일단 동하고 난 뒤에는 곧 정(情)이 된다."라고 하였다. 예전부터 여러 유학자의 학설이 대체로 이와 같기는 하였다. 그러나 끝내는 병통이 있음을 알 수가 있다.

무릇 이미 동한 상태를 정(情)이라고 말한다면, 그것은 그럴 수 있다. 그러나 아직 동하지 않았을 때를 성(性)이라고 한다면, 이미 동한 뒤에는 문득 성이 없어져 버린단 말인가. 정 백자(程伯子)[76]가 말하기를 "성에는 내외(內外)가 없다."라고 하였다. 일단 내외가 없다고 한다면, 어떻게 동정(動靜)이 있을 수 있겠는가.

대체로 동정이라는 말은 시간(時間)을 내포한 개념이니, 성(性)의 이(理)가 어느 때이고 없을 수 없는 것이다. 그런데 지금 단지 동하지 않았을 때만 성(性)이라고 한다면, 하늘이 명(命)한 전체(全體)의 성이 치우치고 텅 빈 데로 귀결되지 않겠는가.

"불선(不善)한 것은 정(情)에 속하고 불선을 행하는 것은 의(意)에 속한다."라고 한 것은, 분석한 것은 정밀하다고 하겠다. 그러나 역시 너무나도 섬세하게 기교를 부린 흠이 있다. 대체로 정(情)에는 참으로 선한 것도 있고 불선한 것도 있으며, 의(意)에도 선한 것과 불선한 것이 있는 것이다. 그리고 행한다는 뜻의 위(爲) 한 글자는 바로 일을 행하는 데에서 보이는 것이다.

율곡에게 답하기를 "조정에 나아간다고 해서 안 될 것은 없지만, 나아가서 하는 일이 아무것도 없다면 그것은 안 된다."라고 하였는데, 참으로 훌륭한 말이다. 붕우 간에 책려(責勵)하는 것을 마땅히 이와 같이 해야 하지 않겠는가.

율곡이 조정에서 물러나 시골로 돌아온 뒤에도 상소문을 올려 국사(國事)를 논한 것에 대해, 구봉이 "나랏일만 일방적으로 근심한 나머지

76 정 백자(程伯子) : 송나라 때 도학자인 정호(程顥)를 가리킨다. 정호와 정이(程頤) 형제를 모두 정자(程子)라 칭하기 때문에 형인 정호를 '백자'라 칭한 듯하다. 자는 백순(伯淳), 호는 명도(明道), 시호는 순(純)이다. 《宋史 道學列傳 程顥》

지나치게 분수를 범하는 짓을 하였다."라고 하였는데, 이는 율곡의 뜻을 깊이 알지 못한 듯하다.

우계에게 답하기를 "미와(微渦)[77]를 꼭 인욕(人慾)이라고 할 것은 없다. 스스로 침실에서의 행동을 돌아본다면 천리(天理)와 인욕의 경계선이 또한 매우 분명하다. 그런데도 한결같이 천리에 맡겨 버리지 못하니, 그저 두려울 뿐이다."라고 하였는데, 그 말이 음미할 만하다. 또 말하기를 "형기(形氣)에서 발생하는 욕구는 따르고 흉억(胸臆)에서 우러나오는 욕구는 자제해야 할 것이다."라고 하였는데, 그 말도 좋다. 또 말하기를 "음식도 여색(女色)과 마찬가지이다. 근심은 늘 부족한 데에 있지 않고 많은 데에 있는 것이다."라고 하였는데, 이 역시 명언이다. 대저 이런 의론들을 살펴보건대, 이 노인네는 흉금(胸襟)이 전혀 엉성하지 않았던 듯하다.

허공택(許公澤)의 물음에 답하기를 "성(性)은 이(理)이고 지각(知覺)은 기(氣)이다. 성은 정(靜)이고 지각은 동(動)이다. 성은 성(性)이고 지각은 정(情)이다."라고 하였다. "성은 이이고 지각은 기"라고 한 구봉의 말은 매우 타당하다. 그러나 "성은 정(靜)이고 지각은 동(動)"이라고 한 것이나 "지각은 정(情)"이라고 한 것 등은 모두 병통이 있다.

77 미와(微渦) : 보조개라는 뜻으로, 여색(女色)을 좋아하는 것을 의미한다. 《소식(蘇軾)》〈백보홍시(百步洪詩)〉에 "시 가운데에서 무슨 말을 하였는지는 모르겠네만, 단지 양 볼에 피어나는 보조개는 생각나네.〔不知詩中道何語, 但覺兩頰生微渦.〕"라고 하였다.

대개 성(性)이 바로 이(理)이고 지각이 바로 심(心)이다. 이(理)는 동정을 포괄하고 심(心)은 성(性)과 정(情)을 통합한 개념이다. 그런데 만약 치우치게 한쪽만 거론한다면, 이 또한 한쪽으로 치우치거나 텅 비는 데로 귀결되고 말 것이다.

송강(松江) 정철(鄭澈)에게 답하기를 "작위(爵位)와 봉록(俸祿)을 사양하는 용기를 가지고 술과 여색에 옮겨 적용하고, 주거나 받는 것을 엄격히 하는 절조(節操)를 가지고 희롱이나 모욕을 끊으며, 악을 미워하는 강한 성격을 억누르고 착한 점을 취하는 도량을 넓히며, 청백(淸白)을 좋아하여 행동을 편벽되게 하지 말고, 동료들을 업신여겨 말을 함부로 하지 말아야 한다."라고 하였는데, 송강에게 경계하여 깨우쳐 준 것이 참으로 명백하고 절실하다고 하겠다.

구봉이 "기(幾)라는 글자를 정(靜)에 소속시키는 것은 아주 형편없는 것이다."라고 변론한 것[78]은 매우 타당하다. 민경초(閔景初)[79]가 어떤

78 구봉이……것 : 《구봉집》 권4 〈민경초 씨에게 올리는 편지〔上閔景初氏書〕〉에 이르기를 "만약 기(幾) 자를 가지고 정(靜)에 속하게 한다면, 이것은 기를 태극(太極) 속에다 넣는 것입니다. 태극의 속에는 한 가지 물사도 붙일 수가 없습니다. 기를 태극 속에다 붙인다면 어찌 그것을 일러 태극이라고 할 수가 있겠습니까."라고 한 것을 말한다.

79 민경초(閔景初) : 민순(閔純, 1519~1591)으로, 본관은 여흥(驪興), 자는 경초, 호는 행촌·습정(習靜)이다. 어려서는 신광한(申光漢)의 문하에서, 장성한 뒤는 서경덕(徐敬德)의 문하에서 수학하였는데, 서경덕으로부터 주정(主靜)의 설(說)을 듣고 크게 감화되어 자기가 처하던 재(齋)의 이름을 '습정(習靜)'이라 하였다 한다. 연안(延安)과 성천(成川)의 부사(府使) 등에 제수되었으나 모두 사퇴하고, 향리에서 후진 교육에 힘을 기울였다. 홍가신(洪可臣), 한백겸(韓百謙), 홍치상(洪致祥) 등이 그의 문하에서

사람인지 잘은 모르겠지만 혹 행촌(杏村) 민순(閔純)의 자(字)가 아닌가 싶다. 만약 그렇다면 행촌의 학문은 정밀하게 파고 들어가는 면이 부족한 듯하다. 그러나 구봉이 "스스로 동정의 요소가 없는 것이 이(理)요, 동정을 가능하게 하는 것이 기(氣)이다."라고 한 말은, 타당성과 명확성을 결여하고 있다. 대체로 말한 뜻으로 보면 크게 잘못되었다고 할 수는 없어도 표현상에 있어서는 병통이 있다고 하겠다.

구봉은 말하기를 "선(善)은 이(理)요 악(惡)은 기(氣)이다."라고 하였다. 선은 이라고 말한다 해서 안 될 것은 없겠지만, 그 속에 이통기국(理通氣局)[80]이라는 한 뜻이 내포되어 있지 않는다면, 역시 한쪽으로 치우치는 병통을 면하지 못하여 이의 성격이 끝까지 규명되지 못하는 점이 있게 될 것이다.

악이 기라고 하는 것은 완전히 잘못된 말이다. 대개 기의 본체로 말하면 원래 선하지 않은 것이 없으며, 반드시 흘러넘쳐 어긋나게 되고 나서야 바야흐로 악한 점이 있게 될 뿐이다. 무릇 기는 선과 악을 겸하고 있다고 말하는 것도 오히려 본원(本源)과 말류(末流)를 제대로 따지지 못한 결점이 있다고 할 것이다. 그런데 지금 곧장 기는 악하다고 하였으니, 의리를 해치고 도(道)를 손상하는 잘못이 작지 않다고 하겠다. 성(性)은 바로 이(理)이고, 심(心)은 바로 기(氣)이다. 그런데 지금

배출되었다. 개성의 화곡서원(花谷書院), 고양의 문봉서원(文峯書院)에 제향되었다.

80 이통기국(理通氣局) : 이(理)는 통하고 기(氣)는 막혔다는 것을 말한 이이의 이기론(理氣論)을 말한다. 이는 본래 형체와 작용이 없지만 만물에 공통적으로 구비되어 있으므로 이통이라 하고, 기는 본래 청탁(淸濁), 후박(厚薄), 편정(偏正)이 있어 서로 통하지 않고 개체에 국한되므로 기국이라 한다는 논리이다.

만약 '악(惡)이 바로 심(心)이다.'라고 한다면, 사람들이 장차 뭐라고 하겠는가? 구봉 노인이 실언(失言)을 한 것이 애석하다.

대개 근세(近世) 유선(儒先)들의 논의를 보건대, 이와 기를 판연히 다른 두 가지 물건으로 간주하여, 입론(立論)을 하는 즈음에 매번 '이는 옳고 기는 그르다.'고 하고 있다. 그러나 이것은 이와 기는 본래 묘하게 합쳐져서 두 가지로 떼어 놓을 수 있는 것이 아니라는 것을 모르는 것이다. 만약 이와 기를 별개의 두 가지 물건으로 나누어 놓는다면, 천도(天道)가 이루어지지 않고 조화(造化)도 이루어지지 않을 것이다. 이런 이치는 있을 수가 없다.

《주역》〈계사전(繫辭傳)〉에 이르기를 "일음(一陰) 일양(一陽)을 도(道)라 하고 음양(陰陽)의 불측(不測)한 것을 신(神)이라 한다."라고 하였는데, 정명도(程明道)는 말하기를 "기(器)가 또한 도(道)이고, 도가 또한 기이다."라고 하였다. 만약 터득하기를 이와 같이 한다면 어떻게 구봉이 말한 것처럼 "이는 선하고 기는 악하다."라고 할 수가 있겠는가. 나정암(羅整菴)[81]이 이기일물론(理氣一物論)을 주장하였는데, 그 주장이 비록 병통이 있다 하더라도, 이런 식의 견해에 비교해 본다면 그래도 훨씬 뛰어나다. 이 때문에 율곡이 그의 이론 가운데에서 취한 바가 있었던 것이다.[82]

81 나정암(羅整菴) : 명나라 때의 유학자 나흠순(羅欽順, 1465~1547)을 말한다. 정암은 호이고, 자는 윤승(允升)이다. 처음에 불교의 선학(禪學)을 연구하였으나 후에 주자학(朱子學)으로 돌아섰다. 저서에 《곤지기(困知記)》, 《속기(續記)》, 《나정암집》 등이 있다.

82 율곡이……것이다 : 율곡 역시 나흠순과 같이 이기일물설(理氣一物說)을 주장하였다.

구봉이 율곡에게 답하기를 "수시재상(隨時宰相)이 될까 걱정스럽다." 라고 하였는바,[83] 선배들이 서로 경계하면서 규계해 준 것이 참으로 경외스럽고 탄복스럽다.

83 구봉이……하였는바 : 《구봉집》 권4 〈숙헌에게 답하는 편지〔答叔獻書〕〉에 나오는 내용이다. 수시재상은 시세에 따라 적당히 처신하는 재상을 말한다. 그 편지에서 구봉은 "지금 호원이 저에게 보낸 편지를 보니, 형이 수시재상이 될까 염려하여, 저로 하여금 경책해 주라고 부탁하였습니다. 수시재상은 바로 시속에 따라 부앙하는 자입니다. 형이 어찌 이런 모양을 할 리가 있겠습니까.〔今見浩原寄僕書, 慮兄之作隨時宰相, 屬僕相警. 隨時宰相, 乃隨時俯仰者也. 兄豈容有是模樣.〕"라고 하였다.

장계곡이 〈현승편〉에 대해 논박한 것에 대해 변론하는 글

張谿谷駁玄繩編辨

남계(南溪) 박세채(朴世采)[84]

장계곡이 "대저 이미 동한 상태를 정(情)이라고 말한다면, 그것은 그럴 수 있다. 그러나 아직 동하지 않았을 때를 성(性)이라고 한다면, 이미 동한 뒤에는 문득 성이 없어져 버린단 말인가. 정 백자(程伯子)가 말하기를 '성에는 내외(內外)가 없다.'라고 하였다. 일단 내외가 없다고 한다면, 어떻게 동정(動靜)이 있을 수 있겠는가."라고 한데 대한 변론.

《중용(中庸)》에 이르기를 "기뻐하고 노하고 슬퍼하고 즐거워하는 정(情)이 발하지 않은 것을 중이라 하고, 발하여 모두 절도에 맞는 것을 화(和)라고 한다."라고 하였다. 이에 대해 주자가 해석하기를 "기뻐하고 노하고 슬퍼하고 즐거워하는 것은 정이다. 그것이 발하기 전에는 성(性)이다."라고 하였다. 이것으로 말미암아서 말한다면, 미발(未發)과 이발(已發)은 바로 구봉이 이른바 아직 동하지 않았을 때와 이미 동한 상태를 나눈 것이다. 이것에 무슨 의심할 만한 점이 있는가.

계곡이 인용한 정 백자의 설은 이것과는 다르다. 이는 바로 옛사람이

84 박세채(朴世采) : 1631~1695. 본관은 반남(潘南), 자는 화숙(和叔), 호는 현석(玄石)·남계이다. 노론의 송시열(宋時烈), 소론의 윤증(尹拯) 등과 두루 교유하였고, 벼슬은 좌의정에 이르렀다.

이른바 "세로를 가지고 가로에 맞추려고 하거나, 가로를 가지고 세로에 맞추려고 한다."라는 것이다. 횡거(橫渠)[85] 선생은 본디 "정성(定性)[86]은 움직이지 않을 수 없어서 오히려 외물(外物)에 누(累)가 된다."라는 요지로 질문하였다. 그 뜻은 대개 성(性)과 외물은 서로 판이하여서 둘이 되어 서로 간에 간섭하지 않는 것으로 여긴 것이다. 거기에서 이른바 '정(定)'이라는 것도 역시 여기에서 한번 정해지면 저기에서 응하지 않게 하고자 한 것이다. 그러므로 정 백자가 해석하여 말하기를 "이른바 정(定)이라는 것은, 동(動)하여도 정(定)하고 정(靜)하여도 정(定)하여, 보내고 맞이함이 없고 안과 밖도 없다."라고 한 것이다. 잘못 아는 것을 바로잡아 주는 말을 어찌 그렇게 하지 않을 수 있겠는가.

무릇 자사(子思)가 중화(中和)에 대해 논하면서 곧장 도(道)의 체(體)와 용(用)을 가리켜 말하였다.[87] 그러므로 미발(未發)과 이발(已

85 횡거(橫渠) : 송(宋)나라 신종(神宗)·철종(哲宗) 때의 학자 장재(張載)의 호이다. 자는 자후(子厚), 시호는 명공(明公)이다. 벼슬은 운암 현령(雲巖縣令)·지태상례원(知太常禮院)을 지냈다. 저서에 《정몽(正蒙)》, 《서명(西銘)》, 《역설(易說)》이 있다. 도학(道學)이 깊었고, 그의 학을 관학(關學)이라 한다. 《宋史 道學列傳 張載》《宋元學案 卷17, 卷18 橫渠學案》

86 정성(定性) : 절대적 본체라 할 천리(天理) 즉 성(性)에 입각하여 외물에 끌리지 않는 경지를 말한다. 송(宋)나라 정호(程顥)가 장재의 정성에 대한 질문에 대답한 정성서(定性書)에 나온 말로, 일이 지나갈 적에 보냄도 없고 일이 올 적에 미리 맞이함도 없는 것을 말한다. 즉 지나간 일을 마음에 두지도, 사물의 근원을 앉아서 상상하지도 않는 것이 올바른 마음공부라는 말이다. 《近思錄 卷2 爲學》

87 자사(子思)가……말하였다 : 자사는 공자(孔子)의 손자로 《중용》을 지었다 한다. 중화는 성정(性情)의 덕(德)을 말하는데, 정(靜) 공부를 잘하여 마음을 미발 상태로 유지해서 성(性)의 덕을 함양(涵養)하는 것을 중(中), 마음이 발하여 절도에 맞는 것을 화(和)라고 한다. 《중용장구》 제1장에 "희로애락이 발하지 않은 것을 중이라 하고,

發)을 성(性)과 정(情)으로 삼은 것이다. 정명도(程明道)가 정성(定性)에 대해 논하면서는 체(體)와 용(用)이 일관(一貫)된 것을 밝히고자 하였다. 그러므로 성은 안과 밖이 없다고 한 것이다. 이것은 참으로 도가 나란히 행해져서 서로 어긋남이 없는 것이라고 할 수 있는 것이다.

자사가 이른바 "이미 발한 정〔已發之情〕"이라는 것이 어찌 능히 이 성(性)에서 벗어나 있는 것이겠는가. 그리고 명도가 이른바 "안과 밖의 성(性)이 없다."라고 한 것 역시 어찌 능히 흐릿하여 동(動)과 정(靜)의 구분이 없는 것이겠는가.

지금 계곡은 '성(性)은 안과 밖이 없다.'는 이유로 드디어 '성은 미동(未動)이라고 할 수가 없다.'라고 하려 하면서, 한쪽으로 치우치고 텅 비게 되는 데로 귀결될 것을 걱정하였다. 그러나 어찌 그렇겠는가.

어떤 사람이 여기에 있을 경우, 음양(陰陽)이 바로 한 기(氣)라는 이유로 양의(兩儀)를 말하지 않으려고 하고, 태극(太極)이 바로 통체(統體)라는 이유로 각각 갖추어진 것으로 말하지 않으려고 한다면, 계곡은 반드시 그에 대해 그르다고 할 것이다. 그런데도 지금 이렇게 운운하였으니, 이 역시 자신의 말을 고집하느라 가리키는 것이 미혹됨을 면치 못한 것이다.

장계곡이 "악(惡)이 기(氣)라고 하는 것은 완전히 잘못된 말이다. 대개 기의 본체로 말하면 원래 선하지 않은 것이 없으며, 반드시 흘러넘쳐 어긋나게 되고 나서야 바야흐로 악한 점이 있게 될 뿐이다. 무릇 기는 선과 악을 겸하고 있다고 말하는 것도 오히려 본원(本源)

발하여 모두 중에 맞는 것을 화라고 한다."라고 하였다.

과 말류(末流)를 제대로 따지지 못한 결점이 있다고 할 것이다. 그런데 지금 곧장 기는 악하다고 하였으니, 의리를 해치고 도(道)를 손상하는 잘못이 작지 않다고 하겠다."라고 한 데 대한 변론.

"선(善)은 이(理)이고, 악(惡)은 기(氣)이다."라고 한 말은 과연 원활하거나 주밀하지 못하다. 그러나 계곡이 변론한 것은 그 본지(本旨)를 잃은 것이 너무나 많다. 무릇 악은 참으로 기가 흘러넘치고 어긋난 소치에서 나오는 것이다. 그러나 어떤 사람이 그에 대해 물어 말하기를 "악이 이(理)가 되고 기(氣)가 되는 것을 장차 어디에서 분별할 수 있습니까."라고 한다면, 반드시 그에 대해 응답하기를 "이것은 기이지 이가 아니다."라고 할 것이다.

대개 기의 본원은 비록 착하지 않은 바가 없더라도 발용(發用)하는 즈음에 흘러서 악이 되는 것은, 역시 그 이(理)이다. 그러니 어찌 본원이 선하다는 이유로 악을 기의 한쪽 편으로 귀결시키지 않을 수 있겠는가. 구봉 노인이 계한처(界限處)에서 말한 것 역시 잘못한 바가 있는 것은 아니다. 다만 '기(氣)' 자만을 거론하고, 아래에 나오는 "흘러가서 악이 된다.〔流而爲惡〕"라는 한 구절을 거론하지 않았으므로, 계곡의 의심을 불러일으킨 것이다. 이 역시 말뜻에 병통이 있는 것이다.

《구봉집》의 지

龜峯集識

《구봉집》은 시(詩) 1권, 잡저(雜著) 1권, 서(書) 1권으로 이루어진 것이 이 세상에 간행되어 있다. 그 시는 광해군 임술년(1622, 광해14)에 선생의 문인인 죽서(竹西) 심종직(沈宗直)이 홍산(鴻山)의 수령으로 있을 때 간행한 것이며, 수몽(守夢) 정엽(鄭曄)과 상촌(象村) 신흠(申欽) 및 나의 선조이신 문원공(文元公) 김장생(金長生)께서 서문(序文)과 발문(跋文)을 썼다. 잡저와 서는 우암(尤庵) 송시열(宋時烈) 공이 송시걸(宋時杰) 공과 임방(任埅) 공 및 나의 증조이신 지사공(知事公)[1]께 무주(茂朱)와 산음(山陰)과 임피(臨陂)에서 나누어 간행하도록 하였으나, 미처 일을 마치지 못하였다.

처음에 구봉 선생의 아들 송취대(宋就大)[2]가 논변(論辨)한 서척(書尺) 및 사사로이 가지고 있던 잡록(雜錄)을 수습해, 이를 합해 한 질의 책으로 만드는 것을 보고는 말하기를 "네가 어찌 이런 일을 할 수 있겠는가. 연산(連山)의 김집(金集)에게 가서 부탁해야만 할 것이다."라고

1 지사공(知事公) : 지중추부사(知中樞府事)를 지낸 김만증(金萬增, 1635~1720)으로, 자는 경능(景能), 호는 둔촌(遯村)이다. 송시열의 문인이다. 임피 현령(臨陂縣令)을 지냈다. 저서로는 《둔촌집》이 있다. 시호는 문정(文貞)이다.

2 송취대(宋就大) : 구봉의 둘째 아들로, 서자(庶子)이다.

하였다. 그 뒤에 신독재(愼獨齋)께서 만년에 이것을 우옹에게 전하여, 우옹으로 하여금 영원히 전해질 수 있도록 하였다. 이 때문에 잡저와 서가 처음에 간행된 것이 있기는 하였지만, 산정(刪定)을 채 마치지 못하였으며, 그 뒤 사고(事故)가 있음으로 인하여 중지되었다.

그 뒤 무진년(1688, 숙종14) 겨울에 이르러서 시사가 장차 크게 변하게 되었다. 이에 우옹께서 또 나의 할아버지이신 온재 부군(韞齋府君 김진옥(金鎭玉))께 이를 주면서 말하기를 "이 문집이 전해지지 않게 해서는 안 되니, 자네가 간행하도록 하라."라고 하였다. 이에 할아버지께서는 나주 목사(羅州牧使)로 계실 적에 속히 간행하려고 하여, 지촌(芝村) 이희조(李喜朝) 공과 수암(遂庵) 권상하(權尙夏) 공에게 상정(商訂)하고 교수(校讐)해 달라고 부탁하였다. 그러자 지촌공은 말하기를,

"〈현승편(玄繩編)〉은 이미 구봉 선생께서 직접 편집하였으며, 묘갈문(墓碣文)에도 이 사실이 실려 있다. 그리고 우옹께서 산정한 바는 절반에도 채 미치지 못한다. 그러니 이제 한결같이 본초(本草)에다가 수습해 넣되, 그 이름은 그대로 써서 예전의 뜻을 보존하는 것이 옳다."

하였으며, 수암공은 말하기를,

"우옹께서 이미 처음에 산정하셨으니, 지금은 마땅히 그 체례(體例)를 써서 산정해야 한다."

하여, 미처 의견을 통일하지 못하였다. 그러던 중에 할아버지께서 이미 해직되어 미처 간행하지 못하고 말았다.

지금에 이르러서는 사문(斯文)의 장로(長老)가 계시지 않아 그 일을 떠맡을 만한 분이 없어, 드디어 이 세상에 구봉 선생의 전집(全集)이 없게 되었다.

나 상성(相聖)이 그때 마침 영남(嶺南) 고을의 힘을 얻을 수 있게 되었는데, 선대의 뜻을 길이 생각하고 있다가 감히 그 일을 이루려고 하여, 전질(全帙)을 가져다가 총괄하였다.

죽서공이 간행한 바의 시집(詩集)은 수집(蒐集)하여 완성하였기 때문에 습유(拾遺)가 있게 되었다. 그런데 이제 본초(本草)에 편차해 넣으면서 산정한 바가 없은즉, 습유라는 이름을 버리고 단지 두 권으로 나누기만 하되, 오언(五言)과 칠언(七言)의 고시(古詩)와 율시(律詩)와 절구(絶句)를 그 체례(體例)를 써서 분류하였다. 잡저(雜著)는 간본(刊本)에 남아 있던 세 편의 글을 아울러 수습하여 1권으로 만들었다.

〈현승편〉은, 편 가운데에 서로 간에 왕복하지 않은 율곡과 우계 두 선생의 편지가 거의 절반이나 되었다. 만약 이를 모두 아울러서 편차해 넣는다면, 이것은 삼현(三賢)의 간독(簡牘)이지, 구봉의 문집이 아니게 된다. 우옹께서 산정한 것은 대개 이 때문이었다. 그러나 '그 이름은 그대로 써서 예전의 것을 보존해야 한다.'는 설 역시 폐할 수가 없다. 이에 망녕되이 나의 소견을 가지고 절충(折衷)하였다. 그리하여 왕복한 편지가 아닌 것은 우옹께서 산정한 예를 써서 삭제하였다. 그리고 내용이 긴 장독(長牘) 가운데에 비록 한두 마디라도 서로 왕복한 내용이 있는 것은 모두 전문(全文)을 수습해 넣은 다음, 예전의 뜻을 보존해 그 이름을 그대로 쓰고는, 이를 나누어 두 권으로 만들었다.

〈예문답(禮問答)〉은, 물은 내용을 유별(類別)로 모아서 한 권으로 만들었다. 〈가례주설(家禮註說)〉은, 나의 선군자(先君子)께서 동지(同知) 최방언(崔邦彦) 씨의 집에서 추가로 구해 얻은 것은 별항(別行)으로 편차해 넣기가 곤란하였다. 이것은 이제 전사(傳寫)하면서 잘못된 것을 교정해 넣고서 이를 나누어 세 권으로 만들었다. 또 비문(碑文)

이나 행장(行狀) 등의 글을 수습하여 부록(附錄)의 권(卷)을 만들었다.

〈운곡고(雲谷稿)〉 한 권은 바로 선생의 동생인 송한필(宋翰弼) 계응(季鷹)께서 저술하신 것이다. 우옹께서 처음에 문집을 만들 때 운곡의 외손인 백해명(白海明)이 함께 포함시켜 간행해 달라고 청하자, 뒤에 덧붙여서 간행하겠다고 허락하였다. 지금 그 뜻을 어길 수가 없으므로, 역시 문집의 끝에 덧붙였다. 그리하여 모두 합해 《구봉선생집》 11권을 만들어 판각하는 사람에게 맡겼다.

아, 힘들기도 하다. 문집이 간행되는 것은, 그 역시 운수가 있는 것인가? 선생과 같이 성대한 도학(道學)과 문장(文章)을 가지고서도 당세(當世)에 시행한 바가 없이 종신토록 쫓겨나서 떠돌다가 궁액 속에서 돌아가시고 말았다. 그리고 후대에 전할 만한 서언(緖言) 역시 민몰되어 수백 년 동안이나 전하지 못하고 있었다.

이제 나 상성이 그 빚을 갚는 데 급급하여, 제대로 가다듬을 겨를도 없이 경솔하고 구차스럽게 간행하였다. 그러니 문집이 간행되는 것은 역시 운수가 있는 것이다. 이에 문집 끝에다가 간행하게 된 전말(顚末)을 기록하여, 여러 노선생(老先生) 및 선배 장로(先輩長老)들께서 이 문집에 정성을 쏟은 것이 이와 같았음을 알 수 있게 한다.

임오년(1762, 영조38) 늦은 봄 모일에 후학(後學) 광산(光山) 김상성(金相聖)[3]은 삼가 지(識)한다.

3 김상성(金相聖) : 1705～1766. 본관은 광산(光山), 자는 시보(時甫)이며, 김문택(金文澤)의 아들이다. 1735년(영조11)의 증광시(增廣試)에 입격하였으며, 의성 현령(義城縣令)을 지냈다.

구봉집 3
송익필 지음 | 정선용 옮김

2022년 12월 31일 초판 1쇄 발행

발행인 신승운 | 발행처 한국고전번역원
등록 2008. 3. 12. 제25100-2018-000049호
주소 (03310) 서울시 은평구 진관1로 85
전화 02-350-4800 | 팩스 02-350-4994 | 홈페이지 www.itkc.or.kr

연구총괄 권헌준 | 연구기획 김지민 | 연구평가 성과평가실 | 자문 정선용

책임편집 하현주 | 편집진행 신진호
교정 김상순 박성희 | 조판 김지현 | 제작 조은지
디자인 씨디자인 | 인쇄 사단법인 에스디워크

값 20,000원
ISBN 978-89-284-0955-6 94810
978-89-284-0769-9 (세트)

지은이 송익필(宋翼弼)

1534(중종29)~1599(선조32). 자는 운장(雲長), 호는 구봉(龜峯), 시호는 문경 이다. 본관은 여산(礪山)이며, 아버지는 판관(判官) 송사련(宋祀連)이고 어머니 일 정씨(延日鄭氏)이다. 어렸을 때부터 신동으로 이름나 젊은 나이에 향시(鄕 합격하였다. 그러나 할머니가 노비 출신이었던 관계로 금고(禁錮)를 당해 더 이상 를 보지 못하고 고양(高陽)의 구봉산(龜峰山) 아래로 옮겨가 살았다. 21세 때 이 珥), 성혼(成渾), 정철(鄭澈)을 만나 도의지교(道義之交)를 맺었으며, 학식과 인 뛰어나다는 소문을 듣고 찾아오는 제자들과 함께 학문을 연구하면서 지냈다. 1586 조19) 동인들로부터 '서인의 모주(謀主)'라는 무함을 받아 노비 신세로 전락하게 성과 이름을 바꾼 채 도망쳐 숨어살았다. 1589년 정여립(鄭汝立)의 모반 사건이 일어 뒤 정철의 도움으로 천인 신분에서 벗어났으나, 정철이 실각한 뒤에는 다시 도피 생활 하다가 자수하여 평안도 희천(熙川)으로 유배되었다. 임진왜란이 일어난 뒤에 석방 어 이곳저곳을 떠돌았으며, 1596년 충청남도 당진(唐津)의 마양촌(馬羊村)에 우거 면서 학문을 강론하다가 1599년 66세를 일기로 졸하였다. 그 뒤 1625년(인조3) 천적(籍)을 씻었으며, 1751년(영조27) 지평(持平)에 추증되었다. 송익필은 노비 출신이라 신분적 제약과 동인과 서인이 대립하는 붕당의 폐해로 인해, 자신의 경륜을 펴지 못한 채 도망자 신세로 떠돌다가 일생을 마쳤다. 그런 가운데서도 송익필은 좌절하지 않고 학문에 몰두하여 성리학(性理學)과 예학(禮學) 분야에 큰 업적을 이루었을 뿐만 아니라, 문학에도 큰 성취를 이루었다. 이로 인해 송익필은 이이·성혼과 함께 '파주삼현(州三賢)'으로, 최경창(崔慶昌)·백광홍(白光弘) 등과 함께 '팔문장(八文章)'으로, 시습(金時習)·남효온(南孝溫)과 함께 '산림삼걸(山林三傑)'로 칭해졌다.

옮긴이 정선용(鄭善溶)

1957년 충북 괴산 연풍에서 태어났다. 충남대학교 사학과를 졸업하고 성균 대학원에서 문학석사 학위를 받았으며, 민족문화추진회 부설 국역연수원을 다. 2018년에 한국고전번역원에서 정년퇴직하고 현재 한국고전번역원 번역 로 있다. 조선왕조실록과 《승정원일기》의 번역에 참여하였다. 번역서로는 록과 《고종승정원일기》 외에 《해동역사》, 《백제사자료집》, 《잠곡유고》, 《지산집》, 《사계전서》, 《우복집》, 《청음집》, 《삼탄집》, 《동명집》 등